한국 문화정책의 이해

문화과학 이론신서 83

한국 문화정책의 이해:
이론, 역사, 실천

책임편집 | 이동연 · 양현미

초판인쇄 | 2024년 8월 12일
초판발행 | 2024년 8월 20일

펴낸이 | 박진영
편 집 | 손자희
펴낸곳 | 문화과학사

출판등록 | 1995년 6월 12일 제 406-3120000251001995000032 호
주소 | 10881 경기도 파주시 심학산로 12, 302호
전화 | 02-335-0461
팩스 | 031-902-0920
이메일 | moongwa@naver.com
홈페이지 | https://culturescience.kr

값 27,000원
ISBN 978-89-97305-24-7 93300

문화과학 이론신서 83

한국 문화정책의 이해:
이론, 역사, 실천

이동연 · 양현미 책임편집

문화과학사

서문

『한국 문화정책의 이해: 이론, 역사, 실천』은 2023년 문화정책 연구자, 문화예술 전문가, 시민문화 활동가, 전 공공기관장 등이 참여하는 <문화정책 연구모임>에서 기획되었다. 이 연구모임은 20여 명으로 구성되었는데, 주로 지난 정부 문화정책에 직접 참여했거나, 각 분야에서 문화정책의 현장 실천을 위해 수고했던 전문가들이 참여하였다. <문화정책 연구모임>은 매달 한 가지 주제를 정하여 문화정책의 성과와 한계를 점검하고 미래 문화정책의 방향을 모색하는 열띤 토론을 진행하였다. 세미나에서 다룬 주제는 문화정책의 역사, 예술인의 지위와 권리, 예술인복지, 예술 창작지원, 지역문화, 문화도시, 한류와 콘텐츠산업, 스포츠 인권, 관광 등이었다. 세미나가 끝날 무렵 발표와 토론의 내용을 문화정책에 관심이 많은 연구자와 현장 종사자, 특히 문화예술계의 젊은 세대와 공유하는 것이 필요하다고 보고 새로운 관점과 대안을 제시하는 문화정책 입문서를 내자는 데 의견을 모았다.

이 책에 참여하는 필자들은 그간 문화정책을 강의해오면서, 문화의 이론-현장을 가로지르면서도 현실 문화정책에 비판과 대안을 제시하는 문화정책 관련 교재가 없어 매우 아쉬웠다. 현재 출간되어있는 문화정책 입문서들은 주로 행정학, 경제학, 법학 등 특정 학문의 관점에서 학술적으로 작성된 것이 주를 이루고 있기 때문이다. 『한국 문화정책의 이해: 역사, 이론, 실천』은 문화정책 전환을 위한 새로운 패러다임을 모색하고 문화정책의 더 나은 미래를 구상하기 위한 기초를 마련하는 데 초점을 두었다. 이를 위해 <문화정책 연구모임> 외에 문화정책 전문가들을 추가로 초대하여 집필진을 구성하였다.

이 책은 총 4부로 이루어져 있으며, 각 장은 세부 정책별로 다소 차이가 있지만 공통적으로 이론적 고찰, 역사적 전개 과정, 현황과 쟁점, 전망과 과제로 작성하고자 하였다. <1부 문화정책의 역사와 이론>은 '문화정책의 이론적 기초' '문화정책의 역사적 전개 과정' '문화예술 법의 변천 과정' '문화정책과 문화재정' '문화향유와 문화기본권 정책'으로 구성하였다. 1장 문화정책의 이론적 기초에서는 문화정책의 개념과 이념을 살펴보고 문화정책의 가치 확산을 위한 통합 의제들과 문화정책 전환을 위한 새로운 패러다임을 제시하였다. 2장 문화정책의 역사적 전개과정에서는 임시정부부터 문재인정부까지 정부별 문화정책의 특징을 살펴보고 시대를 관통하는 문화정책의 주요 변화를 도출하였다. 3장 문화 법의 변천 과정에서는 문화 법의 체계와 특징을 살펴보고 「문화예술진흥법」을 중심으로 문화 법의 역사를 고찰하고 문화 법의 개선 과제를 제시하였다. 4장 문화정책과 문화재정에서는 정부와 지방자치단체의 문화예산 체계와 현황을 살펴보고 문화예산의 주요 쟁점과 개선 과제를 제시하였다. 5장 문화향유와 문화기본권 정책은 문화향유의 개념과 정책의 이론적 근거와 역사를 살펴보고 문화향유정책의 주요 쟁점과 개선 과제를 제시하였다.

<2부 문화예술정책>은 '예술의 위상과 예술인의 지위' '예술지원정책의 흐름: 창작, 시장, 산업' '예술인 복지정책의 현황과 전망' '문화예술교육정책의 평가와 전망'으로 구성하였다. 1장 예술인의 지위와 위상 정립을 위한 정

책과제에서는 예술인과 예술의 사회적 지위 변화를 역사적, 이론적으로 고찰하고 예술인 지원정책의 형성과정을 살펴본 후 예술인 지위와 권리보장 실현을 위한 정책과제를 제시하였다. 2장 예술지원정책의 흐름: 창작, 시장, 산업에서는 예술지원의 이론적 근거와 역사적 변천 과정을 살펴보고 예술지원정책의 쟁점과 예술지원 패러다임 전환을 위한 과제를 제시하였다. 3장 예술인 복지정책의 현황과 전망에서는 예술인 복지정책의 형성과정과 주요 내용을 살펴보고 예술인 복지정책을 예술인 정책으로 재정립하기 위한 과제를 제시하였다. 4장 문화예술교육정책의 전개과정과 개선 과제에서는 문화예술교육의 개념과 원리에 대한 이론적 고찰과 역사적 전개 과정을 살펴보고 지속가능한 문화예술교육정책을 위한 개선 과제를 제시하였다.

<3부 콘텐츠・관광 문화정책>은 '콘텐츠산업정책의 현황과 과제' '한류 문화정책의 과정' '문화관광정책의 현황과 과제'로 구성하였다. 1장 콘텐츠산업정책의 현황과 과제에서는 콘텐츠산업 정책의 개념과 특징을 살펴보고 콘텐츠산업정책의 역사와 현황분석을 통해 향후 정책과제를 제시하였다. 2장 한류정책의 빛과 그림자에서는 한류의 정의와 발전단계를 제시하고 정부별 한류정책의 흐름을 통해 정책 성과와 한계를 진단하고 지속가능한 한류를 위한 정책과제를 제시하였다. 3장 문화관광정책의 현황과 과제에서는 관광의 개념과 역사, 도시정책에서 관광이 갖는 중요성을 살펴보고 국내 관광정책의 역사적 전개과정과 현황분석을 통해 정책적 쟁점을 도출하고 개선과제를 제시하였다.

<4부 지역문화와 문화유산정책>은 '지역문화 활성화를 위한 문화정책 과제' '문화도시의 개념과 역사적 발전과정' '시대와 세대 변화를 반영하는 생활문화정책의 흐름과 전망' '전통예술 진흥정책의 현황과 과제'로 구성하였다. 1장 지역문화 활성화를 위한 문화정책 과제에서는 지역문화의 개념과

지역문화정책의 주요 경과를 살펴보고 정책의 주요 성과와 한계를 분석한 후 지역문화 활성화를 위한 문화정책 과제를 제시하였다. 2장 문화도시의 개념과 역사적 발전과정에서는 유럽에서 문화도시의 등장 배경을 살펴보고 국내에 유럽과는 다른 맥락에서 문화도시론이 등장하고 법정 문화도시로 제도화되는 과정에서 나타나는 문제들을 분석하고 개선과제를 제시하였다. 3장 시대와 세대 변화를 반영하는 생활문화정책의 흐름과 전망에서는 생활문화의 개념과 정책 변화를 살펴보고 생활문화 지원사업을 교육, 공간, 매개자 관점에서 분석하여 향후 개선과제를 제시하였다. 4장 전통예술 진흥정책의 현황과 과제에서는 전통예술 진흥정책의 전개과정에서 나타난 주요 쟁점과 현안을 살펴보고 「국악진흥법」 제정을 계기로 전통예술 진흥정책의 패러다임 전환을 위한 정책과제를 제시하였다.

『한국 문화정책의 이해: 역사, 이론, 실천』은 한국 문화예술계의 운동과 정책 현장에서 오랫동안 활동하고, 관련 분야에서 직접 행정가로 참여한 필자들로 구성하여, 문화정책의 이론과 실천의 관계를 이해하는 데 필요적절한 연구서이자 교재가 될 것이다. 이 책을 출간하기까지 많은 분이 수고하였다. 무엇보다 1년 동안 <문화정책 연구모임>에 참여하여 좋은 발제와 토론을 해주신 분들에게 감사드리고, 월례 세미나 실무를 맡아주신 분들에게도 감사의 말을 전한다. 또한, 세미나에 참여하지는 않았지만, 이번 단행본에 기꺼이 필자로 참여해주신 선생님들께도 진심으로 감사의 인사를 전한다. 그리고 이 책이 출간될 수 있도록 편집과 교정을 맡아주신 문화과학사의 선생님들에게도 감사의 인사를 드린다. 이 책이 한국 문화정책의 역사, 이론, 실천의 중요한 역사적 한 페이지를 장식하는 연구서가 되길 희망해본다.

2024년 8월

공동책임 편집자 이동연, 양현미

차 례

1부

문화정책의 역사와 이론

문화정책의 이론적 기초

이동연 | 한국예술종합학교 교수

1. 들어가는 말: 문화를 어떻게 정의할 것인가

일반적으로 문화정책은 정부나 지방자치단체가 문화의 진흥과 발전을 위해 문화와 관련된 지원체계를 수립하는 것을 말한다. 문화정책의 정의는 크게 좁은 의미와 넓은 의미로 구분해서 볼 수 있다. 좁은 의미의 문화정책은 문화정책의 주체와 대상을 제한적으로 다룬다. 문화정책을 수립하는 주체는 정부와 지방자치단체이고, 다루는 대상은 중앙부처인 문화체육관광부와 지방자치단체 문화 관련 조직이 담당하고 있는 업무이다.

그러나 문화정책의 정의를 넓은 의미로 간주하면 그 주체와 대상도 확대해서 바라볼 수 있다. 문화정책의 주체는 국가나 지방자치단체만 아니라 문화예술인 혹은 민간 문화예술 단체도 가능하기 때문이다. 해당 부처와 부서가 다루는 사업만 문화정책이라고 정의한다면, 문화정책 대상을 확대하고, 문화의 사회적 가치를 확산하는 데 걸림돌이 될 수 있다. 문화정책은 법적, 제도적, 행정적인 통제를 받지만, 그러한 통제를 넘어서는 문화정책의 새로운 비전과 혁신을 상상하는 것도 중요하다. 문화정책은 확정된 개념이나, 완결된 대상을 가지지 않고, 가변적이고 유동적이다. 즉 문화정책은 문화를 어떻게 정의하고, 문화가 우리 사회에서 어떤 역할을 할 것인가에 따라 계속해서 완성해나가는 존재라고 할 수 있다.

그런 점에서 문화정책을 개념 정의하는 것은 생각보다 쉬운 문제가 아니다. 먼저 문화를 어떻게 정의하느냐에 따라 정책이 다루는 범위와 내용이 달라질 수 있을 뿐 아니라 반대로 정책이 법률이나 제도 및 행정 체계에 직접 영향을 받기 때문에 모든 문화의 내용을 정책으로 담기 어렵다. 문화의 정의는 정의하는 사람에 따라 다양하게 기술될 수 있지만, 이 자리에서는 문화의 다양한 정의를 가장 포괄적으로 기술한 영국의 문학비평가이자 문화이론가인 레이먼드 윌리엄스의 문화의 정의를 참고하고자 한다. 레이먼드 윌리엄스는 『키워드』라는 저서에서 문화를 다음과 같이 정의하고 있다.[1)]

① 지적, 정신적, 미적 개발과정 일반
② 사람들, 일정시기 혹은 집단이 공통의 정신을 매개로 하여 획득한 특정한 삶의 양식
③ 지적 작업 혹은 지적 실천, 특히 예술적 활동
④ 문화는 특정한 사회질서가 소통되고, 재생산되며, 경험/탐구되는 기호적 표현의 체계

문화에 대한 레이먼드 윌리엄스의 설명을 고려하면 문화는 '삶의 양식으로서 문화' '관습체계로서의 문화' '지적 심미적 활동으로서 문화' 그리고 '기호적 표현으로서 문화'라는 네 가지 관점으로 구분해서 설명할 수 있다. 이를 간단하게 부연 설명하면 다음과 같다.

1) 삶의 양식으로서 문화

삶의 양식으로서의 문화는 문화에 대한 가장 포괄적인 정의에 기초한다. 문화라는 것은 특별한 것이 아니라 일상적인 것이며 삶의 총체적인 양식으로

1_ 레이먼드 윌리엄스, 『키워드』, 김성기, 유리 역, 민음사, 2010 참고

볼 수 있다.[2] 문화는 인간이 만든 지적, 정서적 산물로서만 아니라 인간 모두가 삶 속에서 만들고 향유한 것의 총체적 산물이다.

문화에 대한 이러한 정의는 대중들이 일상에서 경험한 것을 중시하는 영국 문화연구의 지적 전통에 기초한다. 문화는 특정한 계급들이 특정하게 생산하고 소비하는 것이 아니라 모든 사람이 살아온 경험(lived experience)을 바탕으로 한다. 전통적인 문화인류학에서는 이러한 정의에 기초해 문화를 한 사회나 집단이 가지고 있는 공통의 관습(custom)으로 정의하는 것이 일반적이지만, 문화연구자는 대체로 전통으로서의 관습조차도 삶의 과정에서 체현될 때는 변화할 수 있다고 본다. 문화는 고정된 관습을 반복하는 것이 아니라, 개인들의 구체적인 자기 삶의 경험에 따른 것이라는 생각을 가진다.

문화가 특별한 것이 아니라 일상적인 것이라는 점을 가장 잘 연구한 저서 중의 하나가 E. P. 톰슨의 『영국 노동자계급 형성』이다. 이 책은 영국 노동자계급의 일상 연구를 통해 이들의 계급의식이 어떻게 형성되었고, 이들의 일상의 삶이 구체적으로 어떻게 변화했는지를 분석한다. 톰슨은 이 책의 머리말에서 "계급은 어떤 사람들이 (이어받은 것이건 또는 함께 나누어 가진 것이건) 공통된 경험의 결과 자신들 사이에는 자기들과 이해관계가 다른 (대개 상반되는) 타인들과 대립되는 동일한 이해관계가 존재함을 느끼게 되고 또 그것을 분명히 깨닫게 될 때 나타난다"[3]고 말한다. 여기서 중요한 것은 계급의 정의 그 자체라기보다는 그 정의가 노동자계급의 구체적인 경험에서 추출된다는 점이다. 톰슨은 계급의식을 "이러한 경험들이 문화적 맥락에서 조정되는 방식, 즉 전통, 가치체계, 관념, 그리고 여러 제도적 형태 등으로 구체화되는 방식"으로 정의하고 있는데 이러한 정의는 계급의식이 구체적인 삶의 과정에서 형성된다는 것을 강조한다.

2_ 레이먼드 윌리엄스, 『마르크스주의와 문학』, 박만준 역, 지만지, 2013 참고

3_ E. P. 톰슨, 『영국 노동계급의 형성』, 나종일 외 역, 창비, 2000, 7.

2) 관습체계로서 문화

문화를 개인의 일상적인 경험이 아닌 경험이 오랫동안 축적한 공통의 관습체계로 정의할 수 있다. 문화는 한 사회가 특정한 장소에서 장기간 형성한 의식주, 종교예식, 의사소통 방식, 사회적 예식의 구조적 체계로 정의할 수 있다. 문화의 첫 번째 정의, 즉 일상적 삶의 총체적 양식으로서 문화가 개인의 경험을 중시한다면, 관습체계로서의 문화는 그 경험이 축적한 구조를 중시한다. 가령 개인이 여행을 가고, 연극을 보고, 스포츠 경기를 관람하고, 주말에 파티를 즐기는 것을 일상 삶으로서 문화라고 정의할 수 있다면, 명절에 가족이 모여 차례를 지내거나, 여름 절기에 특정한 음식을 먹는다거나, 특정한 종교적 절기에 공동의 예식을 치른다거나 하는 것은 관습체계로서의 문화로 정의할 수 있다. 문화연구자 스튜어트 홀은 이를 '문화주의'와 '구조주의'라는 두 개의 패러다임으로 구분했다.[4)]

구조 인류학자 레비스트로스(Lévi-Strauss)는 남북아메리카 원주민들의 사회조직이나 생활형태를 연구하면서 오랫동안 축적된 원주민 생활의 관습체계를 연구했다. 그에게 관습체계는 삶의 구조이며, 인류학적 구조주의란 우리가 생각지 못한 '조화의 탐구'이며 어떤 대상들 가운데 내재하고 있는 관계의 체계를 발견해내는 것이라 말했다. 레비스트로스는 원주민 사회를 연구대상으로 선택하여 이 사회 내에서 신화, 친족, 결혼 따위의 법칙과 체계를 규명해냄으로써, 문화의 구조적 체계를 강조했다. 레비스트로스는 대표적인 저작인 『슬픈 열대』에서 브라질 내륙지방에 사는 네 부류의 원주민(카두베오, 보로로, 남비콰라, 투피 카와이브족)를 분석하면서 이들 부족의 생활 안에 내재한 규칙적이고 체계적인 언어적, 기호적 관습체계들을 분석한다. 레비스트로스는 서구사회가 세계의 나머지 다른 부분에 대해 그 자체의 기준을 부여하려는 오만한 전통에 대해 반대한다. 그는 이들 원주민 사회가 야만적이라거나 비합리적이라는 서

4_ 스튜어트 홀, 「문화의 두 개의 패러다임」, 『스튜어트 홀의 문화이론』, 임영호 역, 한나래, 1996 참고.

구 중심의 전통적 사고를 반박하며 이른바 '미개사회'는 인간성에 대한 전체적 체험을 거의 완벽하게 표현하고 있으며, 이 사회는 오직 우리들의 사회와는 다른 체계를 가진 사회일 뿐 문화가 없는 야만의 사회는 아님을 설파한다.

3) 지적, 심미적 활동으로서 문화

지적, 심미적 활동으로서 문화는 전체 인간 활동에서 문화가 특별한 창조적 가치를 가지는 것으로 간주한다. 문화는 삶의 양식 중에서 특히 개인의 지적, 감성적 실천의 산물이다. 이러한 정의는 앞서 일상적인 것으로 문화를 정의한 것과 달리, 문화를 특별한 것으로 바라본다. 레이먼드 윌리엄스는 지적이고 미적인 활동으로서 문화의 정의가 가장 일반적으로 알려진 방식이라고 말한다. 문화는 음악, 문학, 회화, 조각, 연극, 그리고 영화로 구성된 특별한 미적 활동이다.[5)]

19세기 영국 빅토리아조 시대에 문화는 개인을 교양있는 시민으로 만들어 주는 미적 가치를 지닌 것으로 판단했다. 당대 시인이자 문화비평가인 매슈 아널드(Matthew Arnold)는 문화가 빅토리아조 시대 신흥계급으로 부상한 부르주아들의 지적 교양을 위해 필요한 것으로 생각했다. 그는 서양 문명의 역사는 예술의 미학적 뿌리인 그리스 헬레니즘과 기독교 문명의 뿌리인 유대 헤브라이즘으로 양분되었다고 본다. 그런데 자본주의 시대가 시작되면서 이 두 뿌리가 흔들리면서 무질서한 사회가 초래되었는데, 아널드는 이를 극복할 수 있는 대안은 교양 계급의 출현이라고 본다. 문화는 자본주의 사회의 혼란과 무질서를 극복할 수 있는 유일한 대안이며, 그중 문학은 부르주아의 교양을 위해 필수적이다. 아널드는 "문학은 지금까지 말하여지고 생각된 것 중에서 최상의 것"[6)] 이라고 정의한다. 이는 문화를 삶의 양식의 총체로 정의하기보다는 특별한 지적, 심미적 활동의 산물로 보려는 의도를 갖는다.

5_ 레이먼드 윌리엄스, 『키워드』, 90.
6_ 매슈 아널드, 『교양과 무질서』, 윤지관 역, 한길사, 2016 참고.

20세기에 부르주아 모더니즘 예술의 등장 역시 문화의 절대적인 가치에 대한 신뢰에서 비롯되었다. 영국의 문학비평가 F. R. 리비스(F. R. Leavis)는 문학의 가치를 인류의 가치 중에서 가장 탁월한 것으로 본다. 문학은 당대 사회의 모든 가치를 대표할 수 있으며 그 가치는 소위 '문학의 위대한 전통'에서 발견될 수 있다고 말한다.[7] 문학비평가인 게오르그 루카치(Georg Lukács) 역시 예술적 반영이 과학적, 학문적 반영보다 훨씬 우월하다고 본다.[8] 20세기 모더니즘 시대에 '미적 특수성'에 대한 이론적 실천은 '낯설게하기'로서의 형식주의 비평이나 '현실의 충실한 반영'으로서 리얼리즘 비평이나 모두 문화와 예술을 일상의 재현과는 다른 특별한 미적 실천으로 바라본다.[9]

4) 기호적 표현으로서의 문화

미적 실천으로서 문화에 대한 정의와는 다른 관점에서 문화를 하나의 물질적 과정이자 상징적 기호의 체계로 보는 관점이 있다. 이러한 견해는 문화가 그냥 삶의 양식으로 일반화되지 않고 특정한 물질적 과정을 가지고 있고, 그 물질적 과정에서 특정한 기호와 기호체계들을 생산한다고 본다. 기호적 표현으로서의 문화는 문화를 이데올로기의 형태로 간주한다. 문화의 생산과 소비, 즉 '물질적 생산'과 '기호의 향유'는 일정하게 자본주의 이데올로기를 반영한다. 문화의 이데올로기는 하나의 허구의식이 아니라 구체적인 물질적 과정을 통해서 생산된다. 여기서 문화의 물질적 과정은 우리가 대중음악, 영화, 게임이라는 표현의 물질을 소비할 때 알 수 있듯이, 물질 그 자체를 소비하는 것이 아니라 하나의 기호로 표상된 것을 소비하는 것을 말한다. 스타벅스 커피, 샤넬

7_ F. R. 리비스 『영국 소설의 위대한 전통』, 김영희 역, 나남, 2007 참고.

8_ 다음의 인용을 보라. "'예술적 반영'은 '학문의 이론적 인식'에 반해, 일상적 삶의 '윤리적 실천적 존재'에 반해, 어떤 다른 예술 고유의 특수성을 지니고 있다"(차봉희, 『루카치의 변증-유물론적 문학이론』, 한마당, 1987, 56).

9_ 다음의 인용문을 보라. "미적 반영의 특수성은 그것의 인간중심적인 성질 및 현세성 말고도 겉보기에 모순되는 듯한 요소들을 통일시키는 능력이다"(벨라 키랄리활비, 『루카치의 미학연구』, 이론과실천, 1984, 72).

백, 나이키 한정판 운동화, 하버드대학교 티셔츠, 손흥민의 토트넘홋스퍼 유니폼 등은 일상생활 안에서 우리가 하나쯤은 소비하는 물질이지만, 그것은 또한 자신의 문화적 취향과 기호, 혹은 문화자본의 위엄을 보여주는 기호이기도 하다.

기호적 표현체계로서 문화에 대한 이론적 설명은 프랑스 문화비평가 롤랑 바르트(Roland Barthes)가 언급한 '의미화과정(signification)'과 루이 알튀세르가 언급한 '이데올로기 호명'이라는 이론을 통해서 구체화할 수 있다. 롤랑 바르트가 언급하는 의미화과정은 기호의 이데올로기 과정이라고 할 수 있다. 의미화과정은 밀접하게 질서 잡히고, 구조화된 '의미화 체계'이다. 바르트의 기호학은 기호의 의미화과정을 강조한다. '의미화과정'은 바르트의 기호학에서 중요한 토픽이다. 그는 『신화론』에서 명시적이고 외연적인 의미 속에 숨겨진 함축적이고 내포적인 의미가 어떻게 문화 텍스트에 허구효과를 생산해서 신화적인 의미로 작용하는지를 분석하고 있다. 바르트의 작업은 텍스트가 표면적으로 전하는 전언(message)을 탈코드화하는 것과 그 전언들이 대중문화와 맺는 관계들을 평가하는 것이다.[10)]

알튀세르의 이데올로기론은 생산관계의 재생산에서 결정적인 역할을 하는 이데올로기 국가장치들이 주체를 어떻게 호명하는가를 설명한다. 알튀세르는 생산관계의 재생산을 강조하는데, 예컨대 지배계급은 자신의 생산관계를 재생산하지 않고서는 권력을 유지할 수 없다. 생산관계가 재생산되기 위해서는 생산수단의 재생산, 노동력의 재생산이 필수적이다. 이 중에서 노동력의 재생산은 임금의 재생산과 노동자들이 자신의 노동력 가치를 인정하게 만드는 교육과 문화의 재생산을 통해 이루어진다. 교육과 문화의 재생산이 이루어지는 곳이 이데올로기 국가장치들(ISAs)이다. 알튀세르는 생산관계의 재생산이 이루어지는 곳은 군대와 경찰 같은 억압적 국가장치(RSA)가 아닌 학교, 문화, 커뮤니

10_ 롤랑바르트, 『신화론』, 정현 역, 현대미학사, 1995, 제1부 「오늘의 신화」 참고.

케이션이 중심이 되는 이데올로기적 국가장치에서라고 말한다. 이데올로기는 부르주아의 허위의식이 아니라 이데올로기 국가장치에서 구체적으로 작동되는 물질적인 과정을 갖고 있다. 알튀세르의 이데올로기에 대한 정의들[11]은 문화의 상징적 상상적 기호들의 관계를 강조한다.

문화에 대한 이러한 네 가지 정의는 문화정책의 이론적 기초를 다지는 데 긴요하다. 문화정책을 제대로 실현하기 위해서는 우선 문화가 무엇인지를 이해해야 하기 때문이다. 문화와 정책은 어떤 관계가 있을까? 문화를 정책으로 전환하는 것은 생각보다 쉬운 문제는 아니다. 문화는 경제, 정치와 다르게 개인과 공동체의 특수한 가치를 실현하는 것이어서 제도와 행정이 중심이 되는 정책의 과정으로 전환하기까지 어려운 점이 많기 때문이다. 문화는 통상 두 가지 영역을 통해서 정책과 연결된다. 하나는 심미적인 영역으로 창의적인 예술가나 그룹들에 의해 형성된 것이라 할 수 있다. 다른 하나는 인류학적인 영역으로 사회적 그룹 내에 다양한 취향을 가진 개인들의 문화적 차이를 반영하는 것이다. 심미적인 것이 개인들 내의 문화적 차이를 드러내는 것이라면, 인류학적인 것은 개인들 사이의 문화적 차이를 드러내는 것이라 할 수 있다.[12] 전자가 문화의 생산자, 공급자의 관점에서 예술의 수월성, 창의성을 강조하는 것이라면 후자는 문화의 향유자 소비자 관점에서 문화의 민주성, 다양성을 강조한다.

문화정책은 어떤 점에서 함축적이고, 제도적인 틀을 넘어서 가치 지향적인 개념이기도 하다. 국가정책으로서 문화정책은 문화예술정책, 혹은 문체부가 다루는 콘텐츠, 관광, 체육, 종무 등을 모두 함축하는 개념으로 이해할 필요가 있다. 사실 문화를 어떻게 정의하느냐에 따라 이보다 대상이 더 확대될 수 있다. 여기에 문체부 외에 다른 부처에서 추진하고 있는 문화 관련 사업들도 문

11_ 알튀세르의 이데올로기론을 요약하면 다음과 같다. •이데올로기는 개인이 사회적 실재와 맺는 상상적인 관계이다. •이데올로기는 역사가 없다. •이데올로기는 물질적 과정이다. •이데올로기는 구체적인 개인을 구체적인 주체로 호명한다. •이데올로기는 주체 없는 과정이다.

12_ Toby Miller & George Yúdice, *Cultural Policy* (London: Sage Publications, 2002), 서문 참고

화정책의 대상에 포함시킬 수 있다.

문화정책은 또한 가치지향적인 개념이기도 하다. 이는 문화가 우리 사회에서 차지하는 위상과 역할에 대한 정의이기도 하다. 문화정책이 우리 사회에서 어떤 공공의 역할을 할 것인가? 문화정책의 가치는 정치적, 경제적 가치와 다르게 어떤 특이성을 가지고 있는가? 문화정책은 다른 정책들과 비교할 때 어떤 위상을 가지고 있으며, 어떤 연관성을 가지고 있는가? 이러한 질문을 하지 않는다면, 문화정책은 국가나 지방 행정조직이 수행하는 지원 및 규제사업으로 한정될 수 있다. 이제 구체적으로 문화정책을 이해하는 이론적 기초로서 문화정책의 개념 정의, 문화정책의 이념과 가치, 문화정책의 주체와 대상, 문화정책 비전에 대해 구체적으로 언급하도록 하겠다.

2. 문화정책의 정의

1) 문화정책의 법적 정의

문화정책은 포괄적, 유동적, 개방적인 개념이기 때문에 개념 정의에 있어 다음 세 가지 관점에서 종합적으로 사유하는 것이 중요하다. 첫째, 문화정책에 대한 법적 정의이다. 이는 문화 관련 법률에서 문화, 혹은 문화예술을 어떻게 정의하고 있는가를 개괄하는 것이다. 먼저 문화예술 관련 주요 법률에서 정하는 각각의 정의를 표로 정리하면 다음과 같다.

각각 법률에 명시한 문화 혹은 문화예술과 관련된 정의들은 명시적으로는 사전적인 의미로 보이지만, 암묵적으로는 그 법이 제정된 사회문화적 배경을 안고 있다. 가령 1972년에 제정된 「문화예술진흥법」에서는 문화예술을 전통적인 예술 장르의 총합으로 정의하고 있다. 이는 문화예술 진흥의 가장 최초의 역사적 출발이자 지원대상을 범주화하는 당대의 필요성을 반영하고 있다. 반면 2012년에 제정된 「문화기본법」에서 문화를 예술 장르를 포함하여 일상의

[문화 관련 주요 법률의 정의]

법률 명	제정연도	정 의
문화 기본법	2012. 12. 30	이 법에서 "문화"란 문화예술, 생활 양식, 공동체적 삶의 방식, 가치 체계, 전통 및 신념 등을 포함하는 사회나 사회 구성원의 고유한 정신적 · 물질적 · 지적 · 감성적 특성의 총체를 말한다.
문화예술 진흥법	1972. 8. 14	"문화예술"이란 문학, 미술(응용미술을 포함한다), 음악, 무용, 연극, 영화, 연예(演藝), 국악, 사진, 건축, 어문(語文), 출판, 만화, 게임, 애니메이션 및 뮤지컬 등 지적, 정신적, 심미적 감상과 의미의 소통을 목적으로 개인이나 집단이 자신 또는 타인의 인상(印象), 견문, 경험 등을 바탕으로 수행한 창의적 표현활동과 그 결과물을 말한다.
예술인 복지법	2011. 11. 17	"예술인"이란 예술 활동을 업(業)으로 하여 국가를 문화적, 사회적, 경제적, 정치적으로 풍요롭게 만드는 데 공헌하는 사람으로서 문화예술 분야에서 대통령령으로 정하는 바에 따라 창작, 실연(實演), 기술지원 등의 활동을 증명할 수 있는 사람을 말한다.
예술인 권리 보장법	2021. 9. 24	"예술 활동"이란 인상, 견문, 체험 등을 특정한 형식으로 표현하는 창의적 활동으로서 「문화예술진흥법」 제2조제1항제1호에 따른 문화예술 분야에서 이루어지는 창작(기획과 비평을 포함한다), 실연(연습과 훈련을 포함한다), 기술지원 등의 활동을 말한다.
문화산업 진흥 기본법	1999. 2. 8	"문화산업"이란 문화상품의 기획 · 개발 · 제작 · 생산 · 유통 · 소비 등과 이에 관련된 서비스를 하는 산업을 말하며, 다음 각 목의 어느 하나에 해당하는 것을 포함한다.
문화재 보호법	1962. 4. 10	"문화재"란 인위적이거나 자연적으로 형성된 국가적 · 민족적 또는 세계적 유산으로서 역사적 · 예술적 · 학술적 또는 경관적 가치가 큰 다음 각 호의 것을 말한다

삶의 방식과 관습의 총체로 정의하고 있는데, 이는 국민의 일상의 삶에서 문화의 가치를 중요하게 인식하려는 법의 기본 취지를 반영하고 있다. 또한, 2011년에 제정된 「예술인복지법」과 2021년에 제정된 「예술인권리보장법」에서 정의하는 예술인과 예술 활동은 예술인의 사회적 지위와 권리, 복지지원의 대상에 대해 말하는 것으로 어려운 환경에 놓인 예술인의 지원과 예술 활동의 권리 및 자유를 강조하는 법 제정 배경을 갖고 있다. 예컨대 「예술인권리보장법」에서 정의하는 예술인에 기존 「예술인복지법」에 포함되지 않은 '예술교육을 받는 자'가 포함된 것은 예술노동과 젠더 폭력으로부터 예비예술인들을 보호

하기 위한 취지를 가지고 있다.

2) 문화정책의 역사적 정의

문화정책의 역사적 정의는 문화정책이 국가정책의 역사 안에서 어떤 기능을 핵심적으로 담당했는가를 따져보는 것이다. 한국사회의 정치적, 경제적, 사회적 변동을 고려할 때, 해방 이후 한국에서 문화정책의 역사는 크게 보아 세 시기로 구분되지 않을까 싶다. 제1 시기는 해방 이후 박정희 유신정권을 거쳐, 전두환, 노태우 권위주의 정부에 이르는 시기이다. 이 시기 문화정책의 성격은 '검열과 통제의 문화정책'이다.

유신정권 시기까지 문화정책은 대체로 검열의 장치로 이용되거나 문화예술진흥이 권위주의 정권의 정당성을 강화하기 위해 활용되는 경우가 지배적이었다. 가령 1974년에 시작된 문예진흥기금은 그동안 문화예술진흥에 기여한 바 없지 않았으나 당초 설립 의도는 관료적 문화예술가들을 유신정권 안으로 흡수하여 정당의 정당성을 찾으려는 것이었다. 1978년에 설립된 세종문화회관 역시 거대 예술공연장 건립을 통해 정권의 폭력성을 순수예술정책으로 상징적으로 해소하려는 기획이었다. 유신 시절의 문화정책의 특징은 문화정책이 공보정책과 밀접하게 연계되었다는 점인데, 공보정책은 다름 아닌 정치적 문화적 검열정책이고 보도지침정책이었다.

1980년대 5공의 출범 이후 6공까지의 문화정책은 유신정권과 마찬가지로 검열정책과 공보정책의 기조를 유지하면서도, 문화에 대한 대폭적인 투자와 문화정책을 통치정책의 수단으로 적극적으로 활용했다는 점에서 차별화를 이룬다. 5, 6공 시절의 문화예산은 여전히 1%가 안 되는 0.6-7%대에 머물렀지만, 이전의 정권에 비해서는 총량 규모는 상당히 늘어난 수치이다. 특히 동양 최대의 복합 공연예술공간인 예술의 전당 건립을 기점으로 문화 인프라에 대한 집중적인 투자를 통해 문화예술인들로부터 절대적인 지지를 받았다. 또한, 컬러 TV 조기도입과 프로스포츠 시대의 개막은 문화정책이 대중문화산업 영역으로 확대하는 계기를 마련하였다. 이는 국가 문화정책의 영역이 확대되었음을 알려주는 것뿐 아니라, 문화를 국가통치와 시장경제의 관점으로 동시에 견인하려는 정책, 즉 이데올로기 동화정책과 신자유주의 문화경제정책이 공존하는 특이성을 갖고 있다.

1980년대 문화정책에서 특별한 점은 1986년 서울아시안게임과 1988년 서울 올림픽대회 개최를 통해 문화정책에서 스포츠정책이 중요한 비중을 차지하게 되었다는 것이다. 1980년대 스포츠정책은 이후 엘리트 체육정책 등에 많은 영향을 미치게 되었다. 또한, 1968년부터 계속되었던 문화공보부가 1989년에 최초로 문화부와 공보부처로 분리되어 문화부로 신설되면서 공보정책과는 분리되어 독자적인 문화정책의 길을 트기 시작했다.

제2 시기는 문민정부 출범 이후 국민의 정부, 참여정부까지이다. 이 시기에는 '자율과 확산의 문화정책' 성격이 강하다. 1993년 문민정부의 출범은 문화정책에도 많은 변화를 몰고 왔는데, 당시 부처 축소정책으로 인해 '체육청소년부'와 통합하여 만들어진 문화체육부는 엘리트 문화예술정책에서 시민들의 문화복지정책으로 그 기조가 이동하였다. 이 시기에 프랑스의 문화정책 모델을 원용하여 시민들의 문화향유권을 높일 수 있는 '문화의 집'을 전국적으로 건립하기 시작했으며, 지역의 문화기반 시설들에 대한 새로운 투자를 시작했다.

국민의 정부 출범 이후 문화정책은 대단히 실용적이면서도 구체적인 내용을 선보였다는 것이 이전 정부의 문화정책과의 차별점이다. 특히 부처의 이름을 문화관광부로 정하면서 문화와 관광, 문화와 산업의 영역을 조합하려는 시도를 분명히 했다. 문화정책 일반, 순수예술, 문화산업, 체육, 청소년, 관광 분야에 초보적이나마, 구체적인 문화정책들이 제시되기 시작했고, 특히 문화예산의 1% 실현과 문화산업정책의 강화를 통해 문화의 위상을 높였다. 영화진흥위원회의 출범, 문화콘텐츠진흥원의 설립, 「문화산업진흥법」 제정과 '문화산업 진흥기금'의 조성 등을 통해 문화산업을 체계적으로 지원하는 틀을 마련하였다. 국민의 정부는 소위 지원하되 간섭하지 않는 자율로서의 문화정책을 내

[시기별 문화정책의 주요 기능]

시기	1기(1960-1992)	2기(1993-2007)	3기(2008-현재)
정부	박정희, 전두환, 노태우정부	김영삼, 김대중, 노무현정부	이명박, 박근혜, 문재인정부
성격	검열과 통제	자율과 민주	신통제와 다양성
주요 정책	• 문화공보부의 출범(68) • '국풍81, 3S 등 통제와 흡수 • 예술의 전당 건립 • 아시안게임, 서울올림픽 체육진흥	• 문화체육부 신설(93) • 문화의 집, 한예종 설립 • 문화산업 진흥정책 • 국정 홍보 기능의 통합 • 문화 분권과 융합 문화정책	• 문화예술계 좌파청산 • 문화융성 신한류 지원 • 문화예술계 블랙리스트 • 예술인 고용보험, 예술인권리보장법 제정 • 장애인 문화예술진흥

세우기도 했다.

국민의 정부에 이어 진보정권이 집권한 참여정부의 문화정책은 문화 분권과 통합적 문화정책이 주요 기조를 이루었다. 참여정부의 국정 기조이기도 한 분권과 자치 정책은 문화정책으로 이어져, 서울에 집중되었던 문화 산하기관들이 지역으로 이전하는 결과를 낳았다. 영화진흥위원회는 부산으로, 한국문화예술위원회와 한국콘텐츠진흥원은 나주로, 한국관광공사는 원주로 이전하였다. 이외에 광주에 아시아문화의 전당, 전주에 소리문화의 전당, 청주에 한국공예관 등 지역문화의 고유성을 살릴 수 있는 거점 시설들을 많이 조성하였다. 참여정부에서 주목할만한 정책 중의 하나가 문화예술과 교육, 체육과 산업, 콘텐츠와 관광을 융합하는 통합형 문화정책이다. 문화예술교육정책은 이후에 교육부의 협력으로 대표적인 통합적 문화정책으로 평가를 받았고, 체육을 국민 여가활동에서 문화산업의 영역으로, 한류의 글로벌 열풍을 활용하여 관광의 위상과 수준을 높였다.

제3 시기는 이명박정부에서 현재에 이르는 시기이다. 이 시기 문화정책은 새로운 '통제와 다양성'의 문화정책이다. 이명박정부 초기부터 문화예술계 좌파인사들을 청산하자는 이른바 '문화예술 균형화 전략'이란 이름으로 낡은 이념적인 잣대로 문화전쟁을 벌였으며, 이는 박근혜정부에서 문화예술계 블랙리스트 사태로 이어졌다. 문재인정부 들어 <문화비전2030-사람이 있는 문화>라는 문화정책 기조를 통해 자율성, 다양성, 창의성을 강조하는 새로운 시대에 부응하는 가치를 추구하고자 했지만, 윤석열정부 들어 다시 이념전쟁을 선언하고 과거로 회귀하는 통제와 흡수의 문화정책으로 변하고 있다.[13] 해방 이후 한국의 문화정책은 큰 틀에서는 발전을 이루었지만, 시기별로 살펴보면, 정권의 국정 이념에 따라 통제와 자율, 자율과 통제의 기조를 반복하고 있다. 시기별 문화정책의 기능들을 정리하면 앞의 표와 같다.[14]

3) 문화정책의 위상적 정의

문화정책은 어떤 위상을 가지는가? 이는 문화정책이 사회정책 안에서 어떤 위상과 역할을 맡고 있는가에 대한 질문이다. 문화정책의 사회적 정의는 문화정책이 사회발전에 어떻게 개입했는가를 논의하는 것이다. 이는 또 한편으로는 문화정책과 관련이 있는 개념과 어떤 위상적 관계를 맺고 있는가를 살펴보는 것이다. 가령 문화정책과 유사한 개념들로서 문화행정, 문화운동, 문화정치를 언급할 수 있는데, 이 개념들은 문화정책과 유사하지만, 같지는 않다. 문화정책의 위상은 매우 입체적으로 보아야 한다. 문화정책의 가치, 대상, 방법, 효과를 고려할 때, 문화정책은 언제나 항상 사회적 관계 속에서 형성되기 때문이다. 문화정책의 목표, 위상, 역할과 실천 역시 역사적 과정에서 계속 변화하고 진화하고 있다. 그런 점에서 문화정책을 정의할 때, 그와 유사한 개념과 어떤 관계를 맺고 있는가를 따져보는 것이 중요하다. 문화정책을 문화정책의 문

13_ 이동연, 「포스트블랙리스트 문화전쟁」, 『문화/과학』 116호, 2023년 겨울 참고.

14_ 문화정책의 역사적 변천 과정과 관련해서는 이 책에 같이 실린 양현미의 글(「문화정책의 역사적 전개과정」)을 참고하기 바란다.

화와 관련된 관계들의 연합으로 구성하는 것으로, 즉 문화정책의 입체적인 위상을 살펴볼 때, 문화행정, 문화운동, 문화정치와 같은 개념과의 상관관계를 언급하는 것은 매우 중요하다.

첫째, 문화정책과 문화행정의 관계를 살펴보자. 문화정책과 문화행정은 공통점이 많지만 동일한 개념은 아니다. 문화정책이 권력을 획득한 정치적 주체들이 자신의 이념과 가치를 가지고 문화환경을 개선하려는 정치적 행위라면, 문화행정은 그러한 이념과 가치가 잘 실현될 수 있도록 구체적인 실행체계를 마련하는 것이다. 문화행정은 반대로 문화정책의 가치 실현이 주어진 법적 제도적 틀 안에서 위반하지 않도록 일정한 규제와 통제를 가하는 제도적 과정이라 할 수 있다. 문화정책을 문화행정과 동일시하면, 일종의 행정편의주의, 제도적 형식주의를 중시하는 문화관료주의에 빠질 위험성이 있다. 반대로 문화정책이 문화행정을 배제하면 제도적 통제에서 벗어나 체계와 객관성을 잃을 수 있다. 문화행정은 문화정책을 대신할 수 없다. 반대로 문화정책은 문화행정으로부터 독립될 수 없다. 문화행정은 문화정책의 이념과 가치가 잘 실현될 수 있도록 공적으로 지원하는 일종의 국가 및 지방정부의 서비스 체계이다. 그런 점에서 문화행정이 필요조건이라면 문화정책은 충분조건이라 할 수 있다.

둘째, 문화정책과 문화운동의 관계이다. 문화정책은 문화예술계의 현장 운동에 영향을 받으며 발전해왔다. 문화정책은 이론적으로는 비판적 문화연구에서 영향을 받았고, 현장에서는 1980년대 이후 현장 문화예술 운동의 성과들을 계승하면서 발전했다. 문화정책의 국가 정체성, 문화적 권리, 문화다양성의 개념들은 비판적 문화연구에서 많은 영향을 받았다. 영국의 문화연구자인 토니 베넷(Tonny Bennett)은 문화연구가 '문화정책연구'로 대체되든지 그쪽으로 변형되어야 한다는 점을 강조한다.[15] 문화정책의 이론과 연구는 문화의 장 내에서 전략, 구상, 절차에 구체적으로 영향을 미치는 문화이론과 문화정치학의 형태

15_ Tony Bennett, "Putting Policy into Cultural Studies," in L. Grossberg, C. Nelson, eds., *Cultural Studies* (New York and London: Routledge, 1992).

를 띤다. 또한, 그것은 문화적 제도들이 구체적으로 작동하는 절차들과 정책적 전략들 안으로 개입하는 것을 구상하는 지적인 작업이다.

문화연구에서는 1980년대부터 국가정책에 대한 이데올로기적 비판에서 정책 개입으로 방향이 전환되어 진보적인 국가 문화정책의 수립에 개입했다. 대표적으로 영국, 호주, 캐나다 문화정책의 사례를 보면 비판적 문화연구자들이 국가 문화정책의 새로운 비전을 수립하는 데 중요한 역할을 담당했다.[16] 한국에서도 1990년대 문민정부 출범 이후 문화운동에서 제기한 운동 의제들이 국가 문화정책에 많이 반영되었다. 대표적인 사례가 '문화교육정책' '외규장각 등 문화재반환운동' '책읽는 사회' '문화예술축제 감리 및 모니터링' '문화도시조성' '예술인복지와 권리보장' 정책사업 등이 현장 문화예술인과의 능동적인 거버넌스를 통해서 이루어진 것들이다.[17]

세 번째로 살펴볼 것은, 문화정책과 문화정치의 관계이다. 문화정치는 두 가지 의미가 있다. 하나는 문화가 정치 권력의 이해관계를 반영하는 것이다. 문화정책은 권력을 획득한 특정한 정부의 이념과 가치를 반영한다. 그런 점에서 문화정책은 국정 이념을 반영하는 정무적 판단이 필요하다. 문화정책과 관련된 문화정치는 이념적 가치의 실현을 위한 정치적 과정, 즉 우리 시대에 꼭 필요한 문화정책의 가치들을 실현하기 위한 정치적 역량을 발휘하는 것이다. 그런데 문화정치를 정치와 권력에 종속된 기능적 도구로 이해하거나, 사적인 이해관계를 관철하기 위한 정치적 행사로 이해하는 경우가 많다. 권력을 이용하여 문화적 이해관계를 달성하거나, 문화와 예술의 자율성, 독립성의 가치들을 훼손하는 검열과 통제의 정치로 사용하는 것은 문화정치의 근본 개념과는

16_ 일례로, 영국의 문화비평가 토니 베넷은 호주의 그리피스대학에서 호주 국가문화정책의 미래와 정체성을 연구하는 프로젝트를 맡아서 장기간 연구 활동을 벌였다. 그가 제시한 호주 문화정책은 문화적 다양성이고, 아시아 문화권역과의 연대와 협력의 필요성을 끌어내는 것을 중요한 목표로 했다.

17_ 국민의 정부 이후 국가 문화정책 중에서 진보적인 정책의제들은 1999년에 창립한 문화시민운동 단체인 <문화연대>를 통해서 발굴한 것들이 많다. 본론에 언급된 문화정책 의제들은 대부분 <문화연대>를 중심으로 한 문화예술계 시민단체들에서 제기한 것들이다.

거리가 멀다. 하나의 개념으로서 정책은 정치를 규범화, 규칙화하는 것으로, 행동을 조화롭게 하고, 어떤 활동을 포함하고 배제할 것인가를 가늠하고 규범화하는 것을 의미한다는 지적[18]은 추상적인 문화를 구체적인 정책으로 전환하는 것이 문화정치의 주요한 임무임을 알게 해준다.

문화정책은 현실 정치 권력에 종속되어서는 안 된다. 문화정책은 그 자체로 자율적이고 독립적인 가치를 가져야 한다. 문화정책은 정치 권력으로부터 상대적인 자율성을 가져야 하지만, 그렇다고 문화정치와 무관하게 자유로울 수는 없다. 적어도 공공 문화정책은 문화의 이념과 가치의 실현을 위해 정치적 힘을 행사해야 하며, 그 과정에서 일정한 행정적, 제도적 통제를 받아야 하기 때문이다.

문화정치의 두 번째 의미는 문화가 사회적 위상이 높아질 수 있는 정치적 효과를 생산하는 데에 있다. 문화의 정치적 효과는 다양한 방식으로 실현될 수 있다. 제도정치에 문화예술 현장을 잘 이해하고 문화예술의 민주적 창의적 가치를 제대로 대변할 수 있는 정치인들이 배출되는 것, 시민들이 문화적 권리를 더 많이 누리고 문화예술인들의 창작 권리가 보장될 수 있도록 제도를 만들고 재정을 확대하는 것, 우리 사회가 문화의 가치가 경제적 가치 못지않게 중요하다는 점을 인식하게 만드는 것, 그리고 문화가 경제, 복지, 교육, 외교와 협력을 통해 국정의 수준을 높일 수 있는 잠재력이 있음을 이해시키는 것이 문화의 정치적 효과라 할 수 있다. 이른바 '문화의 사회적 가치확산'이란 의제는 문화정책의 가장 중요한 역할이다.

3. 문화정책의 이념

앞서 언급했듯이 문화정책의 개념을 정의하다 보면, 자연스럽게 문화정책의

18_ Miikka Pyykkönen, Niina Simanainen, Sakarias Sokka, eds., *What about Cultural Policy?: Interdisciplinary Perspectives on Culture and Politics* (Helsinki: minerva, 2009), 서문 참고

이념과 가치를 논의하지 않을 수가 없다. 문화정책은 권력을 행사하는 정치적 주체와 집단의 통치 이념을 내재화한다. 간혹 문화정책을 예산을 지원하고 평가하는 행정체계의 실용적인 과정으로 한정하는데, 이는 문화정책을 형식주의, 관료주의에 귀속시키는 결과를 낳게 한다. 문화정책의 이념과 가치는 상호보완적이다. 문화정책의 이념은 추상적이고 관념적일 수 있다. 그것은 문화의 실행 현장과 체계를 만드는 기술이라기보다는 문화정책이 추구하는 정치적 이해관계, 혹은 권력의 작동 목적과 원리를 구상하는 것이기 때문이다.

그러나 문화정책의 이념을 지배계급의 이데올로기를 반영하는 의식 체계로만 규정해서는 안 된다. 문화정책의 이념은 정치에 종속되는 것이 아니라 그 자체로 문화가 사회발전에 개입하고, 미래 비전을 제시하는 것이기 때문이다. 말하자면 문화는 한 사회를 구성하는 다양한 영역 중에서 어떤 위상을 가지며, 우리 사회의 발전에 기여하는 바는 무엇이며, 개인과 공동체의 삶을 행복하게 해주는 것이 무엇인가를 이론화하는 것이다. 그런 점에서 문화정책의 이념은 매우 추상적이고 이상적인 비전을 제시하지만, 문화가 우리 사회에서 얼마나 중요한가를 설득하는 문화 본연의 가치를 강조하는 것을 목적으로 한다. 문화정책이 지배 이념과 권력을 행사하는 도구나 수단이 아니라 정치이데올로기와 관계없이 개인의 삶을 행복하게 만드는 본연의 가치에 충실하기 위해서는 문화정책이 궁극적으로 추구하는 국가와 사회의 상이 어떤 것인지를 상상하는 것은 매우 필요한 과정이다.

1) 문화국가론

문화정책의 이념은 국가, 사회, 개인의 관점에서 서로 다르게 설명할 수 있다. 첫째, 문화국가론이다. 문화국가론은 국가가 정체성과 통치 철학에서 문화의 위상을 강조하는 개념인데, 문화와 예술을 중시하는 관점을 넘어서 국가의 성격 자체를 문화적 관점으로 재구성하는 것을 의미한다. 사실 현대 국가론에서 문화를 국가 정체성의 본질로 정의한 경우는 거의 없다. 1987년 민주화 체제 이후 국가의 정체성으로 민주국가론, 경제국가론, 복지국가론, 통일국가론이 논의된 바는 있지만, 문화를 핵심으로 하는 국가론을 논의한 적은 없다. 박근혜정부에서 국정과제에 문화융성[19]을 강조한 바 있지만, 국가통치의 관점으로 확산하지 못했고 오히려 정권 말기에 문화예술계 블랙리스트 사건으로 퇴행하였다. 문재인정부 초기에는 개헌 논의를 통해서 문화적 권리를 헌법의 기본권으로 격상하는 논의가 있긴 했지만, 연구 수준에 그쳤다.[20] 문화정책과 관련하여 기존 정부에서 '창의한국'[21] '문화융성' '소프트파워가 강한 대한민국' '자유와 창의가 넘치는 문화국가' '일류 문화매력국가' 등의 용어들이 국정과제에 기술되어 있지만, 국가의 정체성과 통치 철학의 관점에서 문화국가론을 본격적으로 제시한 경우는 없다. 문화국가론의 기초는 사실 김구 선생의 『백범일지』에 나온다.

> 나는 우리 나라가 세계에서 가장 아름다운 나라가 되길 원한다. 가장 부강한 나라가 되길 원하는 것은 아니다. 내가 남의 침략에 가슴이 아팠으니 내 나라가 남을 침략하는 것을 원치 아니한다. 우리의 부력은 우리 생활을 풍족히 할 만하고, 우리의 강력은 남의 침략을 막을 만하면 족하다. 오직 한없이 가지고 싶은 것은 높은 문화의 힘이다.[22]

김구 선생이 꿈꾸는 문화국가의 목표는 문화의 힘을 튼튼하게 길러 대한민국이 한 단계 높은 수준으로 도약하는 것이다. 한 국가의 미래는 경제적 부와 군사적 힘만으로 결정될 수 없다. 풍족한 생활과 튼튼한 안보가 한 나라의 힘

19_ 박근혜정부 문화융성 정책과 관련해서는 『문화융성 시대: 국가정책의 방향과 과제』(한국문화관광연구원 편, 2013)을 참고하기 바란다.

20_ 정광렬, 『문화국가를 위한 헌법연구』, 한국문화관광연구원, 2017 참고.

21_ <창의한국>은 노무현정부에서 작성한 문화정책 보고서로서 문화국가론의 관점에서 문화정책의 이론과 실제를 종합적으로 다룬 최초의 보고서로 평가할 수 있다.

22_ 김구, 「나의 소원」, 『백범일지』, 돌베개, 2002.

을 결정하는 필요조건이라면, 문화는 국가의 수준과 국민의 삶의 질을 드높이는 충분조건이다. 김구의 문화국가론은 경제력과 군사력을 보유한 것만으로 충분치 않은 독립 국가로서 미래의 가치를 실현하는 국가론을 의미한다.

주지하듯이 근대 시기 문화국가의 이념은 문화 제국주의의 지배논리로 작용했다. 제국주의는 문화를 식민지 지배의 수단으로 오랫동안 사용했다. 그러나 21세기 문화국가는 국가가 문화를 이용해 국민과 식민지 위에 군림하는 것이 아니라 국민과 개인이 문화의 주인이 되도록 그 토대와 환경을 마련하는 국가를 의미한다. 문화국가는 국민의 문화적 권리를 신장하고, 예술인의 표현의 자유를 보장하며, 공동체의 문화다양성을 보호하고 증진하는 것을 목표로 한다. 문화국가 안에서 국민과 개인은 어떠한 제한과 차별 없이 문화적 삶을 향유할 수 있으며, 높은 수준의 문화적 역량을 가질 수 있도록 간섭받지 않고 충분한 지원을 받을 수 있어야 한다.

[문화국가의 책임과 역할]

영역	목 표
국가의 책임	지원하되 간섭하지 않고, 보장하되 차별하지 않고, 진흥하되 공정하게 지원
개인의 자유	개인이 자유롭게 문화를 향유하고, 창의적인 문화를 생산할 수 있는 권리
사회의 다양성	공동체가 대립하지 않고, 문화적 차이를 인정하고 다양성을 이해하는 사회

2) 문화사회론

국가의 통치 이념과 정체성을 문화국가로 규정하는 것과 다르게 문화정책이 사회 전 영역에서 문화와 예술의 가치를 확산하는 데 기여하는 것을 더 중요한 목표로 설정할 수 있다. 문화국가는 민주주의의 대리 권력 행사 주체로서 행정부 국가의 능력만으로는 완성될 수는 없다. 21세기 문화국가의 성공적인 모습은 국가 안의 개인, 사회, 공동체가 재화를 생산하는 장기간 노동시간에서 벗어나 모두가 행복하고 즐거운 삶을 살 수 있는 조건과 환경을 만드는 데 있다. 이러한 문화적 비전을 구상하는 것이 문화사회론이다.

문화사회론은 정치, 경제, 노동, 복지, 환경, 교육 등 사회를 구성하는 다양한 영역에서 문화의 가치가 스며 들어가는 사회를 말한다. 문화는 다른 사회 영역 구성요소 중 하나에 불과한 것이 아니라 사회를 구성하는 핵심가치이자 동력이라는 점을 강조하는 것이 문화사회론이다. 그런 점에서 문화사회론은 '문화주의'나 '문화분과주의'가 아니라 '사회형성론' 혹은 '사회구성체론'에 가깝다. 문화사회론을 문화운동의 중요한 이념으로 구체화한 것은 1999년에 창립한 문화연대를 통해서이다. 문화연대의 창립선언문에는 문화사회 건설이 중요한 목표로 설정되어 있다.[23] 문화연대는 창립 20주년을 맞아 「문화사회를 위한 테제」를 발표하였는데, 이 테제는 문화사회를 다음과 같이 정의하고 있다.

> 문화사회는 소수의 경제적 이윤과 부당한 노동 착취를 정당화하는 신자유주의 지배체제를 거부하고 모든 이가 자유와 평등의 권리를 누릴 수 있는 사회를 만들고자 한다. 문화사회는 노동시간에서 문화 시간으로, 경제적 가치에서 문화적 가치로, 인간 소외에서 인간 해방으로 이행하는 사회이다. 문화사회는 개인의 자율적인 삶이 더 많아지고, 공동체의 다양한 의사와 행동이 차별받지 않으며, 문화의 창의적 역량이 사회 진보에 기여할 수 있도록 하며, 한 사회의 구성원리에서 문화의 힘과 가치를 중시하고자 한다.

문화사회는 국가-자본의 착취와 억압으로부터 개인들의 자유로운 문화적 활동과 역능을 지켜내는 것이라 할 수 있다. 여기서 문화사회의 성격은 경제사

23_ 문화연대 창립선언문 일부를 인용하면 다음과 같다. "오늘 우리는 '문화연대'를 창립하고자 한다. 문화연대를 창립하려는 것은 문화가 꽃피는 사회, '문화사회'를 건설하기 위함이다. 문화사회는 개인들이 타인과 연대와 호혜의 관계를 유지하면서도 자신의 꿈과 희망과 욕망을 최대한 구현하며 공생할 수 있는 사회이다. 문화사회는 따라서 삶을 자율적으로 꾸려나갈 수단과 조건이 갖추어진 사회이며, 인간과 인간 그리고 인간과 자연 사이에 착취나 억압, 파괴가 더 이상 일어나지 않는 사회이다."

회, 정치사회와 같은 수준에서 문화적 삶의 특수성을 강조하는 것이 아니라 사회구성체로서의 새로운 사회를 상상한다. 따라서 문화사회는 사회 성격의 이행을 전제로 한 것이며, 이른바 '노동사회'에서 '문화사회'로 이행을 주장했던 앙드레 고르(André Gorz)의 이론을 수용한다. 문화사회로의 이행이 노동-생산의 영역에서 노동시간을 자율적으로 선택할 수 있는 권리를 부여받을 뿐 아니라 "모든 사람이 학습, 혹은 재학습할 수 있게"[24] 만드는 사회의 재생산 영역 모두에서 전환할 것을 목표로 한다. "노동-다중 연대가 만들어 낼 문화사회는 사회적 보장소득이 제공되고, 노동자-다중이 민주주의의 주체가 되는 가운데 사회적 풍요를 누리며 문화적 향유가 가능해야 하므로 일차원적인 사회가 아니라 교환가치 이외에도 다양한 유형의 사용가치와 문화적 가치들이 공존하는 다차원적인 사회"[25]이다. 문화사회는 국가-시장을 근본적으로 부정하기보다는 "국가를 지속적으로 민주화하고 시장을 자본주의의 착취와 독점으로부터 해방시켜 투명한 교환의 장소로 전환함으로써 사회적 공공성을 확대하는"[26] 것을 목표로 삼는다는 점에서 아나키즘적인 전복이 아닌, 체제의 급진적 전환으로서 이행을 기획한다.

문화사회는 경제사회, 노동사회의 근대적 패러다임을 벗어나 경제와 노동으로부터 해방되는 사회의 전환-이행을 희망한다. '전환-이행'으로서 문화사회는 노동시간의 단축과 자율시간의 증대라는 탈근대적인 생산-재생산의 사회구성 패러다임에 기초한다. 물론 문화사회로의 이행이 노동시간의 단축과 자율시간의 증대를 곧바로 보장하는 것은 아니다. 노동시간의 단축은 제레미 리프킨(Geremy Rifkin)이 주장하듯이 지본주의 생산체제의 변화에 따른 기술자동화의 결과로서 개인의 자율적 선택이 아닌 국가-자본의 이해관계에 따른

24_ 앙드레 고르, 「노동사회에서 '문화사회'로의 이행: 노동시간의 단축—쟁점과 정책」, 이병천·박형준 편, 『후기 자본주의와 사회운동의 전망: 마르크스주의의 위기와 포스트마르크스주의 III』, 의암출판, 1993, 367.

25_ 심광현, 「문화사회적 사회구성체론을 위한 시론」, 『문화/과학』 46호, 2006년 여름, 167.

26_ 같은 글, 171.

결과이기 때문이다. 강제적인 노동시간의 단축은 개인들을 강제적 실업과 강제적 비정규직화라는 극단의 상황으로 내몰 수 있다. 그래서 비노동 시간의 증대는 결코 자율시간의 증대가 될 수 없다. 기술자동화, 정보기술의 혁신은 개인에게 노동거부와 노동시간의 단축이라는 요구에 공포심을 유발하게 만드는 탈근대적 노동사회의 윤리를 정당화하게 만든다.

노동시간의 단축이 개인들의 자율시간으로의 증대와 그에 따른 개인들의 행복한 권리를 찾기 위해서는 '노동-놀이' '생산-재생산'의 이분법적 사유에서 벗어나 양자를 스스로 결정하고, 선택할 수 있는 사회적 조건과 장치들의 확보가 필요하다. 문화사회는 이러한 노동시간의 단축과 자율시간의 증대라는 사회적 조건에 대한 요청만이 아닌 그 조건을 창조적인 내용으로 전환하는 개인들의 자유로운 감성 활동과 그 의지들의 연합을 꿈꾼다. "노동사회가 허용하는 활동이 타율적인 성격이 강하다면 문화사회에서의 활동은 자율적이어야 한다. 우리가 꿈꾸는 문화사회가 문화적 활동으로 넘쳐난다면, 그것은 자율적인 삶이 최대한 보장되기 때문일 것이다. 자율성의 보장 속에서 펼쳐지는 창조적 활동의 결과로 다양한 자기표현들이 가능하고 또 표현능력들이 계발된다"는 지적[27]은 문화사회의 '전환-이행'의 성격을 강조한 것이라 하겠다.

3) 문화민주주의론

문화사회론이 문화의 가치를 사회적으로 확산하고, 노동과잉, 경제과잉 사회를 극복하는 새로운 사회구성체론에 가깝다면, 문화민주주의론은 문화의 민주화와 민주주의의 문화를 실현하기 위한 목표를 가진다. 문화민주주의는 이행론이라기보다는 현실 실천론에 가깝다. 문화민주주의는 정치민주주의와 경제민주주의가 완성되고 난 후에 실현해야 하는 이행론이나 단계론과는 거리가 멀다. 문화민주주의는 그 자체로 지금 실현되어야 하는 과제이다.

27_ 강내희, 「노동거부와 문화사회의 건설」, 『문화/과학』 20호, 1999년 겨울, 22.

문화민주주의는 두 가지 목표를 가진다. 하나는 '문화의 민주화'이다. 문화의 민주화는 문화를 억압하고 통제하려는 국가검열정책에서 벗어나 문화와 예술의 자율성, 다양성의 가치를 실현하고 이를 확산하는 것을 의미한다. 문화의 민주화는 문화와 예술이 국가권력을 홍보 선전하는 것을 넘어서 국민의 다양한 문화적 권리를 보장하는 제도적, 행정적 체계를 만드는 것을 말하기도 한다. 문화의 민주화를 위한 문화정책은 2010년 이후 다양한 법 제정을 통해 진일보했다. 「문화기본법」은 국민의 문화적 권리와 표현의 자유를, 「문화다양성의 보호와 증진에 관한 법률」은 인종, 국적, 종족, 언어, 세대, 성차 등 우리 사회의 문화적 다양성을 증진을, 「지역문화진흥법」은 지역의 문화 격차 해소와 지역의 고유한 문화발전을, 「예술인권리보장법」은 예술인의 노동과 복지의 권리 신장을 위한 법률들이다.

다른 하나는 '민주주의의 문화'이다. 이는 자율과 평등에 기초한 민주주의가 일상 속에 뿌리내리는 것을 의미한다. 한국사회는 아직 '민주주의의 문화'가 완성되지 못했다. 민주주의 문화의 기본원리는 일상 속에서 서로 다른 개인들이 평등하게 자신의 삶을 영위하는 것이다. 그런데 개인들의 일상의 평등은 지켜지지 않고, 일상의 문화 안에 차별과 혐오가 강하다. 문화예술계도 마찬가지이다. 문화예술의 자율성과 독립성을 침해하고, 예술인을 정치적, 사상적 이념의 잣대로 검열하고, 지원에서 차별 배제하려는 시각이 여전히 존재한다. 특히 문화예술계 블랙리스트 사태가 주는 교훈에도 불구하고 윤석열정부 들어 예술인의 개인적 발언과 예술인의 창작물을 검열하려는 사례들이 여전히 늘어나고 있다.[28] 모두가 차별 없이 법과 사회 안에서 평등하다는 민주주의 원리가 문화예술계에서도 여전히 지켜지지 않고 있다. 이른바 민주주의의 문화는 문화예술을 둘러싼 우리 사회가 차이를 인정하고 차별을 배제하며, 모두가 평

28_ 박근혜정부 블랙리스트 사태 이후 벌어진 자세한 검열 사례에 대해서는 문화연대, '블랙리스트 이후의 블랙리스트: 문재인/윤석열 정부 기간 예술검열 잔혹사'(문화연대 홈페이지 www.cncr.or.kr) 참고.

등한 세상을 누릴 수 있는 기틀을 마련하는 것을 의미한다. 개인의 문화적 권리와 사상 표현의 자유를 가장 중요한 가치로 삼는 문화민주주의는 일상의 삶 속에서 개인의 자유로운 생각과 표현을 중시한다는 점에서 경제민주주의와 정치민주주의보다 한 단계 성숙한 민주주의를 지향한다.

4. 문화정책의 가치확산을 위한 통합 의제들

문화정책은 어떤 가치를 가지는가? 이를 제대로 설명하기 위해서는 문화의 가치와 문화정책의 가치를 동시에 사고해야 할 것이다. 문화의 가치가 정책의 가치로 모두 수렴되지 않고, 정책의 가치가 문화의 가치로 모두 실현되지는 않기 때문이다. 문화정책의 가치는 문화의 가치가 사회적으로 확산할 수 있도록 법적, 제도적, 재정적 지원을 투명하고 합리적으로 실행하는 것을 통해 실현된다. 문화정책의 가치는 문화의 가치를 높이고, 그것을 사회적으로 확산하는 것을 말한다.

먼저 문화의 가치[29]를 어떻게 설명할 수 있을까? 문화의 가치는 「문화기본법」의 제2조 기본이념[30]에 잘 나와 있다. 문화의 자율성, 다양성, 창의성이 그것이다. 첫째, 자율성의 가치는 개인의 권리와 생각이 타인과 집단, 국가에 의해 간섭되거나 통제되는 것으로부터 자유로움을 주장할 수 있는 가치이다. 자율성은 개인과 공동체의 자유로운 활동을 보장받고, 개성과 감각의 특별함을 중시하며, 생각과 행동에 있어 개인이 자기 결정의 주체가 된다는 점을 강조한다. 자율성은 문화가 형성되고 발전하는 데 있어 가장 근본적인 가치이며,

29_ 문화의 가치에 대해서는 <문화비전2030–사람이 있는 문화>에서 제시한 3대 가치의 내용들을 요약 정리한 것임을 밝힌다.

30_ 「문화기본법」 제2조 기본이념은 다음과 같다. "이 법은 문화가 민주국가의 발전과 국민 개개인의 삶의 질 향상을 위하여 가장 중요한 영역 중의 하나임을 인식하고, 문화의 가치가 교육, 환경, 인권, 복지, 정치, 경제, 여가 등 우리 사회 영역 전반에 확산될 수 있도록 국가와 지방자치단체가 그 역할을 다하며, 개인이 문화 표현과 활동에서 차별받지 아니하도록 하고, 문화의 다양성, 자율성과 창조성의 원리가 조화롭게 실현되도록 하는 것을 기본이념으로 한다."

개인과 공동체의 학문의 자유, 의사표현의 자유, 창작의 자유를 보장하는 것을 의미한다. 이는 대한민국 헌법 제21조, '언론출판의 자유와 집회 결사의 자유' 제22조 '학문과 예술의 자유'에 명시되어 있다. 자율성 가치는 자본과 권력으로 제한하거나 통제할 수 없으며, 문화의 창조적 상상력에 기초하고, 문화의 역량을 사회적으로 확산시키는 데 있어 기본 가치이기도 하다.

둘째, 다양성의 가치는 한 사회의 문화적 성숙도를 평가하는 척도이며, 한 사회의 개인과 공동체 간 차이와 공존을 인정하는 것을 의미한다. 다양성은 한 사회에 살고 있는 다양한 정체성과 각기 다른 문화예술의 다양성을 포함한다. 다양성은 계급, 성, 인종, 언어, 종교, 성적 지향성, 지역, 세대 등 개인과 공동체의 다양한 구성 주체들을 존중하고, 그 문화와 표현을 인정한다. 다양성은 획일화되지 않고, 자율성을 보장하며, 지속가능한 문화의 발전을 위해 중요한 가치[31]이다.

셋째, 창의성의 가치는 인간이 가지는 고유한 능력이자 잠재력으로서 창의성을 사회발전과 혁신의 중요한 문화 동력으로 삼고자 하는 것이다. 창의성은 그동안 주로 경제혁신이나 콘텐츠산업의 발전을 위한 도구나 방법으로 사용되면서 경쟁력의 중요한 키워드로 오용되었다. 창의성은 사회 문제해결의 중요한 요소이고, 사회혁신의 귀중한 인간의 능력이자 역량으로 새롭게 이해할 필요가 있다. 창의성은 미래사회와 미래세대를 위해 중요한 키워드이며, 문화의 안과 밖의 융합과 사회구성의 다양한 문제를 해결하고, 사회혁신의 힘이자 가치라 할 수 있다.

문화정책의 가장 중요한 가치는 문화의 이러한 세 가지 가치가 사회 모든 영역에 확산할 수 있도록 방향과 목표를 정하고 이를 실현하기 위한 지원체계

31_ 「문화다양성 보호와 증진에 관한 법률안」 제2조 정의는 다음과 같다. "'문화다양성'이란 집단과 사회의 문화가 집단과 사회 간 그리고 집단과 사회 내에 전하여지는 다양한 방식으로 표현되는 것을 말하며, 그 수단과 기법에 관계없이 인류의 문화유산이 표현, 진흥, 전달되는 데에 사용되는 방법의 다양성과 예술적 창작, 생산, 보급, 유통, 향유 방식 등에서의 다양성을 포함한다."

를 갖추는 것이다. 문화의 사회적 가치와 이를 실현하는 문화정책의 영향은 문화가 사회의 각 영역을 가로질러 한 사회의 공동체, 창의성, 다양성을 높이는 데 기여할 수 있다. 사회의 포용과 다양성을 증진하기 위해 문화정책의 목표, 전략, 효능을 제대로 수립하고 평가하는 것은 문화정책의 중요한 가치이다.[32] 그런 점에서 문화의 사회적 가치확산을 목표로 하는 문화정책의 가치는 문화의 영역에 한정되지 않고, 경제, 교육, 환경, 기술 등 사회의 영역 전반에 문화의 가치를 실현하는 것이다. 문화정책의 가치를 구체적으로 설명하기 위해 다음과 같은 다섯 가지 토픽을 제시하고자 한다.

1) 문화와 경제

우리 시대에 문화는 경제의 중요한 부분을 차지한다. 한국콘텐츠진흥원이 발간한 2021년 『콘텐츠 백서』에 따르면 한국의 콘텐츠산업의 매출 규모는 137조 5,080원으로 전 세계 콘텐츠 시장에서 10위 권 규모이다. 콘텐츠산업 사업체 수는 10만 8,628개이고, 종사자 수는 총 61만 4,734명이나 된다. 부가가치액은 53조 228억 원, 부가가치율은 38.6%로 다른 산업 분야에 비해 월등히 높은 편이다. 한국 콘텐츠산업의 주력인 게임산업의 경우 2021년 매출액은 전년 대비 11.2% 증가한 20조 9,913억 원으로 집계되었다. 수출액 또한 86억 7,287만 달러(한화 약 9조 9,254억 원)으로 세계 게임시장에서 4위를 차지했다. 케이팝이 전 세계 문화 열풍을 몰고 오면서 음악산업 매출 규모도 6조 356억 원으로 세계 음악산업 시장에서 6위에 올랐다.

문화는 탈산업 자본주의 시대에 이른바 '굴뚝 없는 공장'으로서 경제적 상징자본과 부가가치를 높이는 미래 경제의 중요한 영역이다. 특히 산업적으로 내리막길을 걷는 유럽 국가들은 문화와 예술을 통해 국가와 도시의 부가가치를 높이는 창조도시 플랜을 많이 세우고 있다. 음악 축제와 라이브클럽 활성화

32_ European Commission, "The societal value of culture and the impact of cultural policies in Europe." https://cordis.europa.eu/programme/id/H2020_TRANSFORMATIONS-08-2019 참고

등 음악산업을 통해 도시를 활력 있게 만들고 밤의 경제 가치를 높이는 다양한 지원정책을 펼치고 있다. 또한 리버풀, 베를린, 프라하, 멜버른, 맴피스 등의 도시는 문학, 공연예술, 시각예술, 영화, 만화, 디자인, 애니메이션 등 창의적 자원을 활용하여 전 세계 관광객을 유치하고, 도시의 경제를 살리는 창조 문화도시 플랜을 통해 주목받고 있다.

문화와 경제의 관계는 비단 주류 콘텐츠산업에만 해당하는 것은 아니다. 순수예술 분야와 비주류문화에서도 작은 규모이지만, 그 안에 문화경제가 움직이고 있다. 케이팝, 뮤지컬, 온라인 게임, 상업 영화 등만 아니라 다양한 문화예술 분야에서 스스로 자기 경제를 살릴 수 있는 경제적 생태계를 유지하는 것이 문화와 경제의 선순환 구조를 만들기 위해 중요한 관점이다. 지속가능한 문화경제의 생태계는 경제적 부가가치의 장들이 다양하게 형성되는 것을 통해 실현될 수 있다.

문화경제는 반드시 문화의 영역 안에서만 나타나는 것은 아니다. 그것은 산업, 교육, 복지, 과학기술 분야에서도 창출될 수 있는 가능성이 높다. 가령 새로운 제품이 좋은 디자인기술과 만날 때, 평생교육이 문화예술과 만날 때, 4차 산업혁명 기술이 문화콘텐츠와 만날 때, 높은 경제적 부가가치를 만들어 낼 수 있다. 문화가 교육, 복지, 환경, 기술 분야에 잘 결합이 되면 부가가치가 높은 경제 재생산에 기여할 수 있다는 점을 간과해서는 안 된다.

2) 문화와 돌봄

한국사회도 고령화 시대에 접어들면서 돌봄에 대한 관심이 높아지고 있다. 돌봄은 비단 고령 세대만을 위한 것이 아니라 유아, 아동, 청소년, 청년, 장년 등 모든 세대가 각자의 특성에 맞게 받아야 할 인간의 권리이기도 하다. 2021년 정부는 저출산 분야에 46조7천억원, 고령사회 분야에 26조원 등 저출산 고령사회 예산으로 72조 7천억 원을 투입했다. 2020년 62조 7천억 원에 비해 10조원(16%) 가량 증가했다. 이 중 돌봄 관련 예산도 적지 않다. 노인 돌봄, 장애인 돌봄 등 주요 분야 예산의 증가 폭이 꽤 높다. '노인장기요양보험 사업비'가 1조7천1백 억원으로 2020년에 비해 20.6% 증가했다. '노인맞춤돌봄서비스' 예산도 4천 183억 원으로 12.2% 증가했다. 보육 관련 예산도 증가했다. '영유아 보육료'가 3조3천677억 원, '보육교직원 인건비 및 운영지원'이 1조 6천억 원, '가정양육수당 지원'에 7천 608억 원, '어린이집 확충'에 609억 원 등이 들어간다. '장애인활동지원' 예산은 1조 4천 991억 원으로 전년도에 비해 14.8% 늘어났다.[33)]

그러나 돌봄 예산이 증가했다고 해서 돌봄 서비스의 질이 높아졌다고 볼 수는 없다. '돌봄정책기본법'을 제시한 국민입법센터는 최근 발간한 『좋은 돌봄』이라는 저서에서 그 정의를 다음과 같이 기술하고 있다. "돌봄을 사회정책의 한 범주로 인정하고 돌봄의 정의와 대상, 정책추진의 원칙 등을 명시하여, 누구나 좋은 돌봄을 받을 수 있게 하고, 누구든 가족 등 친밀한 관계에 있는 사람을 돌보면서 일-돌봄-휴식을 함께 영위하도록 하며, 유급 돌봄제공자뿐만 아니라 무급 돌봄제공자의 권리도 보장하고 돌봄 책임을 분담하여, 돌봄 민주주의를 실현하는 것을 목적"으로 한다. 돌봄의 주체와 대상, 그리고 주변의 관계, 일상을 모두 고려한 돌봄서비스가 좋은 돌봄정책이라는 것이다.

돌봄 서비스의 질적 성장을 위해 예술교육은 큰 가치를 가진다고 생각한다. 돌봄이 필요한 어르신들에게 음악, 그림, 춤, 사진 등 다양한 형태의 예술교육을 통해서 일상의 즐거움을 회복하고 정신을 건강하게 만드는 프로그램들이 지금보다 더 많이 보급되어야 한다. 일례로 2022년 10월 30일 대한장애인체육회가 실시한 <장애인 체육활동 참여의 의료비 절감 및 사회경제적 효과 연구> 보고서에 따르면, 장애인이 체육활동을 통해 1인당 215,300원의 의료비 절감효과와 1조 4천억원의 사회경제 효과가 있다고 한다. 돌봄 서비스 프로그램에 생활예술, 생활체육 교육을 적극적으로 도입하면 적은 예산으로 돌봄에

33_ 김동현, '돌봄정책 어디로 가야하나⑥ – 돌봄 국가책임, 기초부터 재설계하자', <언론을지키는사람들>, 2021.11.29 기사 참고

들어가는 의료비를 절감할 수 있는 경제적 효과뿐 아니라, 개인적인 삶의 만족과 행복을 누릴 수 있는 기회를 제공할 수 있다.

3) 문화와 생태

인류의 문화는 필연적으로 자연과 지구환경을 훼손하는 방향으로 나간다. 인간의 의식주 생활과 놀이, 여가 활동은 많은 자원과 에너지를 필요로 하기 때문이다. 여행, 축제를 포함한 다양한 문화생활에는 이동, 음식, 시설과 같은 자원의 소비를 전제로 한다. 근대 시기에 문화는 이러한 지구환경의 문제를 크게 걱정하지 않았지만, 탈근대 시대, 혹은 위험사회와 인류세의 시대에 문화는 생태적 고려와 배려, 혹은 통제를 받아야 하는 상황에 이르렀다.

이제 지구는 인간에 의해 지배되고, 인간이 운영을 결정하는 시간이 되었다. 이를 '인류세(anthropocene)'라 한다. 인류세는 지구과정에서 가장 최근의 균열을 명명한다. 인류세의 등장은 탄소경제에 기초한 산업혁명이 결정적인 계기가 되었다. 2차 세계대전 이후 전 지구의 자원 낭비가 인류 역사와 지구역사(planet) 사이에 균열을 일으킨 것이다. 인류세는 처음으로 인류의 역사와 지구의 역사의 공존을 가져왔다. 지구의 미래는 자연적인 과정에 의존할 뿐 아니라 인간행동의 의지에 의한 결정에 의존한다. 이러한 변화는 생태적 관점의 재명명이 아니라 지구 시스템이라는 과학적 연구가 새롭게 발견한 어떤 실체 과정의 균열로 봐야 한다.[34] 결정적으로 지구 시스템이라는 새로운 개념은 지형, 생태계, 환경 같은 이전의 연구대상을 망라하며, 초월한다. 인류세라는 개념은 생태계 교란을 뛰어넘어 지구 시스템의 균열을 인식하는 질적 도약을 포착하기 위해 고안되었다.[35]

최근 인류세의 시대가 야기한 생태적 위기를 예술창작으로 재현하거나, 기

34_ Peter Reason, "Review of *Defiant Earth* by Clive Hamilton," 2019 요약.
35_ 클라이브 해밀턴, 『인류세: 거대한 전환 앞에 선 인간과 지구 시스템』, 정서진 역, 이상북스 2018, 32.

후위기의 문제를 사회적으로 알리기 위한 문화기획이 많아지고 있다. (사)시민자치문화센터가 진행하는 '키후위키' 프로젝트도 그 일환 중의 하나이다. '키후위키'라는 이름을 통해 기후위기라는 중요한 시대적 인식을 드러내고, 소비자와의 커뮤니케이션에서 스테레오 타입보다는 유연함, 위트, 변칙을 중요하게 생각한다는 점을 강조하고자 했다. 또한 Key, Who, We, Key라는 영어 단어의 조합으로 각 단어의 뜻을 나열하고 연결해 '열쇠는 누구?' '우리가 열쇠'라는 의미를 내포하고 있기도 하다. 키후위키는 오랫동안 반복적으로 해서 익숙하지만 피로감이 높은 활동방식의 기후위기에 관한 캠페인과 환경운동을 생활권 안에서 지속하면서 작지만 영향력 있는 변화를 이끌어내고 싶다는 목적을 가지고 2022년 문화기획자, 디자이너, 기후위기 캠페이너가 모여 만든 스타트업이다. 키후위키는 개인들이 가지고 있는 기후위기에 대한 두려움, 무력감이 기후위기에 대한 이슈를 계속 회피하게 만들고, 당장 행동을 취할 동기를 낮추는 이유가 되고 있다고 생각하고, 일상용품을 매체 삼아 시민들의 힘을 북돋는 커뮤니케이션을 시작해 보고자 한다. 이를 통해 메시지를 만들어내고, 새로운 내러티브를 형성하며, 상점과 프로그램을 통해 만나는 고객들에게 전달되는 디자인된 의류와 일상용품이 생활세계에서 영향력을 갖는 매체로 활용될 수 있도록 노력함으로써 기존 방식과는 다른 기후위기 캠페인을 시도하고 있다.[36]

4) 문화와 기술

4차 산업혁명과 기술혁명이 가져다줄 미래사회 문화와 기술의 융합은 개인들의 라이프스타일에 큰 영향을 미칠 것이다. 새로운 기술혁명이 주도하는 4차 산업혁명의 시대에 개인의 라이프스타일도 급진적으로 변하고, 첨단기술로 매개된 개인들의 문화콘텐츠 소비와 이용 환경도 급격하게 재편될 것도 확실하다. 그래서 중요한 것은 4차 산업혁명이라는 개념보다는 그러한 개념이

36_ 성북마을 블로그, 「성북마을사회적경제센터 코워킹 스페이스 입주기업 – "키후위키"를 소개합니다」. https://blog.naver.com/sbcenter9501/223260073097

상상하는 사회 환경과 그 환경에서 살아가게 될 개인들의 라이프스타일의 변화 양상이다. 이러한 라이프스타일의 변화를 이끌어내고, 4차 산업혁명의 기술혁명을 미래의 삶의 즐거움과 행복의 가치로 전환시킬 수 있는 대안은 창의적 문화적 상상력이다.

새로운 기술문화 혁명에 따라 기존의 문화콘텐츠 영역이 어떤 변화를 일으키고, 새로운 문화콘텐츠 산업이 어떻게 지배적인 영역으로 부상하고 이들이 이용자들의 기술 감각과 콘텐츠 관여에 미치는 영향이 무엇일지에 대한 연구가 필요한 것이다. 개인의 감각을 극대화시키는 '서드라이프'의 시대는 책, 영화, 음악, 게임, 모바일, 메신저커뮤니티와 같은 미디어콘텐츠들을 전혀 다른 방식으로 경험하게 될 것이며, 그 체험이 그 자체로 가상이 아닌 현실이 될 것이다. 이러한 기술과 문화환경의 변화를 빨리 인지하고 새로운 문화콘텐츠들을 만들기 위해서는 콘텐츠 분야의 국가 R&D에 대대적인 투자가 필요한 시점이다.

5) 문화와 교육

국가 차원에서 문화교육정책은 노무현정부에서 시작했다. 당시 초등학교에 국악강사를 파견하는 사업을 확대하여 연극, 영화, 무용, 사진, 디자인, 공예 등으로 확산해서 학교와 사회 영역에서 실시하고 있다. 「문화예술교육지원법」과 한국예술교육진흥원, 그리고 지역문화예술교육지원센터가 예술교육 지원의 법적, 제도적, 인프라적 중심을 맡고 있다.

주 52시간 도입과 고령화 사회에 접어들면서 문화예술교육이 중요한 역할을 하게 되었다. 여가시간의 증대에 따라 국민들의 문화향유 기회가 확대될 것으로 기대되고, 특히 문화예술교육의 수요가 높아질 것으로 기대한다. 아마추어 예술 동호회를 중심으로 생활문화의 증대에 따라 단순히 배우는 문화예술교육에서 체험하는 문화예술교육의 수요가 높아질 것으로 예상된다. 그래서 여가시간의 증대에 따른 문화예술교육의 수요 예측과 수요자 중심의 참여형

문화예술교육에 대한 프로그램 개발이 필요하다. 또한, 고령화 사회에서 노령인구를 대상으로 한 문화예술교육의 확대는 매우 중요해졌다. 노령인구에 맞는 새로운 형태의 문화예술교육 모델을 만드는 것을 통해 사회문화예술교육의 영역을 확대하는 방안에 대한 검토가 필요하다. 유아기에서 아동, 청소년, 성년, 장년기에 따른 맞춤형으로 전 생애 문화예술교육을 어떻게 특성화할 것인가에 대한 공론화가 필요한 상황이다.[37)]

문화예술교육의 경제적, 사회적 효과는 당장에 가시적으로 나타나지는 않는다. 일례로 1980년대 프랑스가 예술교육을 전면 도입했을 때, 예산을 낭비하는 비경제적인 문화정책으로 일부 비판을 받았지만, 오랜 시간이 지난 후에 프랑스 경제에 기여하는 결과를 얻었다. 2005년 프랑스 GDP 통계에 따르면 예술공방의 경제 규모가 꾸준하게 상승한 것으로 나타났는데, 이는 오랫동안 국가가 지원한 예술교육이 좋은 창작자와 좋은 소비자를 낳은 결과로 분석되었다.

5. 문화정책의 전환을 위한 새로운 패러다임

문화정책은 이제 새로운 전환의 시기를 맞이하고 있다. 글로벌 문화의 유기적인 흐름 안에서 문화정책은 이제 일국의 국가문화정책의 수준을 넘어서야 한다. 또한, 문화정책은 인간을 이롭게 하는 것만이 아니라 자연과 생태, 동물과 기술과의 공존, 공진화를 위한 정책이 되어야 한다. 포스트코로나, 기후위기, 혐오와 폭력의 정동, 블랙리스트 이후의 시대를 살고 있는 우리에게 문화정책은 어떻게 전환해야 하고, 어떤 패러다임을 상상해야 할까?

첫째, 포스트코로나 시대 문화의 회복을 위한 문화정책의 새로운 전환이 필요하다. 문화와 예술의 회복은 단지 과거의 문화로 회귀하는 것이 아니다. 그것은 코로나 시간을 겪으면서 우리가 생각하지 못했던 문화의 취약한 점들

37_ 문화체육관광부, <문화예술교육 공론화 추진단 이슈리포트>, 2020년 5월 보고서 참고

을 극복하고, 개인과 집단의 고립과 소외를 넘어서 문화의 사회적 치유의 역할을 강화하는 방향으로 나아가야 할 것이다. 유네스코가 코로나 기간에 실시했던 예술회복운동은 "지금, 그 어느 때보다 우리는 문화가 필요하다"는 점을 강조한다. 팬데믹 시대일수록 문화활동이 위축되지 않고, 정신적 육체적 고립감에 시달리는 사람들을 위해 할 수 있는 것들을 적극적으로 해야 한다.

포스트코로나 시대, 문화도 인류도 엄청난 도전에 직면해 있다. 코로나19의 위기는 우리 삶의 모든 층위에 영향을 미쳤다. 공공보건, 노동시스템, 사회상호작용, 정치적 논쟁, 공공 공간의 사용, 경제, 환경, 그리고 문화적 삶 등등. 코로나19는 우리 공동체의 문화적 삶을 아주 심하게 강타했다. 임시직 자기-고용 프리랜서 활동이 이미 익숙한 (문화예술) 노동자들은 어떤 수입도 올리지 못하고 긴 기간 동안 현장을 떠나있었다. 공동체의 문화적 삶 속의 모든 자발적 참여들은 코로나19로 인해 큰 위험에 처해졌었고, 우리 민주주의의 삶의 질과 복지도 역시 마찬가지다.[38]

코로나19가 만연했을 때, 극장, 미술관, 도서관이 문을 닫았다. 그러나 이러한 상황에서도 문화는 우리에게 절실하게 필요하다. 팬데믹 상황에서 문화가 안전보다 우선할 순 없지만, 궁극적으로는 안전이 문화를 지배할 수는 없다. 그 이유는 문화는 인류와 인간의 근본이고, 지금 힘들고 지친 사람들의 일상을 위로할 수 있고, 집단 우울증에 빠진 우리 사회를 치유할 수 있는 창조적 힘을 갖고 있기 때문이다. 그러한 문화적 가치와 역할은 그냥 주어지지 않는다. 코로나19 팬데믹은 인류에게 새로운 삶의 전환을 요구한다.

둘째, 한류를 아시아 문명으로의 전환을 가시화하는 문화적 징후로 보는 넓은 시각이 필요하다. 안드레 군더 프랑크는 그의 저서 『리오리엔트』에서 "근대 유럽사와 세계사가 펼쳐지는 과정에서 유럽 밖의 지역에서 이루어진 모든 공헌을 깡그리 무시하고 '예외적인' 유럽 내부의 원인과 결과만을 보려는

38_ Culture21 Committee, "The cultural mobilization in the COVID-19 pandemic-Briefing and Leaning Note," 2020.04.21 참고.

태도는 비좁은 터널 안에서 밖을 내다보는 '터널역사관'이다"[39]라고 비판하면서 아시아 문화의 새로운 부상에 대해 주목한다.

1990년대 후반부터 시작된 한류는 드라마, 케이팝을 거쳐 뷰티, 패션, 푸드 등 문화 한류로 확산되어, 지금은 클래식, 무용, 미술, 국악 등 예술 한류에 이르기까지 한국문화가 동시대 세계 문화에서 대안적인 흐름을 형성하고 있다. 한류는 유럽과 미국의 제1세계 문화와 동남아시아, 남미, 아프리카의 제3세계 문화의 중간에서 새로운 대안 문화를 만드는 위치에 있다. 문화 한류는 분명 문화자본의 논리가 지배하고 있지만, 다른 한편에서는 동시대 세계문화의 다양성을 중시하는 새로운 흐름에서 대안적인 문화로 부상하는 점도 주시할 필요가 있다.

문화 한류는 21세기 문명의 전환에 있어서 글로컬 문화의 새로운 대안적 흐름을 주도할 수 있다. 문화 한류를 통해 한국의 문화콘텐츠 산업의 경쟁력을 높이고, 미국과 유럽 중심의 문화 트렌드에 변화를 주도할 수 있으며, 온라인 디지털 환경과 열정이 넘치는 한국의 문화가 포스트코로나 시대 글로벌 문화의 새로운 흐름을 만들어낼 수 있도록 적극적인 지원과 협력이 필요하다.

마지막으로 문화정책은 생태적 전환을 위한 구체적인 실행계획을 수립해야 한다. 어떤 점에서 문화정책은 그동안 인간의 유희와 쾌락을 위해 봉사했다. 공연, 축제, 여행, 취미생활 등 문화여가 활동은 일정한 상품의 소비를 전제로 하고, 문화정책은 문화경제의 활성화를 위해 인간의 여가활동 촉진을 장려하는 것을 강조했다. 그러나 기후위기와 탄소중립의 시대에 문화정책은 인간의 쾌락을 위해 존재하는 것이 되어서는 안 된다. 인간이 문화를 창조하고 문화의 재생산을 위해 필요한 자원을 활용하는 것은 불가피한 일이지만, 가능하면 인위적인 자원을 낭비하지 않고 문화활동을 즐기는 생태적 문화정책으로의 전환이 시급하다.

39_ 안드레 군 더 프랑크, 『리오리엔트』, 이희재 역, 이산, 2003.

문화정책의 생태적 전환은 인간중심주의 문화에서 벗어나 자연, 생태, 기술과 인간이 공진화하는 것을 목표로 한다. 이를 위해 문화활동에서의 탄소중립 및 일회용품 사용 최소화를 실현하는 법제도화, 기후위기의 사태를 문화적으로 표현하는 창작활동, 쓰레기를 줄이고 전기를 낭비하지 않고, 일상에서 생태적 삶을 실천할 수 있는 문화기술 개발을 문화정책의 중요한 과제로 삼아야 한다. 미래 인류사회를 위한 문화정책의 전환은 이러한 세 가지 패러다임의 전환을 통해 실현될 수 있을 것이다.

■ 키워드

문화의 개념, 문화정책의 정의, 문화정책의 이념, 문화정책의 위상, 문화정책의 가치 확산

■ 질문거리

- 문화를 어떻게 정의할 수 있는지 기술하시오.
- 문화정책의 위상과 이념은 무엇인지 설명하시오.
- 「문화기본법」은 문화정책의 역사에서 어떤 의미를 가지는지 설명하시오.
- 문화정책의 가치를 사회적으로 확산하기 위해 어떤 실천을 해야 하는지 기술하시오.

문화정책의 역사적 전개과정

양현미 | 상명대학교 예술대학 문화예술경영전공 교수

1. 서론

문화정책의 역사적 전개과정은 시간적 범위를 임시정부부터 문재인정부까지로 설정하고 정부별로 살펴보고자 한다. 문화정책에 대한 선행연구[1]에서 역사 서술의 시작 시기는 미군정이나 정부수립이다. 임시정부부터 시작하는 것은 대한민국이 임시정부의 법통을 계승한다고 한 헌법 전문에 근거하고 있으며, 국가 문화정책의 이상을 잘 표현하고 있는 김구의 「나의 소원」을 역사 서술의 출발점으로 삼고자 하기 때문이다. 시대구분 방식은 10년 단위 구분, 발전사적 구분, 정부별 구분방식이 있는데, 객관적 고찰을 위해 정부별로 살펴보았다.

1_ 문화정책의 역사적 전개과정에 대한 선행연구는 김정수의 『문화행정론』(초판 2006, 개정판 2010, 개정2판 2017), 박광무의 『한국문화정책론』(2010), 박광무 외 8인이 공동으로 저술한 『문화정책의 역사적 변동과 전망』(2015) 등이 있다. 각 연구는 시대구분과 정책분야 등에 있어 차이가 있다. 김정수는 미군정부터 박근혜정부까지 문화예술, 문화산업, 문화재 분야를 대상으로 정부별로 문화행정 조직, 문화관련 법과 정책, 문화행정의 특징으로 나누어 살펴본 후 문화행정의 변화추세를 도출하였다. 박광무는 정부수립부터 참여정부까지, 문화예술, 문화산업, 문화재 분야를 대상으로 문화정책변동의 외부환경, 문화정책의 내재적 여건, 문화정책의 주체, 문화정책 기조의 형성과 변동, 문화 핵심정책변동으로 나누어 고찰하고 문화 핵심정책이 시대별로 어떻게 변화해왔는지 통시적으로 분석하였다. 박광무 외 8인이 저술한 문화정책의 역사적 변동과 전망은 문화예술, 문화산업, 미디어, 체육, 관광, 종무, 문화재 분야별로 다른 집필자가 작성하였다. 그러다 보니 장별로 서술방식이 다르다. 문화예술은 산업화, 민주화, 정보화 시대로 구분하여 문화예술정책을 살펴보고 있으며, 문화산업은 태동기, 구조화기, 심화기 등과 같이 시대적 특징이나 발전사관에 따른 구분방식을 채택하고 있다.

다만, 대통령 직선제를 도입한 87년 헌법 제정 이전과 이후로 장을 구분하였는데, 대통령 직선제 도입 이후 대통령 공약과 국정과제를 통해 정부별 문화정책의 지향점이 보다 분명하게 드러나기 때문이다. 분야 범위는 문화예술, 문화산업, 문화유산을 중심으로 하였다. 정부별로 추진기반(조직, 예산, 법률), 중장기계획, 대표 정책과 특징을 살펴본 후, 시대를 관통하는 문화정책의 정성적, 정량적 주요 변화를 통시적으로 분석하였다.

2. 임시정부 ~ 제5공화국

1) 임시정부(1919.4~1948.8)

헌법 전문에서는 "대한국민은 3·1운동으로 건립된 대한민국임시정부의 법통을 계승한다"고 명시하고 있다. 대한민국 임시정부는 1919년 4월 11일 중국 상하이에서 수립되었으며 1948년 8월 15일 대한민국 정부가 수립되면서 해산되었다. 1919년 9월 11일 대한민국 임시헌법이 제정되었다. 제8조에 따르면, "대한민국의 인민은 법률 범위 내에서 5가지 자유를 향유한다"고 정하고 있는데 이중 세 번째로 '언론, 저작, 출판, 집회 결사의 자유'를 규정하고 있다.

임시정부 시기 국가의 문화정책에 대한 이상을 가장 잘 담은 글은 김구의 「나의 소원」이다. 김구는 『내가 원하는 우리나라』에서 문화의 힘이 한없이 높은 아름다운 나라를 이상으로 제시하였는데, 오늘날에도 국가 문화정책의 이상을 가장 잘 표현한 글로 큰 공감을 불러일으키며 널리 인용되고 있다.

> 나는 우리 나라가 세계에서 가장 아름다운 나라가 되기를 원한다. 가장 부강한 나라가 되기를 원하는 것은 아니다. 내가 남의 침략에 가슴이 아팠으니 내 나라가 남을 침략하는 것을 원치 아니한다. 우리의 부력(富力)은 우리의 생활을 풍족히 할 만하고 우리의 강력(强力)은 남의 침략을 막을 만하면 족하다. 오직 한없이

가지고 싶은 것은 높은 문화의 힘이다. 문화의 힘은 우리 자신을 행복하게 하고 나아가서 남에게 행복을 주겠기 때문이다. 지금 인류에게 부족한 것은 무력도 아니요, 경제력도 아니다. 자연 과학의 힘은 아무리 많아도 좋으나 인류 전체로 보면 현재의 자연 과학만 가지고도 편안히 살아가기에 넉넉하다. 인류가 현재에 불행한 근본 이유는 인의가 부족하고 자비가 부족하고 사랑이 부족한 때문이다. 이 마음만 발달이 되면 현재의 물질력으로 20억이 다 편안히 살아갈 수 있을 것이다. 인류의 이 정신을 배양하는 것은 오직 문화이다. 나는 우리 나라가 남의 것을 모방하는 나라가 되지 말고 이러한 높고 새로운 문화의 근원이 되고 목표가 되고 모범이 되기를 원한다. 그래서 진정한 세계의 평화가 우리 나라에서, 우리 나라로 말미암아서 세계에 실현되기를 원한다.[2)]

2) 미군정(1945.9~1948.8)

미군정청은 해방 이후 정부수립까지 남한 지역 통치를 위해 설치된 행정조직으로 1947년 6월 남조선 과도정부로 명칭을 개칭하였다. 미군정청의 행정조직에서 문화정책 업무를 담당한 부서는 초기에는 학무국과 공보부였으며 후기에는 문교부와 공안부로 개편되었다.[3)] 학무국과 문교부는 교육정책의 부수적인 분야로 문화예술, 종교, 문화재 정책을 담당하였다. 오늘날 문화산업에 해당하는 신문, 방송, 영화, 출판 등은 공보부 · 공안부에서 담당하였는데, 미국과 소련 간 냉전체제가 강화되고 이데올로기 갈등이 심화되는 상황 속에서 언론 및 영화에 대한 검열이 이루어졌다. 미군정기 영화검열의 근거가 된 법령은 1946년 제정한 군정법령 제115호 영화의 허가이다. 법령에서는 공보부가 영화 공연 전에 그 적부를 검사하여 공보부 소정 표준에 해당한 영화를 허가할 권리와 의무가 있다고 규정하였다.[4)]

2_ 김구, 「나의 소원」, 『백범일지』, 1947(상권 1929년, 하권 1943년 집필하였으며 1947년에 출판함).
3_ 김정해, 「미군정기의 행정과 정책변화의 특성」, 『행정논총』 제46권 3호, 2008, 155-158.
4_ 조준형, 「미군정기 검열」, 『사람과 글 人·文』, 2013년 11월 통권 031호. http://rikszine.korea.ac.kr/front/article/humanList.minyeon?selectCategory_id=61&selectArticle_id=428&front

3) 제1・2공화국(1948.8~1960.6, 1960.6~1962.12)

제1공화국은 1948년 7월 공포된 제헌헌법에 근거하여 수립되었다. 제1공화국은 초기에 미군정 후기 조직을 계승하여 문교부와 공보처에서 문화정책을 담당하였다.[5] 1955년 두 차례 정부조직을 개편하였는데, 2월 문교부로 공보처의 문화산업 업무를 이관하였으며, 6월 대통령 직속으로 구황실재산관리위원회와 구황실재산사무총국을 설치하여 문화재 업무를 담당하도록 하였다. 이로써 문교부와 구황실재산총국에서 문화정책을 담당하였다. 제2공화국은 1960년 6월 내각책임제를 채택한 헌법에 따라 수립되었으나 5・16 군사정변으로 약 11개월간 존속하였다. 문화행정 조직은 문교부와 구황실재산사무총국에서 담당하였다.[6]

1947년 제정된 헌법을 보면, 제5조에서 대한민국은 정치, 경제, 사회, 문화의 모든 영역에 있어서 각인의 자유, 평등과 창의를 존중하고 보장하며 공공복리의 향상을 위하여 이를 보호하고 조정하는 의무를 진다고 규정하였다. 제13조에서는 모든 국민은 법률에 의하지 아니하고는 언론, 출판, 집회, 결사의 자유를 제한받지 않도록 하였으며, 제14조에서는 모든 국민은 학문과 예술의 자유를 가지며 저작자, 발명가와 예술가의 권리는 법률로써 보호한다고 명시하였다. 제1공화국에서 제정한 문화 법률은 「입장세법」(1949), 「문화보호법」(1952), 「구황실재산법」(1954), 「저작권법」(1957) 등이 있다. 「입장세법」은 연극, 연예 또는 관람물(씨름, 야구, 권투, 골프장 등)의 개최장소, 영화관, 경마장 등에 입장세를 부과하기 위한 목적으로 만든 법률이다. 「문화보호법」은 학문과 예술의 자유를 보장하고 진흥하기 위한 법률로서 학술원과 예술원의 설치와 학문 및 예술 분야 공로자에 대한 표창과 재정지원 근거를 제공하였다. 「구황실재산법」은 구황실재산을 국유화하고 문화재로서 보존관리하기 위해 제정한

ContentsArticleDto.selectOrderyear=2013&frontContentsArticleDto.selectOrdermonth=11&frontContentsArticleDto.selectOrderno=031 (검색일: 2023.09.18.)

5_ 역대정부기구도, https://org.go.kr/oam/gvrnOrgChartView.ifrm?flag=gov (검색일: 2023. 09.18.)

6_ 역대정부기구도, https://org.go.kr/oam/gvrnOrgChartView.ifrm?flag=gov (검색일: 2023. 09.18.)

법률이다.

이 시기에는 일제시대에 만들어진 문화기관을 재편하고 새로운 기구를 설치하였다. 은사과학기념관은 국립과학박물관(1945)으로, 이왕가미술관은 덕수궁미술관(1946)으로, 조선총독부박물관은 국립박물관(1949)으로 개편하였으며, 민속학자 송석하의 소장품을 기반으로 국립민족박물관(1949)이 개관하였다.[7] 경성부민관은 국립극장(1950)으로, 이왕직 아악부는 국립국악원(1950) 등으로 개편하였으며, 학술원(1954), 예술원(1954) 등이 문화보호법에 근거하여 새로 설치되었다. 하지만 이 시기는 정치적 갈등, 사회적 혼란, 6.25 전쟁과 전후 경제적 피해 등으로 인해 문화정책이 수립되기 어려웠다.

4) 제3 · 4공화국(1962.12~1972.12, 1972.12~1981.2)

제3공화국 초기에 문화행정 조직은 문교부와 공보부로 이원화되었다. 문교부에서는 예술, 문화재 등을 관장하였는데, 문화재는 구황실재산사무총국을 개편한 문화재관리국에서 담당하였다. 공보부에서는 영화, 공연예술, 출판 등을 관장하였다. 그러다 1968년 문화공보부를 설치하여 이원화되어 있었던 문화행정 조직을 일원화하였다. 국립기관으로 문화재 분야에서 현충사관리사무소(1968), 세종대왕기념관(1970) 등이 설치되었으며, 문화예술 분야에서 국악사양성소(1967), 국립현대미술관(1969, 경복궁), 국립중앙박물관(1972, 경복궁으로 신축 이전, 현 국립민속박물관) 등이 조성되었다.

제3공화국에서는 현재 문화법의 근간이 되는 많은 법률들이 제정되었다. 「공연법」(1961), 「문화재보호법」(1962), 「영화법」(1962), 「지방문화사업조성법」(1965), 「음반에관한법률」(1967), 「문화예술진흥법」(1972) 등이 그것이다. 민족문화 정립을 위해 「문화재보호법」이 먼저 제정되었으며 어느 정도 경제개발이 이루어진 1970년대 초에 이르러 「문화예술진흥법」이 제정되었다. 공연법,

---

7_ 국립중앙박물관, 『한국박물관 개관 100주년 기념: 여민해락, 함께 즐거움을 누리다』, 2009.

영화법, 음반에관한법률은 1960년대에 제정되었으나 통제적 성격이 강하였다. 공연법에 사전검열인 각본심사가 1963년 시작되었으며, 영화법과 음반법에서도 대본과 가사 등을 검열하는 사전심의제가 도입되었다. 하지만 자국 영화산업 보호를 위해 1966년 영화법에 국산영화 의무상영제도(스크린쿼터제)가 도입되기도 하였다.[8] 문화예산은 문화공보부 예산의 40% 정도였으며, 문화재가 31.1%, 문화예술이 8.9%로, 문화재가 문화예술보다 비중이 높았다.[9]

제4공화국에서 문화행정 조직은 문화공보부를 그대로 유지하였다. 이 시기에는 한국문화예술진흥원(1973), 영화진흥공사(1973), 한국방송공사(1973년 국영에서 공영으로 전환) 등 현재까지 존속하고 있는 주요 공공기관이 설치되었다. 제3공화국 마지막 해인 1972년 제정된 「문화예술진흥법」에 근거하여 1973년부터 문화예술진흥기금 모금이 시작되었으며, 이를 관리하기 위해 정책심의기관인 문화예술진흥위원회와 기금관리기관인 한국문화예술진흥원이 설립되었다. 문화시설로는 국립극장(1973), 미술회관(1974, 현 아르코미술관), 국립광주박물관(1978) 등이 조성되었으며, 광화문에 시립문화시설로 세종문화회관(1978)이 조성되었다.

1973년 우리나라 최초의 문화분야 중장기 계획인 <문예중흥 5개년 계획>(1974-1978)이 발표되었다. 비전은 '전통문화의 계승과 이를 바탕으로 한 새로운 민족문화의 창조'였으며 3대 목표는 '주체적 민족사관 정립과 민족예술 창조' '예술의 생활화 · 대중화로 국민의 문화수준 향상' '국제문화교류 적극화로 문화한국의 국위선양'이었다. 유신체제 하에서 주체적 민족사관이 강조됨에 따라 문화재와 전통문화에 문화예산의 약 70%가 투입되었다. 문화예술과 대중문화 분야에서는 유신정신 구현과 건전 문화의 육성을 이유로 공연, 영화, 음반 등에 대한 검열이 대폭 강화되었으며, 표현의 자유는 크게 침해되었다. 제3공화국과 제4공화국에서는 전체적으로 문화정책의 법적, 제도적 기반이 마

8_ 한성언, '스크린쿼터', 『한국민족문화대백과사전』 사이트 (검색일: 2023.10.22.)
9_ 김정수, 『문화행정론』, 집문당, 2017, 405.

련되고 정부의 문화지원이 확대되었으며, 특히 문화재보존 정책에 대한 국가의 행정적, 재정적 지원이 확대되었다. 문화예술과 대중문화 정책에서 역시 이전 시기보다 재정적 지원이 확대된 것은 사실이나 체제안정을 위해 국가통제가 강화되면서 예술의 자유가 제대로 보장되지 못하였다.

5) 第5공화국(1980.10~1987.10)

第5공화국의 문화행정 조직은 第3, 第4공화국 시기와 마찬가지로 문화공보부였다. 문화공보부는 문화국, 예술국, 매체국을 두었으며 외국으로 문화재관리국이 있었다. 第5공화국에서 문화분야 중장기 계획은 <제5차 경제사회발전 5개년 수정계획>(1982-1986)에 문화 분야를 포함하여 수립하였다. 이 계획에서는 '문화시설의 확충과 지방문화의 육성' '전통문화유산의 개발과 창작여건 개선' '86아시아경기대회와 88올림픽 계기 국위선양'을 목표로 하였다.

第5공화국은 문화시설의 확충과 지방문화의 육성을 위해 문화예산을 대폭 확대하였다. 문화예산이 이전보다 약 3배 이상 증가하였으며 문화공보부 예산에서 문화예산의 비중이 공보예산보다 많아지게 되었다. 문예회관(현 아르코예술극장, 1981) 국립현대미술관(과천관, 1986), 독립기념관(1987), 예술의전당(1988), 국립국악당(1988) 등 국립문화시설이 건립되었으며, 조선시대 5대궁의 복원이 이루어졌다. 지방문화 육성을 위해 시도 종합문예회관, 무형문화재 전수회관 등이 건립되었다.

第5공화국 시기에는 현재까지 유지되고 있는 헌법의 문화조항이 신설되었다. 제8조 "국가는 전통문화의 계승발전과 민족문화의 창달에 노력하여야 한다"는 조항에 근거하여 문화국가를 국가이념으로 하게 되었다. 이 시기 문화분야 법률로는 「박물관법」(1984), 「전통건조물보존법」(1984)이 제정되었으며, 「공연법」, 「문화예술진흥법」, 「문화재보호법」, 「영화법」, 「저작권법」 등이 개정되었다. 「영화법」의 경우, 영화업이 허가제에서 등록제로 바뀌고 정부에서 하던 사전심의를 공연윤리위원회에서 하게 되었다. 전반적으로 규제가 완화되는 방향으로 개정이 이루어졌으나 표현의 자유는 확보되지 못하였다.

3. 제6공화국~문재인정부

1) 제6공화국(1987.10~1993.2)

1980년대 민주화 운동의 결실로 1987년 헌법 개정이 이루어졌으며, 대통령직선제를 통해 제6공화국이 출범하였다. 제6공화국의 문화행정 조직은 초기에는 이전 정부와 마찬가지로 문화공보부였으나, 1990년 역사상 처음으로 문화부가 독립부처가 되었다. 초대 장관으로 문학평론가인 이어령 장관이 임명되었다. 문화부는 오늘날과 유사한 문화정책국, 생활문화국, 예술진흥국, 어문출판국으로 구성되었으며, 문화재관리국은 외국으로 편제되었다. 공보 기능은 공보처로 분리되었는데, 1968년 이후 약 20여년만의 일이었다.

문화부는 1990년 최초의 문화 분야 장기계획인 <문화발전 10개년 계획>(1990-1999)을 발표하였다. 모든 국민이 문화를 누리는 '문화복지국가'를 만들기 위해 5대 기본방향, 4대 정책기조를 설정하였다. 5대 기본방향은 ① 마음의 풍요를 지향하는 '복지문화'의 틀, ② 갈등구조를 푸는 '조화의 문화'의 틀, ③ 환태평양시대를 주도하는 '민족문화'의 틀, ④ 후기산업시대에 적응하는 '개방문화'의 틀, ⑤ 북한 협력시대를 준비할 '통일문화'의 틀로 설정하였다. 4대 정책기조는 '문화창조력의 제고' '문화 매개 기능의 확충' '국민의 문화향수 확대' '국제문화교류의 증진'이었다.[10] 문화부는 이같은 장기적인 계획을 추진하기 위해 문화예산의 비중을 1990년 0.35%에서 2천년대에 1% 수준으로 끌어올리겠다고 발표하였다.[11] 제6공화국 마지막 해인 1992년 문화예산은 정부예산 대비 0.43%까지 증가하였다. 이 계획은 문화를 국민복지의 중요한 분야로

10_ 한범수, '문화발전 10개년 계획', <국가기록포털>, https://archives.go.kr (검색일: 2024.08.05.)
11_ 이상용, '문화부, 문화발전 10개년 계획 발표', <MBC 뉴스데스크>, 1990. 06.25.

설정하고 창작자에서 향유자 중심으로 정책의 지평을 넓혔다는 점에서 의의가 있다. 또한 제6공화국의 북방정책에 따라 검열의 대상이었던 북한 및 공산권 국가의 문예작품에 대한 대규모 해금조치가 이루어졌으며, 문화교류가 확대되었다. 제6공화국은 전국문화공간망 구축을 위해 지역의 문화시설 건립을 지원하였으며 이로 인해 관련 법률들도 재정비되었다. 도서관법은 「도서관진흥법」으로, 박물관법은 「박물관및미술관진흥법」으로 개정되었으며, 「지방문화원진흥법」이 제정되었다.

2) 문민정부(1993.2~1998.2)

문민정부는 제3공화국에서 제6공화국에 이르기까지 약 32년에 이르는 군부 출신 대통령 시대를 끝내고 민주화 운동을 이끌었던 민간인 대통령이 집권한 시대이다. 이 시기 문화행정 조직은 문화부와 체육청소년부가 통합되어 문화체육부가 되었다. 조직개편에서 중요한 변화는 크게 두 가지이다. 첫째, 영화, 음반, 출판 등을 관장하는 문화산업국이 신설되었다. 이 분야는 정부 수립 이후 줄곧 검열과 통제의 대상이었는데, 문민정부에 들어와서 비로소 진흥의 대상이 될 수 있었다. 과학기술자문회의에서 대통령에게 "영화 쥬라기공원의 1년 흥행수입이 자동차 150만대 수출과 맞먹는다"고 한 보고가 계기가 되어 이러한 전환이 이루어지게 되었다.[12] 둘째, 체육청소년부와 통합되고 교통부로부터 관광국이 이관되어 문화체육부는 문화 외에 체육, 청소년, 관광 분야까지 포괄하게 되었다. 문민정부 시기에 한국예술종합학교가 1993년 음악원에서 시작하여 연극원, 영상원 등 6개원이 개원하였으며, 문화정책 싱크탱크로 1994년 한국문화정책개발원(현 한국문화관광연구원)이 신설되었다.

문민정부는 1993년 <문화창달 5개년 계획>(1993-1997)을 발표하였다. 중장기 정책목표는 '문화창달을 통해 국민의 삶의 질을 향상시켜 선진 문화복지

12_ 김홍, 「쥬라기공원 1년 흥행수입/차150만대 수출 맞먹는다」, 『조선일보』, 1994.05.18.

국가로 진입'하는 것이었다. 5대 정책기조는 '규제에서 자율로' '중앙에서 지역으로' '창조계층에서 향수계층으로' '분단에서 통일로' '보다 넓은 세계로'였다. 이를 실현하기 위한 5대 정책과제는 '민족정기의 확립' '지역문화의 활성화와 문화복지의 균점화' '문화창조력 제고와 문화환경 개선' '문화산업 개발과 기업문화 활성화 지원' '한겨레문화의 조성과 우리문화의 세계화'였다. 이러한 계획을 실현하기 위해 문민정부는 임기 말까지 문화예산 1%, 문예진흥기금 3,000억원 조성을 목표로 설정하였다. 목표를 달성하지는 못하였으나 1993년 문화예산 0.44% 수준에서 1997년 0.91%로 꾸준히 확대되었다.

문민정부 문화정책의 특징은 크게 세 가지이다. 첫째, 문화산업정책이 통제에서 진흥으로 전환되기 시작하였다. 1996년 영화 및 음반의 사전심의제도에 대한 위헌판결이 이루어지면서, 영화, 음반, 공연의 사전심의제도를 규정하던 법적 근거가 폐지되고 등급제도로 전환되었다. 문화산업이 고부가가치 전략산업으로 인식되면서 문화산업국이 신설되고 영상산업에 대한 금융, 세제, 인프라 등에 대한 지원이 확대되었다. 둘째, 국민의 문화복지를 위해 문화향수기회 확대와 문화환경 조성이 강조되었다. 1995년 지방자치제도가 도입됨에 따라 모든 국민이 지역마다 고르게 문화복지를 누릴 수 있도록 공립 문화시설에 대한 국고보조사업이 시작되었으며, 문화의거리 조성, 건축물 미술장식제도 의무화, 문화의집 조성 등의 정책이 추진되었다. 마지막으로 민족정기 확립이 강조되었다. 광복50주년을 맞이하여 일제강점기 식민지배의 상징이었던 구 조선총독부 건물을 철거하였으며[13] 경복궁의 원형 복원과 국립중앙박물관의 용산 이전을 추진하였다. 문민정부는 1997년 <문화창달 5개년 계획>을 이을 중장기 계획으로 <문화비전 2000>[14]을 발표하였다. '문화의 시대가 오

13_ 김영미, '옛 조선총독부 마침내 철거 시작', <연합뉴스>, 1995.08.15.

14_ <문화비전 2000>(1997)은 문화의 새로운 패러다임으로 '다양성과 통합의 문화, 풍요로운 삶과 민주주의적 문화, 문화산업과 산업의 문화화, 통일지향의 민족문화, 문화의 세계화와 문화적 보편성을 설정하고 정책과제로 창조적 인간을 위한 문화교육, 문화예술 창작에 대한 지원 확대, 문화산업 육성 및 산업의 문화화 추진, 지역문화 활성화, 통일을 지향하는 민족문화의

고 있다'는 캐치프레이즈를 뒷받침할 야심찬 계획이었다. 하지만 1997년 12월 IMF 외환위기가 터지면서 문화의 창작, 유통, 소비의 전 영역이 크게 위축되었다.

3) 국민의 정부(1998.2~2003.2)

국민의 정부 시기 문화행정 조직은 부처 명칭을 문화체육부에서 문화관광부로 변경하였는데, 소관업무는 문화예술, 문화산업, 문화재, 관광, 체육, 청소년으로 이전 정부와 동일하였다. 문화재관리국은 정부 초기에는 외국으로 설치되어 있다가 1999년 문화재청으로 승격되었다. 문화관광부의 산하기관은 국립제주박물관, 국립춘천박물관, 국립현대미술관 덕수궁이 신설되었다. 소속기관의 자율성과 경쟁력 제고를 위해 국립중앙극장을 책임운영기관으로 전환하였다. 문화산업 분야에서는 현장 예술인의 정책참여를 위해 영화진흥공사가 영화진흥위원회로 전환되었으며, 영화, 비디오, 음반, 게임, 공연 등에 대한 등급분류업무를 전담하는 영상물등급위원회가 설치되었다. 문화산업의 새로운 성장동력으로 떠오르는 게임과 문화콘텐츠 분야를 지원하기 위해 한국게임산업개발원, 한국문화콘텐츠진흥원 등이 설치되었다.

국민의 정부는 1998년 <국민의 정부 새문화관광정책>을 발표하였다. 이 계획은 '지원은 하되 간섭은 하지 않는다'는 팔길이 원칙을 천명하였다는 데 의의가 있다. 4대 기본방향은 '문화의 힘을 통하여 경제적 고부가가치를 창출하고 국민의 힘을 하나로 결속시켜 제2의 건국 실현' '문화가 사회의 모든 부문에서 중심적인 가치를 차지하는 21세기 지식정보사회 추구' '문화주의를 통한 성숙한 문화시민사회와 민족공동체의 기반 형성' '한국문화의 정체성 확립과 보편적 세계주의를 추구하는 열린 문화 구현'이었다. 10대 추진과제는 ① 21세기 문화국가 실현을 위한 정책기반 구축, ② 문화기반시설의 확충과 운영

확립, 한국문화의 세계화'를 제시하였다.

개선, ③ 지식정보사회에 대비한 기반 조성, ④ 창조적 예술활동을 위한 여건 조성, ⑤ 문화복지의 실질적 구현을 통한 삶의 질 향상, ⑥ 문화유산의 체계적인 보호 · 계승 · 발전, ⑦ 문화산업의 획기적 발전체제 구축, ⑧ 문화를 기반으로 지역간 균형발전 및 사회통합, ⑨ 문화를 통한 민족통합 달성, ⑩ 문화정체성을 바탕으로 한 보편적 세계주의 지향이었다.

국민의 정부 문화정책은 크게 세 가지 특징을 보여주었다. 첫째, '지원은 하되 간섭은 하지 않는다'는 문화정책의 팔길이 원칙을 정립하였다. 문화산업 및 문화예술 분야에서의 규제가 대폭 완화되었다. 2001년 영화에 대한 상영등급분류 보류 조항에 대한 위헌판결이 나면서 제한상영가 등급을 신설하는 제도개선이 이루지게 되었으며, 영상물등급위원회가 신설되어 영화, 비디오, 음반, 게임, 공연에 대한 등급분류를 통합하여 담당하게 되었다. 둘째, 문화산업 육성정책이 대폭 확대되었다. <문화산업발전 5개년 계획>(1999), <문화산업 비전21>(2000), <콘텐츠코리아 비전21>(2001) 등 문화산업 분야 계획이 발표되었다. 문화산업 예산은 1998년 168억원에서 2002년 1,958억원으로 10배 이상 증가하였다.[15] 「문화산업진흥기본법」이 제정되었으며, 「음반 · 비디오물및게임물에관한법률」을 통해 게임산업 지원을 위한 법적 근거가 마련되었다. 셋째, 국민의 정부는 2000년 문화계 숙원사업이었던 문화예산 1%를 달성하였다. 정부예산 대비 문화예산은 1999년 0.79%였는데 2000년 40.1%가 증액되면서 1%를 넘게 된 것이다. 가장 증가한 분야는 문화산업으로 전년 대비 83.5%가 증가하였으며 다음으로 문화재가 전년 대비 52% 증가하였다. 2001년에는 문화예산이 처음으로 1조원을 넘어서게 되었다. 하지만 2003년 문화예술진흥기금 모금이 국민의 재산권을 침해하며 포괄위임입법금지의 원칙에 위배된다는 위헌판결이 나오면서, 문화예술진흥기금의 모금이 중단되었으며 대체재원이 마련되지 못하여 이후 정부의 과제로 남게 되었다.

15_ 박조원 외, 『참여정부의 문화산업 정책과 향후과제』, 한국문화관광연구원, 2007, 13.

4) 참여정부(2003.2~2008.2)

참여정부는 국민의 정부를 승계하여 문화관광부라는 부처명칭을 유지하였다. 우선 2000년대 이후 확대된 한류를 지원하기 위해 문화산업 관련 부서가 문화산업국 1국 체제에서 문화산업국과 문화미디어국 2국 체제로 확대되었으며, 저작권과와 문화기술인력과가 신설되었다. 예술 분야에서는 예술지원 시스템을 현장 중심으로 전환하기 위해 한국문화예술진흥원을 한국문화예술위원회로 전환하였으며, 문화예술교육과와 한국문화예술교육진흥원이 신설되었다. 참여정부의 국가균형발전 정책을 문화분야에서 구현하기 위해 지역문화과와 아시아문화중심도시추진단이 신설되었다. 법률로는 「문화예술교육지원법」, 「아시아문화중심도시조성에관한특별법」(이하 「아시아문화도시법」) 등이 제정되었다.

참여정부는 2004년 문화비전인 <창의한국>을 발표하였다. 1년여 기간 동안 문화계 전문가 약 200여 명이 참여하여 30년 미래를 내다보는 문화정책의 장기 비전과 패러다임 전환 과제를 설계하였다. <창의한국> 비전 아래 '창의적인 문화시민' '다원적인 문화사회' '역동적인 문화국가'를 3대 목표로 설정하고 5대 기본방향과 27대 추진과제를 제시하였다. 5대 기본방향은 '문화참여를 통한 창의성 제고' '문화의 정체성과 창조적 다양성 제고' '문화를 국가발전의 신성장동력화' '국가균형발전의 문화적 토대 구축' '평화와 번영을 위한 문화교류협력 증진'이었다. <창의한국>은 개인, 사회, 경제, 지역, 세계와의 관계에서 문화의 역할을 확대하는 데 기여하였다. 그 결과 문화예술교육, 여가문화, 문화바우처, 공간문화, 문화중심도시, 신행정수도 문화기획, 동북아 문화협력, 아시아문화동반자사업 등 새로운 정책영역과 사업들이 기획되었다.[16] 예술 분야에서는 <새예술정책>(2004)이 발표되었다. 이 정책은 '향유자 중심의 예술

16_ <창의한국>은 당대 문화계의 담대한 꿈을 집대성한 만큼 정치적 성향이 다른 대선주자가 대선공약으로 채택하기도 하였다. 이명박정부의 「예술인복지법」과 국립현대미술관 서울관, 박근혜정부의 「문화기본법」과 당인리복합문화공간 등이 여기에 해당한다.

활동 강화' '예술의 창조성 증진' '예술의 자생력 신장' '열린 예술행정체계 구축'이라는 4대 기본방향을 설정하고 14대 추진과제를 제시하였다. 문화산업 분야에서는 <문화산업 5대강국 실현을 위한 문화산업 정책비전>(2003), <문화·관광·레저스포츠산업 육성전략>(2005), <문화강국 C-KOREA 2010>(2005) 등의 계획이 지속적으로 발표되었다.

참여정부 문화정책의 특징을 살펴보면, 첫째, 문화예술인의 정책참여를 확대함으로써 문화거버넌스를 실질적으로 구현하고자 하였다. <창의한국>, <새예술정책> 등 정책기획 과정에서 문화예술 전문가들이 참여하는 다수의 TF들이 운영되었으며, 한국문화예술진흥원을 한국문화예술위원회로 전환하여 현장 예술인들이 정책결정 및 집행과정에 참여할 수 있도록 제도화하였다. 둘째, 문화분야에서 지역균형발전정책을 강력하게 추진하였다. 문화를 통한 지역발전의 선도모델로 광주 아시아문화중심도시, 부산 영상문화도시, 전주 전통문화도시, 경주 역사문화도시 등이 추진되었으며, 세종 행정중심복합도시에 국립박물관 단지가 기획되었다. 균형발전특별회계, 임대형 민간투자사업(BTL) 등을 통해 지역 문화시설의 균형적 확충이 가속화되었으며, 기존의 유휴공간을 리모델링하여 문화 접근성을 높이는 생활밀착형 작은도서관 조성 사업이 시작되었다.[17] 공공기관 지방이전 정책에 따라 한국문화예술위원회, 한국콘텐츠진흥원, 저작권위원회, 한국영화진흥위원회 등의 지방이전이 결정되었다. 셋째, 콘텐츠산업을 10대 국가미래전략산업으로 선정하여 육성하였다. 문화산업 조직과 예산이 확대되고 문화산업 관련 법률이 산업별로 분법화되었다. 문화산업진흥기금은 2003년 618억원에서 2006년 1,905억원으로 3배 이상 확대되었으며, 2007년부터 모태펀드로 변경되어 1,000억원이 넘는 문화콘텐츠 투자조합이 운영되었다. 한미FTA에서 스크린쿼터제가 축소됨에 따라 한국영화를 보호하기 위해 영화진흥기금을 설치하였다. 음반·게임및비디오물에관한법률은

17_ 건축공간연구원, '작은도서관 조성 지원사업'. https://www.aurum.re.kr/Policy/PolicyOffice.aspx?pcode=F04 (검색일: 2023.11.13.)

「영화및비디오물의진흥에관한법률」, 「음악산업진흥에관한법률」, 「게임산업진흥에관한법률」 등으로 분법화되었다. 국민의 정부에 이어 참여정부에서도 문화산업 육성정책을 이어간 덕분에, 참여정부 기간동안 문화산업 시장규모는 연평균 10.5%, 수출 증가율은 연평균 40.3%를 기록하였다.[18]

5) 이명박정부(2008.2~2013.2)

이명박정부는 부처 명칭을 문화체육관광부로 변경하고, 국정홍보처의 국정홍보 업무와 정보통신부의 디지털콘텐츠 업무를 문화체육관광부로 이관하고 청소년 업무는 여성가족부로 이관하였다. 국정홍보 기능은 정부 초기에는 국무총리실과 문화체육관광부로 이원화되었다가 2012년 문화체육관광부 국민소통실로 일원화되었다. 부처의 업무관할 범위가 확대됨에 따라 복수차관제가 도입되었다. 이명박정부 시기 문화행정 조직은 과거 문화공보부 시기의 문화행정 조직과 유사하게 되었다. 정부의 대부처 체제에 맞추어 문화부 산하 공공기관들도 통폐합되었다. 2008년 발표된 공공기관 선진화 추진계획에 따라, 2009년 한국방송영상산업진흥원, 한국게임산업진흥원, 한국문화콘텐츠진흥원, 문화콘텐츠센터, 한국소프트웨어진흥원 디지털콘텐츠사업단 등 5개 기관을 통합하여 한국콘텐츠진흥원을 설립하였다. 예술 분야에서는 한국예술인복지재단과 국립예술자료원이 신설되었다.

이명박정부는 2008년 <품격있는 문화국가 대한민국>을 발표하였다. 4대 목표는 '문화가 펼쳐지는 나라' '콘텐츠로 부유한 나라' '브랜드가 있는 관광의 나라' '스포츠로 신명나는 나라'로 설정하고 6대 기본방향으로 ① 문화예술 본연의 가치 강조, ② 예술지원 체계 개선, ③ 사회적 취약계층의 문화향유 기회 확대, ④ 예술인 복지 및 창작역량 제고, ⑤ 녹색 생활문화 기반 조성, ⑥ 고유 문화자원의 활용 및 콘텐츠구성 활성화를 제시하였다. 예술지원에서 이

18_ 박조원 외, 앞의 책, 1-28.

전 정부와 차별성을 강조하였는데, 이전 정부가 문화예술의 사회적 가치를 강조했다고 보고 문화예술 본연의 가치를 강조하였으며, 공적지원에 대한 책임을 강조하는 '공공성의 원칙'과 '효율적인 운영' 기조에 따라, '선택과 집중' '사후지원' '간접지원' '생활 속 예술'을 예술지원의 4대 원칙으로 제시하고 이러한 방향으로 예술정책을 전환하고자 하였다.

이명박정부 시기 문화정책 특징을 정리하면 다음과 같다. 첫째, 예술인 복지정책의 제도적 근거가 마련되었다. 2011년 최고은 사건을 계기로 「예술인복지법」이 제정되었으며, 2012년 한국예술인복지재단이 설립되었다. 「예술인복지법」은 예술인의 지위와 권리를 법에 명시하고 정부와 지방자치단체의 책무로 설정하였다는 점에서 의의가 있다. 둘째, 근대 산업유산 및 유휴시설의 리모델링을 통해 다수의 국립문화시설을 조성하였다. 대한민국역사박물관,[19] 문화역서울284, 명동극장, 예술가의집, 서계동 열린문화공간 등이 임기 내에 개관하였으며, 국립현대미술관 서울관, 국립한글박물관, 국립나주박물관 등은 임기 내에 시작하여 다음 정부에서 개관하였다. 전반적으로 서울지역에 국립문화시설의 조성이 집중되었다. 셋째, 콘텐츠산업정책은 디지털콘텐츠 분야를 흡수하면서 정책 영역이 확대되었으며, 부처간 협력체계가 강화되었다. 정보통신부의 온라인 디지털콘텐츠산업발전법을 「콘텐츠산업진흥법」으로 전면 개정하였으며, 컴퓨터 프로그램법은 「저작권법」에 통합하였다. 콘텐츠산업진흥위원회는 <제1차 콘텐츠산업진흥 기본계획>(2011-2013)을 수립하고 콘텐츠산업을 미래 성장동력으로 육성하고자 하였다. '스마트콘텐츠 코리아 구현'을 비전으로 세계9위에서 세계7대 강국으로 성장시키기 위해 '범국가적 콘텐츠산업 육성체계 마련' '국가창조력 제고를 통한 청년 일자리 창출' '글로벌 시장 진출 확대' '동반성장 생태계 조성' '제작 · 유통 · 기술 등 핵심기반 강화'를 제시하였다.[20] 넷째, 문화계 블랙리스트 실행으로 표현의 자유가 침해되었으며

19_ 대한민국역사박물관은 2008년 대통령이 광복절 경축사에서 현대사박물관 건립을 공포하면서 추진되었으며, 구 문화체육관광부 청사를 리모델링하여 2012년 개관하였다.

문화정책 전반에서 문화다양성과 문화거버넌스가 약화되었다. 2008년 이명박 정부 시기 청와대 기획비서관실에서 작성한 <문화권력 균형화 전략>에 따르면, 문화부의 역할은 산하기관 이적청산, 새로운 구심세력 형성지원, 과거 정부 지원사업 정밀 재검토, 투자펀드 조성 등의 역할이며 기재부는 문화부 예산을 정밀 검토하여 좌파지원 예산은 전액 삭감하고 우파지원 사업에 대규모 예산지원을 하도록 하였다.[21] 2023년 법원은 문성근, 김미화 등 문화예술인이 이명박 전 대통령과 원세훈 전 국정원장을 상대로 낸 손해배상 청구소송에서 이명박정부 시기에 블랙리스트가 있었다는 사실을 확인하고 손해배상을 하라고 판결하였다.[22] 또한 독립영화, 다원예술 등에 대한 지원을 대폭 삭감하여 문화다양성을 약화시키고 각종 위원회를 정리하거나 형식적으로 운영함으로써 문화거버넌스를 약화시켰다.

6) 박근혜정부(2013.2~2017.5)

박근혜정부는 문화체육관광부 명칭은 유지하되 미래창조과학부에 디지털 콘텐츠 업무를 이관하였다. 이러한 업무이관에도 불구하고 박근혜정부 시기 문화부 조직은 대폭 확대되었다. 2013년 2차관 4실 1단 16국(관) 54과에서 2017년 2차관 7실 17관 52과로 개편되었는데, 문화예술정책실, 체육정책실, 관광정책실, 차관보 등이 신설되었다. 국립문화시설로 국립현대미술관 서울관, 국립한글박물관, 국립아시아문화전당이 개관하였으며, 당인리문화발전소, 국립세계문자박물관 등이 새롭게 추진되었다. 국정과제인 문화예산 2% 달성을 위해 문화예산이 매년 정부 평균보다 빠르게 증가하였으며, 「문화기본법」, 「지역문화진흥법」, 「문화다양성 보호와 증진에 관한 법률」(이하 「문화다양성법」), 「국민여가활성화 기본법」, 「인문학 및 인문정신문화의 진흥에 관한 법률」, 「대

20_ 콘텐츠산업진흥위원회, <제1차 콘텐츠산업진흥 기본계획>, 2011.5.

21_ 박지영, 「"블랙리스트 없었다"더니… 핵심은 유인촌, 백서에 104번 지목」, 『한겨레신문』, 2023.10.05.

22_ 이영섭, 법원 'MB · 원세훈, "블랙리스트" 김미화 · 문성근 등에 배상', <연합뉴스>, 2023.11.17.

중문화예술산업발전법」 등이 제정되었다.

박근혜정부는 문화융성을 4대 국정기조[23]의 하나로 설정하였다. 문화융성위원회는 2013년 <문화융성 3대 전략 10대 과제>를 발표하였다. 3대 전략은 '문화참여 확대' '문화예술 진흥' '문화와 산업 융합'이며 이를 달성하기 위해 ① 문화재정 2% 달성 및 「문화기본법」 제정, ② 문화참여 기회 확대와 문화격차 해소, ③ 문화다양성 증진과 문화교류협력 확대, ④ 생활문화공간 조성, ⑤ 예술인의 창작안전망 구축 및 지원 강화, ⑥ 문화유산 보존 강화 및 활용 확대, ⑦ 인문 · 정신문화의 진흥, ⑧ 한국스타일 콘텐츠산업 육성, ⑨ 고부가 가치 융복합 한국관광 실현, ⑩ 스포츠 활성화로 건강한 삶 구현을 제시하였다. 「문화기본법」에서 문화권이 국민의 권리로 규정되면서 문화권 보장을 위한 대표사업으로 문화가 있는 날, 생활문화센터 조성, 문화영향평가제도 등이 추진되었다. <제2차 콘텐츠산업 진흥 기본계획>(2014-2016)에서는 '콘텐츠산업으로 창조경제 견인' '국민소득 3만불 시대 실현'을 비전으로 설정하고 '투융자 기술 기반 조성' '콘텐츠 창업 창작 활성화와 창의인재 양성' '글로벌 시장 진출 확대' '건강한 생태계 조성 및 이용 촉진' '분야별 콘텐츠의 경쟁력 강화 및 협력체계 구축'을 추진하였다. 대표사업으로 문화창조융합벨트-문화창조융합센터, 문화창조벤처단지, 문화창조아카데미, K컬처밸리, K익스피리언스와 콘텐츠코리아랩을 추진하였다.[24]

박근혜정부는 문화융성을 위해 많은 예산을 투입하고 주요 법률을 제정하였으나, 문화계 블랙리스트로 문화의 근간을 해한 정부가 되었다. 문화계 블랙리스트는 청와대 주도의 권력형 범죄로 2013년부터 2016년까지 3년간 문화예술계 지원배제 명단을 작성하고 지원에서 배제한 사건이다. 2020년 12월 헌법재판소는 박근혜정부의 문화계 블랙리스트 사건에 대해 전원일치로 위헌판결

23_ 4대 국정기조는 '경제부흥' '국민행복' '평화통일 기반 구축' '문화융성'이었다.
24_ 박성규, 「[문체부, 문화창조융합본부 없앤다] 문화융성의 좌절…콘텐츠 육성 차질 불가피」, 『서울경제』, 2016.12.21.

을 내렸다. 헌법재판소는 "목적의 정당성도 인정할 여지가 없는, 헌법상 허용될 수 없는 공권력 행사이며 정치적 반대의사 표시를 이유로 지원에서 배제한 것은 표현의 자유 제한 중에서도 가장 심각하고 해로운 제한이며, 다른 예술인과 구분해 차별적으로 취급한 것은 문화예술인의 평등권을 침해"한 것이라고 보았다.[25]

7) 문재인정부(2017.5.10.~2022.5.9.)

문재인정부의 문화행정 조직은 문화체육관광부로 이전 정부와 동일하게 문화, 체육, 관광, 국정홍보 분야를 관할하였다. 2017년에는 이전 정부에서 확대되었던 조직이 조정되어 2차관, 1차관보, 7실, 16관에서 2차관, 1차관보, 4실, 5국, 11관으로 개편되었다. 3개실을 국 중심으로 전환하고 지역문화정책관과 평창올림픽지원단을 신설하였다. 이후 옛전남도청복원추진단, 한류지원협력과가 신설되었다. 문화예산은 2017년 5.6조원에서 2022년 7.1조원으로 26.8% 증가하였으며 문화예산이 처음으로 7조원을 넘게 되었다. 법률은 「예술인의 지위와 권리의 보장에 관한 법률」(이하 「예술인권리보장법」), 「장애예술인 문화예술활동 지원에 관한 법률」(이하 「장애예술인지원법」), 「서예진흥에 관한 법률」 등이 새롭게 제정되었다. 「예술인복지법」이 개정되어 서면계약이 의무화됨에 따라 방송, 대중문화, 애니메이션, 공예 분야의 표준계약서를 제정하고 미술, 공연예술 등 분야의 표준계약서를 개정하였다.

문재인정부는 2017년 문화 분야 국정전략과 과제를 제시하였다. 국정전략인 '창의와 자유가 넘치는 문화국가'를 달성하기 위해 '지역과 일상에서 문화를 누리는 생활문화 시대' '창작환경 개선과 복지 강화로 예술인의 창작권 보장' '공정한 문화산업 생태계 조성 및 세계 속 한류 확산' 등을 국정과제로 설정하였다. 문재인정부는 보다 장기적인 문화정책의 비전을 마련하기 위해 민간 중

25_ 배지현, 「헌재 박근혜 정부 문화계 블랙리스트 위헌 전원일치 결정」, 『한겨레신문』, 2020.12.24.

심의 새문화정책준비단을 구성하고 2018년 <문화비전2030-사람이 있는 문화>를 발표하였다. 문화비전2030은 비전인 '사람이 있는 문화'를 만들기 위하여 '개인의 자율성 보장' '공동체의 다양성 실현' '사회의 창의성 확산'을 3대 방향으로 설정하고 9대 의제와 47대 대표과제를 제시하였다. 9대 의제는 ① 개인의 문화권리 확대, ② 문화예술인 · 종사자의 지위와 권리 보장, ③ 성평등 문화의 실현, ④ 문화다양성의 보호와 확산, ⑤ 공정하고 다양한 생태계 조성, ⑥ 지역문화 분권 실현, ⑦ 문화자원의 융합 역량 강화, ⑧ 미래와 평화를 위한 문화협력 확대, ⑨ 문화를 통한 창의적 사회혁신이었다.[26]

문재인정부 문화정책의 특징은 크게 다섯 가지이다. 첫째, 예술인의 창작 환경을 개선하고 복지를 강화하였다. 정부 출범과 함께 문화예술계 블랙리스트 진상조사 및 제도개선위원회를 구성하여 백서와 재발 방지를 위한 제도개선안을 마련하였다. 정부는 문화계에 블랙리스트, 미투, 불공정 행위 등이 발생하지 않도록 「예술인권리보장법」을 제정하였다. 예술인에 대한 사회안전망 구축을 위해 예술인 고용보험 제도 신설, 예술인 생활안정자금 융자 신설, 예술인 창작준비금 수혜인원 4천명에서 2만4천명으로 6배 확대, 예술인 서면계약 의무화 등을 추진하였다. 둘째, 국민이 지역과 일상에서 누리는 문화권을 확대하였다. 정부는 생활문화 시대를 열기 위해 주52시간제 도입을 통한 여가 시간 확대, 생활밀착형 문화기반시설의 확충, 법정 문화도시 지정 등을 추진하였으며, 국민의 기초 문화생활 보장을 위해 통합문화이용권 지원금 5만원에서 10만원으로 2배 확대, 문화비 소득공제 신설 등을 추진하였다. 이를 통해 국민의 문화예술행사 관람률이 확대되고 소득간 문화격차가 완화되는 성과를 보여주었다. 셋째, 콘텐츠산업의 양적, 질적 성장을 견인하였다. 콘텐츠산업 3대 혁신전략(2019.9), 신한류 진흥정책 추진계획(2020.7), 디지털 뉴딜 문화콘텐츠산업 성장전략(2020.9), 코로나19 극복 콘텐츠산업 혁신전략(2021.11) 등 콘텐츠산업

26_ 문화체육관광부, 『문재인정부 국정백서』 제10권, 2022, 61-63.

육성전략을 발표하고 모험투자펀드 등 1조원 이상 정책금융 확대, 실감콘텐츠 등 차세대 콘텐츠 육성, 온라인 K-POP 공연장 등 디지털 전환 지원, 한류 연관산업의 동반성장 지원, 공정한 콘텐츠산업 생태계 구축 등을 추진하였다. 그 결과 콘텐츠산업 매출액은 2016부터 2020년까지 4년간 20.9%, 수출액은 98.3% 증가하였다.[27] <기생충>, 방탄소년단, <오징어 게임> 등을 통해 한류는 글로벌 주류 문화로 인정받게 되었으며, 한류동호인 1억명 시대를 맞이하게 되었다. 넷째, 평창올림픽을 계기로 남북 문화교류가 확대되었다. 북한이 평창올림픽에 대표단을 파견하게 됨에 따라 남북 공동입장, 여자 아이스하키 남북단일팀 구성, 북한응원단 파견 등이 이루어졌으며, 2018년 4월 우리나라 예술인이 평양을 방문하여 남북한 합동공연 '봄이 온다'를 개최하였다. 남북 문화체육교류는 이후 3차까지 이어지는 남북정상회담과 판문점 선언의 밑거름이 되었다. 다섯째, 코로나19 위기로 어려워진 문화계의 일상회복을 지원하였다. 정부는 창작준비금 지원, 예술인 생활안정자금 융자, 공공미술을 통한 일자리 지원, 영화상영관 입장권 부과금 감면 등 문화계 회복을 위해 금융, 재정, 재난지원금, 세제지원 등을 추진하였으며 문화여가 할인권 등을 통해 문화소비를 진작시키고 국민에게 문화를 통한 위로와 치유를 제공하였다.

4. 문화정책의 주요 변화

1) 검열에서 표현의 자유로

문화정책의 역사에서 가장 큰 질적 변화는 검열에서 표현의 자유로, 통제에서 진흥으로 변화한 것이다. 1948년 제헌 헌법부터 표현의 자유가 국민의

27_ 콘텐츠산업 매출액은 2016년 106조에서 2020년 128조원으로 4년간 20.9% 증가하였다. 콘텐츠산업 수출액은 2016년 60조 달러에서 2020년 119조 달러로 98.3% 성장하였다(문화체육관광부, 『문재인정부 국정백서』 제10권, 97).

기본권으로 적시되어 있음에도 불구하고, 표현의 자유는 오랫동안 보장되지 못하였다. 영화, 음반, 공연 등에 대한 사전 검열이 반공 정책의 일환으로 이루어졌으며, 군사정부 시기에 더욱 심하였다. 표현의 자유가 보장되기 시작한 것은 1996년과 1999년 헌법재판소에서 영화, 음반, 공연에 대한 사전심의가 검열에 해당한다는 위헌 판결이 내려지면서부터이다. 김영삼정부에서 시작하여 김대중정부에 이르러 문화법들은 위헌 조항이 삭제되고 진흥법으로 전환되었으며, '지원은 하되 간섭은 하지 않는다'는 팔길이 원칙이 문화정책의 제1원칙으로 천명되었다. 하지만 이명박정부와 박근혜정부에서 표현의 자유는 다시 한 번 위기를 맞게 되었다. 이명박정부와 박근혜정부가 정치적 이유로 문화예술계 블랙리스트를 만들어 지원대상에서 배제한 사건이 발생하였기 때문이다. 2020년 헌법재판소는 이 사건에 대해 표현의 자유와 문화예술인의 평등권을 침해한 사건이라고 위헌판결을 내렸다. 표현의 자유는 민주적인 정부와 비민주적인 정부의 문화정책을 가르는 척도가 되었다. 아무리 예산을 늘리고 시설을 확충해도 표현의 자유라는 공기 없이는 문화는 숨을 쉴 수 없으며 진흥될 수 없다.

2) 문화정책 영역의 확대

문화정책의 전개과정을 통해 문화정책 영역은 확대 분화되어왔다. 문화향유정책은 문화에 대한 접근성 제고를 위한 문화시설 건립 정책에서 문화소외계층에 대한 문화복지정책으로, 문화를 향유할 수 있는 역량을 제고하기 위한 문화예술교육정책으로, 국민의 자발적, 일상적 문화활동을 촉진하기 위한 생활문화정책으로 확대되었다. 예술진흥정책은 전시, 공연 등 예술 창작활동을 지원하는 정책에서 예술의 자생력을 제고하기 위한 예술시장정책으로, 예술인의 생활 안정과 복지를 지원하는 예술인 복지정책으로 확대되었다. 지역문화정책은 지역 문화시설과 문화행사를 지원하는 정책에서 국가균형발전을 위한 문화중심도시정책으로, 낙후지역과 유휴시설을 문화를 통해 재생하는 정책으로, 도시 전체를 문화도시로 육성하는 정책으로 확대되었다. 문화산업정책은 영화, 음악, 게임 등 문화산업에 대한 육성정책에서 문화산업 내 불공정을 개선하는 정책으로, 한류의 세계적 확산을 견인하는 K-콘텐츠산업정책으로 확대되었다. 문화유산정책은 문화재의 원형을 보존하는 정책에서 문화재의 가치를 세계유산으로 높이는 정책으로, 문화재를 교육과 산업에 활용하는 정책으로 확대되었다.

3) 문화 법률 확대

문화정책 영역의 확대는 관련 법률의 제정 확대로 이어졌다. 제5공화국에서는 1987년 헌법이 개정되면서 문화조항이 신설되었다. 제6공화국에서는 도서관, 박물관, 미술관, 지방문화원 등 문화시설에 관한 법률이 제정되었다. 문민정부에서는 영화, 음반 사전검열 위헌판결로 영화, 공연, 음반 등과 관련된 법률이 개정되었다. 표현의 자유가 확보되기 시작한 기반 위에서 국민의 정부에서는 「문화산업진흥기본법」을 비롯한 문화산업 관련 법률들이 제정되었다. 참여정부에서는 「문화예술교육지원법」, 「아시아문화도시법」 등이 제정되었다. 이명박정부에서는 「예술인복지법」과 「콘텐츠산업진흥법」 등이 제정되었다. 박근혜정부에서는 「문화기본법」, 「지역문화진흥법」, 「문화다양성법」, 「대중문화예술산업발전법」 등이 제정되었다. 문재인정부에서는 「예술인권리보장법」, 「장애예술인지원법」 등이 제정되었다. 문화 관련 법률은 문화 분야 전체를 총괄하는 「문화기본법」과 「문화다양성법」이 있으며, 문화예술, 문화시설, 지역문화, 문화산업, 문화미디어, 문화유산 분야별 법률로 구분된다. 「문화예술진흥법」, 「문화산업진흥기본법」, 「국가유산기본법」은 해당 분야의 기본법으로서의 성격을 갖고 있다.

4) 문화행정 조직의 확대

문화정책 영역의 분화와 함께 문화행정 조직도 확대되고 전문화되어 왔다.

문화정책을 담당하는 정부부처는 문화 외에 교육, 공보, 체육, 관광, 청소년 등 다양한 분야와 복합된 부처로 운영되어왔다. 제1 · 2공화국 시기에는 문교부로 교육에 문화가, 제3 · 4 · 5공화국은 문화공보부로 공보에 문화가 결합되었다. 문화부가 독립부처가 된 것은 1990년으로 제6공화국 시기이다. 하지만 오래가지 못하고 문화행정 조직은 문화를 중심으로 다시 다양한 분야가 결합하였다. 문민정부에서 문화에 체육, 관광, 청소년 분야가 결합하였다. 부처 명칭은 문민정부에서 문화체육부, 국민의 정부와 참여정부에서 문화관광부로 변경되었으나 정부조직의 업무 범위는 동일하였다. 이명박정부는 문화체육관광부로 명칭을 변경하고 청소년 업무는 여성가족부로 이관하고 국정홍보처의 공보업무, 정보통신부의 디지털콘텐츠산업 업무를 포함하여 문화예술, 콘텐츠, 문화유산, 체육, 관광, 공보업무를 포괄하게 되었으며, 이러한 정부조직은 문재인정부까지 유지되었다.

문민정부에서는 문화산업국이 신설되고 관광국이 교통부에서 이관되었다. 국민의 정부에서는 문화재청이 신설되었다. 참여정부에서는 문화미디어국, 문화예술교육과, 지역문화과, 국제문화협력과, 아시아문화중심도시추진단, 관광레저도시추진기획단이 신설되었다. 박근혜정부에서는 문화융성을 실현하기 위해 문화체육관광부 조직이 크게 확대되었다. 2차관 3실에서 2차관 1차관보 7실로 실장급 직위가 대폭 늘어났다. 하지만 블랙리스트 재발방지와 관료 중심의 문화행정 개선을 위해 문재인정부에서는 문화체육관광부 조직을 축소 개편하였으며, 지역문화정책관, 평창올림픽지원단, 옛전남도청복원추진단, 한류지원협력과 등을 신설하였다.

이러한 정부조직의 변화와 함께 소속 및 산하기관도 확대되었다. 1990년 30개에서 2022년 41개로 증가하였다. 국립문화예술기관은 16개, 특수법인 형식의 문화예술기관 및 문화행정기관은 10개, 민법상 법인형식의 정부 재정지원 문화예술기관은 15개이다. 산하기관은 집행기관과 지원기관으로 나눌 수 있는데, 한국예술종합학교, 국립중앙박물관, 예술의전당 등이 집행기관이라면,

한국문화예술위원회, 한국콘텐츠진흥원, 한국문화예술교육진흥원 등은 지원기관이다. 문화예술 분야 주요 지원기관은 현장 예술인의 정책 참여를 보장하기 위해 위원회 제도가 도입되었다. 1973년 설립된 영화진흥공사는 국민의 정부 시기인 1999년 영화진흥위원회로, 1973년에 개원한 한국문화예술진흥원은 참여정부 시기인 2005년 한국문화예술위원회로 전환되었다. 이들 기관은 박근혜 정부에서 블랙리스트 사건이 발생한 기관으로, 문재인정부 시기에 운영의 자율성을 보장하기 위해 기타공공기관으로 전환하여 기관장을 장관이 임명하는 것이 아니라 위원 간에 호선으로 선출할 수 있도록 하였다.

5) 지역문화행정의 확대

문민정부에서 지방자치제도가 도입되고, 참여정부에서 국가균형발전정책의 일환으로 광주문화중심도시 등과 같은 지역 특화발전이 추진되었으며, 지역분권 차원에서 중앙정부의 보조사업을 재원과 함께 지방재정으로 이양하여 지자체의 자체사업으로 전환하는 지방이양이 이루어졌다. 지자체는 문화부의 조직에 대응하여 문화, 체육, 관광이 복합된 부서를 갖고 있으며, 산하에 다수의 소속 및 산하기관을 갖고 있다. 문화예술 분야에는 지역문화재단, 문화산업 분야에서는 콘텐츠코리아랩을 두고 있다. 지역문화재단은 문화예술 진흥과 지역주민의 문화향유 증진을 위해 설립되었다. 지역문화재단은 1997년 경기문화재단을 시작으로 꾸준히 증가하여 현재 광역문화재단 17개, 기초문화재단 116개로 총 133개이다. 지역문화재단의 업무 범위는 예술창작진흥, 문화예술교육, 문화복지, 지역문화진흥이며 일부 지역의 경우 문화시설 운영, 문화재보존, 문화관광, 문화콘텐츠 업무를 포괄하기도 한다. 지역문화재단은 상호협력을 위해 광역문화재단연합회, 전국지역문화재단연합회를 구성하고 있다. 지역콘텐츠코리아랩은 지역 소재 콘텐츠 창작, 창업 생태계 조성을 위해 예비창업자 및 창업 3년 미만 콘텐츠기업을 지원하는 기관으로 현재 15개가 설립되어 운영되고 있다.

6) 문화예산의 확대

문화예산은 정부의 문화진흥 의지를 보여주는 지표이다. 문화예산은 1990년 1,000억원에 미치지 못하였으나 2022년 7.4조원으로 증가하였다. 정부예산 대비 문화예산의 비중은 1969년 0.13%에서 문화부가 독립부처가 된 1990년 0.32%로 증가하였으며 국민의 정부 시기인 2000년 1.02%를 달성하였다. 이후 정부는 문화예산을 1% 이상 유지하고 있다. 박근혜정부에서 문화예산 2%를 국정과제로 설정하였으나 탄핵으로 실현하지 못하였다. 문화예산은 정부마다 산출방식에 차이가 있다. 국민의 정부 문화예산 1%는 문화예술, 문화산업, 문화재, 관광 예산을 포함한 것이다. 이명박정부 이후 문화예산은 문화예술, 콘텐츠, 문화재, 체육, 관광, 국정홍보 예산을 포함하고 있다. 문화예산은 일반예산과 기금으로 구분되는데 문화분야 기금으로는 문화예술진흥기금, 영화발전기금, 지역신문발전기금, 언론진흥기금 등이 있다.

7) 국민의 문화예술활동 확대

[문화예술행사 관람률 연도별 변화(2003-2022)] (단위: %)

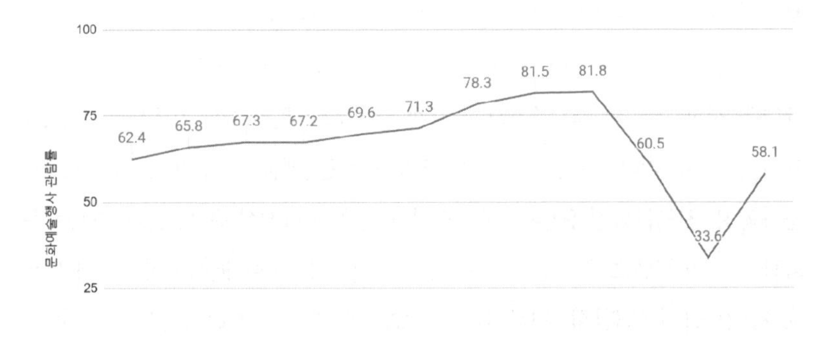

* 출처: 문화체육관광부, 국민문화예술활동조사, 2003-2022

문화정책의 최종 목표는 국민이 문화를 향유할 수 있는 권리를 보장하는 것이다. 국민의 문화예술활동은 다양한데 이중에서 대표적인 지표는 문화예술행사 관람률이라고 할 수 있다. 국민문화예술활동조사에서 문화예술행사 관람률[28]은 2003년 60%대에서 2014년 70%대, 2018년 80%대로 진입하였으며 2019년 역대 최고 수준인 81.8%를 기록하였다. 그러나 코로나19로 인하여 2020년 60.5%, 2021년 33.6%로 대폭 감소했다가 현재는 코로나19가 끝나면서 관람률이 서서히 회복되고 있는 중이다. 국민의 문화예술활동은 IMF와 코로나19와 같은 외생변수로 인해 관람률이 낮아진 적이 있기는 하지만 이를 제외하면 꾸준히 확대되어왔다고 할 수 있다.

8) 문화산업의 성장

문화산업정책은 표현의 자유가 확보되기 시작한 문민정부 시기부터 통제정책에서 진흥정책으로 변화하기 시작하였으며, 이에 기반한 지원 확대는 문화산업의 성장을 촉진하는 계기가 되었다. 문화산업은 2005년 매출액 57.3조원, 수출액 13억 달러, 고용 57.5만명에서 2022년 매출 146.9조원, 수출 130.1억 달러, 고용 65.7만명로 세계 7위로 성장하였다.[29] 2018년을 기점으로 저작권 수출이 산업재산권 수출을 넘어서게 되었으며, 문화예술저작권 무역수지는 2020년 1.7억달러로 사상 첫 흑자를 기록하였고, 2021년에는 흑자가 7.5억 달러로 약 7배 증가하였다.[30] 문화산업은 양적인 측면에서뿐만 아니라 질적으로도 새로운 단계에 도달하였다. <기생충>, 방탄소년단, <오징어 게임> 등을 통해 한류는 아시아 지역에서 글로벌 주류 문화로 자리매김하게 되었다. 한류

28_ 문화체육관광부 국민문화예술활동조사의 문화예술행사 관람률은 문학행사, 미술전시회, 서양음악, 전통예술, 연극, 뮤지컬, 무용, 영화, 대중음악/연예 등 9개 장르를 대상으로 한다.

29_ 통계는 출판, 만화, 음악, 게임, 영화, 애니메이션, 방송, 광고, 캐릭터, 지식정보, 콘텐츠솔루션 등 국내문화콘텐츠산업 11개 분야별 총 매출액, 수출액, 고용현황을 나타내는 것이다(이나라지표. https://www.index.go.kr). (검색일: 2023.10.15.)

30_ 문화체육관광부, 『문재인정부 국정백서』 제10권, 182.

[문화산업 매출액 연도별 변화(2005-2022)] (단위: 조원)

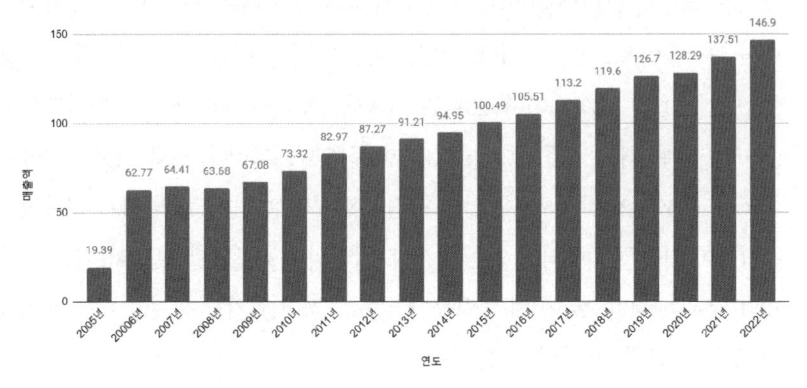

* 출처: 문화체육관광부, 콘텐츠산업조사, 2005-2022

의 연관산업 파급효과도 관광, 화장품, 한식, 한국어 등에서 한국 상품 전체로 확대되었으며, 전 세계 한류동호인이 1억명 이상 형성되었다. 문화의 힘 덕분에 대한민국의 소프트파워가 그 어느 때보다 상승하게 되었다.

5. 소결

지금까지 문화정책의 역사적 전개과정에 대해 살펴보았다. 정부별 문화정책을 관통하는 문화정책의 주요 변화를 살펴보면, 문화정책의 영역이 확대되고 문화정책에 대한 조직, 예산, 법률 등의 투입이 확대된 덕분에 국민의 문화권이 보장되고 문화산업이 성장하는 성과를 보여주었다. 하지만 이러한 양적 성장은 1990년대 중반까지 이어져 온 검열을 벗어나 표현의 자유를 보장하고 지원은 하되 간섭은 하지 않는다는 문화정책의 제1원칙이 지켜짐으로써 가능한 것이었다. 이 기반 위에서 정책참여를 촉진하는 문화거버넌스가 확대되고 문화다양성을 보호하기 위한 다각적 지원이 이루어졌다. 하지만 표현의 자유는 민주주의의 성숙과 직결된 것으로 민주주의가 퇴행하는 시대에는 다시 위헌적인 정부 문화정책이 되살아날 수 있다는 것을 역사는 보여주고 있다. 문화정책의 양적 성장을 넘어 질적 성숙과 지속가능한 성장이 가능하기 위해서는 문화예술인의 문화정책에 대한 지속적 관심과 참여가 필요하다.

■ 키워드

문화강국론, 표현의 자유, 문화예산 확대, 문화정책 영역 확대, 문화향유권 확대, 문화산업 성장

■ 질문거리

- 김구 선생의 문화강국론이 가지는 의의에 대해 서술하시오.
- 문화에 대한 검열을 폐지하고 표현의 자유를 성취해온 과정에 대해 서술하시오.
- 문화정책 영역이 시대별로 어떻게 확대 분화되어 왔는지 설명하시오.
- 문화부가 독립부처가 된 시기와 다른 시기의 문화부 조직을 비교하시오.
- 헌법 문화조항 신설이 갖는 의미를 서술하시오.
- 문화예산의 변화를 정부별로 비교하시오.
- 정부별 문화비전과 중장기 문화발전계획의 특징을 비교하시오.
- 국민의 문화향유권이 축소되었던 시기와 요인에 대해 설명하시오.
- 문화산업정책이 규제에서 진흥으로 변화한 시기에 대해 설명하시오.

문화 법의 변천 과정

성연주 | 한국방송통신대 문화교양학과 교수

1. 문화 법이란 무엇인가?

1) 문화 법의 정의 및 범위

문화 법이란 문화예술 분야에 관련된 법률, 시행령, 조례 등을 말한다. 우리가 문화정책을 말할 때 문화정책, 예술정책, 문화예술정책 등의 단어를 혼용하는 경우가 많지만, 법과 관련해서는 예술 법, 문화예술 법이라고 하기보다 '문화 법'이라고 말하는 것이 일반적이다.

법제처에서 운영하는 국가법령정보센터에서 문화체육관광부 소관인 법령을 검색하면 총 234건이 있다.[1] 이 중에서 '법률'에 해당하는 것은 95건이며, 「문화예술진흥법」, 「문화기본법」, 「공연법」, 「저작권법」, 「지역문화진흥법」 등 평소 문화 법 관련 주요 담론이 논의되는 굵직한 법은 대부분 이 카테고리에 해당한다. 법률이란 헌법에 비해 보다 구체적으로 국민의 권리・의무에 관한 사항을 규율하고 행정의 근거로 작용하는 것으로 보통 우리가 말하는 법은 법률을 가리킨다.

그런데 법률은 기본적인 사항만을 정하기 때문에 그에 관한 구체적인 내용은 보통 국가정책을 집행하고 담당하는 중앙행정기관에서 정할 수 있도록

1_ 검색일: 2022.08.25.

위임하는 경우가 많다. 이처럼 법률에서 위임한 사항을 정하는 하위규범이 대통령령, 총리령, 부령이다. 문화 법 중 '대통령령'에 해당하는 것은 80건으로, 「문화예술진흥법」 시행령, 「문화기본법」 시행령 등처럼 법률의 시행령이 다수를 이루고 그 외에 설치령, 규정 등도 포함되어 있다. 마지막으로 '문화체육관광부령'에 해당하는 것은 시행규칙으로, 「문화예술진흥법」 시행규칙, 「문화기본법」 시행규칙 등이 있다. 즉, 가장 상위에 법률이 존재하고 이 법에서 위임하는 사항을 같은 법 시행령에 명시하며, 그 시행에 필요한 사항을 시행규칙에 더 자세하게 기술하는 구조이다.

다음으로 자치법규를 보면 시군구 단위에서 조례를 가지고 있다. 예를 들면 서울특별시 문화콘텐츠산업 육성 및 지원 조례, 부산광역시 영도구 문화도시 조성 및 지원 조례처럼 시 단위뿐만 아니라 자치구 단위에서도 문화예술기관의 설립이나 특정 정책 영역을 지원하기 위한 조례를 운영 중이다. 최근에는 특히 지역문화, 생활문화, 청년문화, 도시재생 등의 영역을 중심으로 지방자치단체에 관련 조례를 제정하기 위한 민간의 움직임이 활발한 편이다.

문화체육관광부 소관 법령이 234건이지만 여기에는 「국민체육진흥법」, 「관광기본법」 등 체육 및 관광 분야 법령이 함께 포함되어 있어, 보통 문화 법은 이런 체육 및 관광 분야 법은 제외하고 문화예술, 문화콘텐츠 등으로 범위를 한정한다. 이 교재에서 다루는 문화 법의 범위 또한 체육, 관광 등은 제외한 영역으로 한정할 것이다. 문화 법의 제정 및 개정은 국회 문화체육관광위원회에서 관장하고 있으며, 문화체육관광위원회는 과거 교육 부분과 합쳐져 운영되었다가 2018년부터 교육위원회와 문화체육관광위원회로 분리되어 운영되고 있다.

문화 법에 대한 이해는 문화정책 전반의 운영 원리를 이해하는 데 있어 핵심적이다. 문화 법에는 예술의 정의를 포함한 문화정책 분야에서 흔히 사용하는 정책적 용어에 대한 법적 정의가 기술되어 있으며, 한국문화예술위원회, 한국문화예술교육진흥원, 지역문화진흥원 등 문화예술 관련 공공기관의 설립 근거이기도 하다. 이외에도 법에 근거하여 실태조사, 중장기계획수립 등이 이루어지고 있는 만큼 문화 법을 이해하게 되면 문화정책의 세부 운영과 구조를 함께 파악할 수 있다.

2) 법의 종류

문화 법의 구조와 특징을 이해하기 위해서는 기본법, 개별법, 진흥법, 규제법 등 법의 종류를 이해하는 단계가 선행되어야 한다. 먼저 기본법은 "정책입법 · 프로그램법으로서의 기능과 성격을 가지는 독특한 입법형식, 즉 당해 정책의 이념이나 기본이 되는 사항을 정하고 그에 의거하여 시책을 추진하거나 제도의 정비를 도모하는 입법유형"을 말한다.[2] 문화 법에서 기본법은 총 11개로 「문화기본법」, 「문화산업진흥기본법」, 「콘텐츠산업진흥법」, 「문화예술진흥법」, 「문화예술교육지원법」, 「국민여가활성화기본법」, 「대중문화산업발전법」, 「예술인복지법」, 「문화예술후원 활성화에 관한 법률」, 「국어기본법」, 「영상진흥기본법」이 있다.[3]

기본법과 개별법의 관계는 법의 적용범위에 대한 상위와 하위의 개념으로 설명할 수 있다. 예를 들어, 지방자치법에서 제14조 주민투표 관련한 항목을 보면 지방자치법은 상위법이고 지방자치법을 기본법으로 하는 주민투표법은 개별법 규정의 근거가 되는 개별조항이 된다. 이런 기준에 따르면 「문화기본법」이 문화 법의 가장 근본이자 토대가 되는 상위법이며, 다른 법이 이에 준거한 개별법으로 존재해야 한다. 그러나 실제 「문화기본법」의 내용을 보면 「문화기본법」과 「문화예술진흥법」이 겹치는 부분에서 일부 조정이 있을 뿐, 다른 하위법을 총괄할 수 있는 기본법으로서의 성격을 가지고 있지 못하다. 게다가 각종 진흥법 · 조성법 · 육성법 · 촉진법 등에서도 기본법과 거의 같은 규정을 두어 기본법과 유사한 성격을 지니는 것도 있다.[4] 그런 점에서 기본법은

2_ 박정인, 「예술법의 의의와 분류에 관한 연구」, 『스포츠엔터테인먼트와 법』 제21권 제4호, 2018, 137-155.

3_ 같은 글, 146.

4_ 정광렬, 『문화 분야 법제 정비를 위한 기초 연구』, 한국문화관광연구원, 2018.

상위법으로서의 성격보다 국가정책의 기본적 이념 및 정책이 담겨 있는 법으로 이해하는 것이 더 적절하다.

다음으로 진흥법과 규제법은 법적으로 정반대의 성격을 가진다. 진흥법은 어떠한 산업, 기업, 사람, 계층, 지역, 사안을 진흥하기 위한 법인 반면, 규제법은 어떤 사항을 규율하고 통제하기 위하여 국민의 권리를 제한하거나 의무를 부과하는 내용을 담은 법을 의미한다.[5] 문화 법에도 이름에 '진흥'이 들어간 진흥법이 다수 있다. 「문화예술진흥법」, 「문화산업진흥기본법」 등이 이에 해당하는데, 명목적으로는 진흥을 위한 법임에도 불구하고 실제 내용을 살펴보면 정책 목적을 달성하기 위해 필요한 규제적인 사항을 포함하고 있는 경우가 대부분이다. 그런 점에서 한국의 문화 법은 진흥법의 모습을 띤 규제법의 형국이라는 비판도 존재한다.

3) 문화예술 법의 체계 및 특징

문화 법은 총괄기본법-분야별 기본법-집행법의 단순 체계로 구성되어 있다. 먼저 「문화기본법」이 총괄기본법에 해당한다. 실제 「문화기본법」의 내용은 문화산업이나 문화유산보다는 문화예술 분야에 초점이 맞추어져 있어 기본법으로서 적절한 구성을 가지고 있는 것은 아니지만, 법적 체계에서 총괄기본법으로 보아야 한다. 다음으로 문화부문에는 4개의 영역이 존재하는데, '문화예술 진흥' '문화산업의 육성' '문화유산·전통문화의 보전 및 활용' '국어의 발전과 보전'의 4개이다.[6] 영역마다 문화예술 진흥에는 「문화예술진흥법」, 문화산업의 육성에는 「문화산업진흥기본법」, 문화유산에는 「국가유산기본법」, 국어의 발전과 보전에는 「국어기본법」이 있다. 영역별 기본법 아래에는 이를 실제 수행하기 위한 집행법이 존재하는데, 「저작권법」, 「공연법」, 「콘텐츠산업진흥법」, 「영상진흥기본법」, 「문화유산의 보존 및 활용에 관한 법률」 등이 그에

5_ 같은 책, 26.
6_ 같은 책, 73-74.

해당한다. 아래의 표는 지금까지 설명한 문화예술 법체계를 정리한 것이다.

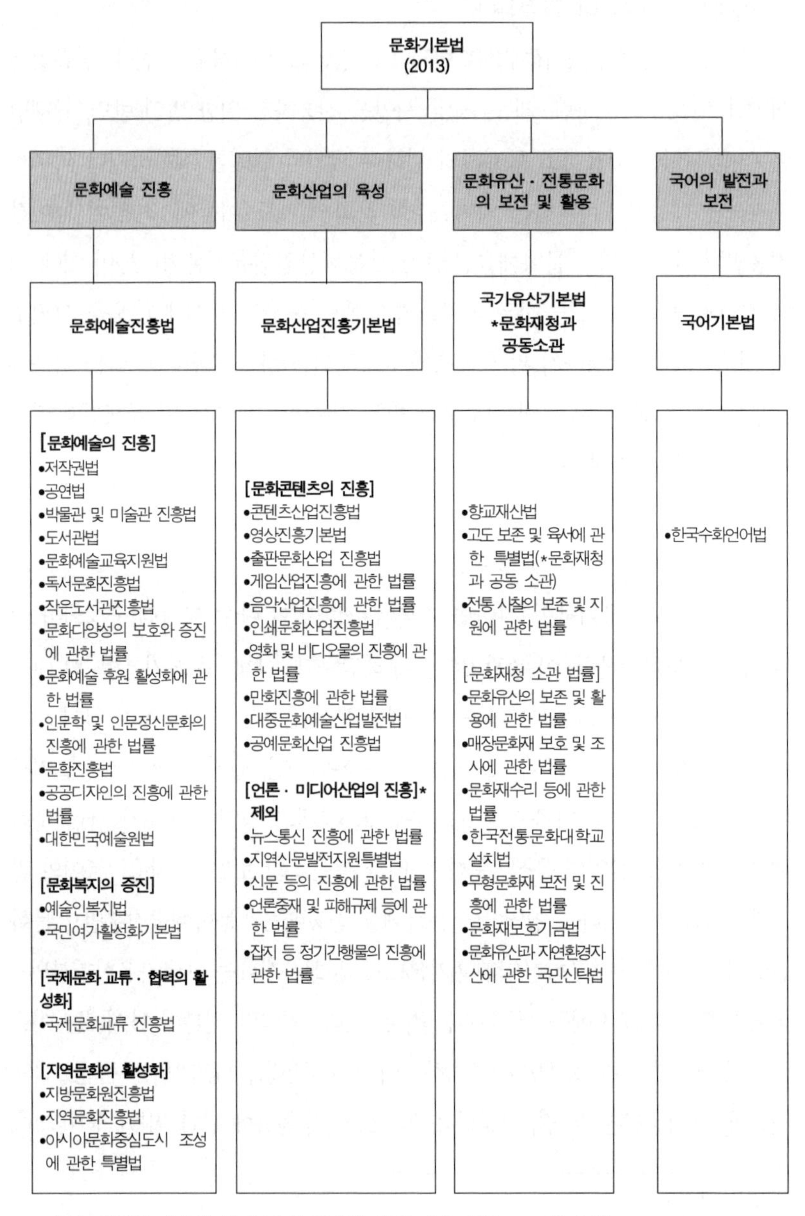

* 출처: 정광렬, 『문화 분야 법제 정비를 위한 기초 연구』, 74쪽 수정

[문화 분야 법률의 기본 구성체계 및 법률 유형]

법률명	구성체계	법률유형	진흥규정		규제규정		일반규정	
			조문수	비율	조문수	비율	조문수	비율
문화기본법	15개조	진흥법	11	73.3	1	6.7	3	20.0
문화예술진흥법	6개장 44개조	*진흥법	19	47.5	4	10.0	17	42.5
문화예술후원활성화에 관한 법률	15개조	규제법	4	26.7	7	46.7	4	26.7
공연법	7개장 37개조	규제법	6	16.2	28	75.7	3	8.1
문학진흥법	5개장 31개조	*진흥법	12	38.7	12	38.7	7	22.6
도서관법	10개장 48개조	*진흥법	24	40.0	13	27.1	11	22.9
작은도서관진흥법	2개장 15개조	진흥법	11	73.3	-	-	4	26.7
박물관 및 미술관진흥법	9개장 39개조	규제법	16	41.0	17	43.6	6	15.4
공공디자인의진흥에 관한 법률	6개장 23개조	*진흥법	11	47.8	8	34.8	4	17.4
인문학 및 인문정신문화의 진흥에 관한 법률	19개조	*진흥법	11	57.9	4	21.1	4	21.1
문화예술교육지원법	5개장 38개조	진흥법	27	87.1	7	22.6	4	12.9
국민여가활성화기본법	17개조	진흥법	14	82.4	-	-	3	17.6
독서문화진흥법	4개장 14개조	진흥법	10	71.4	1	7.2	3	21.4
문화다양성의 진흥에 관한 법률	15개조	진흥법	9	60.0	2	13.3	4	26.7
국제문화교류진흥법	16개조	진흥법	11	68.7	1	6.2	4	25.0
지역문화진흥법	7개장 24개조	진흥법	17	70.8	3	12.5	4	16.7
지방문화원진흥법	18개조	규제법	6	33.3	7	38.8	5	27.8
아시아문화중심도시 조성에관한 특별법	9개장 56개조	진흥법	40	71.4	13	23.2	3	5.4
예술인복지법	6개장 29개조	규제법	9	31.0	16	55.2	4	13.8
대한민국예술원법	3개장 17개조	규제법	4	23.6	10	58.9	3	17.5
국어기본법	5개장 28개조	*진흥법	16	57.1	6	21.4	6	21.4
한국수화언어법	4개장 20개조	진흥법	13	65.0	2	10.0	5	25.0
문화산업진흥기본법	5개장 66개조	진흥법	40	60.6	19	28.8	5	7.6
콘텐츠산업진흥법	8개장 53개조	*진흥법	26	49.1	24	45.3	3	5.7
영상진흥기본법	15개조	진흥법	12	80.0	-	-	3	20.0
영화및비디오물의 진흥에관한 법률	6개장 114개조	규제법	22	19.3	88	77.2	4	3.5
게임산업진흥에 관한 법률	7개장 64개조	규제법	13	20.3	48	75.0	3	4.7

만화진흥에 관한 법률	3개장 14개조	진흥법	10	71.4	1	7.1	3	21.5
음악산업진흥에 관한 법률	5개장 36개조	규제법	13	36.1	20	55.6	3	8.3
대중문화예술산업발전법	3개장 42개조	규제법	7	16.7	30	71.4	5	11.9
공예문화산업진흥법	22개조	진흥법	14	63.6	4	18.2	4	18.2
출판문화산업진흥법	6개장 31개조	규제법	6	19.4	21	67.7	5	16.1
인쇄문화산업진흥법	4개장 13개조	*진흥법	7	53.9	2	15.4	4	30.8
향교재산법	13개조	규제법	1	7.7	9	69.2	3	23.1
전통사찰의 보존 및 지원에 관한 법률	23개조	규제법	3	13.0	17	74.0	3	13.0

* 출처: 정광렬, 『문화 분야 법제 정비를 위한 기초 연구』, 81-82
* 주: *는 순수 진흥법은 아니지만, 진흥법의 성격을 띠는 법을 의미한다. 주의 * 표기 또한 정광렬의 표기와 설명을 그대로 인용함

『문화 분야 법제 정비를 위한 기초 연구』를 살펴보면, 문화 관련 35개 법률을 대상으로 규정의 실질적인 내용을 분석하였다. 법의 구성체계를 몇 개의 장과 조로 구성되어 있는지 정리하고, 법률의 유형을 진흥법과 규제법 중 무엇에 더 가까운지 분류하였다. 이 연구에서는 실제 법의 이름이 진흥법이더라도 진흥규정보다 규제규정이 더 많은 경우에는 규제법으로 분류하였다. 구체적인 조문을 진흥・규제・일반규정으로 구분해 범주화한 후 각 법률의 조문이 가지고 있는 성격이 세 개 중 어느 비중이 더 높은지 정리한 것이다.

이 분석에 따르면, 진흥법은 21개, 규제법은 14개로 진흥법이 52.5%에 해당한다. 정광렬은 문화 분야 법률체계의 특성과 문제점을 몇 개로 요약해 설명하고 있다. 먼저 법률과 영역 간의 명확한 원칙 없이 필요에 따라 법률의 제・개정이 추진된다는 점을 문제로 지적하였다. 도서관 및 독서진흥법이 「도서관법」과 「독서문화진흥법」으로 분법된 것을 사례로 들며, 해당 영역의 법적 간명성과 명확성을 위한 목적이 아니라 소관부서 관리의 편의를 위한 것이라고 말하였다. 다음으로 정책기능 및 정책대상 법률의 규정 존재에 따른 중복 문제도 제기하였다. 예를 들어 「문화예술진흥법」과 「지역문화진흥법」 및 「예술인복지법」이 유사한 대상 및 영역을 담당함에 따라 법률간 상호 중복 문제가 발생하고 있다. 원칙 및 가치 확립 이전에 하위 정책 영역 및 수단이 법률에 규정되

는 문제도 존재하며, 잦은 법률 개정에 따라 법체계성이 미흡한 점도 함께 지적하였다.

2. 문화 법의 역사

문화 법의 역사는 「문화예술진흥법」의 제정과 변천을 중심으로 4개 시기로 구분할 수 있다. 먼저 첫 번째 시기는 1972년 「문화예술진흥법」 제정 이전의 문화 관련 법의 역사이다. 1957년 제정된 저작권법이 문화 분야 최초의 법으로 그때부터 1972년 「문화예술진흥법」이 제정되기까지 그사이에 진행된 문화 법의 역사를 기술할 것이다. 두 번째 시기는 1972년 「문화예술진흥법」 제정 이후 1980년대까지를 말한다. 정치적으로 보면 강력한 군사독재 아래에 놓였던 시기로 국가 주도의 문화정책이 일사분란하게 추진되었던 시기이기도 하다. 세 번째 시기는 1990년 문화부 설립 이후 다양한 영역으로의 법 제정이 확장되었던 시기를 말한다. 콘텐츠산업, 지역문화, 영상산업 등 1990년대 다양한 문화정책의 키워드가 발굴되면서 이에 발맞추어 법의 제정도 이루어진 역사를 살필 것이다. 마지막 네 번째 시기는 2013년 「문화기본법」 제정 이후부터 지금까지의 시기를 말한다. 「문화기본법」은 문화 법의 가장 상위법으로 우리나라 법에서 정하는 '문화'의 정의를 비롯하여 가장 기본적이고 기초적인 내용을 담고 있다. 또한 이 시기는 「지역문화진흥법」, 「문화다양성의 보호와 증진에 관한 법률」 등 오랫동안 계류되어 있던 다른 굵직한 법들이 함께 제정된 시기로 이후 한국 문화정책의 판도가 변화하기도 하였다. 이렇게 4개 시기로 구분해서 이해할 때 문화 법이 거쳐온 변화의 과정과 이에 결부된 정치적, 문화정책적, 문화적 변화를 함께 이해할 수 있다.

1) 「문화예술진흥법」 제정 이전

해방 직후 문화 법의 정비 및 제정은 일제하 제정된 법률과 밀접한 관계를 가진다. 해방 후 법제적 차원에서 일제잔재 척결을 위해 일제 때 제정된 법령을 검토, 정비 및 폐지하는 움직임이 폭넓게 전개되었으나, 문화분야뿐 아니라 사회 각 영역의 다양한 법률이 일제 하 제정된 법률들의 독소조항을 그대로 승계한 것이 많아 일제의 잔재를 완벽하게 척결하는 작업에 어려움이 많았다.[7)]

해방 후 언론출판통제의 대표적 악법으로 철폐의 표적이 되었던 것은 신문지법으로 1952년 3월 19일 국회에서 폐기되었으나, 1955년 출판물임시단속법으로 둔갑해 재등장할 정도로 언론과 출판에 대한 국가의 통제는 해방 후에도 지속되었다.[8)] 한편 1952년 문화보호법이 법률 제248호로 공포되었는데, "학문과 예술의 자유를 보장하고 과학자와 예술가의 지위를 향상시킴으로써 민족문화의 창조, 발전에 공헌함을 목적으로 한다"는 취지 아래 학술원과 예술원 설치의 법적 근거가 되었다. 당시 문교부는 1953년 문화인등록령안을 공포하여 학자와 예술가들이 자신의 경력을 증명해 문화인등록을 하도록 독려하였으며, 이렇게 등록된 학술원 763명, 예술원 600명의 회원 중 선거를 통해 최종 학술원 51명, 예술원 25명이 1954년 회원으로 당선되었다. 현재 문화보호법은 1989년 「대한민국예술원법」이 제정되면서 폐지되었으나 학술원과 예술원이 현재까지 꾸준히 유지되고 운영되고 있다는 점에서 문화보호법의 유산이 남아있다고 할 수 있다.

1961년 5 · 16 군사정변을 통해 정권을 잡은 박정희정부는 5 · 16 직후부터 문화예술 관계 법률을 제정하기 시작했는데, 한국신문윤리위원회, 한국방송위원회 등 각종 윤리위원회가 설치되어 규제업무를 담당하게 된다. 이런 윤리위원회는 1966년 '예술문화윤리위원회'로 통합하게 되는데, 공식적으로는 정부 기구는 아닌 민간의 자율기구로 발족된 것이지만 공보부와 문공부의 공무

7_ 이봉범, 「8 · 15 해방~1950년대 문화기구와 문학-문화관련 법제를 중심으로」, 『현대문학의 연구』 44권, 2011, 253-311.

8_ 같은 글.

원이 당연직위원으로 위촉되고 영화, 무대예술, 문학, 미술, 음악, 음반 등 내용에 대한 심사에 관한 사항을 규정하여 문화예술에 대한 국가 통제에 참여하는 기구로 운영되었다.[9)]

예술문화윤리위원회(1966.1~1976.4), 공연윤리위원회(1976.5~1997.9)를 통한 문화예술에 대한 국가의 강력한 검열과 통제는 1961년 제정된 공연법을 통해 법적 근거를 확보하였다. 공연법이 처음 제정될 당시 중요한 법령의 내용은 제2장 공연자의 등록으로, 공연자는 본적, 주소, 성명, 생년월일들의 개인정보뿐만 아니라 공연의 종류, 주로 사용하는 공연장의 명칭, 공연예정구역 등을 작성해 등록한 뒤 공연자등록증을 받게 되고, 이렇게 등록한 자에게만 공연할 수 있는 법적 근거가 주어졌다. 공연자등록증의 연한은 2년으로 모든 공연자는 2년마다 새로 공연자등록증을 갱신해야 했기 때문에 국가의 지속적인 검열과 통제가 자동적으로 이루어지는 시스템이라 할 수 있다. 공연자는 공연을 하고자 할 때에도 공연지를 관할하는 지방의 장에게 신고한 후에 공연을 진행해야 했다. 1975년 12월 31일 공연법이 일부 개정되면서 제25조 3항에 '공연윤리위원회'의 설치를 명시하였으며 이를 통해 1976년 5월 12일 '법적 위원회'로 공연윤리위원회가 설치되었다.[10)] 이전의 예술문화윤리위원회는 명목적, 행정적으로는 민간자율기구의 형식을 가졌다면 공연윤리위원회는 법적 위원회라는 점에서 국가가 문화예술 통제에 대한 조직적이고 제도적인 접근을 하게 되었다는 것을 시사한다.

1957년 제정된 「저작권법」 또한 「문화예술진흥법」 제정 이전 만들어진 대표적인 법 중의 하나이다. 저작권법은 표현의 자유를 확보하고 저작권자의 권리를 규정했다는 점에서 원래 법적으로는 언론출판의 자유와 상호보완적 관계를 가지는 법이다. 이 시기 제정된 다른 법에 비해 저작권법은 많은 사회적 갈등 및 논의 속에서 법이 제정되는 데 곡절을 겪어야 했는데, 저작권자측과

9_ 문옥배, 「해방 이후 정부의 음악통제 연구」, 『음악논단』, 2008, 22, 25-64.
10_ 같은 책, 34.

출판권자측 사이의 이권 대립으로 인해 여러 차례의 공청회가 진행되었고 이런 갈등의 과정은 사회적으로 저작권법에 대한 인식을 제고하는 계기가 되기도 하였다.[11]

2) 1972년과 「문화예술진흥법」 제정

해방 이후 1960년대까지 제정된 문화 법은 정부의 강력한 통제와 검열을 위해 마련된 법이지만, 문화 분야의 전반적인 법 제정을 위한 정부의 청사진이나 가이드라인에 기반을 둔 것은 아니었다. 다시 말해 1960년대까지의 문화정책은 단편적이고 부분적인 수준에서 관련 법을 제정하고 제도를 정비한 것이며, 본격적이고 전방위적인 수준의 문화정책이 착수되었다고 보기 어렵다.

1972년 제정된 「문화예술진흥법」은 그런 맥락에서 한국 문화정책의 최초의 법적 토대로 여겨지며, 2013년 「문화기본법」이 제정되기 전까지 약 40여년 동안 실질적인 문화 분야 기본법의 역할을 했다. 1968년에 발족된 문화공보부는 1971년 박정희 전 대통령의 문화예술중흥 구상 관련 기자회견을 계기로 '문예중흥'을 준비하게 된다. 문예중흥의 법적 기틀로서 1972년 8월 공포된 것이 「문화예술진흥법」이다. 이 법을 근거로 1972년 11월 문화예술진흥위원회 구성 및 한국문화예술진흥원이 설립되고 문예진흥기금의 모금이 시작되었으며, 1973년 박정희정부는 이어 <제1차 문화예술진흥 5개년 계획>(1973~1978)을 수립하였다.

처음 제정 당시 「문화예술진흥법」은 다음의 내용을 골자로 하였는데, ① 문화부문의 장르별 구분, ② 기금의 관리 운영, ③ 문화예술진흥원 사업계획의 승인, ④ 「문화의 날」 지정, ⑤ 건축물의 미술장식에 관한 내용이 그것이다. 「문화예술진흥법」 이전의 법인 저작권법, 공연법, 영화법 등은 모두 규제법으로 문화예술 활동을 진흥하고 진작시키기 위한 목적보다는 해당 장르의

11_ 이봉범, 앞의 글, 44, 253-311.

활동을 관리, 규제 및 통제하기 위한 목적의 법적 내용으로 구성되어 있다. 반면 「문화예술진흥법」은 문예진흥기금을 모금하고 이렇게 모금된 기금을 통해 한국문화예술진흥원에서 구체적인 사업을 수행한다는 내용을 골자로 하여 기금-법-기관의 3자 체계를 법안에서 완성했다는 데 의미가 있다. 한국문화예술진흥원은 "민족문화의 계승발전과 문화예술의 연구, 창작, 보급활동을 지원함으로써 문화예술진흥을 이룩함을 목적으로"(한국문화예술진흥원 정관 3조) 설치된 기관으로, 문예중흥5개년계획 사업 기간 중에는 문화재개발사업과 영화진흥사업을 제외한 한국학, 전통, 예능, 문학, 미술, 음악, 무용, 출판, 국제문화예술교류 사업을 추진하였다.[12] 문예진흥기금은 1차문예중흥5개년계획에는 민간자본으로 분류되어 있던 것으로, 5년간 약 67억원이 조성되었다. 문예진흥기금의 재원은 공연장, 고궁, 박물관 기타 고적 및 사적지 관람객에 대한 모금수입과 개인이나 법인에 의한 기부금으로 구성되는데, 초기에는 공연장 중에서도 특히 극장에서의 모금이 상당수를 차지하였고 1983년부터 한국방송광고공사법 개정으로 언론공익자금 일부가 문예진흥기금으로 유입되면서 그 비중이 조금 낮아졌다.[13]

3) 1990년대 문화 법 영역의 확장

1990년 문화공보부에서 문화부가 독립되어 신설되면서 문화 법의 종류와 범위 또한 문화부의 업무 확장에 발맞추어 체계를 갖추어 나갔다. 이 시기 강조되었던 문화정책의 슬로건은 '모든 국민에게 문화를'이라는 표어이다. 1990년대 이전 문화정책이 문화예술의 진흥과 창조역량 제고를 위한 기반 조성과 확산에 치중했다면, 1990년대부터는 수용자인 국민이 정책의 주요 대상으로 부상하게 된다. 이 시기에 문화민주주의가 새로운 문화전략으로 표방되면서 참여, 진흥, 조장에 초점을 맞추었는데, 이런 변화는 문화 법에도 그대로

12_ 오명석, 「1960-70년대의 문화정책과 민족문화담론」, 『비교문화연구』 4호, 1998, 121-152.
13_ 한국문화예술진흥원, 『한국문화예술진흥원 15년사』, 1988.

적용되었다.[14]

「박물관 및 미술관 진흥법」이 1991년 제정되었는데, 이는 「문화예술진흥법」이 모든 장르의 예술을 포괄해 진흥하는 내용을 담은 것과 달리 박물관과 미술관이라는 특정 시설을 대상으로 한 진흥법을 최초로 제정한 사례이다. 「박물관 및 미술관 진흥법」은 이름에는 '진흥법'이란 수식어를 달고 있지만, 위에서 분석한 것처럼 실제로는 규제법에 해당한다. 이 법의 주된 내용은 박물관과 미술관 등록에 대한 것으로, 공공이나 사설 모두 공식적인 행정 절차를 통해 등록을 신청하고 등록증을 받아야 시설을 운영할 수 있다. 이런 영향으로 갤러리와 같은 형태의 미술 작품을 관람할 수 있는 공간은 우리 주변에 많이 만들어지지만 상대적으로 박물관과 미술관은 그 수가 적은 편이다.

다음으로 1994년에 「지방문화원진흥법」이 제정되었다. 지방문화원은 1950년대부터 지역 유지를 중심으로 지방에서 자발적으로 설립된 기관으로 향토역사를 정리 및 출판하고 지방문화 보존에 관련된 일을 하는 곳이다. 1990년대 문민정부의 핵심정책 키워드 중 하나는 '지방'으로, 지방자치제도를 처음 실시하였으며 지역문화정책의 중요성 또한 한층 더 강조되었다. 「지방문화원진흥법」 제정에 따라 전국 시군구 단위 기초자치단체에 모두 지방문화원이 설립되었고 지방문화원 운영에 필요한 예산 또한 정부에서 지원하였다. 한편 이 시기 문민정부에서 추진하였던 '문화의 집'이란 시설이 많은 부분에서 문화원과 유사한 형태와 기능을 가지지만 현재 별로 명맥을 유지하지 못하는 이유 중 하나로 법적 근거가 부재한 것을 제시하기도 한다.

1995년 제정된 「영상진흥기본법」은 문화산업 분야의 최초의 기본법으로 문민정부에서 문화산업 분야를 육성하기 위해 많은 정책적 노력을 기울였던 것을 반증하는 사례이기도 하다. 「영상진흥기본법」은 문화산업 분야 최초 기본법이란 점 외에는 사실상 현재 사문화(死文化)되어 1995년 최초 제정되었던

14_ 김창규, 「문화법정책의 이론과 실제」, 『법과정책연구』 14(3), 2014, 749-794.

선언적 규정만을 그대로 유지하고 있다. 「영상진흥기본법」 이후 제정된 「문화산업진흥기본법」에 더 포괄적이고 산업적 변화를 잘 반영한 조항이 들어가 있는 데다가 전통적 영상산업의 경우 영화 및 비디오물의 진흥에 관한 법률에 관련 진흥계획이 모두 수록되어 있어 현재 이 법은 내용 면에서 실효성을 가진 조항이 존재하지 않는다.[15]

1999년 제정된 「문화산업진흥기본법」은 그런 점에서 문화산업 분야의 실질적인 기본법 역할을 수행하고 있다. 이 법은 문화산업 분야 각종 용어의 정의, 중장기 기본계획 수립, 창업 · 제작 · 유통 지원, 문화산업기반시설 확충, 한국문화산업진흥위원회 설치, 문화산업진흥기금 설치 등의 내용을 담고 있다. 순수예술 분야의 「문화예술진흥법」과 유사한 구조로 내용이 구성되어 있다.

4) 2013년 「문화기본법」 제정을 통한 전환

2013년은 「문화기본법」이 제정된 해로 문화 법의 긴 역사에서 봤을 때 1972년 「문화예술진흥법」 제정에 이은 중요한 변곡점에 해당한다. 「문화기본법」은 문화예술계는 물론 정치권 및 시민사회계가 오랫동안 요구해온 법으로, 이미 2004년과 2006년 두 차례에 걸쳐 입법이 추진되었고 관련하여 2006년 문화헌장이 제정되어 선포되기도 하였다.[16] 「문화기본법」 제정이 오랜 기간 추진되었던 이유는 문화적 권리에 대한 관심이 증대하게 된 것과 연관이 깊다. 문화는 좁은 의미로 예술을 의미하기도 하지만, 넓게 삶의 양식, 가치체계, 전통 등을 의미한다. 참여정부 수립 이후 국민의 문화향유를 장려하고 문화의 가치를 사회영역 전반에 확산시켜 국민의 삶의 질을 높이며 문화격차를 해소하기 위한 목적으로 국민의 문화적 권리와 국가의 책무를 명시하는 관련 법률 제정의 필요성이 제기되었다.[17] 박근혜정부가 출범하면서 '문화융성'을 주요

15_ 김규찬, 「문화산업 법령 입법평가와 개선방안」, 『문화정책논총』 29(1), 2015, 150-171.
16_ 김연진, 『문화기본법 제정안 연구』, 한국문화관광연구원, 2013.
17_ 같은 책, 11.

정책기조로 제시하고 이를 위한 제도적 기반으로 「문화기본법」 제정이 다시 추진되면서 2013년 제정되었다.

2013년 「문화기본법」 제정에 이어 2014년 1월 「지역문화진흥법」, 2014년 5월 「문화다양성의 보호와 증진에 관한 법률」이 제정되면서 문화예술계에서 오랫동안 요구해온 법들이 비슷한 시기에 연달아 제정되었다. 「지역문화진흥법」은 2001년 시행되었던 '지역문화의 해' 행사를 계기로 처음 논의된 뒤 여러 차례 입법이 추진되었지만 무산되었다. 「지역문화진흥법」은 '지역문화진흥기본계획 수립' '생활문화진흥' '지역문화전문인력 양성' '지역문화실태조사 실시' '문화도시 · 문화지구의 지정 및 지원' 등의 내용을 담고 있다. 특히 제5장 지역문화재단의 설립에 관한 내용을 통해 전국적으로 지역문화재단 설립이 가속화되면서 2014년 이후 지역문화재단이 설립된 지자체의 비중이 급속도로 증가하였고 이런 재단을 통해 전국적으로 공공 문화정책 사업이 보편화되는 계기가 되었다. 「문화다양성의 보호와 증진에 관한 법률」은 문화다양성에 기초한 사회통합과 새로운 문화 창조에 이바지하는 것을 목적으로 하는 법으로, 이 법에 근거하여 문화다양성을 증진하기 위한 여러 정책 사업을 중앙 및 기초 재단에서 수행하고 있다.

2013년 이후 제정된 여러 법 중 2021년 제정된 「예술인의 지위와 권리의 보장에 관한 법률」은 블랙리스트 사태 이후 제기된 문화예술계 현장의 목소리가 입법에 반영되었다는 점에서 큰 의의를 가진다. 이 법은 제3조 예술인의 지위와 권리에서 "예술인은 노동과 복지에 있어 다른 종류의 직업과 동등한 지위를 보장받는다"고 명시하였으며, 제4조 예술인의 역할에서 예술인이 우리 사회와 미래에 미치는 창조적이고 발전적인 역할을 수행함을 명시하였다. 제2장 예술 표현의 자유 보장은 블랙리스트 사태를 통해 다수의 예술인이 국가의 검열로 인해 예술지원사업에서 배제된 것에 관련한 조항으로 예술의 자유의 침해 금지, 예술지원사업의 차별 금지, 예술지원사업의 공정성 침해 금지 등으로 구성되어 있다.

3. 문화 법 탐구 ①: 「문화예술진흥법」과 한국문화예술위원회

지금까지 문화 법의 정의와 개괄적인 역사를 살펴보았다. 그런데 문화 법의 구체적인 내용을 살펴보는 과정을 통해 문화 법, 행정, 정책, 사업과의 상관관계를 설명할 수 있다. 우리가 현장에서 만나게 되는 다양한 문화정책 및 사업은 모두 법에 근거하여 추진된다. 「문화기본법」에 명시된 '문화의 날'처럼 구체적인 행사나 사업을 명시한 경우는 드물지만, 법에 근거해 설립된 공공기관을 통해 법에서 규정한 진흥정책이 현장에까지 닿게 된다. 예를 들면, 「문화예술교육지원법」에 근거해 설립된 한국문화예술교육진흥원, 「예술인복지법」에 근거해 설립된 한국예술인복지재단, 「문화기본법」에 근거해 설립된 한국문화관광연구원 등이 그 예이다. 여기서는 「문화예술진흥법」에 근거해 설립된 한국문화예술위원회를 사례로 구체적인 법의 조항이 어떻게 실제 문화정책 및 사업과 연결되어 예술현장에까지 영향을 미치는지 살펴보도록 하겠다.

1) 「문화예술진흥법」과 공공예술지원 토대 구축

「문화예술진흥법」은 1972년 제정된 이래 2023년 현재까지 총 39번의 개정을 거쳤다. 「문화예술진흥법」은 "문화예술의 진흥을 위한 사업과 활동을 지원함으로써 전통문화예술을 계승하고 새로운 문화를 창조하여 민족문화 창달에 이바지함"을 목적으로 한다. 「문화예술진흥법」은 제6장 41조로 구성되어 있으며, 상세한 구성은 다음 쪽의 표와 같다.

먼저 「문화예술진흥법」의 제2장 문화예술 공간의 설치 조항을 통해 정부에서 중요하게 생각하는 문화정책 및 사업의 추진 및 전달이 주로 공간의 설치와 이 공간을 기반으로 한 인력양성을 통해 이루어진다는 것을 알 수 있다. 제2장 제5조에 따르면 국가와 지방자치단체가 설치한 문화시설의 관리를 비영리 법인・단체 또는 개인에게 위탁할 수 있는데, 실제로 남산국악당 등 공공에서 설치한 상당수의 문화시설이 민간의 위탁으로 운영되고 있는 현실이다.

[문화예술진흥법]

장	내용
제1장 총칙	제1조 목적 제2조 정의 제3조 시책과 권장 제4조의 2 문화시설에 관한 실태조사 및 통계작성 등
제2장 문화예술 공간의 설치	제5조 문화예술 공간의 설치 권장 제6조 전문인력 양성 제7조 전문예술법인 · 단체의 지정 · 육성 제9조 건축물에 대한 미술작품의 설치 등
제3장 문화예술복지의 증진	제11조 장려금 지급 등 제12조 문화강좌 설치 제13조 학교 등의 문화예술 진흥 제14조 문화산업의 육성 · 지원 제15조의 2 장애인 문화예술 활동의 지원 제15조의 3 문화소외계층의 문화예술복지 증진 시책 강구 제15조의 4 문화이용권의 지급 및 관리
제4장 문화예술진흥기금	제16조 기금의 설치 등 제17조 문화예술진흥기금의 조성 제18조 문화예술진흥기금의 용도
제5장 한국문화예술위원회 등	제20조 한국문화예술위원회 제21조 설립등기 등 제22조 정관 제23조 위원회의 구성 제24조 위원장 등 제25조 위원의 임기 제26조 위원의 대우 및 겸직 금지 제27조 위원의 결격사유 제28조 관여 금지 제29조 위원의 직무상 독립 등 제30조 위원회의 직무 제31조 위원회의 회의 등 제32조 소위원회 제33조 사무처 제34조 감사 제35조 성과의 평가 제36조 협의체의 구성 제37조 예술의 전당 제38조 한국문화예술회관연합회
제6장 보칙	제39조 국고보조 등 제40조 감독 제41조 권한의 위임 · 위탁

다음으로 이 법의 제7조 전문예술법인·단체의 지정·육성은 민간의 예술단체를 관리 및 지원하기 위한 기본적인 등록 절차에 해당한다. 이와 더불어 제4조의 2에 근거해 문화시설에 관한 실태조사가 진행되는 등의 내용을 봤을 때 「문화예술진흥법」이 문화예술계의 기반을 다지고 체계를 정리하는 기능을 한다고 볼 수 있다. 제9조 건축물에 대한 미술작품의 설치 조항은 미국을 비롯한 해외에서 추진하고 있는 법적 조항을 도입한 것으로, 미술작품의 실질적인 유통 및 판매에 긍정적 영향을 주고 있는 조항으로 작용한다.

제3장 문화예술복지의 증진은 「예술인복지법」이 제정되면서 일부 조항이 삭제되었으며, 여기에 문화강좌 설치, 학교 등의 문화예술 진흥, 문화산업의 육성·지원 등 서로 다른 종류의 조항이 함께 위치하여 장과 조항의 구성이 일치하지 않는다. 학교 등의 문화예술 진흥은 「문화예술교육지원법」에 관련 항목이 있고, 문화산업의 육성·지원은 「문화산업진흥기본법」에 관련 내용이 있으며, 제15조의 2 장애인 문화예술 활동의 지원 또한 「장애예술인 문화예술 활동 지원에 관한 법률」이 제정되면서 법간 중복 문제가 존재한다. 그럼에도 불구하고 제3장의 내용을 통해 「문화예술진흥법」이 초기에 제정된 법이자 기본법으로서 정부에서 생각하는 문화예술 지원 및 진흥의 범위를 어디까지 상정하였는지 보여주는 척도가 될 수 있다.

제4장 문화예술진흥기금 관련 조항은 「문화예술진흥법」이 실질적인 효력을 발휘하는 법이자 기본법의 기능을 수행하는 데 결정적인 역할을 하는 조항이다. 현재는 문화예술진흥기금의 규모가 상당히 줄어들고 이에 따라 그 위상이나 역할이 과거에 비해 많이 축소되었지만, 여전히 한국문화예술위원회에서 관리하는 주요 창작지원사업의 예산 출처가 문화예술진흥기금이며 최근에는 기금 확보를 위한 다양한 논의가 진행 중이다.

2) 한국문화예술위원회 전환과 법의 개정

「문화예술진흥법」이 관장하고 있는 영역이 넓고 다양하지만, 「문화예술진흥법」에서 가장 핵심이 되는 부분은 제5장의 한국문화예술위원회에 관한 내용이다. 제5장 중 17개의 조항이 한국문화예술위원회의 구성 및 운영에 관한 내용으로 구성되어 있다. 한국문화예술위원회는 1973년 설립된 한국문화예술진흥원이 위원회(Arts Committee) 구조로 전환된 것으로, 참여정부의 주된 성과이자 문화예술계가 오랜 시간 염원했던 자발적이고 참여적인 의사결정 방식을 통한 문화정책 수립이 가능한 기구의 설립이 이루어진 것이다. 2005년 8월 한국문화예술위원회 전환이 이루어지기 전 「문화예술진흥법」의 해당 법령을 보면(시행 2003.05.27.), 한국문화예술위원회의 전신인 한국문화예술진흥원과 관련한 조항이 다음과 같이 기술되어 있다.

> 제6장 한국문화예술진흥원 등
>
> 제23조(한국문화예술진흥원) ① 문화예술의 진흥을 위한 사업과 활동을 지원하게 하기 위하여 한국문화예술진흥원을 둔다. ② 진흥원은 법인으로 하되, 이 법에 규정한 것을 제외하고는 민법중 재단법인에 관한 규정을 준용한다.

2005년 3월 24일 개정을 통해 「문화예술진흥법」은 한국문화예술위원회와 관련한 법적 조항을 마련하였다. 여기서 가장 핵심은 제23조의 4 '위원회의 구성'이며, 구체적인 내용은 아래와 같다. 예술위원회 모델은 예술 현장의 명망 있고 경험이 풍부한 전문가들이 위원으로 위촉되어 위원회의 기본계획 수립, 운영계획 수립, 정관, 기금 운용 등 전반적인 운영에 관한 사항을 심의 및 의결하는 것이다. 위원회 전환 이전 한국의 문화정책은 정부에서 전체적인 계획을 수립하고 이를 탑다운 방식으로 전달해 한국문화예술진흥원에서 운영하는 방식이었다. 위원회 전환 이후에는 문화예술 진흥을 위한 구체적인 사항을 현장 예술인들이 직접 계획하고 심의 및 운영한다는 점에서 민주적이고 자발적인 문화정책의 패러다임 전환이라 할 수 있다.

위원회 및 위원의 구성 및 선임에 관한 내용은 한국문화예술위원회 조직 운영과 관련한 초미의 관심사이자 위원회에 직접적인 영향을 미치는 변수이

제23조의4 (위원회의 구성) ①위원회는 문화예술에 관하여 전문성과 경험이 풍부하고 덕망이 있는 자 중에서 문화관광부장관이 위촉하는 11인의 위원으로 구성한다.
②문화관광부장관이 제1항의 규정에 의하여 위원을 위촉할 때에는 문화관광부장관이 위촉하는 자로 구성하는 위원추천위원회가 추천하는 자 중에서 위촉하여야 한다. 이 경우 위원추천위원회에는 문학·미술·음악·무용·연극·전통예술 등 문화예술 각 분야의 인사가 균형있게 포함되어야 한다.
③제1항의 규정에 의한 위원회의 위원은 위원회의 이사로 본다.
④제1항의 규정에 의한 위원회 및 제2항의 규정에 의한 위원추천위원회의 구성방법과 절차에 관하여 필요한 사항은 대통령령으로 정한다.

제23조의11 (위원회의 직무) ①위원회는 다음 각호의 사항을 심의·의결한다.
1. 문화예술의 진흥을 위한 사업과 활동을 지원하기 위한 기본계획 등의 수립·변경 및 집행에 관한 사항
2. 위원회의 운영계획의 수립·시행에 관한 사항
3. 위원회의 정관 및 규정의 제정·개정 및 폐지에 관한 사항
4. 위원회가 소유하는 시설의 관리·운영에 관한 사항
5. 기금의 관리·운용에 관한 사항
6. 문화예술 지원사업의 효과적 수행을 위한 조사·연구·교육·연수에 관한 사항
7. 위원 3인 이상이 심의·의결을 요구하는 사항
8. 그 밖에 위원회가 문화예술의 진흥을 위하여 필요하다고 인정하는 사항
②위원회가 제1항제5호의 규정에 따라 기금의 관리·운용에 관한 중요한 사항을 심의하는 경우에는 위원회를 기금관리기본법 제11조제1항의 규정에 의한 기금운용심의회로 본다.

다. 이에 따라 위원회 및 위원의 구성에 관해 몇 번의 개정이 이루어졌다. 제23조 위원회의 구성 조항을 보면, 원래 '문화예술 각 분야의 인사가 고루 포함'되어야 한다는 조항이 있었는데, 2011년 5월 25일 '문화예술 각 분야 및 지역 인사가 고루 포함'되어야 한다는 조항으로 개정되었다. 제24조의 '위원장은 위원 중에서 호선한다'는 조항은 2011년 5월 25일 개정을 통해 "위원장은 「공공기관의 운영에 관한 법률」 제29조제1항에 따른 임원추천위원회(이하 "임원추천위원회"라 한다)가 복수로 추천한 사람 중에서 문화체육관광부장관이 위촉한다"는 내용으로 개정되었다가, 2020년 6월 9일 개정을 통해 다시 "위원장은 위원 중에서 호선한다"는 내용으로 개정되기도 하였다. 이처럼 「문화예술진흥법」은 현장의 요구와 담론을 반영해 관련 조항을 개정하기 때문에 「문화예술진흥

법」의 개정의 역사를 살펴보는 것을 통해 한국문화예술위원회의 조직 운영이 변화해온 것을 함께 추적할 수 있다.

4. 문화 법 탐구 ②: 「문화예술진흥법」과 「문화기본법」의 관계

1972년 제정된 「문화예술진흥법」과 2013년 제정된 「문화기본법」의 관계를 보면, 「문화기본법」이 기본법으로서 상위 법에 해당하고 「문화예술진흥법」이 문화 영역 중 예술 분야를 담당하는 세부기본법의 역할을 한다. 그러나 두 개 법 사이의 관계는 단순히 상위-하위로 구분하기 어려운 복잡한 관계에 놓여 있다. 만약 「문화기본법」이 먼저 제정되고 이에 맞추어 「문화예술진흥법」이 체계를 구축했다면 구체적인 법의 내용에 있어서도 상위-하위 구분에 적절한 모습을 갖추었을 것이다. 그러나 「문화예술진흥법」이 먼저 제정되고 기본법으로서의 역할을 오랜 시간 해오면서 실질적인 법의 내용을 다수 담게 되면서, 이후 제정된 「문화기본법」이 과연 제대로 된 기본법의 역할을 하고 있는 것인지, 「문화기본법」의 의미와 역할은 무엇인지 하는 혼란이 가중되었다.

1) 문화국가원리와 「문화기본법」의 제정

현행 헌법은 헌법상 기본원리의 하나로 제9조를 통해 문화국가원리를 제시하고 있다. 이에 따르면 문화국가는 국가가 추구하고 달성해야 할 목표이자 과업이며, 국가는 개별 시민들에게 정신·문화생활영역에서 문화의 형성 및 향유와 관련하여 기본권적인 실현을 보장해야 한다.[18] 헌법상 문화국가원리가 제시되어 있지만 구체적으로 문화국가원리의 내용이 무엇인지에 대해 현재 헌법에는 그 내용이 자세히 규정되어 있지 않다. 1972년 「문화예술진흥법」 제정을 통해 정부 차원의 체계적인 문화정책이 수립 및 운영되었지만, 「문화예술

18_ 이종수, 「문화기본법과 문화법제의 현황 및 과제」, 『공법연구』 43, 2015, 1-20.

[문화기본법과 하위법규의 체계]

문화기본법	시행령	시행규칙	고시
제1조(목적) 제2조(기본이념) 제3조(정의) 제4조(국민의 권리) 제5조(국가와 지방자치 단체의 책무) 제6조(다른 법률과의 관계) 제7조(문화정책 수립·시행상의 기본원칙) 제8조(문화진흥 기본계획의 수립 등) 제9조(문화 진흥을 위한 분야별 문화정책의 추진) 제10조(문화 인력의 양성 등) 제11조(문화 진흥을 위한 조사·연구와 개발) 제12조(문화행사) 제13조(문화 진흥 사업에 대한 재정 지원 등)	제1조(목적) 제2조(문화영향평가의 대상 등) 제3조(문화영향평가를 위한 협력체계) 제4조(문화영향평가를 위한 교육 등) 제5조(기본계획의 수립) 제6조(시행계획의 수립) 제7조(전담기관의 지정) 제8조(문화의 날 행사 등)	제1조(목적) 제2조(의견 청취) 제3조(문화영향평가를 위한 협력체계)	「문화영향평가 지원기관 등 지정 고시」 제1조(목적) 제2조(지원기관 등 지정) 제3조(재검토기한) 부칙

진흥법」에 문화에 대한 정의가 없고 문화예술에 대한 정의만 기술되어 있어 「문화기본법」 제정의 필요성이 계속 제기되어 왔다.

「문화기본법」은 헌법상의 문화국가 조항들의 이념을 실현하기 위해 총13개 조문으로 구성된 법률이다. 동법 아래 8개 조문으로 구성된 대통령령을, 그 아래에 문화체육관광부장관령인 3개 조문으로 구성된 시행규칙을 두고, 행정규칙인 「문화영향평가 지원기관 등 지정 고시」를 3개 조문에 걸쳐 규정하고 있다. 「문화기본법」 제2조의 '기본이념'은 헌법상 규정한 문화국가원리의 가치가 잘 드러나 있다. "이 법은 문화가 민주국가의 발전과 국민 개개인의 삶의 질 향상을 위하여 가장 중요한 영역 중의 하나임을 인식하고, 문화의 가치가 교육, 환경, 인권, 복지, 정치, 경제, 여가 등 우리 사회 영역 전반에 확산될 수 있도록 국가와 지방자치단체가 그 역할을 다하며, 개인이 문화 표현과 활동에서 차별받지 아니하도록 하고, 문화의 다양성, 자율성과 창조성의 원리가 조화롭게 실현되도록 하는 것을 기본이념으로 한다."라는 조항을 통해 우리 사회에서 문화가 가지는 가치가 구체적으로 개념화되어 있다. 또한 제3조의 '정의'에서는 기존의 「문화예술진흥법」이 담고 있지 않던 문화에 대한 정의가 기술되어 있다. 여기에 따르면, '문화'란 문화예술, 생활 양식, 공동체적 삶의 방식, 가치 체계, 전통 및 신념 등을 포함하는 사회나 사회 구성원의 고유한 정신적 · 물질적 · 지적 · 감성적 특성의 총체를 말한다.

「문화기본법」의 제정 취지와 가치에 대해서는 사회적으로 합의가 이루어졌지만, 「문화기본법」의 구체적인 내용이 과연 이름에 걸맞은 적절한 내용으로 구성되었는가에 대해서는 비판이 많이 제기되었다. 가장 크게 제기된 비판은 이 법이 가지고 있는 기본법적 기능에 관한 것이다. 일반적으로 기본법은 특정 영역을 규율하는 일종의 헌법이라는 의미를 갖는다. 그렇기 때문에 「문화기본법」이 제대로 된 기본법의 모습을 갖추기 위해서는 문화에 관한 기본적이면서 중요한 기준과 틀에 관한 사항들이 종합적으로 담겨 있어야 한다. 그러나 현재 구성된 「문화기본법」은 이 법이 규율하고자 하는 범위를 설정하고 있지 않은데, 제3조에 기술된 문화의 정의가 너무 넓고 다양하여 규범으로 규율하기에 한계가 있기 때문이다.[19]

2) 「문화예술진흥법」과 「문화기본법」의 중복 및 모호성 문제

「문화예술진흥법」과 「문화기본법」은 중복 또는 모호성의 측면에서 여러 문제가 제기된다. 「문화예술진흥법」은 문화예술에 대한 정의를 담고 있고, 「문

19_ 강기홍, 「문화기본법의 선진화 방안」, 『법학연구』 24, 2016, 43-60.

화기본법」은 문화에 대한 정의를 담고 있다. 그런데 우리가 말하는 문화를 정의해보면, 광의의 문화로 본다면 「문화기본법」의 정의에 해당하겠지만, 협의의 문화는 예술 그 자체를 의미하기도 한다. 그런 점에서 「문화예술진흥법」과 「문화기본법」이 각각 문화예술과 문화에 대한 정의를 기술하는 점은 법적, 정책적으로 문화예술과 문화를 개념화하는 데 혼란을 줄 가능성이 있다. 무엇보다 최근 지역문화, 생활문화 등이 강조되면서 비장르 중심의 예술활동이 활발해지고 있고, 이런 활동은 광의의 문화의 정의로 보는 것이 적합하지만, 「지역문화진흥법」의 제2조에서 정의한 문화예술은 「문화예술진흥법」의 정의를 그대로 따르도록 하고 있다.

「문화예술진흥법」에 원래 포함되어 있던 조항 중 '문화의 날'과 관련한 조항은 「문화기본법」이 제정되면서 삭제되고 「문화기본법」에 포함되었다. 그러나 이외에도 「문화예술진흥법」의 조항 중 「문화기본법」에 더 적합할 것으로 보이는 조항도 많다. 제4조의 2(문화시설에 관한 실태조사 및 통계작성 등), 제5조(문화예술 공간의 설치 권장), 제6조(전문인력 양성), 제7조(전문예술법인·단체의 지정·육성) 등은 「문화기본법」의 세부 조항으로 있어도 어색함이 없을 것이다. 특히 「문화예술진흥법」은 초기의 설계 이후 「지역문화진흥법」, 「예술인복지법」, 「문화기본법」 등이 하나둘 제정되면서 관련 조항이 계속 삭제되어 현재는 거의 누더기 법과 같은 모습을 띠고 있다. 따라서 「문화기본법」이 더 상위법이자 기본법으로 문화 영역의 토대를 구축할 수 있도록 「문화예술진흥법」과 「문화기본법」의 관계를 정비하는 작업이 필요하다.

5. 문화예술 법-행정의 개선과제와 주요 정책 전망

1) 「문화예술진흥법」 내 예술의 정의 문제

문화 법 관련한 이슈 중 세간의 주목을 가장 많이 받는 것은 「문화예술진흥법」 제2조 제1항 제1호의 '문화예술의 정의' 관련한 규정이다. 1972년 법 제정 이후 여러 차례에 걸친 개정 중 '문화예술의 정의' 규정이 변경된 것은 총 4번이다. 1972년 제정 당시 「문화예술진흥법」 상 문화예술의 정의는 문학, 미술, 음악, 연예 및 출판의 4개 예술 장르와 1개의 비예술 부문을 열거하는 방식으로 규정하였다. 그렇다면 개정을 통해 무엇이 변화하였는가?

「문화예술진흥법」 개정의 핵심은 특정 장르를 예술의 장르로 포함하는 것이다. 1987년 일부 개정을 통해 '무용, 연극, 영화' 장르가 추가되었고, 1995년에는 전부 개정을 통해 '미술에 응용미술을 포함'하고, '국악, 사진, 건축, 어문'의 장르가 추가되어 10개 장르와 2개 비예술 부문으로 확장되었다. 2013년에는 일부 개정을 통해 '만화'가 예술의 장르로 추가되었다. 마지막으로 2022년에는 일부 개정을 통해 '게임, 애니메이션, 뮤지컬'이 예술의 장르로 추가되었으며, 부가적으로 문화예술의 핵심적인 속성을 기술하는 정의 방식으로 변경하는 안도 추가되었다. 이런 변화를 통한 2023년 현재 확인할 수 있는 「문화예술진흥법」에 정리된 예술의 정의는 다음과 같다.

> 제2조(정의) ① 이 법에서 사용하는 용어의 뜻은 다음과 같다.
> 1. "문화예술"이란 문학, 미술(응용미술을 포함한다), 음악, 무용, 연극, 영화, 연예, 국악, 사진, 건축, 어문, 출판, 만화, 게임, 애니메이션 및 뮤지컬 등 지적, 정신적, 심미적 감상과 의미의 소통을 목적으로 개인이나 집단이 자신 또는 타인의 인상(印象), 견문, 경험 등을 바탕으로 수행한 창의적 표현활동과 그 결과물을 말한다.

문화예술의 정의가 논란이 되는 이유는 장르를 계속 세분화하는 방식으로 문화정책의 대상을 개념화하고 있다는 점 때문이다. 예를 들어, '음악'이란 포괄적인 범주 안에 '국악'이 포함된다고 볼 수 있지만, 법적 정의에서는 음악과 국악을 별개의 것으로 규정하여 결과적으로 음악을 서양음악, 대중음악, 세계음악 등 국악이 아닌 것으로 규정하게 된다. 만화와 애니메이션도 별개의 영역으로 구분하여 두 영역이 현장에서 유연하게 상호작용하고 협력할 수 있는 여지를 법적으로는 구분 및 제한하고 있는 것과도 같다. 이렇게 세분화된 장르를 문화예술로 정의하는 배경에는 장르별 협회의 정치적 활동, 그리고 이렇게 문화예술의 정의를 취득한 장르를 대상으로 한국문화예술위원회, 한국예술인복지재단 등이 지원 활동을 펼치는 것이 모두 연결된다. 일례로 게임이 문화예술에 포함되는 데에는 과연 어떤 근거로 게임을 문화예술적 활동이라고 볼 수 있는지에 대한 첨예한 공방이 오가기도 하였다. 가장 최근 이루어졌던 2022년의 개정에서 그런 점을 고려해 문화예술을 어떤 활동, 결과물로 설명하는 유연한 정의가 포함되어 문화예술의 외연이 확장될 것이라 기대되지만, 한편 이같은 유연한 정의가 실제 정책현장에서 어떤 방식으로 적용되는지에 대한 구체적인 가이드라인이나 사례가 없어 이런 부분은 앞으로 주목해서 보아야 할 지점에 해당한다.

양혜원은 웹진 <한국문화예술위원회 A-square>에 기고한 「문화예술 정의 개정, 그 의미와 전망」이란 글을 통해 이런 우려를 체계적으로 정리하였다. 문화예술이라는 특이한 정책 조어의 개념이 모호한 점, 문화와 예술의 범주의 불명확성, 장르와 부문을 나열하는 열거주의 방식의 한계, 열거된 장르 간 위계의 불명확성 등을 언급하였는데, 이런 문제들을 특정 조항에 대한 개정으로 해결하기보다 「문화예술진흥법」의 전면 개정을 통해 재구성하는 것이 적절하다고 제안하였다.[20]

2) 장르별 법 제정의 문제

장르별 세분화와 집중화를 통해 장르 생태계를 강화하는 한국 문화예술계 현상이 법 제정에도 반영되고 있다. 문화 법 초기 시절 「문화예술진흥법」이 각종 장르의 진흥을 모두 담당하였다면, 최근 들어 개별 장르를 지원하기 위한

20_ 양혜원, '문화예술 정의 개정, 그 의미와 전망', <한국문화예술위원회 A-sqaure 웹진>, Vol. 02, 2023.01. https://www.arko.or.kr/asquare/webzine.cs?webzineId=vol2&webzineNm=square_13&wwrId=13

독자적인 법안이 만들어지면서 장르 생태계가 더욱 공고해지는 효과를 낳고 있다.

「음악산업진흥에 관한 법률」(2006), 「만화진흥에 관한 법률」(2012), 「공예문화산업진흥법」(2015), 「문학진흥법」(2016), 「국제문화교류진흥법」(2017), 「애니메이션산업 진흥에 관한 법률」(2020), 「국악진흥법」(2023), 「미술진흥법」(2023) 등이 그 예이다. 물론 장르별 법안이 생기는 그 자체를 근본적으로 부정하거나, 문제 삼을 수는 없다. 법이 더 전문화되고 구체화되면서 한편 장르별 법안이 생기는 방향으로 진화하는 건 다양한 순서일 수도 있다.

그러나 최근 문화예술의 장르별 구분이 모호해지고 있고, 융합예술, 다원예술, 복합예술 등의 개념이 자주 사용되고 있기 때문에 장르를 기반으로 법을 제정하는 것이 현장에서 만들어지는 다양한 예술 활동을 잘 반영하지 못하는 결과를 낳을 수 있다. 또한 새로운 세대의 예술 활동과는 맞지 않아 기성세대의 예술 활동만을 지원하는 결과로 이어질 가능성도 무시할 수 없다. 그런 점에서 문화 법이 계속 세부 장르 법을 제정하는 방향으로 가기보다는 「문화기본법」, 「문화예술진흥법」 등 기둥이 되는 법을 중심으로 전체 법의 체계를 고민하고, 법 간에 중복되는 부분이 있다면 그런 부분을 어떻게 법적, 정책적으로 조정할 수 있는지 보다 실무적인 부분을 고민하는 방향으로 나아가야 할 것이다.

■ **키워드**

법, 조례, 문화예술진흥법, 문화기본법, 한국문화예술위원회

■ **질문거리**

▪문화 법의 종류와 범위에 대해 서술하시오.

▪현재 문화 법의 구조를 살펴보고 세부적인 범주 구분과 체계는 적절한지, 그렇지

않다면 어떻게 법의 체계를 바꾸어야 한다고 생각하는지 논하시오.

- 「문화예술진흥법」이 제정되던 시기의 정책적 특징에 대해 설명하시오.
- 문화 법의 제정 및 개정이 문화정책의 추진 과정에 어떤 영향을 미치는지 말하시오.
- 현재 문화 법과 관련한 주요 현안과 이슈에 대해 서술하시오.

문화정책과 문화재정
2000년 이후, 한국 문화재정 특징과 과제

김상철 | 나라살림연구소 연구위원

1. 현재의 공공재정 이해하기: 논의의 전제

공공재정은 공적인 목적을 달성하기 위해 실행하는 국가의 일에 수반되는, 조세를 근원으로 하는 재원을 의미한다. 현대국가는 기본적으로 국가의 행위를 통해서 생존과 치안이라는 기본적인 안전보장을 넘어서 인간다운 삶을 유지시킨다는 좀 더 적극적인 의미에서의 사회보장을 중요한 공적 목적으로 삼았다. 그렇기 때문에 현대국가는 본질적으로 공공재정의 규모를 유지하기 위해 조세수입에 의존하는 조세 국가적 특징을 지니고 있다(조세국가의 정의에 대해서는 김미경[1]을 참조하라). 21세기의 공공재정에 대한 논의는 기본적으로 20세기에 형성된 특수한 국가형태를 전제로 하고 있다. 이것이 중요한 이유는 첫째, 공공재정의 문제를 지나치게 역사화해서 현재 발생하고 있는 문제를 '자연스러운 것'으로 받아들이는 오류에서 벗어날 수 있다. 조선시대의 재정구조는 현대국가의 재정구조에 시사점을 제공할 수 없다. 애당초 공공재정의 재원을 마련하는 국가의 작동원리가 다르기 때문에 공공재정의 지출에 대한 규범적 원칙 역시 매우 상이하다. 이와 비슷하게 둘째, 공공재정의 문제를 다룰 때 20세기에 특히 중요하게 등장한 조세정책을 종합적으로 고려해야 한다는 점이다. 일

1_ 김미경, 『감세 국가의 함정』, 후마니타스, 2018.

반적인 재정 논의에서의 한계는 공공재정의 규모가 마치 '사전에 결정된 것'처럼 전제할 때 나타난다. 하지만 현대국가의 재정은 반드시 조세정책과 함께 논의되어야 하고 이는 공공재정의 사용이나 분배의 문제를 다룰 때 좀 더 복합적인 논의를 할 수 있도록 한다.

이런 특징을 이매뉴얼 사에즈(Emmanuel Saez)는 '사회국가(social state)'라고 부르면서 재정정책의 복합적인 성격을 강조한다. 아래의 표를 보면 GDP대비 조세의 규모가 급격하게 커진 것은 1차 세계대전 직후부터다. 그리고 그때부터 기존의 국방과 치안 영역에서 소위 사회정책이라고 부를 수 있는 주택, 보건, 환경, 인프라 등에 대한 지출이 새롭게 등장하기 시작했다. 따라서 우리가 살펴보고자 하는 재정문제는 바로 20세기 중반에 형성된 현대국가의 한 형태를 전제로 한다. 이를 전제로 보면 문화재정은 자연스럽게 조세 등 공적 수입구조와 연관하여 살펴봐야 하고 다른 한편으로는 다른 분야의 공공재정 지출과 견주어 적정성을 판단해야 한다는 것을 알 수 있다.

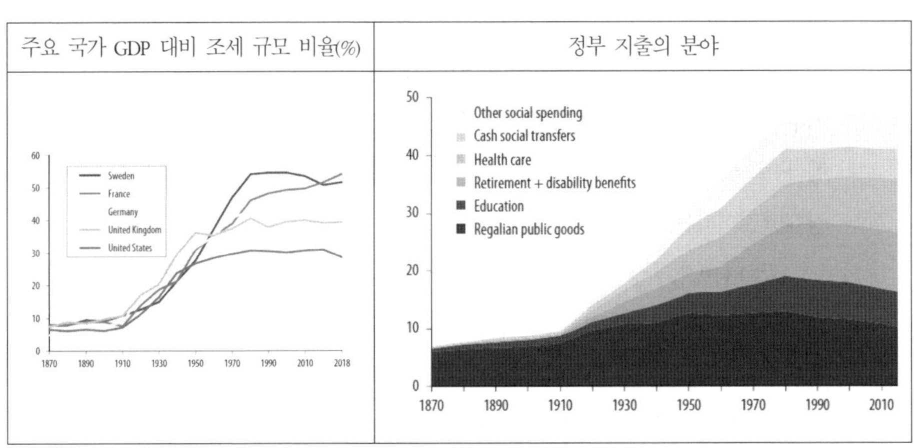

출처: Emmanuel Saez, "understanding the social state," *Finance and Development*, march (2022), IMF 재인용

특히 최근 공공재정의 기능과 역할에 대한 논의가 다시 시작되고 있는데 구체적으로 코로나19의 팬데믹 상황과 함께 기후위기의 심화라는 맥락이 중요하다. 코로나19가 확산되는 상황에서 각 국가들은 매우 다른 정책적 대응을 보

였지만 공통적으로 공공재정의 적극적인 기능을 활용했다는 공통점이 있다. 특히 중요한 것은 그간 공공재정이 민간의 경제주체를 자극함으로써 국민 개개인의 경제적 부를 형성하도록 했다면 코로나19의 확산 과정에서는 국가가 직접 국민에게 현금을 지급하는 방식의 정책이 활용되었고 이 때문에 역설적으로 기존보다 코로나19 시기에 경제적 불평등이 완화되는 결과가 나타나기도 했다.[2] 이는 특히 문화영역에서도 특징적으로 나타났는데 각종 행사의 취소와 중단 그리고 공공 및 민간 문화시설의 셧다운과 맞물리면서 기존의 익숙했던 문화 분야에 대한 재정지원이 급격하게 줄어들었다. 이는 여타 사회 분야와 비교할 때 상대적으로 극단적인 상황에 속한다. 유네스코는 2020년 '위기에 직면한 문화(Culture in crisis)'라는 정책 지침서를 발행했는데, 그만큼 팬데믹 상황에서 발생한 문화 영역의 위축을 심각한 상황으로 인식했음을 보여준다.

그리고 기후위기 역시 기존의 익숙했던 공공재정 정책에서 근본적으로 변화해야 하는 압력으로 존재한다. 고창수 등[3]에 따르면 2010년까지 기후변화 대응이 재정에 미치는 영향에 대한 연구는 인프라 투자 등 직접 비용에 대한 연구를 제외하고는 거의 연구되지 않다가 2015년 파리협약 이후 본격적으로 기후위기 대응을 위한 재정정책의 중요성과 방향성에 대한 논의를 하기 시작했다. 특히 공공재정의 전통적인 기능으로 볼 수 있는 자원의 분배, 재분배, 경제안정이라는 수준에서 모두 변화를 야기한다.

코로나19가 공공재정의 지출 방식에 대한 변화와 더불어 역할에 대한 새로운 고민을 가져왔다면, 기후위기 상황은 기존에 익숙했던 공공재정 분배의 우선순위를 변경하는 문제와 더불어 기후변화에 미치는 재정효과를 중요한 정책 평가의 요소로 삼게 되는 등 재정운영 원리의 변화를 야기한다(기후변화에 따른 새로운 재정정책에 대한 제안은 IMF[2023]을 참조).

2_ Victor Gaspar, "A fine balancing act," *Finance and Development*, march (2022), IMF.

3_ 고창수, 권미연, 오수정, 백가영, <기후변화 대응이 재정에 미치는 영향에 관한 해외논의 사례>, 한국조세재정연구원, 2022.

[기후변화가 재정에 미치는 영향]

구분	자원의 배분	재분배	경제안정
내용	기후변화에 따른 공공재 및 부정적 외부효과로 인해 국가자원 배분의 역할이 증가	온실가스 감축 위주의 상품과 서비스를 확대 압력 다만 가격의 상승으로 인해 저소득층의 접근성을 제약하고 결과적으로 불평등 증가	화석연료 소비 중심의 경제구조 변화가 지체될수록 극단적 변화가 나타날 가능성이 커져 경제적 위기 유발가능성 증가

* 출처: 고창수 외, <기후변화 대응이 재정에 미치는 영향에 관한 해외논의 사례>, 13쪽의 내용 재정리

2. 문화재정의 일반적 현황

OECD 기준으로 한국 정부의 문화 분야 지출은 GDP 기준으로 2019년에 1%를 넘었다. 이는 같은 시기 아이슬란드나 헝가리에 비하면 1/3 수준이지만 일본에 비하면 2배 이상, 미국에 비하면 4배에 약간 못 미치는 수준이다. 물론 한 국가의

[OECD 국가들의 문화 관련 재정지출 현황](일반국가 기준, 단위: GDP 대비 %)

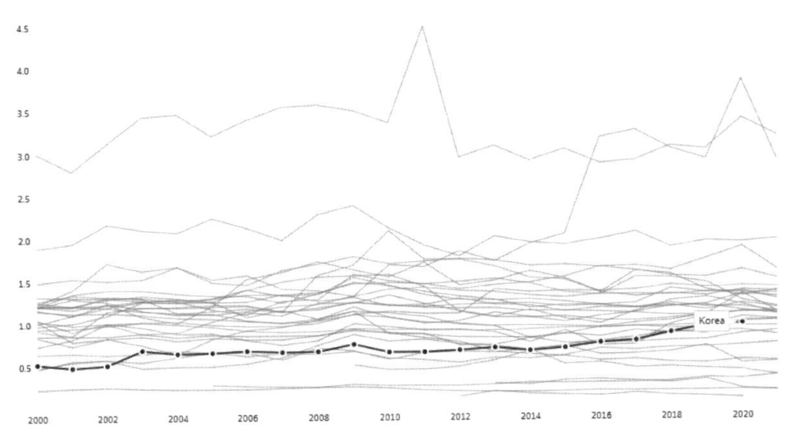

* 출처: OECD (2023), General government spending (indicator). doi: 10.1787/a31cbf4d-en (검색일: 2023.07.20.)

** OECD 통계에서 일반국가(general governmaent)는 중앙정부뿐만 아니라 지방정부를 포함하는 정부기구를 의미함

*** 문화관련: 여가, 종교 관련 지출과 문화지출을 합산한 결과임

문화재정 크기가 해당 국가의 문화정책의 가치를 보여주는 것은 아니다. 재정구조는 국가와 해당 국가 시민사회 내의 문화부문이 맺는 공적 관계를 드러내는 것이고 그런 점에서 문화재정에 대한 분석은 전반적인 재정 투자의 규모를 확인할 수 있는 정량적 접근뿐만 아니라 해당 재정지출의 속성과 효과에 대한 평가에 포함되는 정부의 정책 변화를 드러내는 정성적 접근 역시 고려해야 한다.

그런 점에서 국가 기준 GDP 대비 %로 문화 관련 재정지출을 살펴본 앞쪽의 표를 통해, 아이슬란드와 헝가리가 각각 2010년과 2016년 이후 문화지출을 확대한 것은 각 시기에 해당 국가의 정부가 문화정책에 어떤 방식으로 접근했는지를 보여주는 것이지 해당 시기가 좀 더 문화적인 정부나 국가로 바뀌었다고 볼 수는 없다고 확인할 수 있다. 같은 시기 중앙정부 재정지출 중 문화 분야 지출(아래쪽 표 참조)은 아이슬란드가 6% 이상, 헝가리가 8% 이상을 보여준

[OECD 국가들의 문화 관련 재정지출 현황](중앙정부 기준, 단위: 총지출 대비 %)

	2011	2012	2013	2014	2015	2016	2017	2018	2019
호주	0.95	0.92	0.88	0.81	0.76	0.71	0.73	0.74	
핀란드	1.76	1.58	2.59	2.68	2.62	2.53	2.56	2.57	2.41
프랑스	1.95	1.9	1.87	1.83	1.72	1.75	1.75	1.79	1.74
독일	0.55	0.62	0.54	0.62	0.66	0.75	0.78	0.84	0.8
헝가리	3.28	4.18	3.56	4.02	4.51	8.68	8.49	7.87	7.4
아이슬란드	6.5	3.07	3.23	2.99	3.46	2.83	3.09	3.27	3.26
이탈리아	1.25	1.17	1.36	1.39	1.4	1.73	1.73	1.83	1.91
일본	0.18	0.17	0.17	0.2	0.19	0.19	0.23	0.21	
스페인	1.32	0.84	0.9	0.91	0.91	0.96	0.97	0.98	1.02
스웨덴	1.75	1.78	1.77	1.77	1.77	1.78	1.75	1.78	1.77
영국	1.29	1.28	1.12	1.15	1.2	1.19	1.17	1.07	1.03
미국	0.14	0.14	0.13	0.13	0.12	0.13	0.13	0.12	0.12
한국	2.3	2.54	2.31	2.08	2.17	2.35	2.21	2.16	
OECD-평균	1.96	1.83	1.8	1.79	1.81	1.96	2.01	1.96	2

[깊이 읽기]

2010년 전후 아이슬란드의 문화재정 증가와 관련하여 제시되는 하나의 가설은 인구 규모와 전체 재정에서 문화예산의 비중이 반비례하는 경향이 있다는 것이다. 아이슬란드의 비브로스트 대학교(Bifröst University)의 경제학과 교수인 아인나르손(Einarsson)은 아이슬란드의 문화지출 확대가 같은 노르딕 국가에서도 높은 수준으로 나타난다는 점을 확인하고 그 이유를 인구 규모에서 찾는다. 실제로 2007년 기준으로 아이슬란드는 스포츠를 제외한 문화 분야는 전체 재정의 1.9%로 나타났는데 이는 같은 시기 덴마크의 1.1%나 핀란드, 노르웨이의 0.8%에 비해 2배 가까이 높은 수준이다.

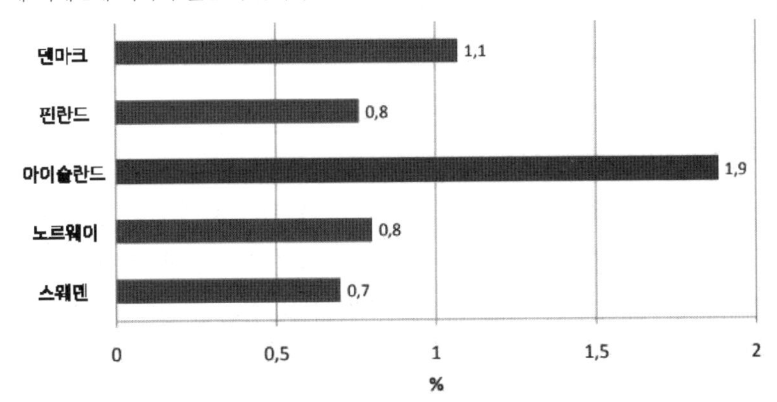

아인나르손은 아이슬란드가 국가 초기부터 공공부문의 문화 투자를 통해서 상당히 높은 문화향유율을 보이고 있다는 역사적 배경과 더불어 2000년 이후 확대되어온 전 세계의 문화정책의 팽창 그리고 시민들의 선호에 민감하게 반응하는 정치인의 우선순위 등을 제시한다. 하지만 이런 특징보다 오히려 인구 규모가 문화지출에 높은 상관관계가 있음을 확인하고 '인구가 적을수록 문화지출을 늘리려는 경향이 있다'는 가설을 제시한다. 아인나르손에 따르면 인구가 적을수록 스스로의 독립성과 국가 정체성을 보호하고 지키려는 정책적 필요성이 커진다고 해석하는 것이다. 독립성과 국가 정체성의 문제는, 나치 독일에 의해 실제로 식민지화를 경험한 프랑스나 일본 제국에 의해 식민지를 경험했던 한국 등에서 문화재정의 전체 비중이 중요시되는 하나의 설명틀을 제공한다.
이처럼 한 국가의 문화재정 규모는 해당 국가가 가진 특유한 역사적, 사회적 맥락이 존재하기 때문에 단순히 규모 비교로는 문화정책의 특징을 파악할 수 없다고 할 수 있다.

* 출처: Agust Einarsson, "The Extraordinary Extent of Cultural Consumption in Iceland," The Culture and Business Conference in Iceland, February 18 2011

반면, 한국의 경우에는 2016년 2.3%였던 비중이 2018년 기준으로 2.1%로 낮아졌다. 이는 일반정부에서 지방정부를 빼고 문화재정의 규모를 볼 때에는 다소 정체되어 있다는 것을 의미한다.

한국의 문화재정은 중앙정부 수준에서는 2% 초반으로 정체되어 있는 반면 지방자치단체의 경우에는 2011년 당초예산 총계기준으로 8조 5천억 원이었던 문화 및 관광 분야의 예산규모는 2023년에는 16조 8천억 원에 이를 정도로 늘어났다. 일반적으로 OECD 비교는 일반정부 지출을 기준으로 하기 때문에 한국과 같이 지방자치단체와 중앙정부 간의 재정지출 규모가 크게 차이가 날 경우에는 중앙정부 예산 규모를 구분하여 살펴보는 것이 좀 더 정확한 예산 규모를 진단하는 데 도움이 된다.

1) 문화재정의 분류체계

1980년 9월 제21차 유네스코 총회에서 채택된 '문화 활동의 공공 재정에 관한 통계의 국제 표준화에 관한 권고'는 다음과 같이 문화재정을 구분한다. 이 구분에는 교육과 과학 통계를 제외한 문화활동으로 한정되며 전체 10가지의 범주로 구분되고 각 범주마다 소항목으로 구성되어 있다.

범주	부문 항목
0- 문화유산	0.0-역사적 기념물 및 유적지 0.1-기록문서 보관소 0.2-박물관 0.3-고고학적 발굴물 0.4-공식적 보호를 받고 있는 여타 형태의 문화유산 0.5-정규 교육제도 밖에서 행하는 연구와 훈련 0.6-다른 카테고리에 포함시킬 수 없는 문화유산의 보존 및 등록에 필요한 활동들
카테고리 1- 인쇄물과 문학	1.0-문학적 창작 1.1-서적 출판 1.2-정기간행물과 신문 발행 1.3-서적, 정기간행물, 신문의 분배와 판매 1.4-도서관 1.5-정규 교육제도 밖에서 행하는 연구와 훈련 1.6-문학 작품 제작과 인쇄에 필요한 보조 활동

2– 음악	2.0–음악 작품 창작 2.1–음악 연주(기악 혹은 성악연주) 2.2–음악 작품 인쇄, 발행 2.3–오페라, 오페레타 등의 가극 공연 2.4–음반, 마그네틱 테이프, 카세트 등 녹음된 음악의 제작 2.5–음악서적 및 녹음된 음악의 보급과 판매 2.6–음악 기계의 생산과 판매 2.7–전축과 테이프 레코더 등 음악의 재생과 녹음을 위한 기기의 생산과 판매 2.8–정규 교육 제도 밖에서 행하는 훈련 2.9–음악의 창조와 기계의 생산에 필요한 보조 활동
3– 공연예술	3.0–공연예술을 위한 작품의 창작 3.1–드라마 공연 3.2–무용 공연 3.3–서커스, 음악당, 카바레, 버라이어티쇼 등 기타 공연예술 3.4–정규 교육 제도 밖에서 행하는 훈련 3.5–강당 임대, 중간매매 서비스, 장비의 제작과 판매 등 공연예술에 필요한 기타 보조 활동들
4– 시각예술	4.0–시각예술 작품의 창작 4.1–시각예술 작품의 발표와 제작 4.2–시각예술 작품의 전시 4.3–시각예술의 보급과 판매 4.4–정규 교육 제도 밖에서 행하는 훈련 4.5–시각예술 작품의 창작과 발표에 필요한 자료 및 기기의 생산과 판매 등의 기타 보조활동들
5– 영화와 사진	5.0–영화 창작(영화 필름의 제작) 5.1–영화 배포 5.2–영화 상영 5.3–사진 5.4–정규 교육 제도 밖에서 행하는 훈련 5.5–영화와 사진에 필요한 기타 보조 활동들 (필름, 스크린, 촬영기, 사진기, 음향기기, 영사기 및 영화 상영에 이용되는 건물의 제작과 보급)
6– 라디오와 텔레비전	6.0–라디오 6.1–텔레비전 6.2–정규 교육 제도 밖에서 행하는 훈련 6.3–방송과 텔레비전에 필요한 여타 활동들 (송, 수신장치 및 방송망의 생산과 판매)

7– 사회문화적 활동들	7.0–사회문화적 발의, 지역사회 문화센터 및 아마추어 활동의 장려 7.1–시민들의 전문적인 모임 7.2–여타 사회, 문화적 활동들 (종교적, 도덕적, 윤리적 혹은 철학적 신념과 관련있는 양식들과 사회적 기능들) 7.3–정규 교육 제도 밖에서 행하는 훈련 7.4–사회, 문화적 활동에 필요한 여타 활동들
8– 스포츠와 게임들	8.0–스포츠 활동과 스포츠 단체들 (게임과 경기 등의 실시와 조직) 8.1–스포츠 장비의 생산, 운동장과 여타 시설의 건설과 유지 8.2–정규 교육 제도 밖에서
9– 자연과 환경	9.0–자연과 관련된 오락활동들 (자연공원, 천연적 휴양지, 공공 해수욕장, 산림 산책로 등) 9.1–도시 생활의 질과 관련 있는 활동들 (도시공원, 나무들, 어린이 오락시설 등)
10– 문화에 대한 일반적인 행정 및 위의 다른 카테고리에도 속하지 않는 활동들	10.0–문화에 대한 일반적인 행정 10.1–기능에 따른 분류상 몇 개의 카테고리를 망라하는 다목적 문화시설의 준비와 유지 (예컨대, 음악당, 영화관 혹은 회의장으로 사용되는 다목적 홀) 10.2–위의 카테고리로 분류할 수 없는 여타 활동들

가장 일반적인 국제적인 재정비교를 제공하는 OECD의 경우에는 정부기능에 초점을 맞춘 분류지표(COFOG)를 제시하고 있다. 해당 지표는 일반정부 단위가 다양한 종류의 지출을 통해 달성하고자 하는 기능이나 사회 경제적 목표에 대한 상세 분류 기준이라고 할 수 있다.[4] 이 분류 체계는 정부의 기능별 지출을 총 10가지로 구분하고 있는데, 일반 공공행정, 국방, 공공질서 및 안전, 경제활동, 환경보호, 주거 및 지역사회 시설, 보건, 휴양문화종교, 교육, 사회보호가 그것이다. 이 중에서 문화 분야는 8번째 분류코드로 6가지의 세부항목으로 나눠진다.

4_ 정성호, 「정부기능분류의 공식 작성 및 활용을 위한 제언」, 『재정포럼』, 2015년 10월호.

[OECD 기능별 예산분류 현황(문화 분야)]

구분 코드		내용
708		휴양, 문화, 종교
	7081	휴양 및 스포츠서비스
	7082	문화서비스
	7083	방송 및 출판서비스
	7084	종교 및 기타 공동체 서비스
	7085	휴양, 문화, 종교 R&D
	7086	기타 미분류 휴양, 문화, 종교

* 출처: OECD statics

[지방재정법 상 예산편성 분류 체계]

분야	부문	부문에 해당하는 업무	정책사업 유형화(예시)
060 문화및관광			
	061 문화예술	• 문화 · 예술 · 출판 · 방송 · 영상 · 광고 · 종교 관련 행정관리 · 감독 및 규제	
		• 공공도서관	공공도서관 확충 및 운영
		• 문화예술사업 및 지원	문화도시 조성
		• 예술 · 국악단등 육성	문화산업 육성
		• 관련사업소(문예회관, 박물관, 미술관, 음악당)운영경비	문화예술 진흥
		• 종교관련 예산, 민속예술, 향토축제 등	
	062 관광	• 관광자원 및 관광산업 개발 · 보존, 관광종사원의 육성을 통한 관광산업의 진흥	
		• 관광지, 유원지	관광 기반 확충 및 관리
		• 관광상품 · 지역특화 문화상품 개발	관광산업 진흥
		• 기타관광진흥	
		• 관광홍보 등	
		제외)해양관광진흥(103 해양수산 · 어촌), 향토민속예술축제(061 문화예술)	
	063 체육	• 주민체육 활성화를 위한 행정 · 지원 · 관리 · 시설운영 등	

분야	부문	부문에 해당하는 업무	정책사업 유형화(예시)
		• 체육단체 지원	생활체육 육성
		• 선수및체육 지도자 육성	전문체육 육성
		• 각종대회지원	체육산업 육성
		• 생활체육및보급육성, 스포츠산업 육성	
		• 체육시설 확충, 체육공원 조성	
		• 체육산업 융자	
		• 체육시설관련사업소운영, 기타 체육진흥	
	064 문화재	• 문화재, 문화유산의 보존 및 관리, 승계를 위한 정책지원 및 집행활동	
		• 문화재행정	유형문화재 보존
		• 문화재(무형포함)관리	무형문화재 보존 및 전승
		• 문화재개발	전통문화 보존 및 전승
		• 천연기념물	
		• 유적관리 등	
	065 문화 및 관광일반	• 기타 문화예술(061)부터 문화재(064)에 속하지 않는 사항	

* 출처: 행정안전부, <지방자치단체 예산편성 운영기준>, 2002

이와 별도로 국가재정운용계획이나 예산개요 등의 설명 자료에 명시된 분류체계는 12개로 구분하기도 하는데 이때 문화재정은 '문화 체육 관광'이라는 항목으로 합산되어 다루어진다. 흥미롭게도 12개 분류체계로 하더라도 포괄하는 범위는 문화예술, 관광, 체육이므로 이는 기존 16개 분류체계와 거의 일치한다. 즉 다른 분야의 경우 부분으로 분류체계의 변화에 의해 총액과 비율이 변화하기도 하지만 기능상 문화재정의 경우에는 16개 분류나 12개 분류 체계에서 큰 변화가 없다. 일반적으로 예산상의 국제 통계는 OECD 기준으로 하는 것이 일반적이기 때문에 한국 정부도 관련 재정정보를 OECD에 보고할 때는 새롭게 기능별 분류를 하기도 하지만 일반적으로 정부에서 사용하지는 않는다. 이 때문에 오히려 16가지의 분류체계가 일반적이라 할 수 있고 통상적으로 문화재정이라면 문화체육관광부라는 정부부처의 지출을 의미한다. 실제로 정부부처가 정부의 기능별 구분에 따라 구성되기도 했지만, 개별 사업이 가지고 있는 복합적인 성격을 구분하는 데 있어 사업기관 중심으로 분류하는 것이 좀 더 단순하기 때문이다. 여기서 다루는 문화재정은 넓게 문화체육관광부의 재정 전체 그렇지 않으면 문화체육관광부가 수립한 예산 중 정책사업 기준으로 문화예술에 해당하는 사업들로 한정한다.

2) 예산 및 재정의 근거법률

한국은 헌법을 통해서 조세법률주의를 원칙으로 하고 있고 재정에 대한 일반적인 사항은 모두 개별적인 법률을 마련하고 있다. 재정 행위가 단순한 현금이나 신용의 흐름이 아니라 시민들의 기여를 기반으로 하는 공적 재원의 흐름이기 때문에 불가피하게 가치지향의 방향성을 가지게 된다. 그래서 재정 법률은 정책 판단에 필요한 절차와 더불어 정당성을 확보하기 위한 민주적 장치들을 포함하는 것이 일반적이다. 특히 재정정보의 공개와 함께 시민들의 조사요구와 관련한 절차 그리고 조세의 사용에 대한 근거를 묻는 것까지 포함한다. 하지만 한국의 재정 법률은 다른 OECD 주요국과 다르게 재정 운용의 원칙과 방향성보다는 재정절차에 대해 상세히 담고 있는데 이는 재정 법률 자체가 절차법에 가까운 속성을 가지고 있기 때문이다. 일반적으로 조세법률주의는 직접 절차에 대한 내용으로만 해석이 될 뿐 그 내용의 실질에 대해서는 크게 영향을 주지 않는다.[5)]

5_ 대표적인 경우가 '행정절차법'에서 정하고 있는 공청회 개최의 의무가 있다. 개별 법률로 주요한 계획이나 결정에 대해 공청회를 개최하도록 정하는 것은 핵심적인 이해당사자들의 참여를 보장함으로써 해당 계획과 결정의 정당성을 확보하고자 하는 것이 실질이라고 할 수 있다. 하지만 오전 시간에 서울에서 단 한 차례만 열리는 공청회도, 설사 그 자리에 초청된 패널 외엔 이해관계자라 부를 수 있는 이가 없어도 형식적으로 전혀 문제가 되지 않는다. 이는 한국의 행정법이 법리의 실질보다는 형식에 주목하는 법률주의의 관행이 크기 때문이다. 재정정보의 공개 역시, 공개의 취지는 납세자인 시민으로 하여금 정부의 예산편성 사항을 감시할 수 있도록 접근성을 보장하는 것이겠지만 이와 같은 정보는 제공되지 않고 공개된다 해도 공개

[현행 재정관련 법률 현황]

구분		국가재정	지방재정
일반규정		국가재정법	지방자치법, 지방재정법, 지방자치단체 기금관리 기본법
수입 관련		국세기본법, 국세징수법, 부담금관리기본법	지방세기본법, 지방세법, 지방세특례 제한법
제출 관련	편성 집행	보조금 관리에 관한 법률, 공공기관의 운영에 관한 법률, 책임운영기관의 설치 운영에 관한 법률, 각종 특별회계법, 각종기금법	지방교부세법, 지방공기업법
	계약 심사	국가회계법, 국가를 당사자로 하는 계약에 관한 법률	지방회계법, 지방자치단체를 당사자로 하는 계약에 관한 법률

국가의 수입과 지출에 대한 일반적인 규정은 국가재정법을 통해 정해진다. 매년 1월 1일에 시작하여 12월 31일에 종료하는 회계연도의 경비는 반드시 그 연도의 세입 또는 수입으로 충당하여야 한다는 '회계연도 독립의 원칙', 한 회계연도의 모든 수입을 세입으로 하고 모든 지출을 세출로 해야 한다는 '예산총계주의', 재정사업은 성과목표와 성과평가를 토대로 시행해야 한다는 '성과중심 재정운용' 등의 내용이 국가재정법에 명시되어 있다. 그리고 결산과 복식부기 및 발생주의 기반의 회계 처리에 관한 규정은 국가회계법을 통해서 규정한다. 예산의 집행과 관련해서는 별도의 개별법률이 따로 있는데 문화재정의 집행과정에서 보면 국가의 보조사업 관리를 위한 집행 방식을 정하고 있는 보조금 관리에 관한 법률이 가장 중요한 내용을 담고 있다.

[용어 설명]

복식부기: 재정 행위의 인과관계를 구분된 항에 동시에 기입하는 작성 방식을 의미한다. 기존 단식부기 하에서라면, 5천만 원의 차량을 구입했다는 정보만 제공되지만 복식부기 하에서는 그 5천만 원이 여유 돈이 아니라 은행 대출을 통해서 마련된 것을 확인할 수 있게 되는 것이다. 즉 한편에 지출이 있으면 다른 편에 지출이 가능한 재원의 수입이 무엇인지를 동시에 적어두어 재정 행위의 성질을 파악할 수 있게 한다. 일반적으로 기업에서는 상당히

시점이 의무화되어 있지도 않다. 이는 공공기관으로 가면 더더욱 심해져서 공공기관을 통해서 대부분의 사업을 집행하는 문화체육관광부의 사업 구조는 공개된 재정정보로는 종합적으로 파악하기가 매우 어렵다. 그럼에도 법률주의의 관점에서 보면 전혀 문제가 되지 않는다.

일반적인 회계 방식이지만 정부 회계에서는 2000년 이후에야 제도화가 되었고 그것의 근거법이 각각 국가회계법과 지방회계법이라고 할 수 있다.
발생주의: 금고나 계좌에서 돈이 빠져나가는 것을 기록하는 것이 현금주의 방식이라면 현금이 오가지 않아도 거래 행위가 발생할 때 기록하는 것은 발생주의라고 할 수 있다. 이를테면 10개월 할부의 경우에는 매월 정액으로 돈이 빠져나가 현금주의로 보면 월 부담이 적지만, 사실은 매월 미지급금이라는 할부금이 미래에 나갈 돈으로 잡혀 있다고 볼 수 있다. 외상거래 등을 많이 하면 당장 현금의 지출이 많지 않아 건전하게 보이지만 사실은 상당히 부실한 재정 구조일 수 있는데, 이런 관행을 해소하고자 발생주의 원칙을 적용하도록 하는 것이다.

[깊이 보기]

실제로 현행 헌법에는 모든 조세의 설치와 징수는 법률에 의한다는 조세법률주의 조항 외에 국회나 행정부의 재정행위 일부를 규율하는 내용 외에 재정에 대한 일반적인 원칙이나 방향성을 가지고 있지는 않다.[6] 그런 이유로 한국은 포괄적인 재정원칙에 의한 통제보다는 개별 입법을 통한 재정통제가 일반적이다. 이는 구조적으로 예산의 편성과 수립 그리고 집행 및 평가 과정에서 행정부의 우위가 있을 수밖에 없는 구조적 요인이 된다. 실제로 한국의 입법 과정은 상당수의 입법 사항을 시행령으로 위임하여 행정관청의 재량권을 부여하고 있는데, 법리적으로 보면 시행령은 법률이라고 하기보다는 행정명령으로 해석하는 것이 적절하다. 실제로 "법률이 위임한 사항에 관하여 발하게 되는 명령을 위임명령"이라고 하고 "위임명령은 법률 또는 상위법령에서 구체적으로 범위를 정하여 위임한 사항에 관한 법규로서의 성질"을 가진다.[7] 즉 시행령은 법률상 위임이 얼마나 구체적인가에 따라 정확한 법규적 범위를 갖는 것이다. 이는 2010년 이후 정부의 행정명령인 시행령을 통해서 법률의 통제를 벗어나고자 하는 '시행령 통치'가 나타나는 구조적 원인으로 볼 수 있다(시행령 통치의 개념은 서동욱[8] 참조).
실제로 박근혜정부는 2015년 11월 3일 국무회의에서 대통령령인 '신문법 시행령 개정안'을 통해서 인터넷 신문의 등록 기준을 강화하려고 했다. 취재 및 편집 인력 5인 이상 회사만 인터넷언론으로 등록할 수 있게 한다는 것이었는데 당시 기준으로 보면 이에 해당하는 인터넷 언론사는 85%에 달했다. 당연히 언론계와 시민사회의 반대가 있었지만, 정부는 법률상 시행령이 위임사항이기 때문에 정부의 권한이라고 맞섰다. 결국 해당 사항은 한국인터넷기자협회 등이 헌법소원을 제기한 결과, 과잉금지원칙 위반으로 위헌으로 결정되었다[2016. 10. 27. 선고 2015 헌마1206, 2016헌마277(병합)결정, 신문등의 진흥에 관한 법률 제 2조 2호등 위헌확인]. 이처럼 법률주의를 법률상 위임의 실질을 살피지 않고 문구 그대로의 의미 해석에 초점을 맞춰서 적법성을 따지는 관습이 21세기 한국 행정에서 많이 발견됨에 따라 시행령 통치의 문제가 지적되고 있다.
이를 벗어나기 위해서 일차적으로 행정명령을 만드는 정부가 법률의 취지를 적극적으로 이해하려는 노력을 해야 하지만 입법부인 국회가 법률의 명확성을 높이기 위해 더욱 더 노력을 해야 할 필요가 있다. 특히 재정행위와 관련해서는 더더욱 시민들의 직접적인 이해관계에 해당하는 만큼 재정 법률의 명확성을 높이기 위한 노력을 해야 한다.

3) 예산의 편성 절차 및 특징

정부의 예산은 크게 5회계연도 이상의 계획을 담은 재정운용계획을 골자로 해서 매년 적정한 예산편성 방향에 대한 조정을 바탕으로 사업부처 예산이 편성되는 절차로 만들어진다. 이 과정에서 가장 최상위의 예산편성 기구는 국가재정전략회의라고 할 수 있는데 대통령이 주재하고 국무위원이 참석하는 회의다. 여기서 국가재정법 시행령을 통해서 운영되는 재정운용전략위원회에서 논의된 재정운용계획의 내용을 확정한다. 일반적으로 예산의 큰 편성 방향이 주요한 정치세력 간의 합의로 이루어지는 의원내각제와 다르게 대통령제 하에서의 국가재정전략회의는 각 부처별 지출 규모에 대한 토론과 합의가 이루어지기보다는 정부 방침을 기준으로 각 부처의 예산편성 방향을 확인하고 지시하는 기능에 초점이 맞춰진다. 이 때문에 재정전략회의를 국가 수준의 재정 합의기구로 운영하자는 제안이 처음 개최된 2004년 이후 초기부터 반복적으로 제시되었지만[9] 현재까지 정부에 따라 임의적으로 개방되는 회의로 진행되고 있다. 무엇보다 장기적인 재정 운용을 둘러싼 사회적 토론을 통해서 좀 더 안정적인 국가정책 비전을 다루기보다는 정부의 재정 철학을 일방적으로 관철하는 제도로 평가받는 것이 좀 더 일반적이다.

국가재정전략회의를 통해 확정된 재정운용계획은 각 부처의 예산편성에 기본적인 방향이 되지만, 실질적으로는 국가재정법에 의해 매년 1월 31일까지 각 부처에서 5회계연도 이상의 기간 동안 신규사업 및 계속 사업에 대한 중기사업계획을 기획재정부로 제출하고(국가재정법 제28조) 이를 토대로 기획재정부는 매년 3월 31일까지 각 중앙부처의 장에게 예산안편성지침을 통보한다(국가재정법 제29조). 사실상 이 절차를 통해서 정부 차원의 예산편성 방향은 어느 정도 결정된

6_ 이덕연, 『재정헌법의 흠결에 대한 헌법정책적 평가』, 한국법제연구원, 2005.
7_ 김승렬, 「행정입법의 한계와 통제」, 법제처, 2009.
8_ 서동욱, 「시행령 통치의 실효적 견제를 위한 추상적 규범통제 필요성 검토」, 『동아법학』, 2023.
9_ 박종수, 「재정법제의 재정과 전망」, 『법제연구』 35권, 2008; 참여연대, '국가재정전략회의 개최에 대한 참여연대 입장', 참여연대 조세재정개혁센터, 2013.05.15.

[재정운용 절차]

절차	01 예산편성	02 예산심의,의결	03 집행	04 회계,결산
예산순기	Y-1 연도(집행 직전연도)		Y 연도 (집행연도)	Y+1 연도(집행 다음연도)
단계별 시기	1월 5/31	9/2 12/2 12/16	1월 12월	2월 5/20 6월

다고 볼 수 있다. 이를 다시 정부부처가 다음연도의 예산안을 5월 31일까지 기획재정부에 제출하면(국가재정법 제31조) 그때부터 기획재정부 중심의 예산조정 절차가 진행된다. 그 사이 국가재정전략회의가 개최되어 큰 틀에서의 방향성이 확립되고 9월이 되면 정부예산안이 국회로 제출되어 예산안이 성립되는 것이다. 그리고 9월부터 12월까지 국회를 통한 예산심의가 진행되지만 통상, 전년도 결산안을 함께 다루는 경우가 많고 국정감사가 먼저 시행되는 것을 고려하면 본격적인 예산심의는 11월이 되어서야 진행된다고 볼 수 있다. 실제로 2024년 예산안의 국회 심의과정을 보면 예산안은 2023년 9월 1일에 국회에 제출되고 상임위원회에 송부된 것이 9월 4일이지만 상임위위원회에서 회의 안건으로 상정한 것은 모두 11월 초에서 중순이고 불과 1주일 만에 상임위원회 심의가 종료되는 것을 확인할 수 있다. 이는 예산을 다루는 특별위원회의 일정 때문인데, 국회예산결산특별위원회는 11월 3일 첫 회의를 시작해서 13일부터 예산조정소위원회를 진행했다. 조정소위가 11월 24일에 종료되었으니 상임위원회는 적어도 그 전에 예산심의를 마쳐야 한다. 문화재정만 놓고 보면 9월 4일에 상정된 정부예산안은 11월 9일과 11월 20일이라는 11일 사이에 주요하게 심의되었다고 볼 수 있다. 특히 한국과 같이 국회의 운영을 상임위원회 중심주의로 운영하는 곳은 상임위원회에서의 논의가 사실상 전체 해당 부처에 대한 국회 논의의 유일한 근거가 되기 때문에, 2024년 정부예산 중 문화예산에 대한 국회 차원의 논의는 11월 중 단 11일 동안만 가능했다고 볼 수 있다.[10)]

10_ 물론 9월 1일 예산안이 송부된 이후 본격적인 예산심의 전까지 국회를 통해 다양한 토론회

[2024년도 문화체육관광부 예산안에 대한 국회 심의과정]

예산안 송부	문화체육관광위원회						예산결산특별위원회				본회의 의결
	회부	상정	심의			의결	전체 회의	예산 조정 소위	예산 조정 소위	의결	
			1차 예산 결산 심사 소위	2차 예산 결산 심사 소위	3차 예산 결산 심사 소위						
9/1	9/4	11/9	11/14	11/15	11/16	11/20	11/3	11/13	11/26	12/21	12/21

특히 해당 시기 동안 국회의 예산심의 과정에 영향을 받는 기관이 문화체육관광부와 문화재청과 같은 정부부처 외에도 32개(문화체육관광부 31개, 문화재청 1개)에 달한다. 이는 과학기술정보통신부 41개, 산업통상자원부 41개에 이어 정부부처 중 3번째로 많은 규모다.[11] 일반적인 문화정책 외에 예술인을 대상으로 하는 지원사업을 담당하는 한국문화예술위원회나 한국예술인복지재단의 경우에는 예산 편성 시기에 공청회나 설명회 등의 별도 의견수렴 절차가 규정되어 있지 않기 때문에 국회 예산심의 과정이 유일한 예산심의 절차라고 할 수 있지만 상대적으로 짧은 국회 예산심의 과정을 고려하면 제대로 된 이해관계자의 의견 수렴이 보장되어 있다고 보기 힘들다.

국회를 통해서 확정된 예산은 성격에 따라서 다양한 형태로 분류되어 집행되는데 크게는 중앙정부 재정과 지방정부 재정으로 구분되고 각각은 국세와 지방세라는 별도의 세원을 바탕으로 성립된다. 그리고 예산은 일반적인 사업편성의 대상이 되는 일반회계와 법률에 의해 특수한 목적을 위한 재원으로 구성되는 특별회계로 나누어지고 아예 예산체계와 분리되어 관리되는 기금으로 구분된다. 중앙정부 재정이나 지방정부 재정이나 일반적으로 일반회계와 특별

등 공개 행사가 개별적인 의견 개진을 가능하게 하지만 구체적인 예산심의 절차에 이해당사자들이 참여해서 예산편성에 대한 폭넓은 논의를 할 수 없다는 점에서 보면, 국회의 예산심의 과정이 대의기구에 걸맞게 개방적이고 투명한가라는 부분에서는 한계가 있다고 할 수밖에 없다.

11_ 국회예산정책처, 『2023 대한민국 재정』, 진한엠앤비, 2023.

[재정의 일반적인 분류 형태]

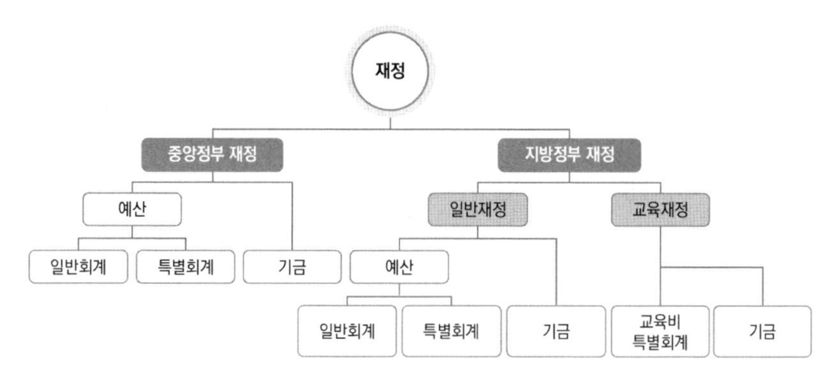

회계로 구분되는 예산과 별도로 조성되는 기금으로 분리되는 것이 일반적인 재정의 분류 형태라고 할 수 있다.

예산 중 일반회계는 사용 목적이 특정되지 않는 일반적인 속성의 재원이라는 점에서 특별회계, 기금과 구분되고 특별회계와 기금은 조성 재원이 조세에 의존하는지 아니면 부담금 등 세외 수입원에 의존하는지에 따라 구분된다. 즉 예산에서 특별회계는 일반회계와 같은 수입원을 갖지만 그 중 일부를 따로 떼어서 별도로 조성 사용하는 것이라면 기금은 예산과 다른 수입원을 통해서 조성되며 특수한 목적의 사업을 안정적으로 수행하기 위한 용도로 만들어진다. 이를테면 문화체육관광부의 기금 중 가장 규모가 큰 국민체육진흥기금의 수입원은 스포츠토토라는 복권사업의 수익금이고 특별회계 중 가장 규모가 큰 아시아문화중심도시 조성 특별회계는 정부의 일반회계 전입금이 가장 큰 재원이다. 문화체육관광부에는 일반회계 외에 2개의 특별회계와 6개의 기금이 존재한다.

[문화체육관광부의 특별회계와 기금 현황]

특별회계	기금
국가균형발전특별회계, 아시아문화중심도시조성특별회계	문화예술진흥기금, 영화발전기금, 지역신문발전기금, 언론진흥기금, 관광진흥기금, 국민체육진흥기금

3. 한국 문화재정의 쟁점

한국의 문화체육관광부는 OECD국가의 중앙정부 문화부처의 행정사업 구조와 비교할 때 크게 3가지의 특징이 있다.12) 첫째 다른 나라들은 문화부서가 문화재 업무를 문화 업무와 통합해서 다루는 반면 한국은 문화재 업무가 문화 업무와 분리되어 있다. 이로 인해 한국의 문화재정책은 문화정책과 분리된 보존정책 중심으로 이루어진다. 둘째 한국은 관광 업무를 문화부처가 함께 담당하고 있다. 이런 나라는 영국과 터키 정도인데, 한국의 관광정책이 교통이나 환경 등의 정책보다는 여가정책으로 다뤄지는 배경으로 볼 수 있다. 셋째 한국의 문화부처는 유일하게 정부 홍보기능으로서 공보 기능을 수행한다. 기본적으로 정부 홍보는 정부를 대표하는 국무총리실이나 행정안전부 같은 부서에서 담당하는 것이 일반적이다.

정부부처의 기능은 곧 재정의 집행과정에도 영향을 미치게 된다. 사업 자체로는 각 세부 분야마다의 특수성이 존재하지만 관료조직의 특성상, 내부적으로 조직이 지향하는 목적은 통합적일 수밖에 없고 부처 내부의 직제를 순환하는 공무원 인사구조의 특성상 상호 영향을 받게 된다. 단순하게 보면 국정홍보를 담당하는 부서와 예술지원을 담당하는 부서가 형식으로는 분리되어 있지만 조직적으로나 인사적으로 사실상 영향을 받을 수밖에 없다면, 예술정책에 정부 홍보의 프로파간다적 속성이 부가될 수 있다는 우려는 자연스럽다. 이런 특징 하에서 문화재정의 특징은 이런 우려가 타당한지 실질적으로 살펴볼 수 있는 증거가 될 수 있다.

1) 기금 의존 구조: 문화정책의 '갈라파고스'화

한국 문화재정의 가장 중요한 특징이라면 매우 낮은 일반회계의 의존도와 상대적으로 절대적인 기금 재원의 의존도라고 할 수 있다. 이를 확인할 수 있

12_ 배관표, 박종석, 신현기, 「OECD 회원국들의 문화행정체계 비교」, 『사회과학연구』 제32권 1호, 2021.

는 것은 예산서가 아니라 결산서를 통해서다. 일반적으로 예산서는 예산 편성의 계획을 의미하고 결산서는 실제 예산 집행의 결과를 담고 있다. 문화체육관광부 결산서에서 가장 특징적인 것 중 하나가 바로 세입과 세출 사이의 차이가 크다는 것이다. 2017년에 일반회계 세입은 639억 원이었는데 정작 사용한 규모 즉 세출 규모는 2조 원을 넘어선다. 무려 32배에 달한다. 이런 현상은 2020년에 54배로 최대 규모를 보이다가 2022년에 이르러 16배 정도로 낮아졌다. 그럼에도 정부부처 중에 일반회계의 세입과 세출의 결산이 이 정도로 차이가 나는 일은 없다.

[문화체육관광부 일반회계 결산 현황] (단위: 억원)

구분	2017년	2018년	2019년	2020년	2021년	2022년
세입(A)	639	1,028	516	507	676	1,989
세출(B)	20,532	21,098	24,113	27,553	29,489	31,651
B/A	32	21	47	54	44	16

* 출처: 문화체육관광부, 각 년도 결산서

이처럼 세입과 세출의 차이가 크다는 것은, 그 차액만큼의 재원이 예산심의 과정에서 효과적으로 다뤄지지 않았다는 것을 의미한다. 일반적으로 일반회계는 국세를 통한 재원을 기획재정부가 총괄적으로 분배하기 때문에 분배 과정에서 사업의 목록이나 사업의 타당성과 관련한 사항들을 지속적으로 검증받는다. 이는 국회 심의과정에서도 마찬가지인데, 많은 경우 일반회계 사업의 경우에는 다른 특별회계나 기금사업에 비해서 신규사업의 비중이 높은 편이기 때문에 관심이 높다. 즉 일반회계는 다른 재원보다 분배과정에서나 심의과정에서 손쉽게 논의 대상이 될 가능성이 높다. 그래서 일반회계의 세입이 적다는 것은 그만큼 정부 재정의 분배 과정이나 국회 심의과정에서의 부담이 낮다는 것을 의미한다. 문화체육관광부는 예산을 편성할 때는 일반회계와 특별회계 그리고 기금을 구분하여 편성하지만 집행할 때에는 그대로 하는 것이 아니다. 그보다는 일반회계 외의 재원을 문화체육관광부의 부서가 일반회계 재원처럼 사용한다.

상식적으로 세입보다 세출이 클 수는 없다. 만약 그렇다면 세입과 세출의 차이만큼을 다른 재원에서 가져온다는 것인데, 문화체육관광부는 이를 관광진흥개발기금과 국민체육진흥기금에서 주로 가져온다. 실제로 관광진흥개발기금은 2023년 예산 기준으로 전체 운용규모가 1조 7천억 원에 달하고 국민체육진흥기금은 3조 2천억 원에 달한다. 아래의 그림은 문화체육관광부의 재정이 내부적으로 어떻게 이동하는가를 보여주는데, 일반회계에서 직접 다른 재원구조로 빠져나가는 규모를 다 합쳐도 세출 규모인 3조 3천억 원이 되지 않는다. 여기엔 기금에서 기금으로 이전하는 재원, 기금에서 일반회계로 갔다가 다시 이전하는 재원 등이 다 포함된다. 즉 사실상 재무 행위에 가까운 것이 모두 문화체육관광부의 일반회계 세출로 결산되는 것이다.

[문화체육관광부 재정구조] (2023년 예산 기준, 단위: 억원)

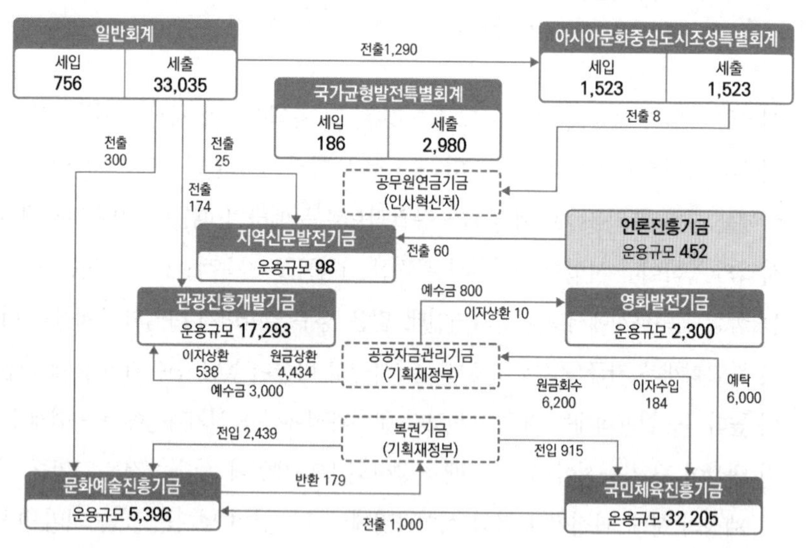

* 출처: 국회 예산정책처, 『2023 대한민국 재정』

이런 특징은 문화재정이 구태여 정부의 전체 일반 재정 내에서 사업의 타당성이나 분배의 정당성을 설득하고 경합할 필요성이 약하다는 것을 의미한다. 과학기술 분야나 산업 분야의 경우에는 지속적으로 국가 수준의 정책 방향을 논의하는 과정에서 중요한 의제로 제시될 수밖에 없다. 그래야 전체 재정의 분배 과정에서 정당성을 획득할 수 있기 때문이다. 하지만 문화재정의 경우에는 구태여 전체 정부 재정 내에서의 분배 과정에서 더 많은 정당성을 확보하기 위해 노력하지 않아도 된다. 내부적으로 가용할 수 있는 재원이 충분하기 때문이다. 이는 한편으로는 안정적인 문화재정이 확보된다고 볼 수 있겠지만 전혀 다른 기금 재원에 의존한다는 점에서 취약성으로 보는 것이 타당하다. 나아가 국가 일반 재정의 분배를 경합하는 과정에서 다른 사업부처와의 협력이나 통합 사업을 고려할 수 있는 동기 자체가 크게 생기지도 않는다. 즉 국가 정책 내에서 재정의 고립성은 곧 정책사업 자체의 고립으로 볼 수도 있다. 실제로 다른 OECD 국가들이 문화정책을 다양한 사업부처에서 분담하여 집행하는 경향에 비해 한국은 문화 주무부처가 문화정책을 독점하고 있는 경향성이 큰데, 특히 한국의 문화행정이 많이 모방을 하려고 했던 프랑스의 경우에는 10개의 사업부처가 문화정책과 사업을 함께 나눠서 하는 반면 한국은 문화체육관광부와 문화재청을 포함하여 유관 부처가 5개에 불과하다.[13)]

2) 비민주적인 재정 운영의 구조화

현행 국가재정법에 따르면 기금은 기획재정부가 3년마다 한 번씩 운용평가와 존치평가를 하는 것을 제외하곤 기금 주무 관리부처가 자율적으로 이용하고 관리할 수 있는 재원이다. 특별회계의 경우야 목적이 한정되어 있기 때문에 세입과 세출 간의 격차가 크더라도 사업 부처의 재량 범위가 작지만 일반회계는 다르다. 사업의 종류나 내용이 매년 유사하다고 하더라도 부처 내부로

13_ 같은 글.

재원을 이전하는 과정에서 기존과는 다른 사업 집행 과정을 요구하기 쉽고 무엇보다 이를 국회나 기획재정부 등 외부 기관의 감시나 감독을 피해서 집행하기 용이하다.

특히 현행 문화체육관광부의 주요 정책사업 구조와 내부 사업구조 그리고 기금을 매개로 하는 기금관리 기관이 모두 일대일의 대응관계를 형성하고 있기 때문에 수직적인 사업구조를 갖기 용이하다. 형식적으로 국민체육진흥기금의 관리 기관은 국민체육진흥공단이고 문화예술진흥기금의 관리 기관은 한국문화예술위원회이기 때문에 기금운용의 자율성이 관리 기관에 있는 것이 타당하다고 보는 것이 합당하다. 애초 별도의 독립 재원을 바탕으로 기금을 조성한 목적에도 부합한다. 하지만 실제로는 그렇지 않다. 실제로 일종의 합의제 기구로 만들어진 한국문화예술위원회의 기금 운용은 국민체육진흥공단과 크게 차이가 나지 않는다. 형식적으로는 한국문화예술위원회가 문화예술진흥기금의 예산편성을 의결하고 이를 국회 심의를 통해서 확정하는 것처럼 보이지만 애초 한국문화예술위원회가 상정하여 다루는 기금 편성안 자체를 문화체육관광부와의 협의를 거쳐서 확정하게 된다. 현행 법률에 따르면 전체 기금 편성 내역 중 20%의 범위 하에서 자율적으로 변경할 수 있도록 하지만 이 자율성은 기획재정부와 문화체육관광부의 이중적인 허가를 받아야 한다. 형식적으로는 협의라고 하지만 애당초 협의가 되지 않으면 해당 항목 자체가 집행될 수 없다는 점에서 사실상 협의는 허가라고 볼 수밖에 없다. 무엇보다 협의 변경을 시행 3개월 전에 검토 요청을 하도록 한 것은 애초 기금 편성 내역 중 20%의 변경 자율성을 부여한 취지 자체에 반한다.

실질적으로 보면 문화체육관광부가 소관하고 있는 기금은 많은 경우 부처 내 사업부서의 자체 재원으로 보는 것이 타당하다. 만약 문화체육관광부가 임의적으로 기금 편성 내역의 변경을 추진한다면 기금사업을 진행하는 한국문화예술위원회나 국민체육진흥공단은 이를 거부할 수 있을까? 불가능하다. 문화나 관광이나 체육 분야의 독립적인 재원이 있어서 안정적인 사업 추진을 할

[국회에 제출하지 않아도 되는 기금변경 방법]

① 내부검토 - 변경내용 시행 3개월 전까지 기획조정부에 검토 요청(시한 촉박 변경 불가) - '기획재정부 집행지침'의 별표 4 타당성 체크리스트 작성, 제출 ② 사전협의(문화체육관광부, 기획재정부 문화예산과 또는 기금운용계획과) ③ 내부결재(위원장 결재, 변경 사유 · 개요 · 각목명세서 변동 내역 필수 기재) ④ 위원회 전체회의 의결 ⑤ 내부 협조전 통보(수신: 기획조정부장) * 여러 부서의 동일 사안에 대한 변경 소요를 통합하여 추진하고자 하는 경우는 내부검토 단계에서 협조전을 받아 기획조정부에서 총괄하여 추진할 수 있다. ⑥ 변경 협의요청 공문 발송(수신: 문화체육관광부장관): 문화체육관광부 경유 → 기획재정부장관 협의 · 조정 → 변경 승인 ⑦ 기금운용계획 변경 승인 통보 및 시행 ⑧ 디지털예산회계시스템(D-brain) 및 통합행정정보시스템 내 변경내용 입력 ⑨ 변경명세서 공문 발송(수신: 문화체육관광부)

* 출처: 한국문화예술위원회, <2022년도 문화예술진흥기금 운용계획서>, 2022

필요가 있다는 것을 존중하더라도 기금 운용 과정에서의 개방성과 투명성이 보장되어야 민주적인 재정과정이라고 할 수 있다. 하지만 애초 문화체육관광부가 운영하는 기금관리기구는 법정 기구이긴 하지만 공개 기구가 아니고 실제로 어떤 근거로 각 년도 기금운용계획을 심의하고 결정하는지를 알 수가 없다. 이로 인해, 사업부처-독립적인 기금-산하기관으로 이어지는 구조는 극단적인 하향식 사업구조를 가질 수밖에 없다. 실제로 사업 계획과 구조를 모두 문화체육관광부의 사업부서가 만들고 산하기관을 통해서 집행하도록 하면서 정작 사업에 대한 평가를 집행기관으로 하도록 하는 경우가 비일비재하다. 애당초 사업을 기획하고 예산을 편성한 곳은 지속적으로 책임으로부터 면책되고 주어진 사업을 집행하는 기관만 반복적으로 사업 결과에 대한 책임을 지는 것이다.

3) 예술인을 보조사업자로 부리는 문화정책

재정은 기본적으로 조세를 통해서 유보한 시민들의 소득을 정부의 분배

기능을 통해서 재분배하는 기능을 본질로 한다. 그래서 재정은 재정이 머물고 있는 회계구조를 통해서 재원의 일반적인 속성이 결정되지만 해당 재원이 집행하는 과정을 통해서 실질적인 속성이 결정된다. 이를테면 동일한 성격의 사업이라 하더라도 재원의 집행 방식을 변경함으로써 전혀 다른 사업 성격을 가질 수 있는 것이다. 현행 국가재정법에는 세입세출예산을 '독립기관 및 중앙관서의 소관별'로 구분하고 이를 다시 '일반회계와 특별회계로 구분'하도록 한다(국가재정법 제21조 2항). 그리고 이를 다시 세출예산의 경우에는 '그 내용을 기능별, 성질별'로 구분하도록 정하고(국가재정법 제21조 3항)으로 규정하고 있다. 이 중 세출예산의 기능별 분류체계는 재정의 기능을 사회 후생에 도움을 주는 것으로 하고 이를 진단하기 위해 보건, 복지, 교육, 국방 등과 같은 현실의 구체적인 기능에 따라 분류하는 것을 의미한다. 가장 일반적인 재정 분류 체계라고 할 수 있다. 반면 성질별 분류체계는 재원 집행의 성격을 통해 구분하는 것이다. 예를 들어 직접지원과 간접지원을 구분하면 동일한 사업이라 하더라도 집행의 차이를 생각해볼 수 있다. 동일한 일자리 지원사업이라 하더라도 정부가 직접 일자리를 만들어서 제공하면 직접지원사업이 되고 민간기업의 고용에 인센티브를 주는 방식으로 일자리를 제공하면 간접 지원사업이 되는 것이다. 여기서 직접과 간접의 구분은 정책 대상에게 재원이 가닿는 방식으로 구분할 수 있다. 그리고 쉽게 예상할 수 있듯이 예산 지출의 성질별 차이에 따라 사업을 관리하는 방식과 사후에 효과를 측정하는 방식에 차이가 발생할 수밖에 없다. 기능별로 보면 복지사업으로 분류되고 기관별로 보면 고용노동부라고 할 수 있지만 재원이 집행되는 속성에 따라 동일한 일자리 지원사업의 성격이 달라지는 것이다.

성질별 분류체계는 총 100번대에서 700번대까지 총 7개의 목 체계로 분류되고 각각의 목 체계 밑에 세목 체계가 다시 편성되는 방식으로 구성되어 있다. 하나의 사업이라 하더라도 사업 내부에는 다른 성질을 가지고 있는 세부 세출내역이 나올 수 있다. 예를 들어 축제를 개최하는 사업이 있다면 사업 분류체계로는 하나의 축제사업이지만 그 중 해당 부서가 직접 사용하는 경비는 200번 대의 물건비로 그 외 축제사업 공모를 통해서 민간단체로 진행하는 비용은 300번 대의 이전지출로 편성되고 예비비는 700번 대 항목이 된다. 즉 하나의 축제사업이고 동일한 사업비라 하더라도 그것이 세부적으로 집행되는 방식에 따라 복수의 성질별 예산분류를 가질 수 있는 것이다.

[세출예산의 성질별 분류]

목번호	100	200	300	400	500	600	700
목	인건비	물건비	이전지출	자산취득 및 운용	상환지출	전출금 등	예비비 및 기타

이런 성질별 예산의 특징은 정부부처 중 특히 정책 대상이 민간 부문일 경우에 두드러지게 나타난다. 중앙정부가 직접 사업을 수행하지 않고 다른 기관에 재원을 보내서 일을 하도록 하는 경우에는 300번 대의 이전지출을 활용한다. 이중 가장 대표적인 것이 320번의 첫 번째 세목인 민간경상보조다. 통상적으로 보조금이라고 부르는 것은 대부분 여기에 해당된다. 동일한 사업이라 하더라도 지방자치단체를 통해서 간접지원을 하게 되면 정부의 세출 분류에는 330번 대의 지방자치단체 경상보조로 분류되는 것이 일반적이다.

[세출예산의 300번대 성질별 분류]

300	3. 이전지출	
310	보전금	
		310-01 손실보상금
		310-02 배상금
		310-03 포상금
		310-04 기타보전금
320	민간이전	
		320-01 민간경상보조 1. "보조금 관리에 관한 법률"에 의한 보조금 중 민간에 대한 경상적 지원으로 다음을 포함한다. - 민간이 행하는 사무 또는 사업에 대하여 국가가 이를 조성하거나 재

		정상의 원조를 하기 위하여 교부하는 것으로 자본적 경비를 제외한 보조금 - 국가조성사업 또는 보호사업 중 물가안정 또는 기타 정책 목적에 의하여 원가 이하로 판매함으로써 야기되는 차액보상을 위한 일반적인 생산 장려금 또는 보조금 2. "복권및복권기금법"에 의한 법정배분금 중 민간에 대한 경상적 지원
		320-02 민간위탁사업비
		320-03 연금지급금
		320-04 보험금
		320-05 이차보전금
		320-06 구호 및 교정비
		320-07 민간자본보조
		320-08 법정민간대행사업비
		320-09 고용부담금
330	자치단체 이전	
		330-01 자치단체 경상보조 1. "보조금 관리에 관한 법률"에 의한 보조금 중 지방자치단체에 대한 경상적 지원 2. "복권및복권기금법"에 의한 법정배분금 중 지방자치단체에 대한 경상적 지원 3. 지방자치단체를 통하여 민간에게 지급하는 경상적 지원으로 자본적 경비를 제외한 보조금
		330-02 자치단체교부금 - 지방교부세법에 의한 지방재정교부금 및 소방안전교부금 - 지방교육재정교부금법에 의한 지방교육재정교부금 - 유아교육지원특별회계법에 의한 교부금
		330-03 자치단체 자본보조
		330-04 자치단체 대행사업비
340	해외이전	
350	일반출연금	
		350-01 기관운영출연금
		350-02 사업출연금
		350-03 금융성기금 출연금
		350-04 민간기금 출연금
360	연구개발 출연금	

* 출처: 기획재정부, <2021년도 예산 및 기금운용계획 집행지침>, 2021

문화체육관광부는 여타 정부부처 중에서도 국고 보조사업 개수가 가장 많은 기관에 속한다. 다른 나라에서도 일반적으로 보조사업이 많은 농림축산식품부보다 300개 가까이 많다. 지원 방식으로 유사하다고 여겨지는 과학기술정보통신부와 비교해도 6배 정도 많다. 실제로 국고 보조사업의 규모는 농림축산식품부가 문화체육관광부보다 크다. 이 말은 농림축산식품부의 보조사업은 개별 사업의 규모가 문화체육관광부보다 크다는 것을 의미한다. 과학기술정보통신부와 비교하면, 재정지원의 선택과 집중이라는 측면에서 차이가 난다고 평가할 수 있다.

문제는 문화체육관광부의 보조사업 대상이 대부분 예술인이라는 데 있다. 실제로 소액다건주의를 표방하는 한국의 문화예술지원사업은 예술인의 창작 지원 사업을 보조사업으로 구조화했다. 일반적인 보조사업과 다르게 예술지원 사업은 직접적인 사업효과가 발생하기 힘들고 무엇보다 계량적 성과 외에 가치적인 목적을 가지고 집행하는 경우가 많다. 단적으로 관객이 적다고 해서 해당 예술창작 작품의 질이 낮다고 보기 힘들다. 기본적으로 예술적 가치는 즉각적으로 확인되는 경우가 많지 않다. 하지만 현행 예산의 집행 방식 중에는 예술지원에 맞는 집행 방식이 없고 그에 따라 편의적으로 민간경상보조라는 형태의 집행 형태를 띠게 된 것이다.

기본적으로 보조사업의 구조는 사업부처 하위에 보조사업자를 종속시키는 사업 방식을 가진다. 사업을 만들고 재원을 분배하는 중앙부처가 최상위 기관이 되고 보조사업 구조에 연결된 모든 곳은 보조사업자가 되면서 배열된다. 당연히 하위의 보조사업자는 상위의 보조사업자에게 종속되는데, 바로 직속의 상위 보조사업자뿐만 아니라 최종적인 중앙부처에 이르는 상위 보조사업자 역시 중층적인 책임을 지게 된다. 문제는 기본적으로 연구소가 보조사업자 단위인 과학기술 영역이나, 중간에 농협이라는 보조사업 지원기구가 있고 거의 유사한 사업구조를 가지는 농업 영역과 다르게 문화예술 영역은 개인이 사업자격을 가지면서 장르 별로, 장르 내에서 각각 창작방법이 상이함에 따라 구체적

[문화체육관광부의 보조사업 현황] (단위 건, 개)

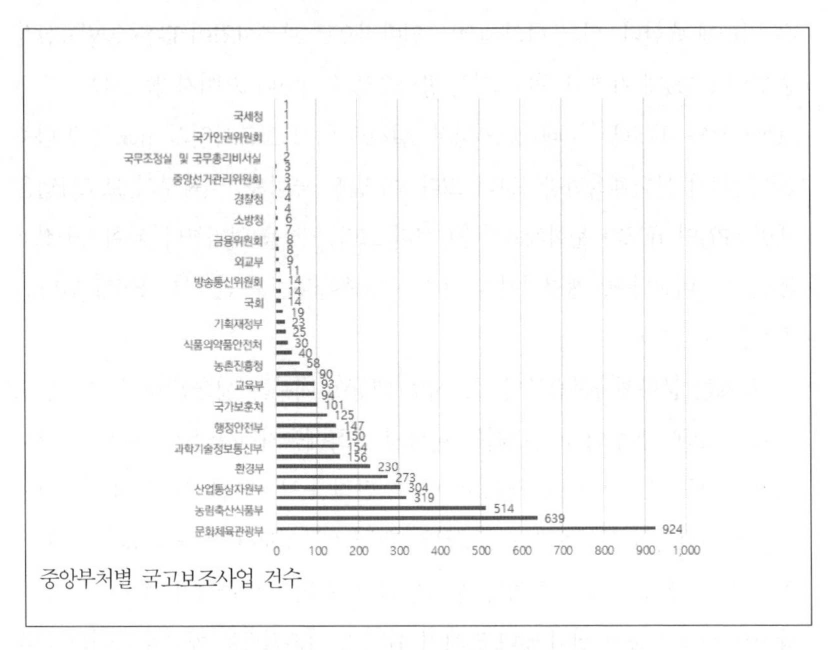

중앙부처별 국고보조사업 건수

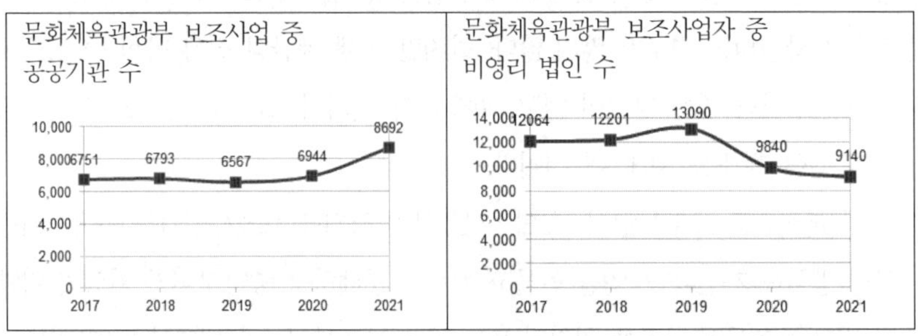

인 사업 집행 방식에 차이가 날 수밖에 없다는 데 있다.

기본적으로 보조사업은 보조사업의 주관부서와 보조사업자 혹은 간접보조사업자 간의 비대칭성을 기본 구조로 한다. 실제로 문화체육관광부가 수립한 국고보조금 운영관리지침을 보면, 주관부서의 장과 보조사업자 또는 간접보조사업자의 의무사항은 권리와 책임으로 극명하게 나뉜다. 이를테면 주관부서의 장이 수행해야 하는 의무사항에는 보조사업자와의 협력이나 협조, 그리고 사

[보조사업 구조]

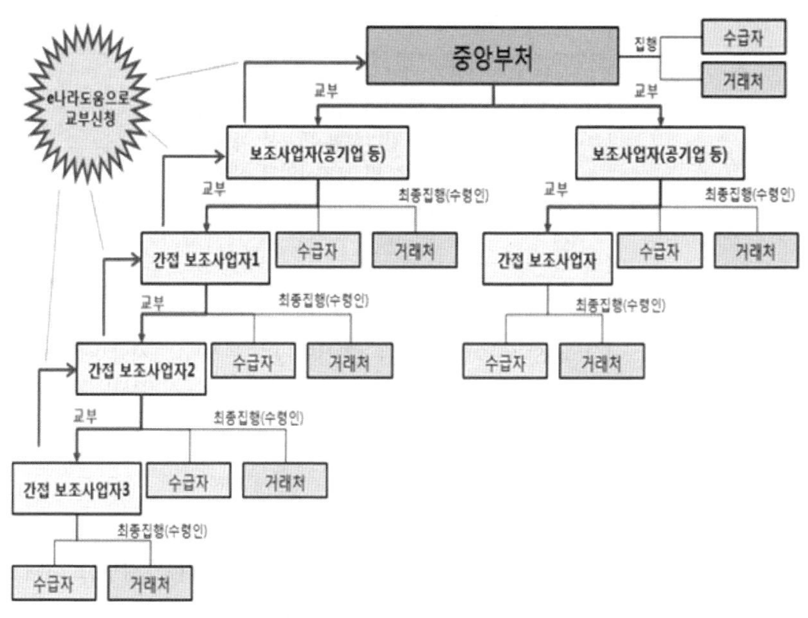

* 출처: e-나라도움 누리집에서 재인용

업성과의 향상을 위한 상호 노력과 같은 사항은 없다. 오로지 보조사업자를 일방적으로 관리하는 내용만 포함되었다. 비슷하게 보조사업자 또는 간접보조사업자는 시민으로서 정부 기관에 가지는 권리나 최소한 사업 구조 내에서 요구할 수 있는 내용이 전무하다. 오로지 제출하고 보고하고 관리하는 의무만이 명시되어 있을 뿐이다.

보조사업화된 문화예술 지원구조는 정부가 표방하는 '팔길이 원칙'에 의한 가치를 지키면서도 예산편성 및 집행과정의 용이함을 위해 채택된 방식에 가깝다. 하지만 실제 문화예술지원 사업을 집행하는 정부의 속성에 따라 임의적으로 보조사업의 성격이 변해왔다. 실제로 보조사업 구조를 형식적인 세출 구조로 놓고 최소한의 기준 외에 자율성을 보장하는 방식으로 운영하는 정부도 있었고 아예 보조사업 구조를 활용해서 특정한 목적 외에는 지원사업을 없애는 방식으로 운영하는 정부도 있었으며 아예 예술지원 사업이라는 보조사업의

[국고보조금 운영관리지침 제4조] (2024. 1.)

의무 주체	의무사항
주관부서의 장	1. 신규 보조사업의 타당성과 관리체계 사전검토 2. 부정수급 실태점검 및 유사중복사업 통폐합 3. 보조사업자 선정의 합리성과 투명성 확보 4. 보조사업자 관리감독 및 보조사업의 집행점검 5. 그 밖에 보조사업을 원활하게 수행하기 위한 보조사업 관리규정 마련 등
보조사업자 또는 간접보조사업자	1. 적법한 방법 및 절차를 통해 교부신청서와 사업계획서 등을 작성하여 제출 2. 보조사업 수행상황을 주관부서의 장 또는 상위보조사업자에게 보고 3. 사업 완료 시 보조사업실적보고서 제출, 정보공시, 감사보고서 제출, 중요재산에 대한 관리 4. 간접보조사업자 또는 보조금 수령자 등에게 보조금을 재교부하는 경우, 보조금 법령 등의 준수 여부에 대한 관리 · 감독 등

특징을 고려하지 않고 여타 부서의 보조사업처럼 관리하려는 정부도 나타났다. 이처럼 정부의 속성에 따라 동일한 유형의 예술지원 사업이 전혀 다르게 집행될 수 있다는 것은 예술지원 사업의 독립성과 자율성이 상당히 취약하다는 것을 의미한다.

특히 예술인과 예술단체를 문화체육관광부가 보조사업을 통해서 직렬화하고 있는 것은 지방자치단체의 예술지원 방식과 비교할 때 매우 차이가 나는 부분이다. 실제로 2020년 문화체육관광부와 17개 광역자치단체의 당초 예산을 기준으로 보면 중앙정부의 예술인 지원사업 중 민간이전 방식으로 수행하는 재원의 비율은 79.7%에 달하는 반면 광역지방자치단체의 예술인 지원사업에서 민간이전 재원 비율은 41.4%에 불과한 것으로 나타났다. 같은 시기 국민문화향유와 관련해서는 자치단체이전이 61.1%(중앙정부의 경우), 51.0%(광역자치단체의 경우)로 나타난 것과 비교할 때 특히 한국의 중앙정부는 개별 예술인과 공모사업 구조를 바탕으로 일대일 매칭의 형태로 사업관계를 형성하고 있는 것으로 확인된다.[14]

[예술인 지원사업의 수행방식 현황 (단위: %)]

<table>
<tr><td rowspan="7">중앙정부</td><td rowspan="2">지원목적</td><td colspan="3">수행방식</td><td rowspan="2">계</td></tr>
<tr><td>직접수행</td><td>민간이전</td><td>자치단체 이전</td></tr>
<tr><td>창작지원</td><td>14.3</td><td>78.5</td><td>7.3</td><td>100</td></tr>
<tr><td>복지지원</td><td>25.6</td><td>74.4</td><td>0</td><td>100</td></tr>
<tr><td>일자리지원</td><td>15.3</td><td>84.7</td><td>0</td><td>100</td></tr>
<tr><td>유통/매개지원</td><td>12.0</td><td>85.4</td><td>2.7</td><td>100</td></tr>
<tr><td>소계</td><td>16.9</td><td>79.7</td><td>3.3</td><td>100</td></tr>
</table>

<table>
<tr><td rowspan="7">광역자치단체</td><td rowspan="2">지원목적</td><td colspan="4">수행방식</td><td rowspan="2">계</td></tr>
<tr><td>직접수행</td><td>민간이전</td><td>공공기관 이전</td><td>자치단체 이전</td></tr>
<tr><td>창작지원</td><td>7.0</td><td>43.6</td><td>42.6</td><td>6.8</td><td>100</td></tr>
<tr><td>복지지원</td><td>4.8</td><td>7.2</td><td>88.0</td><td>0</td><td>100</td></tr>
<tr><td>일자리지원</td><td>1.7</td><td>26.7</td><td>64.4</td><td>7.2</td><td>100</td></tr>
<tr><td>유통/매개지원</td><td>34.1</td><td>40.7</td><td>13.8</td><td>11.5</td><td>100</td></tr>
<tr><td>소계</td><td>21.5</td><td>41.4</td><td>27.8</td><td>9.3</td><td>100</td></tr>
</table>

* 출처: 황용구, <한국 문화예술 재원흐름 동향조사: 분석 프레임 설정을 중심으로>, 133, 135쪽 표 재구성

4) 문화재정 거버넌스의 부재

이해관계자가 많을수록 효과적인 참여 과정은 정책과 사업의 정당성을 확보하는 데 필수적이다. 실제로 2000년 이후 참여예산제와 같이 예산 편성 과정에 시민들이 직접 참여하는 절차가 급격하게 늘어나는 것은 역설적으로 정부의 재정 행위에 대한 정당성이 낮아졌기 때문이라고 볼 수 있다.[15] 특히 한국은 전 세계에서 두 번째로 국가 단위의 참여예산제를 도입하여 시행하고 있는데 직접적인 이해관계자가 많은 정부부처일수록 국민들이 제안한 사업에 대한 수용성이 비교적 높다. 이를테면 고용노동부나 교육부와 같이 특정

14_ 황용구, <한국 문화예술 재원흐름 동향조사: 분석 프레임 설정을 중심으로>, 한국문화예술위원회, 2021.

15_ 김상철, <청년예술인 참여예산 도입방안: 2022년 청년예술가사업 내 국민참여예산제도 도입을 위한 조사연구>, 한국문화예술위원회, 2021.

[국민참여예산 사업에 대한 부처별 적격/부적격 현황]

	2020				2021			
	사업건수	부적격		적격률	사업건수	부적격		적격률
고용노동부	55	53	96.4%	3.6%	43	39	90.7%	9.3%
과학기술정보통신부	12	12	100.0%	0.0%	6	6	100.0%	0.0%
교육부	94	92	97.9%	2.1%	64	60	93.8%	6.3%
국방부	9	9	100.0%	0.0%	10	10	100.0%	0.0%
국토교통부	140	138	98.6%	1.4%	180	177	98.3%	1.7%
기획재정부	33	33	100.0%	0.0%	70	70	100.0%	0.0%
농림축산식품부	47	39	83.0%	17.0%	48	43	89.6%	10.4%
문화체육관광부	56	54	96.4%	3.6%	68	65	95.6%	4.4%
법무부	12	12	100.0%	0.0%	22	14	63.6%	36.4%
보건복지부	337	324	96.1%	3.9%	139	139	100.0%	0.0%
산업통상자원부	20	20	100.0%	0.0%	22	22	100.0%	0.0%
여성가족부	77	60	77.9%	22.1%	28	17	60.7%	39.3%
외교부	3	2	66.7%	33.3%	13	9	69.2%	30.8%
중소벤처기업부	30	29	96.7%	3.3%	44	42	95.5%	4.5%
통일부	5	5	100.0%	0.0%	6	5	83.3%	16.7%
해양수산부	16	13	81.3%	18.8%	24	13	54.2%	45.8%
행정안전부	68	66	97.1%	2.9%	50	47	94.0%	6.0%
환경부	118	116	98.3%	1.7%	67	56	83.6%	16.4%
			93.7%	6.3%			87.3%	12.7%

* 출처: 나라살림연구소, <혁신예산 연구>, 행정안전부, 2021

한 정책대상이 있는 부처가 6%에서 9%를 보이고 있다면 농림축산식품부나 여성가족부와 같이 비교적 보조사업의 비중이 높은 부처는 10%에서 40%에 달하는 적격률을 보인다. 실제 국민제안 사업을 사업부처의 공무원들이 보완하여 이를 국민참여단에게 제시하고 선정하는 과정을 거치는 제도의 특징상, 적격률은 국민제안 사업의 사업부처 수용성의 수준을 가늠할 수 있는 기준이 된다.

국가재정법은 "정부는 예산과정의 투명성과 예산과정에의 국민 참여를 제

[국토교통부 예산심의회 운영규정]

조문 구성	심의회 구성 조문
제1조 목적 제2조 심의회 구성 제3조 위원장의 직무 제4조 심의·의결사항 제5조 심의기준 제6조 회의심사 제7조 심의요청 제8조 재심의 제9조 심의효과 제10조 자료제출 및 의견청취 제11조 회의록 제11조의2 소위원회 제12조 자문위원회 설치 및 운영 제13조 소속기관의 예산 집행심의위원회설치 제14조 수당 등 제15조 운영세칙	제2조(심의회 구성) ①국토교통부 예산심의회(이하 "심의회"라 한다)의 위원장은 제1차관이 되고 부위원장은 기획조정실장이 되며 위원은 다음 각 호의 자가 된다. 1. 『국토교통부와 그 소속기관 직제 시행규칙』 "제2장 국토교통부"의 보조기관에 보임된 자(실장·국장·정책관·기획관 및 감사관을 말한다. 이하 "실·국장 등"이라 한다) 2. 기타 위원장이 필요하다고 인정하는 자 ②간사는 재정담당관이 되고 심의회의 서무를 담당한다. 제12조(자문위원회 설치 및 운영) ①장관은 합리적이고 투명한 예산편성을 위하여 국토교통정책에 관한 학식과 경험이 풍부한 전문가를 구성원으로 하는 예산자문위원회(이하 "자문위원회"라 한다)를 설치·운영할 수 있다. ②자문위원회는 위원장 1인을 포함한 20인 이내로 구성하고, 위원장은 위원중에서 장관이 지명하는 사람이 되며, 원활한 업무처리를 위하여 재정담당관이 간사를 담당한다. ③제2조의 규정에 의한 예산심의회는 연도별 예산심의를 함에 있어서 자문위원회의 자문내용을 최대한 반영하여야 한다. ④제6조의 규정은 자문위원회의 운영에 관하여 준용한다.

고하기 위하여 노력하여야 한다"(제16조(예산의 원칙) 4호)고 명시하고 이에 따라 중앙부처마다 별도의 심의기구를 설치하여 운영할 수 있다. 통상적으로 정부 부처에서 운영하는 내부 심의기구는 예산편성 과정에서 운영하는 예산심의회와 예산 집행 과정에서 운영하는 집행심의회로 구분할 수 있는데,[16] 현재 예산편성 과정에 대한 심의회를 운영하는 곳은 농림축산식품부와 해양수산부 그리고 국토교통부와 행정안전부다. 국토교통부의 사례를 보면 심의회에는 민간 전문가나 이해관계자가 참여하는 자문위원회가 구성되고 자문 내용을 예산심

16_ 나라살림연구소, <혁신예산 연구>, 행정안전부, 2021.

의에 최대한 반영하도록 규정하고 있다.

하지만 문화체육관광부는 자체적인 예산심의회가 존재하지 않고 기획재정부에서 국가재정운용계획을 수립하는 과정에서 진행하는 문화예술분야 예산협의회나 사업부서마다 진행하는 간담회 정도로 의견수렴을 하고 있어, 예산 편성 과정의 투명성과 더불어 책임성 역시 매우 낮다. 문화체육관광부와 같이 정책 대상과 사업 대상이 동일한 보조사업을 운영하는 기관에서는 무엇보다 사업의 형식을 결정하는 예산편성 절차가 매우 중요하다. 특히 문화예술인과 같이 정부의 사업과 밀접하게 연관되어있는 당사자가 많은 조건에서 예산편성 과정에서의 참여 제도를 운영하지 않는 것은, 정부의 문화정책에 대한 신뢰성을 확보하는 데 매우 취약한 상황이라는 것을 보여준다.

4. 한국 문화재정의 과제

결론을 대신해 한국 문화재정의 과제를 살펴본다. 구조적으로 보면 가장 시급한 사항은 문화체육관광부의 사업 부처와 산하기관으로 수직 계열화되어 있는 예산의 카르텔 구조에서 벗어나는 것이다. 살펴보았듯이 문화체육관광부의 예산 구조는 기금 구조로 인해 상당히 왜곡되어 있다. 특히 시민들의 복합적인 생활을 통해서 형성된 재원이 특정한 사업 분야로만 독점적으로 대응하고 있는 구조를 사회적 실효성이라는 측면에서 전면적으로 제고해야 한다. 이를 위해 각 기금별 재원 구조를 통합하는 중기 계획이 필요하다. 우선 기존의 기금사업에 대한 평가와 더불어 사업관리에 대한 체계화를 시행한다. 관광진흥기금이나 국민체육진흥기금은 상당부분 인프라 투자에 많은 재원을 사용하고 있는데 몇 년을 주기로 반복적인 투자가 발생하고 있다. 특히 관광지 개발 사업이나 융자사업의 경우에는 사업효과에 대한 사후평가가 매우 미진하여 유사한 주제의 사업들을 지역 순환 방식으로 배정하는 것이 일반적이다. 또한 자체 재원 구조가 상실된 문화예술진흥기금이나 재원 구조가 취약해진 영화발전기금의 존치 여부에 대해 재평가를 해야 한다. 차제에 문화예술진흥기금과 영화발전기금을 폐지하면서 이를 기점으로 기존 문화체육관광부의 내부 기금을 문화기금으로 통합하는 방안을 생각해볼 수 있다.

다음으로 문화재정의 이해관계자 참여 거버넌스에 대한 고민이 필요하다. 특히 예술인의 자율기구로 출범한 한국문화예술위원회가 예술인들의 참여에 중요한 역할을 수행해야 하며 이에 상응하는 위원회의 예산요구권이 보장될 필요가 있다. 위원회를 운영하는 조직 경비는 정부가 의무적으로 편성하되, 이와 분리된 사업에 대해서는 한국문화예술위원회의 자율성을 폭넓게 인정해야 한다. 특히 예산편성 과정을 예술인에게 공개하고 토론을 통해서 예산요구 사항이 마련된다면 이후 문화재정에 대한 신뢰성은 회복될 수 있다. 이 과정에서 이미 한국문화예술위원회가 내부적으로 검토한 바 있는 특정 예술인 대상 참여예산 방식의 사업편성 제도를 실시하는 것도 방법이다.[17)]

그리고 예산과 권한이 대폭 분화되어야 한다. 한국의 문화행정은 OECD국가 중에서 특히 중앙정부의 집중력이 강하다.[18)] 특히 공보 기능을 함께 수행하고 있으므로 문화정책의 방향이 국정홍보의 정책 지향에 영향을 받게 되거나 혹은 받는다는 오해를 사기 쉽다. 이를 방지하기 위해서는 실제 문화체육관광부가 사업과 재원을 전달하는 기능에 충실해야 한다. 사업은 개별 목적에 따라 설립된 산하기관이나 지방자치단체가 하도록 하고 이의 평가기능을 강화한다. 중앙부처로서 문화체육관광부는 오히려 타 부처 연계사업을 발굴하고 문화예술 사업의 사회적 역할을 좀 더 확대하는 정책기획에 초점을 맞추는 것이 낫다. 기본적으로 순환보직 형태의 중앙부처가 전문화된 문화기관을 하향식으로 통제한다는 것은 형식적으로 보더라도 행정 낭비에 가까운 행태다. 오히려 전문성이 있는 기관에 권한과 예산을 이관하는 대신 기관 운영과 사업효과를

17_ 김상철, <청년예술인 참여예산 도입방안: 2022년 청년예술가사업 내 국민참여예산제도 도입을 위한 조사연구>.

18_ 배관표, 박종석, 신현기, 앞의 글.

진단할 수 있는 두터운 평가 프로세스를 제공하는 것이 타당하다.

마지막으로 예술인들을 예비 범죄자로 취급하는 보조사업 의존 구조에서 벗어나야 한다. 2022년부터 문화체육관광부는 보조사업에 있어 부당수급을 막고 기존의 다양한 운영 형태를 단순화하여 가급적 공모방식으로 전환한다는 방침을 추진 중이고 2024년 예산편성 과정에서는 아예 '민간보조금 재구조화'를 핵심적인 예산편성 방향으로 명시했다.[19] 하지만 이것이 기존 보조금화된 예술지원사업에 대한 변화가 아니라 오히려 보조사업을 유지하면서도 보조사업자 관리를 강화하겠다는 것이어서 한계가 있다. 실제로 특정한 예술단체에 대해 사업을 매개로 반복적인 보조사업을 제공하는 것은 보조사업을 활용한 예술단체의 상시적 지원이라고 볼 수 있다. 실제로 정부는 주요한 예술단체에 대해서 사업을 매개로 하는 단체 지원사업을 시행해왔다. 하지만 사업의 성과가 아니라 단순히 반복 지원된다는 이유만으로 해당 사업을 공모사업으로 전환하겠다는 것은 기존 보조금 사업구조에서 의존했던 예술지원 체계가 더 이상 유효하지 않다는 것이다.[20] 그런데 사업구조는 그대로 두고 사업관리만 강화하겠다는 건 사실상 보조사업의 관리체계를 인정하지 않을 것이라면 공공재정의 지원구조에서 벗어나라는 퇴출 정책에 가깝다. 일반적인 보조금 관리체계와 예술지원사업이 가지는 차이를 고려해 다양한 규정과 규칙을 유연하게 적용하도록 하는 것이 기존 예술지원 체계의 관행적 합의구조였다면, 이제는 그 구조가 사라졌다고 봐야 한다. 오히려 지금은 중앙정부가 개별 예술인과 예술단체를 일대일로 대응하여 지원하고 관리하는 체계 자체를 문제시해야 한다.

공공재정에 대한 논의에서 가장 경계해야 하는 점은 이를 단순한 숫자의

19_ 문화체육관광부, '2024년 문체부 예산안 6조 9,796억 원 편성, 문화재정 7조 원 시대 눈앞에', 보도자료. http://www.mcst.go.kr/kor/s_notice/press/pressView.jsp?pSeq=20439 (검색일: 2024.01.30.)

20_ 김상철, <지정교부를 공모사업으로 전환하는 것의 의미>, <문화정책리뷰> 40호, 한국문화정책연구소, 2023. https://culture-policy-review.tistory.com/273 (검색일: 2024.01.30.)

정합성 문제로만 접근하는 것이다. 재정이나 예산구조를 중심에 놓고 이야기를 한다는 것은 단순히 숫자의 규모를 따지는 문제가 아니라, 어디까지를 개인에서 벗어난 공동의 문제로 볼 것인지를 토론하고 합의하는 과정에 더 가깝다. 그리고 그것의 우선순위와 더불어 어떤 상태가 문화적으로 더욱 풍요로운 상태인지에 대한 기준을 잡는 과정이다. 그런 점에서 공공재정이 모든 시민들의 기여에서 만들어지는 커먼즈(commons)에 가까운 속성을 지닌 자원이라는 점을 고려할 필요가 있다.

■ 키워드

재정의 이해, 재정절차, 문화재정의 현황, 해외 문화재정 비교, 보조사업 의존, 문화재정 특징

■ 질문거리

- 현대 재정이 조세의존적이라는 특징이 의미하는 바를 예술정책의 관점에서 설명할 수 있는가?
- 코로나19 이후 적극적인 재정정책의 관점에서 문화예산의 기능을 설명해보면?
- 한국 문화재정의 특징을 2가지 꼽아 설명할 수 있는가?
- 예술인 참여예산제를 설계한다면 예술인 참여기구는 어떻게 만들 수 있을까?(지방자치단체 운영 참여예산제를 참조)

문화향유와 문화기본권 정책

양혜원 | 한국문화관광연구원 문화연구본부장

1. 문화향유의 개념 및 정책의 대두 배경

1) 문화향유의 개념

문화향유(享有)란 다양한 형태의 문화예술활동을 관람하고 누리고 참여하는 활동을 의미한다. 예를 들어 공연이나 전시를 관람하거나 소설을 읽거나 영화를 보는 등의 관람활동에서부터 직접 시를 쓰거나 노래를 부르거나 그림을 그리는 등의 생활문화활동까지를 모두 문화향유라고 할 수 있다. 우리나라에서는 과거 '문화향수'라는 용어가 좀 더 많이 사용되었고 이후 '문화복지'라는 정책용어가 중첩되어 활용된 바 있었으며, 최근 윤석열정부 출범 이후에는 '문화누림'이라는 용어와 혼재되어 사용되고 있다.

기존에 사용되었던 '문화향수(享受)'라는 용어가 '주어지는 것들을 누린다'는 다소 소극적이고 시혜적인 의미를 가지고 있다면 '문화향유'는 문화 소비자의 보다 적극적이고 능동적인 태도와 권리라는 의미를 내포하고 있다는 점에서 차이가 있다. 또한 문화향유의 주체가 특정 계층에 한정되지 않는 반면, '문화복지'는 사회복지(social welfare) 개념으로부터 파생된 정책적 조어라는 점에서 사회취약계층의 문화적 삶의 질 제고를 우선적으로 추구한다는 점에서 차이가 있다고 볼 수 있다.

해외에서는 주로 'Arts Participation'이나 'Arts Engagement'라는 용어가 혼용되어 사용된다. 조현성 · 최보연에 따르면 'Arts Participation'은 넓게는 관람에서 창작에 이르는 포괄적인 의미에서의 예술향유를, 좁게는 시민 참여성의 개념을 담은 능동적 · 주체적 관점에서의 참여를 의미한다. 한편 'Arts Engagement'는 Arts Participation과 유사하게 폭넓은 향유를 의미하기도 하지만 예술적 경험이 개인에게 발하는, 혹은 개인이 투입하는 경험적 주체성과 헌신적 관계맺기의 정도와 영향에 대한 인지를 보다 적극적으로 내포한 개념이라는 점에서 구분된다.[1)]

2) 정책 대두 배경

문화예술도 다른 모든 재화나 서비스와 마찬가지로 공급자(생산자)와 수요자(소비자)가 존재한다. 문화예술의 생산자로는 연극배우나 공연제작자, 시각예술 작가, 소설가, 문화기획자 등 예술가나 예술단체 등 전문적인 문화종사자를 들 수 있다. 문화예술의 소비자는 일반 국민이다. 근대 이전까지 예술의 주된 수요계층은 왕족이나 귀족과 같은 상류계층이었고 이들이 향유하는 예술은 오페라 등과 같은 소위 고급예술에 해당했다. 즉 예술을 생산하는 이들도, 향유할 수 있는 계층도 그 사회의 엘리트 집단에 한정되었고 그 외의 계층들에게 예술은 아주 먼 것이었다.

그러나 시민사회가 등장하고 이들의 소득수준이 증가하기 시작하면서 공연장이나 미술관이 늘어나고 공연이나 전시를 관람하고 즐기는 이들이 점차 확대되기 시작했다. 특히 TV와 영화의 발명 이후에는 문화향유가 일반 대중에게까지 크게 확대되었고 뉴미디어의 발전, 유튜브 등 SNS의 확산이 심화됨에 따라 과거에는 단순히 관람자에 불과했던 이들이 새로운 크리에이터 집단으로 대거 등장하면서 문화예술의 생산자와 소비자 간의 경계가 급격히 무너지고

1_ 조현성 · 최보연, 『예술향유정책 분석 및 방향 연구』, 한국문화관광연구원, 2020, 28.

있다. 또한 문화예술의 생산과 소비가 벌어지는 장소 또한 공연장이나 미술관 같은 제도적 공간을 넘어 거리, 광장, 축제장으로 확장되고 온 도시를 무대로 다양한 형태의 공공예술작품의 설치, 퍼포먼스, 프로그램들이 펼쳐지고 있다.

이렇게 문화예술이 소수 특권층만의 전유물이 아니라 많은 이들이 즐기고 참여하는 향유의 대상이 되었으나 대중문화콘텐츠를 제외한 공연예술, 시각예술, 문학 등의 경우 여전히 비용의 문제나 심리적 부담, 교육이나 인프라의 부재 등 다양한 이유로 문화예술을 관람하거나 참여하지 못하는 이들이 존재하고 있다. 문화예술은 미적인 가치뿐 아니라 이러한 경험을 통해 정서적 감응과 소통의 촉진으로 삶의 기쁨과 건강을 제공하며, 사회적 관계를 형성하여 참여적 시민을 형성하는 등 중요한 사회경제적 가치를 지닌다. 한편 문화예술에 대한 기호는 후천적 기호(acquired taste) 또는 훈련된 기호(cultivated taste)의 특성을 가지기 때문에 문화예술향유 경험이 비교적 오랫동안 축적되어야 한다. 즉 문화향유를 개인의 자발적 선택이나 시장에만 맡겨놓을 경우 문화향유에서 소외되고 그 혜택을 받지 못하는 이들이 생겨날 수 있으므로 국가 또는 정부는 공공재원을 통해 보다 많은 국민들이 문화예술을 즐기고 참여할 수 있도록 문화향유 지원정책을 펼치고 있다.

2. 문화향유정책의 이론적 근거

문화향유정책의 이론적 근거로는 문화기본권, 시장실패, 문화의 민주화와 문화민주주의, 그리고 가장 최근의 옴니보어 이론을 들수 있다.

1) 문화기본권

문화기본권(Cultural Right)은 국제기구의 선언과 협약, 그리고 각국의 헌법과 법률에서 인정되고 있다. 먼저 1948년 제정된 「UN 인권선언Universal Declaration of Human Rights」 제 27조는 "모든 사람은 공동체의 문화생활에 자유롭게 참여하고, 예술을 감상하며, 과학의 진보와 그 혜택을 향유할 권리를 가진다"고 규정했으며, 또한 "모든 사람은 자신이 만든 과학, 문학, 예술적 산물에 대해 정신적, 물질적 이득을 누리는 것을 보호받을 권리를 가진다"고 규정하였다.

Universal Declaration of Human Rights Article 27 (1) Everyone has the right freely to participate in the cultural life of the community, to enjoy the arts and to share in scientific advancement and its benefits. (2) Everyone has the right to the protection of the moral and material interests resulting from any scientific, literary or artistic production of which he is the author. 출처: United Nation 홈페이지 https://www.un.org/en/about-us/universal-declaration-of-human-rights (검색일: 2023.09.21.)

이후에도 1966년 유엔총회에서 채택된 「경제 · 사회 · 문화적 권리에 대한 국제규약 International Covenant on Economic, Social and Cultural Rights」 제15조, 1968년 개최된 인권으로서의 문화권에 관한 전문가 회의에서 이루어진 「인권으로서의 문화권에 관한 성명」에서도 이러한 문화권에 대한 확인이 이어졌으며 1986년 채택된 「경제 · 사회 · 문화적 권리에 대한 국제협약의 이행에 관한 림버그 원칙」에서는 국가의 의무와 책임을 강조하며, 가능한 자원을 활용하여야 한다는 것과 소외계층에 대해 국가적 보호조치를 취할 것을 권고했다. UNESCO와 EU에서 논의된 내용들을 종합할 때 문화권에 포함되는 핵심적인 권리는 크게 '표현할 수 있는 권리, 참여할 수 있는 권리, 접근할 수 있는 권리'로 분류할 수 있으며, 여기에는 문화적 생존 권리, 문화공동체와 연계하고 동일화할 권리, 문화적 정체성을 존경할 권리, 유무형의 문화유산에 대한 권리, 종교적 믿음과 실천에 대한 권리, 의사 및 표현과 정보의 자유에 대한 권리, 교육의 선택과 학습에 관한 권리, 문화정책의 내실화에 참여할 권리, 문화적 삶에 참여하고 창조할 권리, 내적인 발전을 선택할 수 있는 권리, 문화적 환경

에 관한 권리 등이 포함된다.[2)]

대한민국 헌법 또한 제9조에서 "국가는 전통문화의 계승 발전과 민족문화의 창달에 노력하여야 한다"고 문화국가건설의 의지를 표현하고 있으며, 제11조 1항에서는 "누구든지 성별, 종교 또는 사회적 신분에 의하여 정치적, 경제적, 사회적, 문화적 생활의 모든 영역에 있어서 차별을 받지 아니한다."를 통해 문화적 접근과 향유, 참여에 있어서의 평등을 보장하고 있다. 행복추구권을 규정하고 있는 제10조와 인간다운 생활을 할 권리를 규정하고 있는 제34조 또한 간접적인 문화권의 규정으로 이야기된다.[3)]

즉 모든 국민은 문화생활에 자유롭게 접근하고, 문화예술을 향유하고 참여할 권리를 가지며, 국가는 이러한 국민의 문화기본권을 보장하기 위한 책임을 지고 문화향유 지원정책을 펼칠 의무가 있다는 것이다.

2) 시장실패

문화향유정책을 정당화하는 또 하나의 이론적 근거로는 문화예술의 향유가 가지는 양의 외부성(positive externality)으로 인한 시장실패를 들 수 있다. 외부성이란 한 경제주체의 행위가 다른 주체의 후생에 시장을 통하지 않고 영향을 주는 것을 말하는 것으로 이 경우 시장메커니즘에 의한 자원배분이 비효율적으로 되는 시장실패(market failure)가 발생하게 된다. 문화예술의 가치는 기본적으로 소비자에 의해 평가되지만, 문화예술의 사회적 가치는 개인이 평가하는 가치보다 높은 경우가 많다.[4)]

문화예술재화의 소비는 소비자 개인에게도 편익을 제공하는 동시에 그 외

2_ 정갑영, 『문화복지 법제화 방안 연구』, 한국문화관광연구원, 2007; 김기곤, 「한국사회의 문화권 구성과 제도화」, 『민주주의와 인권』 11(2), 2011, 207-233; 양혜원, 『문화복지 정책의 사회·경제적 가치 추정과 정책방향』, 한국문화관광연구원, 2012, 17-18.

3_ 정갑영, 앞의 책; 김세훈·조현성, 『문화복지 중기계획 연구』, 한국문화관광연구원, 2008.

4_ 김세훈 외, 『공공성: 공공성에 대한 다양한 접근』, 미메시스, 2008; 김정수, 『문화행정론: 이론적 기반과 정책적 과제』, 집문당, 2010.

의 사회 구성원들에게도 긍정적인 편익을 미친다. 먼저 문화예술은 일차적으로 해당 예술재를 소비하는 개인에게 심리적 만족감과 감동을 선사한다(사용가치). 둘째, 문화예술의 경험은 창조적 사고의 발전, 비판적 평가능력의 향상, 미학적 기준의 창조, 감정의 순화 등을 통해 사회의 안정과 질서 유지에 도움을 주며, 감성적으로 성숙한 문화시민들을 배양하는 효과를 가진다(혁신가치, 교육가치 등). 셋째, 뛰어난 문화예술은 해당 국가나 지역의 정체성을 보존하고 드높이는 명성가치(prestige value)를 가진다. 넷째, 문화예술은 현세대뿐 아니라 미래세대의 관점에서 유증가치(bequest value)를 가진다. 이외에도 문화예술이 가지는 경제적 가치창출 효과, 사회발전 효과, 사회적 응집력 강화효과 등이 여러 학자들에 의해 제기된 바 있다.[5)]

이렇게 문화예술의 소비에 양의 외부성이 존재하는 경우, 문화예술의 소비를 시장기제에 맡길 때 소비자는 개인의 가치를 기준으로 소비수준을 결정하므로 예술의 진정한 가치가 시장 기능을 통해 반영되지 않게 되며, 사회적으로 바람직한 수준보다 문화예술에 대한 소비가 '과소소비'되는 현상이 벌어지게 된다. 따라서 정부는 소비자에게 보조금을 지불하여 예술의 진정한 가치를 소비자의 증가소득에 반영하게 함으로써 정부 보조금이 없을 때보다 문화예술에 대한 소비수준을 증가시킬 수 있으며 이러한 개입을 통해 자원배분의 효율성을 증가시킬 수 있다는 것이다.[6)]

3) 후천적으로 습득된 기호(acquired taste)

문화향유를 위한 정부지원의 또 하나의 근거는 정보의 결여이다. 수요를 결정하는 중요한 요인은 가격, 소득, 그리고 기호를 들 수 있다. 시장 효율성을 위한 전제 중 하나는 참여자들의 완전 정보이다. 그러나 만약 문화예술의 소비

5_ 임학순, 『창의적 문화사회와 문화정책』, 진한도서, 2003; 양혜원 · 김현경 · 윤지연, 『예술의 가치와 영향 연구: 국내외 담론과 주요 연구결과 분석』, 한국문화관광연구원, 2019.

6_ 양혜원, 『문화복지 정책의 사회 · 경제적 가치 추정과 정책방향』, 18-19.

자가 자신이 판단을 내리고 있는 근거에 대한 완전한 정보를 갖고 있지 않거나, 자신의 후생에 대해 무지한 상황이라면 자신의 후생극대화를 위한 선택을 하지 못한다. 전통적인 경제학에서는 수요의 결정요인인 기호를 주어진 것으로 간주하고 기호가 형성되는 과정에 관해서는 관심을 기울이지 않았으나 문화예술에 대한 기호는 후천적 기호(acquired taste) 또는 훈련된 기호(cultivated taste)로 문화예술 경험이 많아질수록 기호가 단련되는 특성을 갖는다. 이와 같은 문화예술에 대한 기호의 특성을 중독성(addiction)으로 표현하기도 한다.[7] 중독성을 갖는 수요의 특징은 현재 수요의 증가가 미래 소비를 증가시킨다는 것이다. 처음에는 클래식에 전혀 문외한이었던 이가 공연 관람 횟수가 늘어나면서 점점 클래식 음악을 좋아하게 되는 것을 예로 들 수 있는데, 관람이라는 경험을 통하여 자신의 진정한 기호에 대한 정확한 정보를 파악하게 된다는 것이다. 즉 문화예술에 대한 기호나 취향은 오랫동안의 지속된 경험을 통해서 축적될 수 있으며, 국가는 국민들이 문화예술에 대한 기호를 형성할 수 있도록 향유 기회를 유소년기부터 상당 기간 제공할 필요가 있다는 것이다.[8]

4) 문화의 민주화와 문화민주주의

문화향유정책의 방향성 설정을 위한 전략과 관련한 대표적인 개념으로는 '문화의 민주화'와 '문화민주주의'가 있다. '문화의 민주화(Democratization of Culture)'란 재정적 문제나 교육의 부족으로 인해 고급예술을 향유하지 못하는 이들이 많다는 점을 문제로 보고, 더욱 많은 이들이 더 좋은 고급예술에 접근(access)할 수 있도록 문화시설을 확충하고, 더욱 저렴한 가격에 문화예술을 즐길 수 있도록 하는 등의 방식으로 문화향유 기회를 제공해야 한다는 전략이라고 볼 수

7_ Gary S. Becker and Kevin M. Murphy, "A Theory of Rational Addiction," *Journal of Political Economy*, Vol. 96, No. 4 (Aug., 1988), 675-700.

8_ Bruno S. Frey, 『문화예술경제학』, 주수현 옮김, 시그마프레스, 2007; 소병희, 『문화예술경제학』, 율곡출판사, 2012; 양혜원 · 김현경 · 윤지연, 『예술의 가치와 영향 연구: 국내외 담론과 주요 연구결과 분석』, 43-44.

있다. 1960년대 프랑스를 비롯해 많은 유럽국가들의 문화정책은 문화의 민주화 전략에 입각해 있었다. 그러나 문화의 민주화라는 개념은 문화예술 중에서도 '고급예술'을 보다 가치 있는 것으로 여기는, 즉 문화예술에 서열이 존재한다는 엘리트주의적 관점에 입각해 있다는 비판을 받게 된다. '문화민주주의(Cultural Democracy)'는 사회에는 다양한 문화가 존재하며, 모든 문화는 고유한 가치가 있다고 본다. 즉 고급문화와 저급문화 간의 서열을 부정하고, 누구나 문화의 창조자가 될 수 있다고 보며(모든 사람의 문화), 생활문화활동과 같은 일반국민들의 능동적 문화참여(participation)를 주요한 가치로 한다는 특징을 갖는다.[9)]

5) 옴니보어 이론[10)]

프랑스의 사회학자 피에르 부르디외(Pierre Bourdieu)는 그의 저서 『구별짓기 *Distinction*』(1984)를 통해 선호와 참여의 행태로 드러나는 개인의 취향이 선천적으로 타고나는 '개인적인 것'이 아니라 개인의 출신계급에 따라 가정과 학교에서 상이하게 진행되는 사회화의 과정에서 각기 다르게 경험되고 획득되는 '사회적인 것'임을 주장했다. 고급예술이란 그 자체로 보편적이고 절대적인 미적 가치를 갖는 것이 아니라 단지 상층계급, 또는 지배계급에 의해 선호되며 그들의 계급적 지위를 드러내는 취향문화이며, 지배계급은 고급문화를 사회적・제도적으로 정당화하고, 고급문화와 자신들의 관계를 자연스럽고 당연한 것으로 만듦으로써 자신들의 문화를 우월한 것으로 정의내리고 사회적으로 특권화하

9_ A. Girard, *Cultural development: experiences and policies* (Paris: UNESCO, 1972); J. Langsted, "Double Strategies in a Modern Cultural Policy," *The Journal of Arts Management, Law and Society*, Vol. 19, No. 4 (1990), 53-71; 김선미・최준식, 「프랑스 문화정책 준거의 발전과 문화의 민주화」, 『인문학연구』 21권, 2012, 139-173; 한승준, 「'문화가 있는 날' 사업의 문화정책 특성에 관한 연구: 문화의 민주화를 위한 정책인가? 문화민주주의를 위한 정책인가?」, 『한국행정학보』 제51권 제1호, 2017, 347-367; 양혜원, 『문화가 있는 날 제도적 개선방안』, 한국문화관광연구원, 2015.

10_ 김수정・최샛별, 「부르디외의 지적 전통이 한국 문화정책에 갖는 함의: 문화자본론과 옴니보어론을 중심으로」, 『문화정책논총』 제32집 2호, 2018, 33-55.

고 있다는 것이다. 이러한 부르디외의 문화자본론은 문화적 취향과 사회적 불평등을 연결함으로써 고급문화에 대한 접근성만을 제공한다고 해서 문화의 불평등을 해소할 수 없으며, 문화예술의 탈신성화를 위한 문화예술교육의 중요성을 강조하며 진정한 문화의 민주화 실현을 위한 정책적 방안으로 연결되었으며, 각국 문화정책에 중요한 방향타를 제공했다.[11]

부르디외의 문화자본론을 적극적으로 수용한 1990년대의 미국 문화사회학자들은 오랜 역사에 걸쳐 공고화된 계급질서와 지배계급에 의해 배타적으로 향유되는 고급문화가 존재했던 프랑스 사회를 배경으로 한 부르디외의 이론이 미국 사회에 어떻게 적용될 수 있는가에 대한 질문을 제기했고 이러한 맥락 속에서 미국의 사회학자 리처드 피터슨은 옴니보어 가설을 제안하게 된다. 피터슨과 심커스[12]는 미국 엘리트 집단의 경우 고급문화라 할 수 있는 정통적 문화에 대한 취향뿐 아니라 민중계급의 문화라 할 수 있는 대중문화에까지 폭넓은 선호를 보인다는 것을 발견했다. 그리고 미국 상층 지식인 집단의 배타적(univore)취향이 점차 다양한 계층문화에 대한 선호까지 아우르는 잡식성(omnivore) 취향으로 교체되고 있다고 주장하며 옴니보어 개념을 제시했다.

이들이 제시한 옴니보어적 취향은 모든 문화를 무차별적으로 좋아하는 것이 아니라, 모든 문화를 수용할 수 있는 능력, 즉 문화적 다양성에 대한 개방성을 의미하며, 사회적 지위가 높을수록 정통적인 취향문화에 국한되지 않는 다양한 문화를 즐기는 성향에 가까워진다는 것을 의미한다. 그러나 옴니보어 이론은 미국의 지배계급이 '구별짓기'에 무관심한 것이 아니라, 단지 그 원칙과 방식이 부르디외식 속물적 배타성에서 '관용'으로 대체되었을 뿐임을 보여주며 문화와 계급, 그리고 문화불평등에 대한 논의를 한 단계 심화시키는 계기를 만들었다.[13]

11_ 같은 글.

12_ Richard A. Peterson, Albert Simkus, "Understanding audience segmentation: From elite and mass to omnivore and univore," *Poetics*, Vol. 21, Issue 4 (August 1992), 243-258.

13_ 김수정 · 최샛별, 앞의 글.

3. 우리나라 문화향유정책의 역사적 전개[14)15)]

1) 문화향수 증진 정책의 등장

우리나라 문화정책의 본격적인 시발은 1972년 「문화예술진흥법」 제정과 1973년 문예진흥기금을 통한 지원으로 볼 수 있다. 초기 문화정책의 주요목적은 '문화유산의 보존·계승과 전통문화의 계발을 통한 민족주체성 확립'에 초점이 맞춰져 있었고, 문화예술지원 역시 전문 예술인이나 관련 협·단체를 지원하거나 공연장, 박물관 등 문화시설의 건립 또한 예술창작지원에 초점이 맞춰져 있었다. 1973년 발표된 <제1차 문예중흥 5개년 계획>에서 '국민의 문화수준 향상'이 정책목표 중 하나로 제시되었으나 그 초점은 낮은 수준의 문화의식을 가진 국민들의 의식개조, 즉 국가주의적 관점에서 정치화된 예술을 통해 국민들의 의식을 계도하는 데 맞춰져 있었다.

1980년대 경제성장의 결실이 조금씩 가시화되면서 소득이 증가하고 문화예술에 대한 수요가 점차 높아지기 시작했으나 공연장이나 박물관 등 물리적 인프라가 부족하고 도시와 지역 간 문화접근성의 격차가 크자 <제5차 경제·사회발전 5개년 수정계획>에서는 '국민의 문화향수기회 확대'를 목표로 국립현대미술관, 예술의전당, 국립국악당 등 대규모 문화시설을 전국적으로 확충하고 전국에 문예회관을 건립하는 등 지방문화를 육성하기 위한 정책적 시도가 나타난다.

2) 국민의 문화향수권 증진을 위한 문화복지정책의 시작

1990년 문화부를 최초로 신설한 노태우정부는 <문화발전 10개년 계획>(1990-1999)에서 '문화복지국가'의 건설을 비전으로 제시하고 '국민의 문화향수 확대'를 주요 정책과제로 제시하게 된다. 이 당시 '문화복지'라는 개념은 사회

14_ 조현성·최보연, 『예술향유정책 분석 및 방향 연구』, 한국문화관광연구원, 2020, 28.
15_ 고윤화·양혜원, 『예술경영과 예술행정』, 한국방송통신대학교출판문화원, 2020.

적 취약계층만을 대상으로 하는 것이 아니라 '일반국민'을 대상으로 그들의 문화접근성을 제고함으로써 삶의 질을 제고한다는 의미를 띠고 있었으며, 이전 시기와 구별되는 점은 문화인프라의 구축과 같은 시설 확충 정책을 넘어서 직접적으로 국민들의 문화향유를 증진하기 위한 정책프로그램이 시작되었다는 것이다. 1988년 <문화예술 수용 및 향수능력 실태조사>나 '찾아가는 문화활동'사업, 1991년 관객개발을 목표로 '사랑티켓' 사업이 시작된 것을 대표적인 예로 들 수 있다.

1993년 출범한 김영삼정부에서도 이러한 기조는 이어졌다. 1993년 발표한 <문화창달 5개년 계획>은 '문화창달을 통해 국민들의 삶의 질을 향상시켜 선진 문화복지국가로 진입'하는 것을 정책목표로 설정하고 정책기조를 '창조계층에서 향수계층'으로 변화시키는 것을 제시하고 있다. 또한 '문화복지기획단'이 구성되고 <문화복지 중장기 실천계획>이 수립되는 등 문화복지에 대한 정책논의가 본격화된다. 당시 '문화복지'는 물질적 복지와 대비되는 문화적·정신적 차원의 복지라는 개념을 담고 있으며, '문화감수성 증진을 통한 삶의 질 향상'을 목표로 모든 국민을 대상으로 하여 이루어졌다는 점을 특징으로 꼽을 수 있다.

뒤이은 김대중정부는 문화를 고부가가치의 창출, 사회통합, 남북통일 등을 위한 적극적인 국가발전 자원으로 인식하고 '창의적 문화복지국가'를 목표로 문화복지의 실질적 구현을 통한 삶의 질 향상을 위해 문화기반시설의 역할 확대, 문화프로그램 정보 확대, 문화자원봉사 육성 등을 강조했다.

3) 창의성 증진을 위한 문화예술교육, 그리고 소외계층을 위한 문화복지정책의 대두

노무현정부 문화정책의 기본틀은 2004년 발표된 <창의한국: 21세기 새로운 문화의 비전>을 통해 살펴볼 수 있다. <창의한국>은 '영혼 없는 발전'에 대한 문화적 성찰을 제안하며, 더 나은 미래를 창조하기 위한 국가발전전략으로서 '창의성'을 강조하고 창의성을 길러주는 인큐베이터로서의 '문화의 필요성'을 역설한다. 또한 문화참여를 통한 창의성 제고를 위해 '문화예술교육을 통한 문화역량 강화'와 '사회적 취약계층의 문화권 신장'을, 국가균형발전의 문화적 토대 구축을 위해 '지역의 문화역량 제고, 쾌적하고 아름다운 공간환경 조성, 문화시설의 균형적 확충과 운영활성화, 지역문화의 역동적 특성화, 농어촌의 문화환경 조성'을 주요 추진과제로 제시했다.

이러한 정책방향에 따라 「문화예술교육지원법」이 제정(2004년)되고 한국문화예술교육진흥원이 설치(2005년)되었으며, 문화향유 기회의 양극화 해소를 위해 2004년부터 '복권기금 문화나눔사업'이 시행되기에 이른다. 복권기금 문화나눔사업은 2000년 문화예술진흥기금 모금이 중단되면서 복권기금이 대체재원으로 유입됨에 따라 이루어졌으며, 복권기금의 특성상 일반국민보다는 '서민'을 대상으로 하는 사업이 우선시됨에 따라 경제적 · 지역적 취약계층을 대상으로 하는 '소외계층 문화순회 사업, 방방곡곡 문화공감, 문화이용권 사업' 등이 추진되는 계기가 되었다. 한편 '지역문화분권과 활성화'를 위해 주민생활과 밀접한 생활친화적 문화공간 조성사업, 지방문화원을 지역문화진흥의 구심체로 육성하는 등의 다양한 사업이 펼쳐지게 되면서 문화향유지원정책의 범주가 확장되는 변화가 이루어졌다.

4) 문화향유정책의 범주 확장과 대상적 이원화 심화

뒤이은 이명박정부는 '창조적 실용주의'를 표방했던 만큼 친시장적 정책과 생산적 복지라는 개념을 강조했으며, 친서민정책의 일환으로 '취약계층을 중심으로 한 문화복지 지원'이 더욱 강조되면서 문화이용권 사업이 크게 확대된다. 한편 일반국민들의 문화향유를 위한 사업도 추진되었는데 '국공립 박물관 · 미술관 무료관람사업(2008), 공공도서관 개관시간 연장 사업' 등이 추진되었다.

'문화융성'을 국정기조로 내걸었던 박근혜정부 시기 문화정책의 내용적 범주는 크게 확장되었다. 먼저 경제적 여건으로 인해 문화예술활동에 제약을 받는 저소득층의 문화향유 기회 확대를 위해 문화이용권을 여행, 체육 영역까지 포괄하는 '통합문화이용권'사업(문화누리카드)으로의 재편이 수요자 중심의 문화기본권 보장이라는 취지로 추진되었다. 또한 일상에서의 '문화가 있는 삶'을 위해 「문화기본법」이 제정되고 국가나 지방자치단체가 각종 계획과 정책을 수립할 때에 문화적 관점에서 국민의 삶의 질에 미치는 영향을 평가하는 '문화영향평가(Cultural Impact Assessment)'제도가 도입되었으며, 매월 마지막 수요일 문화혜택을 제공하는 '문화가 있는 날' 사업이 추진되었다. 관람을 넘어 일반 시민들이 일상 속에서 문화활동에 참여할 수 있는 기회를 확대하기 위해 '생활문화센터' 조성이 시작(2014년)되었으며 '생활문화진흥원'이 설립되었다. 「지역문화진흥법」을 제정하고 <지역문화진흥기본계획>의 수립을 통해 문화자치와 문화분권 실현의 동력을 확보할 수 있게 되었다. 「인문학 및 인문정신문화의 진흥에 관한 법률」이 제정되고, '길위의 인문학, 인문강좌' 등 인문정신문화 정책이 새롭게 추진되었으며, 「문화다양성의 보호와 증진에 관한 법률」이 제정되면서 '무지개다리 사업' 등 문화다양성 정책이 새롭게 추진된 것도 이 시기이다. 전통문화의 생활화를 위해 궁중문화축전, 달빛기행 등 궁궐 활용 프로그램, 서원 · 고택 · 폐사지 등 전통문화자원의 관광상품화 확대가 진행되었으며, 무형문화유산의 보존 · 전승 · 활용을 위해 「무형문화재 보전 및 진흥에 관한 법률」제정, 국립무형유산원 출범, 한민족문화아카이브(한민족정보마당: http://www.kculture.or.kr/) 구축도 진행되었다.

5) 팬데믹의 충격과 디지털 문화향유의 부상, 사회적 고립에 대한 문화적 해법 모색 시작

2020년 12월 중국 우한에서 처음 발생한 코로나19(COVID-19)는 전세계에 크나큰 사회적 · 경제적 · 문화적 충격을 가져왔으며 수많은 확진자와 사망자를 기록했다. 세계보건기구(WHO)가 국제적 공중보건 비상사태를 선포하고 각국이 국경폐쇄와 사회적 거리두기를 실시하게 됨에 따라 많은 이들이 장기간 집에 머무르면서 외부활동이나 다른 사람과의 대면 접촉을 극도로 조심하는

풍토가 만들어졌고, 이에 따라 문화향유 또한 기존의 공연장이나 박물관 · 미술관을 직접 방문하는 형태가 아니라 집에서 인터넷이나 유튜브, 넷플릭스 등의 디지털 매체를 통해 즐기는 비대면(untact) 문화향유가 크게 부상하게 되었다. 이에 따라 문재인정부에서는 온라인 공연이나 메타버스 공연의 제작 지원, 디지털 전시관, 스마트 박물관 · 미술관의 조성과 운영에 대한 지원사업을 대폭 확대했고, 집에서 즐기는 집콕 문화생활(https://www.culture.go.kr)과 같은 디지털 문화향유 플랫폼을 구축 · 운영하기도 했다. 당시 비대면 문화예술활동이 대면 문화예술활동을 완전히 대체할 수도 있다는 전망까지 대두되었으나 2022년 하반기부터 사실상 엔데믹 국면으로 접어들면서부터[16] 다시 직접 공연장이나 박물관 · 미술관, 축제장을 찾는 관객들이 급격히 회복되고 있다. 다만 코로나 시기 급격히 늘어난 넷플릭스나 디즈니+, 유튜브 등 OTT 서비스와 동영상 플랫폼을 활용한 디지털 문화향유 행태는 여전히 건재하여 또 하나의 일상으로 자리잡았다.

한편 코로나 사태가 장기화하면서 코로나블루(Corona Blue)라고 불리는 우울증이나 불안장애가 증가하고, 사회적 고립과 외로움의 문제가 전면에 부상하게 되면서 문화를 통한 마음 치유나 문화를 통한 사회적 고립과 외로움의 치유에 대한 관심이 크게 증가하게 된다. 또한 저출산과 고령화의 급속한 전진에 따라 '청년'과 '고령층'에 대한 정책적 관심이 커지면서 이들의 문화향유를 제고하기 위한 정책사업에 대한 모색도 점차 증대되고 있는 시점이다.

4. 우리나라 문화향유의 현황

우리나라 국민들의 문화향유행태를 파악할 수 있는 주요한 데이터로는 문화체육관광부와 한국문화관광연구원이 1991년부터 주기적으로 조사 · 발표하고 있

16_ 2023년 5월 5일 코로나19에 대한 국제적 공중보건 비상사태가 공식적으로 해제되었다.

는 '국민문화예술활동조사'(과거 문화향수실태조사)를 들 수 있다.[17] 아래 각년도 조사결과를 통해 살펴볼 수 있듯이 우리나라 국민의 연간 문화예술행사 관람률(1년 동안 한번이라도 문화예술행사를 관람한 경험이 있다고 응답한 사람의 비율)은 2000년 54.8%에서 2019년 81.8%까지 지속적으로 증가했으나 2019년 코로나 이후 33.6%까지 급감했다가 2022년에는 58.1%로 다시 회복세를 보이고 있다. 2022년 기준 연간 문화예술행사 관람 평균 횟수는 2.2회로 나타나고 있다.

[우리나라 국민들의 문화예술행사 관람률의 추이 (2000~2022년)   단위: %]

구분	2000년	2006년	2010년	2016년	2019년	2021년	2022년
연간 문화예술 행사 관람률	54.80%	65.80%	67.20%	78.30%	81.80%	33.60%	58.10%

* 출처: 2000 문화향수실태조사; 20006 문화향수실태조사; 2010 문화향수실태조사; 2016 문화향수실태조사; 2019 국민문화예술활동조사; 2022 국민문화예술활동조사[18]

코로나19 이전인 2016년을 기준으로 비교할 때 미국의 연간 예술관람률이 54.3%,[19] 일본이 59.2%,[20] 영국이 74.6%, 프랑스가 77.7%[21]를 기록하고 있다는 사실을 감안하면 우리의 관람율은 그리 낮은 것만은 아니라고 볼 수도 있다.[22] 그간 국민들의 문화향유를 제고하기 위한 정부의 노력과 지원의 성과라

17_ 2018년까지는 문화향수실태조사로 실시되다 2019년부터 국민문화예술활동조사로 명칭 변경.

18_ 문화관광부 · 한국문화정책개발원, 『2000 문화향수실태조사』, 2000.
문화관광부 · 한국문화정책개발원, 『2006 문화향수실태조사』, 2006.
문화체육관광부 · 한국문화관광연구원, 『2010 문화향수실태조사』, 2010.
문화체육관광부, 『2016 문화향수실태조사』, 2016.
문화체육관광부, 『2019 국민문화예술활동조사』, 2019.
문화체육관광부, 『2022 국민문화예술활동조사』, 2022.

19_ NEA, 2017 Survey of Public Participation in the art, 2017.

20_ 文化廳, 文化に關する世論調査-平成28年9月調査
https://www.bunka.go.jp/tokei_hakusho_shuppan/tokeichosa/bunka_yoronchosa.html (검색일: 2023. 09.30.)

21_ Eurostat Culture statistics-Cultural participation. https://ec.europa.eu/eurostat/statistics-explained/index.php?title=Culture_statistics_cultural_participation#Cultural_participation (검색일: 2023. 10.02.)

고 볼 수 있을 것이다.

그렇다면 문화향유의 다양성 측면은 어떻게 평가할 수 있을까? 아래의 표에서 볼 수 있듯이 분야별 관람률을 살펴보면 55.2%의 사람들이 영화관람 경험이 있었던 데 그치고 그 외의 공연이나 전시 관람률 수준은 채 10%에 미치지 못하고 있어, 우리 국민들의 문화향유가 '영화관람'에 편중되어 있으며 다양한 예술을 향유하지 못하고 있다는 사실을 확인할 수 있다. 2017년 미국의 'U.S. Patterns of Arts Participation: A Full report from the 2017 Survey of Public Participation in the Arts' 조사결과에서 예술행사 관람률이 라이브뮤직공연(42%), 문화예술축제(40%), 연극 및 뮤지컬(24%), 시각예술전시(23%)로 나타난 것과 대조적이다.[23]

[우리나라 국민의 분야별 연간 문화예술행사 관람률 (2022년 기준) 단위: %]

	문학행사	미술전시회	서양음악	전통예술	연극	뮤지컬	무용	영화	대중음악/연예
연간 관람율	2.4	6.7	1.8	2.5	5.3	4.9	0.4	52.2	7.4

* 출처: 2022 국민문화예술활동조사

한편 소득수준, 연령, 거주지역에 따른 문화향유의 격차 또한 여전히 나타나고 있다. 다음 쪽의 표 [소득수준에 따른 연간 문화예술행사 관람률]에서 보듯이 소득수준이 높을수록 문화예술행사 관람률은 높아지고 있어, 소득이 100만원 미만인 가구와 600만원 이상인 가구의 관람률은 약 4배 정도 차이가 발생하고 있다. 특히 소득이 높은 가구일수록 미술전시나 클래식 음악공연, 연극이나 뮤지컬, 대중음악공연 등 다양한 문화예술을 향유하는 것으로 나타난다.

연령별로도 10대, 20대, 30대에 비해 40대, 50대, 60대, 70대 이상의 문화예

22_ 코로나19 이후 각국 문화예술향유실태에 대한 국제비교통계자료는 없다.

23_ National Endowment for the Arts, U.S. Patterns of Arts Participation: A Full report from the 2017 Survey of Public Participation in the Arts, 2019. https://www.arts.gov/sites/default/files/US_Patterns_of_Arts_ParticipationRevised.pdf (검색일: 2023.09.30.)

[소득수준에 따른 연간 문화예술행사 관람률 (2022년 기준) 단위: %]

	100만원 미만	100~200만원	200~300만원	300~400만원	400~500만원	500~600만원	600만원 이상	평균
관람률	17.4	17.9	31.6	54.7	64.8	68.5	73.6	58.1

* 출처: 2022 국민문화예술활동조사

술행사 관람률이 눈에 띄게 낮아진다는 사실을 확인할 수 있다. 특히 연령이 높아질수록 전통예술 관람률은 높아지나 그 외 분야 관람률은 매우 낮은 수준을 보이며, 10대~30대의 경우에도 영화관람을 제외한 다른 분야 관람률은 낮은 수준이라는 점을 염두에 둘 필요가 있다.

[연령에 따른 연간 문화예술행사 관람률 (2022년 기준)]

	15~19세	20대	30대	40대	50대	60대	70세 이상	평균
관람률	74.2	90.6	81.9	68	53.6	30.3	14.8	58.1

* 출처: 2022 국민문화예술활동조사

거주지역별로도 대도시에 거주하는 이들에 비해 중소도시나 읍면지역 거주자들의 관람률이 낮다는 사실을 확인할 수 있는데, 특히 대도시 거주자들의 미술전시나 연극, 뮤지컬 관람률이 상대적으로 높게 나타나고 있다.

[거주지역에 따른 연간 문화예술행사 관람률 (2022년 기준) 단위: %]

	대도시	중소도시	읍면지역	평균
관람률	70.7	59.2	50.0	58.1

* 출처: 2022 국민문화예술활동조사

한편 직접 문화예술활동에 참여한 이들의 비율은 2008년 2.4%에서 2019년 10.4%까지 높아졌다가 2022년 3.7%를 나타내고 있으며, 미술(0.7%)이나 영화(0.9%), 대중음악/연예 활동(0.7%) 참여율이 상대적으로 높게 나타나고 있다. 문화 관련 동호회 참여 경험률은 4%로 나타났다.

또한 유아기 및 아동기 문화예술교육 경험률은 2022년 기준 19.5%, 청소년기 학교교육 외 문화예술교육 경험률은 14%, 19세 이상 성년의 학교교육 외의 문화예술교육 경험률은 4.6%로 나타나고 있으며 특히 미술(1.8%), 서양음악(1.1%), 문학(1.1%), 대중음악/연예(0.6%)의 문화예술교육 경험률이 상대적으로 높게 나타나고 있다.

연간 문화예술공간 이용률의 경우 2022년 기준 38.3%로 평균 1.9회의 이용횟수를 보이고 있으며, 주민자치센터(19.4%), 민간공연장(16.7%), 도서관(5.8%), 박물관 · 미술관(5.2%), 시군 구민회관(5%), 사설 문화센터(3.4%), 복지회관(3.1%), 문예회관(2.2%), 생활문화센터(1.5%), 청소년회관(1.2%), 지방문화원(0.7%), 대학교 부설 사회문화교실(0.5%), 문학관(0.4%), 문화의집(0.2%)의 순으로 이용하고 있는 것으로 나타난다.

5. 문화향유정책의 문제점과 향후 과제

1) 문화시설 조성과 운영 지원정책의 문제점과 과제

문화향유정책이 시작된 초기에 주된 정책목표는 국민 일반의 문화적 감수성을 함양하고 문화적 삶의 질을 향상시키는 것이었다. 이에 따라 국민들이 일상에서 문화생활을 향유할 수 있도록 주요 문화기반시설을 조성하고, 그 속에서 이루어질 문화프로그램을 지원하는 것이 정부의 주된 정책이 되었다. 그러나 전국적으로 문예회관이나 국공립 도서관, 박물관 · 미술관, 문학관, 생활문화센터 등의 문화시설이 어느 정도 구축되고, 국민들의 문화예술에 대한 취향이나 수요가 다변화되는 시기가 도래하면서 기존의 중앙집중적 · 하향적 공급주의는 한계에 봉착하게 된다. 즉 시설은 조성되었으나 제대로 된 공연이나 전시가 제공되지 못하고, 이곳을 찾는 이용자의 수도 매우 적은 문화시설이 상당수 나타나게 된다.

문화시설은 국민들의 향유시설인 동시에 전문적인 공연과 전시, 다양한 문화프로그램들이 관객들과 만나게 되는 중요한 유통채널이기도 하다. 따라서 특정한 문화시설을 조성할 때에는 이 시설을 통해 어떤 공연이나 전시, 문화프로그램들을 제공할 것인지에 대한 운영계획이 선행되어야 한다. 국가적 차원의 전문적인 대규모 시설로 조성할 것인지, 지역주민들의 일반적인 문화향유를 위한 시설로 할 것인지, 특성화된 콘텐츠를 보유한 시설로 할 것인지, 해당 문화시설이 조성되었을 때 어떤 작품이나 프로그램들을 유치할 수 있을 것인지, 인근 주민들은 어떤 시설과 프로그램을 원하는지, 이 시설을 운영할 주체는 누구인지, 향후 운영예산은 어떻게 확보할 것인지 등에 대한 다양한 고려가 이루어져야 하며, 그러한 고려가 반영된 계획에 따라 공연장의 규모나 시설, 박물관 수장품의 수집과 보여주는 방식, 생활문화센터의 구성이나 입지가 결정되어야 한다.

그러나 여전히 많은 문화시설이 구체적인 운영계획이 없이 정치적 고려나 일부 이익집단의 요구에 따라 건립되는 경우가 많다. 이 경우 전문적인 공연을 유치하기에 너무 무대가 협소하거나 음향이 엉망이거나, 규모가 큰 현대미술작품을 전시하기에 층고가 낮다거나, 운영주체의 전문성이 낮아 좋은 공연이나 전시를 기획하지 못한다거나, 자체 예산이나 운영인력이 부족해 대관공연만 이루어진다거나, 특정 집단의 전유물이 되는 등의 문제점이 생길 수밖에 없다. 특히 문화시설 운영 권한이 지자체로 이관된 이후 이러한 문제점은 점점 더 심화되고 있다.

이러한 문제를 해결하기 위해서는 문화시설 건립이나 조성에 대한 사전타당성 검토 과정에서 경제적 타당성에 치중하기보다는 운영계획의 구체성과 타당성을 확보하고, 그러한 운영계획이 반영된 시설조성이 이루어질 수 있도록 검토하는 절차가 더욱 강화될 필요가 있다. 또한 조성 이후에도 적절한 예산과 인력이 배치되고 좋은 프로그램이 기획·운영되고 있는지에 대한 사후평가제도를 도입할 필요가 있다. 「박물관 및 미술관 진흥법」에 규정된 공립 박물관·미술관 설립타당성 사전평가제도나 평가인증제도를 그 예로 들 수 있을 것이다. 무엇보다 국가와 지자체 차원에서 문화시설의 중요성을 정확히 인식하고 그 기능과 역할을 충분히 수행할 수 있도록 좋은 전문인력을 채용하고 적정한 예산을 투자하기 위한 자체적인 노력이 중요하며, 국가와 지자체가 이러한 책무를 잘 이행할 수 있도록 강제해나갈 수 있는 시민들의 노력과 감시가 필요할 것이다.

2) 취약계층을 위한 문화향유정책의 문제점과 과제

한국사회를 뜨겁게 달구었던 '보편적 복지 대 선택적 복지 논쟁'은 문화향유정책에서도 그대로 이어졌다. 문화향유 지원정책은 '일반국민을 위한 정책'과 '취약계층을 위한 정책'으로 이원화되었고, 특히 경제적 취약계층이나 지역적 소외계층을 대상으로 하는 정책들이 좀 더 강조되고 있다.

'경제적 취약계층'을 위한 문화향유정책의 대표적 사업으로는 '통합문화이용권사업'[24]을 들 수 있다. 2005년 문화바우처 사업으로 시작하여 2013년 문화, 여행, 스포츠관람 통합 이용권 사업으로 확대된 통합문화이용권사업은 계속적으로 확대되었고, 2023년 2,488억원의 국고가 투입되는 등 가장 규모가 큰 대표적인 문화향유 지원사업으로 자리잡았다.[25] 경제적 비용 부담으로 문화를 누리지 못하는 저소득계층에게 문화상품을 구매할 수 있는 기회를 제공한다는 측면에서 의미가 큰 정책이지만 문화누리카드 이용액의 대부

24_ 기초생활수급자, 차상위계층을 대상으로 연간 11만원 한도로 문화예술, 국내여행, 스포츠관람과 관련된 상품을 구매할 수 있도록 지원하는 사업으로 '문화누리카드'사업이라고도 한다. 2023년 약 267만명이 문화누리카드를 발급받았다(문화체육관광부, 『2023년도 예산 및 기금운용계획 사업설명자료 2권』, 2023).

25_ 윤석열정부가 들어선 이후에도 '약자 프렌들리' 기조에 힘입어 2023년에는 2,397억원의 국고가 투입될 예정이며, 1인당 지원금도 2023년 연간 11만원에서 2024년에는 연간 13만원으로 인상될 예정이다(문화체육관광부, '2024년 문화예술 분야 정부 예산안 2조 2,704억 원 편성, "모두가 누리는 문화", "K-컬처의 글로벌 확장" 뒷받침', 보도자료, 2023.09.13).

분이 영화나 도서 구매에 편중된다는 점, 문화누리카드를 사용할 수 있는 가맹점이 부족한 소외지역주민이나, 거동이 어렵고 문화상품에 대한 정보가 부족한 고령층이나 장애인의 경우 활용이 어렵다는 문제점이 지속적으로 제기된다.

이러한 문제점은 사실 통합문화이용권사업이 '바우처(voucher)'라는 시장기제에 의존한 정책수단을 활용하고 있다는 점에서 파생된 것이라 볼 수 있다. 바우처란 정책대상이 일정한 범주(문화, 체육, 여행 관련 상품과 서비스)와 금액안(연간 11만원)에서 자유롭게 선택하여 구매할 수 있는 권리를 부여하는 방식인데, 문화향유 경험이 많지 않아 다양한 문화적 취향이 형성되지 못한 저소득계층의 경우 가장 손쉽고 대중적인 영화나 도서 구매를 선택하게 될 가능성이 높다. 또한 문화누리카드사업은 동반자나 이동수단에 대한 직접지원을 배제하고 있기 때문에 고령층이나 장애인의 경우 누구의 도움없이 자신의 거동가능 범위 내에서 구매 가능한 상품만을 선택할 수밖에 없다. 즉 바우처 방식이 '소비자의 자유로운 선택권'을 강조하고 있으나 여러 가지 이유로 자유로운 선택이 어려운 이들의 경우 혜택에서 배제될 수밖에 없다는 것이다. 이런 한계로 문화 분야에서 바우처 방식의 활용은 '취약계층'보다는 정보가 충분하고 자유로운 선택이 가능한 '청년계층'이나 '일반국민'을 대상으로 하는 것이 적절한데 정책대상과 정책수단간의 비정합성 때문에 이러한 문제점이 노정된 것으로 볼 수 있다.

따라서 통합문화이용권사업이 동일한 문제점을 지속적으로 노정하지 않기 위해서는 바우처 방식의 한계를 '직접 문화프로그램 제공 방식'으로 보완하는 것이 필요하다. 문화바우처 사업 초반에 시도되었던 '기획사업'을 부활하여 가맹점이 부족한 소외지역주민이나 고령층, 장애인들을 대상으로 좋은 문화프로그램을 소개하고, 이들이 이동할 수 있는 교통수단과 보조인력을 제공할 수 있도록 함으로써 정책 대상 모두가 통합문화이용권의 혜택을 자유롭게 받을 수 있도록 개선할 필요가 있다.

3) 문화향유의 질과 깊이, 다양성을 고려하는 정책의 필요성

앞서 살펴본 것과 같이 문화예술에 대한 기호나 취향은 후천적으로 습득되기 때문에 오랫동안의 지속된 경험을 통해서 축적되어야 한다는 특징을 갖는다. 어렸을 때부터 다양한 문화예술 경험의 자극을 받지 못하는 경우 성인이 되어서도 매우 제한된 향유 패턴을 띠게 될 가능성이 높다. 이러한 이유로 문화체육관광부는 전국 초・중・고등학교에 예술강사를 파견하여 학생들이 유소년기부터 보다 다양하고 수준높은 문화예술교육을 체험할 수 있도록 지원하고 있다.[26)]

그러나 실제 우리 국민들이 일상에서 수준 높은 공연이나 전시를 접할 기회는 의외로 적다. 소위 중산층에 속하는 이들도 클래식 음악이나 오페라, 현대무용이나 현대미술은 어렵고 자기 취향은 아니라고 이야기하는 경우가 많다. 이들이 어렸을 때부터 다양한 문화예술을 접할 기회가 주어지고 작품에 대해 자유롭게 자신이 느낀 바를 표현하고 다른 이들과 이야기 나누는 시간을 가졌다면 어땠을까?

교실에서 또는 유튜브를 통해서 접하는 공연이나 전시는 그 현장성과 아우라를 온전히 전달하기 어렵다. 제대로 된 공연장에서 수준높은 정상급 예술인들이 선사하는 최고의 무대를 관람할 수 있는 기회를 제공하는 것 또한 중요하다. 좋은 공연이나 전시는 단 한번의 경험만으로도 한 사람의 인생을 바꾸는 힘을 가진다. 뮤지컬이나 대중음악콘서트도 좋지만, 때로는 현대무용이나 현대미술, 연극을 통해 또 다른 미적 경험을 해보는 것도 필요한 것이다.

지금까지의 문화향유정책이 무료 또는 저렴한 가격으로 평균적인 향유의 기회를 제공하는 데 그쳤다면 앞으로의 문화향유정책은 모든 국민이 좀 더 수

26_ 다만 2024년부터는 학교예술강사지원사업의 예산이 절반으로 감축되고 시도 교육청으로 예산이 이양됨에 따라 문화예술교육이 지향하는 창의성 교육이 앞으로도 이어질 수 있을지는 미지수이다. 늘봄학교 사업이 본격적으로 추진되고 있는 이 시점에서 좀 더 전문적인 공교육 섹터에서 좀 더 창의적인 문화예술교육이 이루어질 수 있도록 정책적 고려가 필요할 것이다.

준 높은, 다양한 문화예술을, 깊이 있게 경험할 수 있도록 기회를 제공하는 정책으로 나아갈 필요가 있을 것이다.

4) 사회적 문제의 해법으로서의 문화향유정책

최근 문화향유정책은 현대사회가 직면한 다양한 문제들, 예컨대 사회적 고립과 외로움, 마음 치유, 혐오나 갈등의 완화, 환경과 생태에 대한 인식 전환 등을 위한 또 하나의 해법으로도 주목받고 있다. 이는 문화예술이 갖는 사회적 가치, 즉 다른 사람들과 소통하고 공감하게 하며, 자신과 타인의 삶에 대해 성찰하게 하고, 소외된 이들이 그들의 이야기를 할 수 있도록 기회를 제공하며, 사람들을 만나게 하고, 응집하게 하는 잠재력을 가지고 있기 때문이다.

저출산과 고령화의 급속한 진전으로 늘어가는 1인가구, 외로운 고령층, 삶의 무게에 짓눌린 청년들, 차별과 혐오에 눈물짓는 다문화가정의 구성원들, 학대와 폭력에 상처받은 이들. 누구나 가지고 있는 아픔을 어루만지고 이들을 다시 연결시키고, 함께 걸어갈 수 있도록 하기 위한 문화향향유정책이 필요한 시점이다.

5) 문화향유와 문화예술지원정책 간 연결고리에 대한 성찰의 필요성

최근 두드러지는 특징 중 하나는 문화향유정책과 문화예술지원정책(공급지원정책) 간의 분리 현상이다. 가끔 문화예술인에 대한 지원을 줄이고, 국민들을 위한 문화향유지원에 대한 예산을 늘렸다는 것을 과시하는 듯한 보도자료나 정부정책 발표를 볼 수 있다. 그러나 과연 이 둘이 별개의 영역일까? 문화향유를 위한 공연이나 전시, 문학작품, 문화프로그램을 기획하고 창작하고 제작하는 주체는 문화예술인들이다. 좋은 문화예술작품과 프로그램이 있어야 좀 더 나은 문화향유도 있을 수 있다. 한편 좋은 관객은 문화예술인들이 더 좋은 문화예술작품을 창작하게 하는 원동력으로 작용한다. 즉 문화예술지원정책과 문화향유정책은 닭과 달걀의 관계라고 볼 수 있다. 그 어느 한쪽이 기울

어지면 나머지 한쪽도 조화롭게 발전해나가기 어렵다. 문화향유정책과 문화예술지원정책 간 연계성에 대한 고려 하에 문화향유정책의 방향에 대한 고민이 필요한 이유이다.

▪ 키워드

문화향유, 문화기본권, 시장실패, 문화의 민주화, 문화민주주의, 문화향유격차

▪ 질문거리

- 문화기본권은 어떠한 권리들로 구성되어 있는지 서술하시오.
- 문화예술 향유가 가지는 양의 외부성(positive externality)에 대해 설명하시오.
- 문화예술경험과 문화예술에 대한 기호 간의 관계를 설명하는 이론에 대해 설명하시오.
- 문화의 민주화와 문화민주주의의 개념과 차이점을 기술하시오.
- 부르디외의 문화자본론과 피터슨의 옴니보어론의 개념과 차이점을 서술하시오.
- <국민문화예술활동조사> 결과를 가지고 우리 국민의 문화향유의 수준을 평가하시오.
- 우리나라에서는 문화향유 격차가 어떠한 양상으로 나타나고 있는지 기술하고, 이러한 문화격차를 좁히기 위한 정책방안을 제시하시오.
- '보편적 복지'와 '선택적 복지'의 관점에서 우리나라 문화향유정책의 방향성은 어떻게 설정될 필요가 있는지 논술하시오.
- 우리나라 문화향유정책의 역사적 변화를 역대 정권의 정책적 지향과 연결하여 논평하시오.

2 부

문화예술정책

예술인의 지위와 위상 정립을 위한 정책과제

정윤희 | 전 문화민주주의실천연대 위원장

1. 예술인과 예술의 사회적 지위 변화

1) 역사적 맥락

(1) 예술인의 위상

고대 그리스에서는 '예술(art)'은 그리스어 '테크네(techne)'를 직역한 라틴어 '아르스(ars)'에서 유래한 것으로 솜씨, 손재주, 손기술을 의미한다. 정신적인 노고만 요구되느냐 육체적인 노고도 요구되느냐의 차이만 있을 뿐 그리스인은 훌륭한 기술(fine arts)과 범상한 기술(crafts)을 연결해 사고하였다.[1] 예술인은 '건축장인조합(Bauhüttenwesen)'의 구성원으로서 대성당 건축의 일환인 세속화와 미술품 등을 집단 제작해왔으나 조합을 탈퇴하고 독립을 이룬 예술인들은 점점 고정적인 고객층이 형성되었다. 14세기 예술인들은 길드조직(Zunft)에 가입하면서 길드 당국의 허가나 규칙을 따르며 예술을 이어가는 노동자로서 성격도 병행하게 되었다. 그러나 15세기 이후 길드의 규칙에 상관없이 개별 예술인들이 군주로부터 궁정에 초대를 받아 작품을 생산하고, 궁정 예술인들의 특권이 도시의 예술인들에게도 확장되고, 교황청의 수요까지 더해 시장가치가 높은

1_ W. 타타르키비츠(Wladyslaw Tatarloewicz), 『예술개념의 역사: 테크네에서 아방가르드까지』, 김채현 역, 열화당, 1986, 27.

예술품에 대한 수요도 상승하게 되었다. 인본 정신의 위대한 힘을 내재한 르네상스 시대에는 아카데미를 통해 예술인의 '천재' 개념을 등장시켰다. 자주적이고 창조적인 인격의 예술인이 심원하며 어떠한 객관적 형상으로도 완전히 표현될 수 없는 이념으로서 신의 선물이자 양도될 수 없는 '타고난 창조력을 가진 존재'라는 것이다.

인문학자이며 건축가인 알베르티(Leon Battista Alberti)는 1435년 세 권으로 구성한 『회화론*Della Pittura*』을 통해 예술인이 도덕적으로 완벽하고 폭넓은 교양과 기하학, 시문학에 대한 지식을 습득하고 자연 관찰을 해야 한다고 했는데 이는 타고난 '천재' 개념을 강조하며 예술인을 신격화하는 것이다. 18세기에 이르면 독창적인 천재의 전형이 나타난다. 정신적인 형성물의 자율성을 강조한 '천재' 개념은 정신의 자발성에 대응하는 것으로서 형이상학과 교회로부터의 독립을 의미하지만, 보편적이며 절대적인 자율성은 아니었다. 다만 과학의 발전과 더불어 합리적인 사고체계와 객관적인 인식의 관계 속에서 예술인의 위상은 미적으로 탁월하면서 완벽한 기술을 소유한 전문성을 요구받았다.

19세기 전쟁은 기아, 갈등, 혼란, 희망, 정열, 이상을 반영한 예술적 경험을 주조했다. 개인의 본성과 사회 속 인간의 본성, 그리고 인간과 자연의 대칭 관념이 인간의 삶에 필요한 도덕적 의미와 연결되는 것이다. 1960년대 롤랑 바르트(R. Barthes)는 『저자의 죽음*Der Tod des Autors*』에서 저자의 위치와 저자의 신화적 성격을 제거하고 독자에게는 텍스트를 열어준다는 점에서 예술과 예술인의 새로운 개념적 토대를 제시했다고 할 수 있다.

하워드 베커는 예술에서 예술인의 역할을 매우 중요한 요소로 보았으며, 예술인을 고립된 천재가 아니라 사회와 관계를 맺는 주체로 인식하는 것이 매우 중요하다고 언급하며 예술인을 네 가지 유형으로 정의했다.[2] 하워드 베커는 예술인이 고립된 천재가 아닌 예술계와의 관계, 즉 조직된 예술계 안에서

2_ Howard S. Becker, *Art World* (Berkeley: University of California Press, 1982) 참고.

[베커(Becker)의 예술인의 4개의 유형]

유형	내용
통합 전문가 (integrated professionals)	순수예술과 대중예술을 하는 예술인, 당대의 관례를 받아들이는 아방가르드 예술인, 작품을 판매하는 예술인
'이단자(mavericks)'	예술계에 강요된 관례를 부정하고 혁신을 도입하는 예술인
민속 예술인 (folk artists)	예술계에서 벗어나 창조적인 예술을 생산하고, 아마추어에 속하지만 예술계와 비슷한 사회적 네트워크에서 작업하는 예술인
소박한 예술인 (naive artists)	예술계와 사회적 네트워크에서 완전히 벗어나 창조적인 작품 활동을 하는 예술인

예술인의 위치를 얻는 것이라고 했다.

근대에 들어 독자적인 예술인의 지위가 형성되었고, 예술교육기관이 생기고, 시장의 형성으로 예술작품 수집과 거래가 이루어지면서 예술인의 지위는 귀족의 후원 없이도 사회의 상위계층으로 자리 잡았다.[3] 예술의 개념이 변하듯 예술인의 사회적 지위는 시대와 상황에 따라 계속 변화한다. 최근에는 예술활동을 하는 주체를 예술인, 예술가, 예술노동자, 예술생산자, 작가, 창작자, 실연자, 기술보조 인력, 문화예술용역, 예술 관련 종사자, 예비예술인 등으로 다양하게 지칭한다. 예술활동은 일, 작업, 노동, 창작, 제작, 생산, 서비스, 임금노동이라고도 한다,

'예술인은 누구인가?' 예술인의 경력은 표준화되기 어렵고 특이하거나 다양하고 복합적이고 차별화된 창작물을 생산하기 때문에 통계적으로 유의미한 정의를 유추하기란 어렵다. 따라서 예술인의 정의는 유동적이다.

2) 유네스코 예술인의 지위에 관한 권고

유네스코(UNESCO)[4]는 1980년 총회에서 「예술인의 지위에 관한 권고Recom-

3_ Arnold Hauser, *The Social History of Art* (London: Routledge & Kegan Paul, 1951).
4_ 유네스코(UNESCO)는 전 세계의 교육, 과학, 문화 보급과 교류를 위해 설립된 유엔의 전문

mendation concerning the Status of the Artist」를 채택했다.[5] 이 권고안은 '문학 및 예술작품의 보호를 위한 베른협약(Berne Convention for the Protection of Literary and Artistic Works)'[6]과 '연주가, 음반제작자, 방송국의 보호에 대한 로마 협약(Rome Convention for the Protection of Performers, Producers of Phonograms and Broad-casting Organizations)'[7] 등 기존의 예술인과 관련한 저작권과 창작 권리 보호 국제협약의 영향을 받아 만들어졌다. 이 권고안이 강조하는 점은 예술인은 사회생활과 사회의 진보를 이끌어내는 데 중요한 역할을 수행하기 때문에 사회의 발전에 기여할 수 있는 기회를 부여해야 하고 예술가의 창조적 영감과 표현의 자유를 보장해주어야 한다는 것이다. 또한, 사회의 문화적, 기술적, 경제적, 사회적, 정치적 발전은 예술인의 지위에 영향을 미칠 수 있으며 예술인의 지위를 고찰해야 할 필요성을 강조한다. 예술인 자신이 원하면, 문화활동에 적극적으로 종사하는 기회를 제공해주어야 하며, 예술가적 직업의 특수한 여건을 고려하여 노동자의 지위에 준하는 일체의 법적, 사회적, 경제적 이익을 누릴 수 있는 권리를 보장해야 한다. 또한, 예술인이 문화발전에 이바지하는 점을 고려하여 사회보장, 노동 및 세제상의 여건들이 향상되어야 함을 강조하고 있다.

「예술인의 지위에 관한 권고」에서 가장 중요한 내용은 예술가에 대한 정의이다. 권고안은 예술인에 대해 다음과 같이 정의하고 있다.

> 예술인이란 예술작품을 창작하거나 독창적으로 표현하고 혹은 이를 재창조하는 사람, 자신의 예술적 창작을 자기 생활의 본질적인 부분으로 생각하는 사람, 이러한 방법으로 예술과 문화발전에 이바지하는 사람, 고용되어 있거나 어떤

기구다.

5_ 세르비아 베오그라드 제21차 유네스코 총회, 1980년 10월 27일.

6_ 1886년 스위스 베른에서 체결된 예술인의 저작권에 관한 최초의 다자조약으로, 총 38개 조와 부속서 6개 조로 구성되어 있다. 현재는 세계지적재산권기구(WIPO)에서 관리하고 있으며, 한국은 1996년에 가입하였다.

7_ 1961년, 로마에서 실연자, 음반 제작자 및 방송사업자의 저작권 권리를 보호하기 위해 만든 국제협약.

협회에 관계하고 있는지의 여부와는 상관없이 예술인으로 인정받을 수 있거나 인정받기를 요청하는 모든 사람을 의미한다.[8)]

유네스코의 정의에서 주목할 것은 예술인의 '생활'과 '인정'에 대한 설명이다. 독창적인 표현능력으로 창작행위를 하는 사람이라는 예술인의 일반적 정의는 여기서 그다지 중요하지 않다. 중요한 것은 그러한 예술인의 창작활동과 자기 생활 사이의 관계는 무엇이며, 예술인은 어떻게 인정받는가 하는 것이다.

「예술인의 지위에 관한 권고」는 예술인이 노동조합과 직업단체를 선택, 결성하고 회원이 될 자유와 권리, 예술활동에 있어서 표현의 자유 보장, 예술인의 사회적 지위 보장을 위한 정책 수립의 의무 등의 내용을 담고 있다. 이 권고를 통해 유네스코는 예술인에 대한 포괄적 정의를 되새기는 한편, 예술인의 생계와 지위 보호의 필요성과 예술인의 사회적 기여를 인정하고 직업훈련을 보장하는 등의 내용을 최초로 공식화했다. 유네스코는 이를 바탕으로 회원국들이 예술가라 칭할 수 있는 창작의 주체가 경제적, 사회적, 신분적 제약 없이 사명감을 가지고 본연의 활동에 종사할 수 있도록 가능한 모든 수단을 동원할 것을 주문하고, 예술가들에게 회원국들이 능동적으로 권리를 부여하도록 하고 있다.

예술이란 결국 예술인이 만드는 것이기에, 유네스코는 독창성을 최대한 발휘할 수 있는 여건이 마련된다면 예술인이 사회 전문인력으로서 공공선에 기여하는 창조적 역할을 담당할 수 있을 것을 기대한다. 특히 유네스코는 회원국이 예술적 표현의 자유를 조장시켜 주는 분위기뿐만 아니라 이러한 창조적 재능의 표출을 용이하게 해주는 물질적 여건을 조성하고 지속할 수 있도록 예술인을 도와주는 것이야말로 필요하고도 적절한 것이라는 점을 강조한다. 이를 바탕으로 선언, 협약 및 권고 등과 같은 기본문서에 포함된 사회보장과 보험

8_ 캐슬린 김, 『예술법』, 학고재, 2013, 37 재인용.

규정으로부터 적절한 혜택을 받을 자격이 있다는 것을 공표해야 한다는 것이다. 특히, 예술인의 사회적 지위를 보장하기 위하여 회원국은 기술혁신 연구활동을 포함한 예술적 활동을 하는 예술인이 존중을 누릴 수 있도록 해야 하고, 또한 문화활동에 종사하는 사람으로서 예술인이 당연히 받아야 할 경제적 보호를 그들에게 제공해야 함을 강조한다.

[예술인 지위와 관련한 유네스코 협약]

규약	채택일
문화적 표현의 다양성 보호와 증진에 관한 협약 (Recommendation concerning the Status of the Artist)	2005년 10월 20일 프랑스 파리 제33차 유네스코 총회에서 채택
무형문화유산의 보호를 위한 협약 (Convention for the Safeguarding of the Intangible Cultural Heritage)	2003년 10월 17일
저작권 사용료의 이중과세 방지를 위한 다자간협약 (Multilateral Convention for the Avoidance of Double Taxation of Copyright Royalties)	UN, 1979년 12월 13일 마드리드에서 채택
세계저작권협약 (UCC: Universal Copyright Convention)	1952년 9월 6일 스위스 제네바에서 채택, 1971년 7월 24일 개정
번역가와 번역 업무의 합법적인 보호와 번역가의 지위를 상승시키는 실천적인 수단에 관한 권고 (Recommendation on the Legal Protection of Translators and Translations and the Practical Means to improve the Status of Translators)	1976년 11월 22일 케냐 나이로비 제 19차 유네스코 총회에서 채택
일반 대중의 문화생활에의 참여 및 공헌에 관한 권고 (Recommendation on Participation by the People at Large in Cultural life and their Contribution to it)	1976년 11월 26일 케냐 나이로비 제 19차 유네스코 총회에서 채택

「예술인의 지위에 관한 권고」는 『유네스코 헌장 1조』[9]에 의거한 예술인들의 법적 사회적 지위에 관한 예술인들을 위한 권리장전임을 회원국이 명심

할 것을 당부한다. 이 권고안이 채택된 이래, 많은 정부가 예술정책 수립에 있어서 권고의 기본정신과 내용을 반영하고 있다. 한국 정부는 권고안 채택 40년이 지나서야 이 권고안을 근거로 「예술인복지법」, 「예술인 지위 및 권리보장에 관한 법률」을 제정했다.

3) 예술인 위상에 대한 관점

(1) 예술인의 사회적 가치

예술인은 사회적 관계 속에서 살아가는 사람들이다. 예술인의 지위(status)는 그런 점에서 사회적 관계 속에서 사는 예술인의 위상과 권리의 문제를 내포한다. 예술인에 대한 정의가 곧바로 예술인의 지위와 동일시될 수는 없다. 예술인의 지위를 예술인으로 공인받는 제도적, 객관적 신분으로서의 절차만으로 좁게 해석해서는 안 된다. 예술인의 지위는 직접, 신분, 존재감으로서 획득될 수 있는 것만 아니라, 그것이 어떤 '위상(topos)'을 갖는가에 따라 결정된다. '위상'으로서 예술인은 어떤 존재인가? 그것은 예술인이 스스로 결정하면서도 예술인이 처한 사회적 관계의 위치 속에서 결정되는 것이기도 하다. 즉 예술인의 사회적 관계와 위치라는 주체적 주장과 객관적 호명이 예술인의 사회적 지위를 결정한다.

예술인은 독립적이고 자율적이지만, 예술인의 지위는 사회적이다. 예술인은 자율적이고 독립적인 존재이지만, 그 지위는 사회적 관계 속에서 형성된다. 예술인은 사회문화의 변동 속에서 생성되고, 사회적 요청에 의해서 그 가치가 매겨진다. 예술인의 지위는 개인의 미적인 활동을 통해서 사회적 위상을 획득하고, 사회구성원이 예술인의 창작물을 향유함으로써, 그 지위의 상징적 가치를 각인한다는 점에서 사회적 관계 속에 존재한다. 예술인의 지위는 제도적 자

9_ 정의, 법치, 인권 그리고 UN헌장에 의해 인종, 성별, 언어, 종교의 구분 없이 전 세계 모든 이들에게 보장된 기본적 자유를 증진하기 위해 교육, 과학, 문화를 통한 국가 간 협력을 촉진함으로써 평화와 안보에 기여하기 위한 내용들을 담고 있다.

격과 칭호라는 객관적 근거를 통해서 얻어진다. 그러나 그것만큼 중요한 것은 예술인은 또한 사회구성원에게 미적인 즐거움을 선사하고, 창작활동을 통해 사회적 의미를 추구한다는 점이다. 예술인의 창작활동은 사회변화에 영향을 주고, 시대의 현실을 표상한다는 점에서 사회적 지위를 얻을 수 있다. 예술인이 스스로 자신을 사회화하면서, 사회적 구성원이 예술인들을 사회적 주체로 호명하면서, 예술인의 지위는 비로소 사회적 지위를 획득하게 된다. 예술인의 지위는 예술인 스스로가, 사회구성원 스스로가 상호 호명할 때, 가능하다. 예술인의 사회적 지위는 다음과 같은 가치를 획득할 때 가능하다.[10]

예술인의 사회적 기능	예술인은 예술을 매개로 사람들의 집단 행위에 영향을 미침 예술인은 사회적 상황과 현실을 다양한 형태로 반영함 예술은 사회의 이해와 인식을 넓혀 사회적 변화를 촉진함
예술인의 사회적 실천	예술은 사회적 이슈와 문제에 대해 질문하고 성찰하는 중요한 표현의 수단 (세월호, 촛불집회, 코로나 팬데믹에 대응하는 예술행동. 사회적 약자들에 대한 예술의 미적 대응)
예술인의 치유 능력	예술이 재난과 갈등으로 인해 야기된 개인과 사회의 집단 우울증을 치유하는 힘. 예술의 다양한 표현행위를 통해 사회적으로 소외된 사람들의 정서를 돌보는 역할

(2) 예술인의 문화적 권리

예술인의 권리는 문화적, 경제적, 정치적 권리 등으로 다양하게 설명할 수 있다. 먼저 문화적 권리는 표현의 자유를 누릴 수 있는 권리, 작품을 창작하고 비평할 수 있는 권리를 의미한다. 예술인의 경제적 권리는 창작에 대한 저작권을 주장할 권리로 집약된다. 예술가의 권리 역시 예술가의 정의로부터 나온다. 예술가의 권리는 크게 창작할 수 있는 권리, 즉 표현의 자유의 권리와 자신의 창작물을 보호받을 수 있는 권리, 즉 지적재산권의 권리로 구분해서 정의할 수

10_ 이동연, 「예술인의 지위와 복지정책의 현황과 과제」, 『한국예술인복지재단 포럼 예술인복지정책 10년, 성찰과 전망 자료집』, 6 참고.

있다. 전자는 창작 행위자로서의 예술가의 권리, 후자는 저작권자로서의 예술가의 권리를 보장, 보호하는 것이다. 「헌법」[11]은 창작행위자로서의 예술가에 대한 보호를, 「저작권법」[12]은 저작권자로서의 예술가의 보호를 강조한다. 창작행위로서의 권리와 창작물로서의 권리는 예술가의 정의에 있어 '생활'과 '인정'이라는 의미를 충분하게 고려하는 것이 중요하다. 예술가의 권리가 예술 창작의 과정과 결과 모두 보장받는 것이라면, 그 권리는 예술가들의 생활 속에서 마땅하게 인정받아야 한다. '창작'과 '생활'이라는 것은 예술가들의 권리에 있어 명확하게 구분할 수 없다. 생활은 창작과 별개의 것이 아니라 창작의 환경, 혹은 조건이다. 예술가에게 창작 역시 생활과 분리될 수 없다. 창작 없는 생활을 상상할 수 없기 때문이다. 예술가의 권리에 있어 창작을 위한 '노동'과 생활을 위한 '복지'의 문제를 동시에 고려해야 하는 것도 이런 맥락에서이다.

(3) 예술인의 경제적 조건

예술인의 경제적 조건은 예술인이 창작활동을 통해서 경제적 활동을 이어갈 수 있는지, 창작물의 경제적 가치는 어떻게 구성되는지 예술인의 활동에 대한 사회적 보상의 정당성은 무엇인지에 대한 구체적인 질문으로부터 가늠할 수 있다. 예술인에게 '노동'은 '창작활동'과 분리되어 설명할 수 없으며 '예술노동'은 사회 일반적인 노동과 별개의 것이 아니라 노동의 특수한 행위로서 창조적 가치를 생산하는 것으로 정의할 수 있다. 또한, 예술노동은 창작 행위의 권리를 의미하며, 보편적 복지를 위한 활동의 관점에서 예술노동은 노동행위의 사회적 보장체계를 요구하는 권리를 의미한다.

예술인의 예술활동으로 발생한 개인 수입이 2017년에는 1,281만 원, 2014년에는 1,255만 원이었다. 코로나 팬데믹 시기이던 2020년에는 예술활동 개인

11_ 「헌법」 22조 "① 모든 국민은 학문과 예술의 자유를 가진다. ② 저작자・발명가・과학기술자와 예술가의 권리는 법률로써 보호한다."

12_ 「저작권법」 1조 목적: "이 법은 저작자의 권리와 이에 인접하는 권리를 보호하고 저작물의 공정한 이용을 도모함으로써 문화 및 관련 산업의 향상발전에 이바지함을 목적으로 한다."

[예술인의 예술 활동수입 (단위: %)]

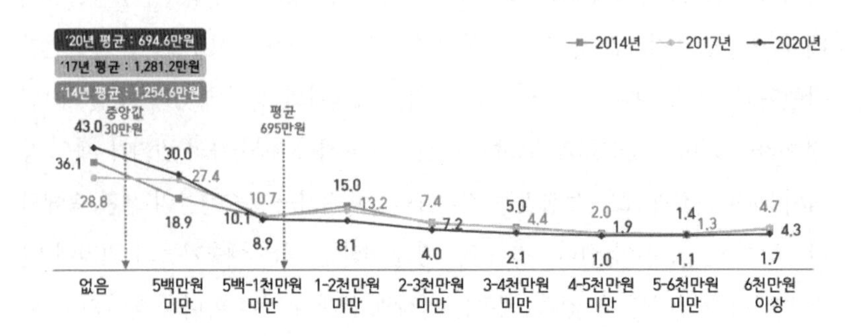

* 출처: 문체부, <2021 예술인 실태조사>, 2021
** 중앙값: 모든 측정값을 크기순으로 늘어놓았을 때, 정 가운데 위치하는 값

수입이 평균 694.6 만원으로 전체 연평균 1,200만원 미만인 비율이 86.6%로 매우낮음을 알 수 있다. 코로나 이후 창작활동 이외에 다른 직업을 병행하는 예술인들이 늘어났다. 예술인에 대한 실효성 있는 사회적 보장제도가 절실하다.

2. 예술인 지원정책의 변천 과정

1) 예술인을 위한 정책-제도적 공백

예술의 정의와 개념은 국가, 사회, 예술계의 관계와 제도 내에서 실질적 존재 방식 간에 차이가 발생한다. '무엇이 예술이고, 무엇이 예술이 아닌가? 누가 인정받은 작가이고 무엇이 우수한 작품인가?' 그럼에도 이제 예술-예술가의 자격은 국가와 자본으로부터 식별되는 것을 부정할 수 없다. 경제 논리가 우선시되는 사회에서는 예술의 독립성과 자율성 확보는 공공정책에서조차 점점 설득력을 잃어간다. 때로는 사회 일각에서 이러한 예술의 명제를 '엘리트 예술에 갇힌 예술인들의 이기심'으로 호도하기도 한다. 국가가 예술-예술인을 국가

이데올로기 장치로 활용해왔다는 점은 예술의 존재 방식과 결부하여 부정할 수 없다. 1972년 「문화예술진흥법」이 제정된 이래로 국가는 문화예술진흥을 위하여 창작 예술의 지원을 법적으로 명시하고 있다.

한국의 문화예술정책은 국민의 문화향유와 이를 통한 삶의 질 향상에 중심축을 두고 있다. <문화진흥5개년계획>(1979-1983)에서는 문화전통의 계발과 민족문화의 창달을 위하여 문화예술을 국가발전의 정신적 지주로 삼고 국민 생활의 질을 향상시킬 목적을 설정하고 "국민 생활과 문화 수준의 향상은 문화예술에 관한 수요를 급격하게 증대시킬 것이며, 모든 분야의 문화예술 활동이 활발하게 전개될 것이므로 이에 상응하는 문화시설과 예술활동 지원의 중요성이 더욱 커질 것"[13]이라고 강조한다. 1981년 문화조항을 명시한 헌법으로 개정했으며, 문화예술정책을 진흥하기 위해 그간 「공연법」(1961), 문화재보호법(1962), 「박물관 및 미술관 진흥법」(1992), 영화진흥법(1995),[14] 음반비디오게임의 진흥에 관한 법률(1999)[15] 등을 제정하였다. 이 과정에서 문화예술 활동에 대한 규제와 통제기능을 대폭 완화함으로써 창조적 예술활동을 활성화하고, 예술의 자율성을 높이며, 민족문화의 창달을 천명하려는 정책을 구체화하였다.

한국사회에서도 민주화 이전 문화예술정책 관련 법 제정이 활발하게 이루지며 예술의 사회적 위상이 높아졌지만, 문화예술정책이 정치 권력을 재생산하는 도구로 활용되는 경우가 많아 예술인의 위상은 국가정책의 도구화에 가려졌다. 공적 지원이 발생하는 각종 정부 지원 프로젝트는 궁극적으로 국가와 정부의 정책과 홍보의 도구로 활용되는 속성을 내포할 수밖에 없다. 일례로 전두환정부는 노골적으로 국가 지배 장치로서 문화예술 검열을 당연시하고 도구화했다. 예술인의 표현의 자유를 통제하는 권위주의적 문화통제 정책은 민주

13_ 한국문화예술진흥원, 『한국문화예술진흥원 15년사』, 1988.

14_ 영화진흥법은 2006년에 「영화 및 비디오물의 진흥에 관한 법률」로 명칭이 변경되었다.

15_ 음반비디오게임의 진흥에 관한 법률(음비게법)은 2006년에 「음악산업진흥에 관한 법률」, 「영화 및 비디오물의 진흥에 관한 법률」, 「게임산업진흥에 관한 법률」 등 3개로 분화되었다.

화 이후, 이명박정부, 박근혜정부에서도 계속되었다. 예술인을 위한 지원정책은 진정성을 잃고, 예술검열이 용이한 정책환경을 조성하고 '문화예술계 블랙리스트'를 실행하는 데 활용되기도 했다. 그러나 국가가 국민을 정책의 핵심 대상으로 삼고 하달하는 방식으로 전개해온 문화정책은 이제 시효소멸하여야 한다.

2) 예술인 정책의 형성

예술인, 예술활동에 대한 정책이 아예 없었던 것은 아니다. 문민정부에서는 '품위 있는 민족문화와 희망에 찬 청소년'을 실현하기 위하여 "예술인의 창작여건을 개선하여 자긍심 높은 민족문화를 창조한다"를 과제로 내세웠다. 국민의 정부는 '세계 속의 한국문화 창출과 문화대국 건설' 공약에서 '문화예술에 대한 검열폐지와 자율적인 문화예술환경 조성'을 목표로 삼았다. <국민의 정부 새 문화관광정책>(1998)과 <순수예술진흥종합계획>(2002)에서 '지원은 하되 간섭은 하지 않는다'는 팔길이 원칙을 세우고 문화예산 1% 확보를 추진했다.

참여정부에서는 '문화의 위상과 긍정적 잠재력에 대한 깊은 성찰을 통해 개인과 사회, 국가가 안고 있는 문제점을 문화의 시각에서 진단, 새로운 해결책을 모색'하기 위하여 '창의성'을 핵심가치로 하는 중장기 정책인 <창의한국: 21세기 새로운 문화의 비전>(2004)과 <예술의 힘: 새로운 한국의 예술정책: 미래를 창조합니다>(이하 <새예술정책>, 2004)를 발표했다. 두 보고서는 '예술의 창조적 다양성 확대'를 위해 예술을 "창의적 과정의 산물이자 인간 정신 활동의 최고 결정체로서 가장 직접적으로 창의성을 인식할 수 있는 형식이라는 점에서 창의성을 길러주는 가장 중요한 매체"[16]로 정의하고, "예술이 시민, 지역, 국가의 창의성 증진에 기여할 수 있도록 예술의 창조성을 증진하고, 예술의 자생력을 신장하는 한편, 향유자 중심의 예술활동 지원 강화[17]"를 강조했다.

16_ 문화관광부, <창의한국－21세기 새로운 문화의 비전>, 2004.
17_ 문화관광부, <예술의 힘: 새로운 한국의 예술정책: 미래를 창조합니다>, 2004.

[참여정부 <새예술정책>의 4대 기본방향 및 14대 역점 추진과제]

4대 기본방향	14대 역점 추진과제
향유자 중심의 예술활동 강화	① 예술교육을 통한 문화향유능력 개발 ② 생활 속의 예술참여 활성화 ③ 예술의 공공성 제고
예술의 창조성 증진	④ 장르별 예술 창작활동 지원 확대 ⑤ 새롭고 실험적인 예술활동 지원 ⑥ 남북 및 국제예술교류를 통한 예술의 지평 확대 ⑦ 국립예술시설 · 단체 기능 활성화 및 특화된 예술환경 조성
예술의 자생력 신장	⑧ 예술인에 대한 사회적 예우 강화 ⑨ 예술전문인력의 체계적 양성 및 재교육
열린 예술행정 체계 구축	⑩ 예술의 산업적 발전 지원 ⑪ 개성있는 지역문화 진흥 ⑫ 예술지원시스템을 현장중심으로 전환 ⑬ 예술재원의 안정적 확충과 효과적 활용 ⑭ 예술진흥을 위한 법과 제도 개선

<새예술정책>은 "문화적 가치의 발원지로서, 성숙한 시민사회 형성과 민주주의의 발전 동력으로서 그리고 지식정보사회의 국가경쟁력의 원천으로서의 예술이 가지는 중요한 의미와 가치를 재인식하고 널리 확산시키는 것"을 목적으로 한다. 이 보고서에서는 예술인의 문제와 관련하여 예술활동에 대한 경제적 보상이 제대로 이루어지지 않으면 예술인이 생계에 위협을 받아서 창작 활동에 온전히 전념하기 어려운 상황, 그리고 예술의 가치를 인정하지 않는 사회 인식의 문제를 중요하게 다루고 있다. 그리고 순수예술을 문화산업 발전의 원천으로서의 '기초예술'로 설정하고 문화산업과 문화복지의 발전을 위해서 그리고 정치, 경제, 과학 등 우리 사회 전 분야의 상상력을 만들어내는 원천"으로서 위상을 제시했다는 점에서 <새예술정책> 보고서는 나름의 의미를 갖지만, 예술인의 기본권리를 신장하는 구체적인 정책 구상은 충분하게 마련하지 못했다.

3) 예술인 권리보장 정책을 촉발한 사건들

(1) 예술인의 죽음

2003년 구본주 작가 사망을 둘러싼 예술인의 직업과 지위에 관한 논란은 문화국가의 원천이 되는 예술인의 기본권리가 부재한 예술정책의 한계를 단적으로 드러냈다. 구본주 작가의 유가족은 손해배상 청구소송 일부승소 판결을 통해 피해자 과실 25% 미만, 2003년 노동부가 발간한 '임금구조 기본통계조사보고' 상의 예술전문가 5~9년 경력 인정, 정년 65세 등을 인정받았다. 그러나 가해자 측 보험회사는 일실수익금(생존시 평생 수입)의 산정기준이 잘못됐다며 피해자 과실 범위 70%, 정년 60세, 경력 불인정으로 인한 무직자에 준한 배상보험금을 산정하여 항소했다.

이 사건은 임금노동자가 아닌 예술인의 사회적 지위를 담보할 제도가 없다는 문제를 수면 위로 떠올렸다. 구본주 작가의 죽음 이후 예술현장은 지속적으로 예술인의 사회적 지위를 보장하기 위한 법제 마련을 요구했으나 정부와 국회는 이를 외면했다. 그리고 2011년 지병과 빈곤에 시달리던 故 최고은 작가와 '달빛요정 만루홈런' 故 이진원 가수의 죽음이 있고 나서야, 국회는 비판적 여론에 못이겨 급하게 「예술인복지법」을 제정했다. 「예술인복지법」은 예술인을 "예술 활동을 업(業)으로 하는 자"로 정의하는데 이는 예술인의 예술활동을 직업으로 인정한 최초의 사례이다. 이러한 전대미문의 사건들은 예술인들의 주체 인식, 작업방식, 사회와의 관계에 영향을 미쳤다. 특히 가난한 예술인의 죽음은 창조적 신화 속에서 삶의 곤란을 숙명으로 여겨온 예술인들에게 열악한 예술인의 사회적 지위를 깨닫게 했으며 '안전한 창작환경'이야말로 지속 가능한 예술을 위한 필수 조건임을 인식하게 했다.

그러나 「예술인복지법」은 예술인의 사회적 지위를 온전하게 인정하지 않는다. 예술인이 사회적으로 제도적으로 인정을 받으려면 스스로 예술인임을 증명해야 하기 때문이다. 급변하는 환경에서 창조적이고 유동적인 예술의 양태가 다양할 수밖에 없지만 '예술인 활동 증명'이라는 예술인 인증 제도는 한정된 범위에서 예술인들에게 구체적인 실적을 증명하게 함으로써, 예술인복지의 보편적 권리를 구현하는 데 한계를 드러낸다.

(2) 블랙리스트 사태

박근혜정부 들어 자행된 '문화예술계 블랙리스트 사태'[18]는 대한민국 헌법 제정 70년이 지나도록 여전히, 천부적 인권에 준하는 예술의 존립 근거인 표현의 자유가 부재함을 여실히 드러냈다. 예술인의 창작-표현의 자유가 천부적 인권과 관계한다는 점에서 블랙리스트는 단순히 예술계 내부 문제가 아니라 민주주의 헌정 질서를 부정하고, 평등의 원칙을 침해하며, 사회적 불평등을 확대하고 문화국가 및 사회국가의 원리를 침해한 국가폭력이다. 블랙리스트는 "문화 공안정국의 인장이자, 유신의 징표"이고, "그 자체로 검열의 증거일 뿐 아니라, 문화현장에서 검열의 가이드라인으로 작동했다."[19] 블랙리스트는 국가가 정치적 이념이 다르고 정권에 비판적이라는 이유로, 생각이 다르다는 이유로 국정원을 비롯한 국가기관과 행정력을 총동원한 정책 범죄이다. 문화정책의 공공성과 투명성을 훼손했고 행정절차 및 행정법 관련 불법·부당 행위를 일상화했다. 또한, 블랙리스트, 미투, 코로나 팬데믹은 국가와 행정 체계, 예술/예술인의 관계가 전근대적인 위계 속에서 폭력적으로 작동할 수 있는 현실을 그대로 드러냈다.

2015년 국정감사에서부터 드러난 문화예술계 블랙리스트 사태는 국가의 행정체계를 총동원하여 민주주의와 문화정책의 근간을 뒤흔든 유일무이한 정책 범죄로서 국제 보고서에 등재되기도 했다. '블랙리스트 진상조사'로 밝혀진 피해 예술인은 8,931명, 단체는 342개에 이른다. '블랙리스트'는 국가가 정치적

18_ "'블랙리스트'는 국가가 예술인에게 정치적 이념이 다르고 정권에 비판적이라는 이유로 국정원을 비롯한 국가기관과 행정력을 총동원하여 검열, 사찰, 배제, 차별한 국가 폭력이다. 국가가 헌법을 비롯한 총체적인 법제도를 위반하여 국가조직의 최상부 청와대의 지시로 국정원, 산하기관 및 예술지원 단체에 이르기까지 조직적, 전방위적으로 벌어진 반헌법적 국가범죄이다"(『블랙리스트 제도개선 및 진상조사 위원회 백서』, 2019).

19_ 이동연, 「블랙리스트와 유신의 종언」, 『문화/과학』 89호, 2017년 봄 참고.

이념이 다르고 정권에 비판적인 예술인들을 검열하고, 사찰, 배제, 차별한 국가 범죄이다. 블랙리스트 실행으로 작품을 무대에 올릴 수 없었던 한 연출가는 예술검열을 당하던 당시를 떠올리며 '정신적인 살해'를 당한 것과 같은 폭력이라고 표현했다. 비단 '블랙리스트' 피해가 예술인에게만 국한되는 것은 아니다. '분서갱유'처럼 국가가 우수도서 선정에 개입하거나 작품 상영을 방해한 것은 다양하고 가치있는 예술작품을 누려야 할 국민의 문화권리 또한 국가가 침해한 것이다.

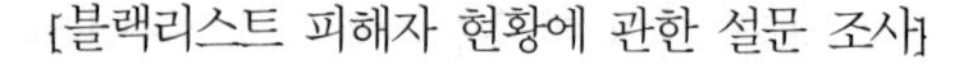
[블랙리스트 피해자 현황에 관한 설문 조사]

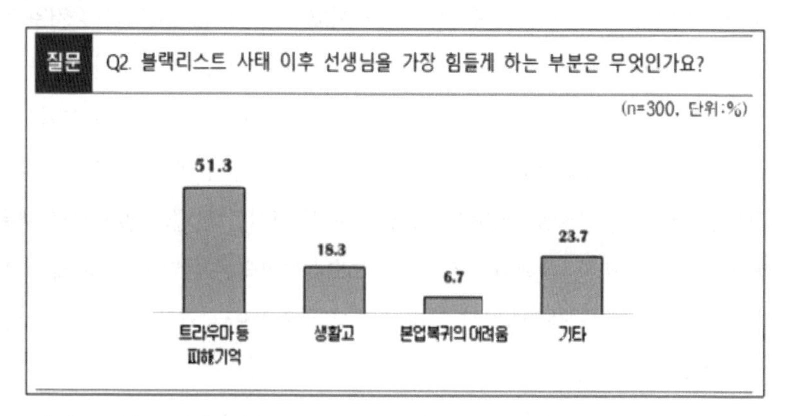

* 출처: 문화민주주의실천연대, 2019

2019년 9월 '문화민주주의실천연대(이하 실천연대)'가 실시한 <블랙리스트 피해자 현황에 관한 설문 조사>를 통해 블랙리스트 피해자 500명의 응답을 분석한 결과 블랙리스트 피해자 절반 이상이 트라우마에 시달리고 있으며, 밝혀지지 않은 피해 사례 역시 상당히 많을 것이라 예측돼 철저한 진상조사가 필요하다. 응답에 따르면 블랙리스트 사태 이후 가장 힘든 점은 '트라우마 등 피해기억'이라는 응답이 51.3%로 가장 많았고, 다음으로 '생활고' (18.3%), '본업 복귀의 어려움'(6.7%) 순이었다. 기타 응답에서도 정신적 피해에 대한 응답이 다수 언급되었다. 블랙리스트에 오른 예술가들은 주로 40대-60대이며 세월호, 광주민주항쟁 등의 국가폭력과 정치, 사회 문제를 주제로 삼아 창작활동을 해왔다는 것을 감안하면 한국 근현대사의 질곡 속에서 블랙리스트로 인한 트라우마는 더욱 깊을 수밖에 없다.

(3) 문화예술계 성폭력 사건

2016년 문화예술계 미투 운동에 따른 성희롱 · 성폭력 방지 대책과 「예술인 권리보장법」 제정이 제시되었다. 기존의 사업장 기반 성희롱 · 성폭력 대책 관련 정책으로는 문화예술계의 특수한 직업적 특성을 반영하기 어렵고 프로젝트 기반 계약으로 일을 해온 예술가들은 법과 정책의 사각지대에 놓여있기 때문이었다. 2018년 문화체육관광부는 '문화예술계 성희롱 · 성폭력 특별 조사단'을 꾸렸다. 활동 결과 발표 자료에 따르면 지금까지 문화예술계에 종사하면서 업무로 만나는 사람과의 관계에서 성희롱 · 성폭력 피해 경험을 모두 선택해 달라는 질문에, 전체 응답자 3,718명 중 1,513명(40.7%)이 "성희롱 · 성폭력을 직접 경험한 적이 있다"고 응답했다.

[문화예술계 성희롱 · 성폭력 설문조사 주요 결과] (2018년) 문체부

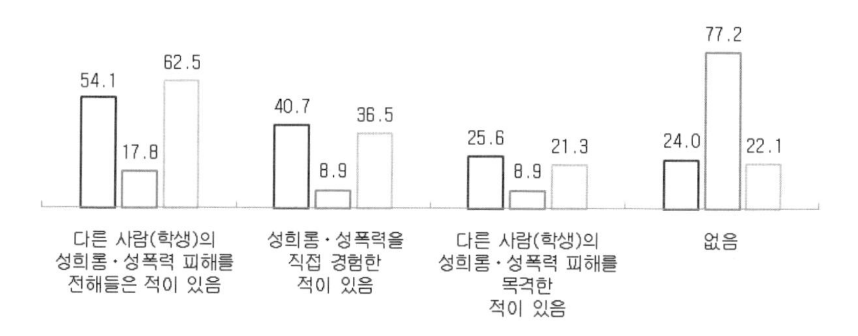

분야별 응답 결과를 보면, '성희롱 · 성폭력을 직접 경험한 적이 있다'와 관련하여 연극분야가 52.4%(412명/787명)로 가장 높았으며, 다음으로 연예분야 52.0%(39명/75명), 전통예술 42.7%(82명/192명), 영화분야 42.4%(207명/488명), 미술분야 41.6%(294명/707명), 음악분야 33.2%(165명/ 497명), 만화및 웹툰분야 32.2%(60명/186명), 문학분야 26.1%(101명/387명), 무용분야 25.3%(43명/170명) 순으로 나타났고 고용형태별 응답결과를 보면, 프리랜서 44.7%(1,173명/2,624명), 계약직 34.7%(132명/380명), 정규직 27.1%(76명/280명)가 '성희롱 · 성폭력을 직접 경험한 적이 있다'고 답했다.

3. 예술인 지위와 권리보장을 위한 법 제정과 개선점들

예술인/예술지원을 둘러싼 사회적 논쟁은 늘 예술인에게 스스로 예술의 사회적 가치와 쓰임새를 증명하라는 책임으로 귀결짓는다. 이러한 맥락에서 정부는 예술인의 사회적 지위를 보장하는 예술인의 지위와 권리에 관한 법률(「예술인권리보장법」), 「예술인복지법」, 지자체의 관련 조례 제정에 따른 국가와 지역 간 체계 정비를 통해 실효성 있는 예술인 권리보장 정책의 유기적인 실행체계를 마련해야 한다.

예술인 권리보장 정책과 제도는 예술인의 예술적 자유 보호와 삶의 조건을 구성한다. 한국의 예술지원 제도는 보조사업을 통해 예술인들을 소위 독립적 지위의 자영업자 신분으로 개별화했다. 여기서 한층 더 나아가 문화도시 및 각종 지역의 문화복지, 지역 재생을 목적으로 한 공공 프로젝트는 예술인을 창업자, 소상공인의 직업으로 구체화하여 용역 계약을 맺도록 촉진한다. 「예술인복지법」은 예술인을 프리랜서, 각종 임시직의 지위로나마 직업인으로 인정하는 선택적 수용을 취했다. 헌법 제22조는 모든 국민에게 예술적 자유를 보장하며 예술가의 권리를 법률로써 보호한다는 명목을 담고 있다. 그리고 2021년 8월 30일 예술 표현의 자유, 직업적 권리, 성평등 권리를 바탕으로 예술인의 사회적 지위와 권리 침해 사실을 법률로써 명확히 하고 피해를 구제하는 「예술인권리보장법」이 제정되었다. 이에 문체부는 23년 1월 26일 예술인들의 피해구제와 관련한 사항을 심의 · 의결하는 핵심기구인 '예술인권리보장위원회'를 구성했다.

[예술인 권리보장 정책의 패러다임]

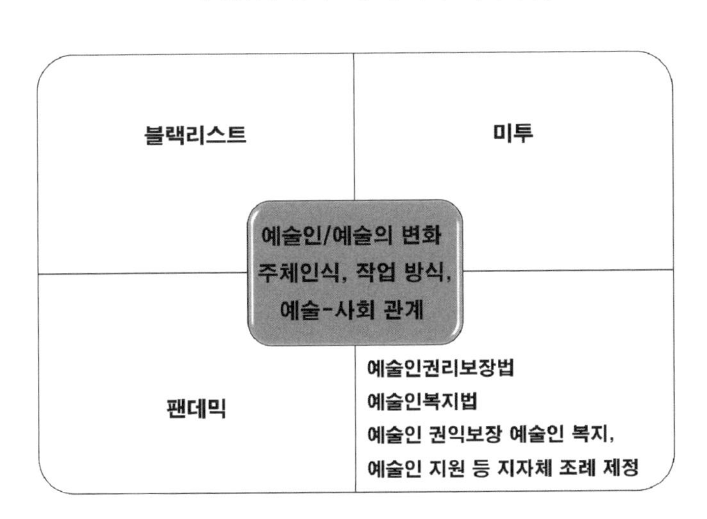

「예술인복지법」을 시작으로 「예술인권리보장법」 역시 예술인의 지위와 권리보장을 위한 법률이지만, 이들 법 제정 자체만으로는 예술인들을 위한 제도적 기반이 모두 마련되었다고 보긴 어렵다. 현행 「예술인복지법」과 「예술인권리보장법」이 예술인의 지위와 권리를 진정으로 대변하기 위해서 어떤 부분들을 개선하고, 법적 근거에 따른 실행과제들은 어떻게 만들어야 하는지가 논의되어야 한다.

1) 「예술인복지법」[20]에서의 예술인권리보장의 강화

20_ 제정: 2011.11.17; 시행 2012.11.08.

[예술인복지법의 예술인권리보장 정책 고도화]

개정 목적	개정 내용
권리보장 14. 3. 31.	제3조(예술인의 지위와 권리) 제4조의2(실태조사) 제6조의2(금지행위 등) 제7조(예술인의 업무상 재해에 대한 보호)
불공정 계약 16. 5. 4.	제2조(정의) 조문 통합 제4조의2(실태조사) 조사 주기 명시(3년) 제4조의3(문화예술용역 계약) 제6조의2(불공정행위의 금지) 제6조의3(재정지원의 중단) 제16조의2(권한의 위임 위탁)
성희롱 성폭력 대응 19. 1. 17.	제3조(예술인의 지위와 권리) 포괄적인 예술 활동 권리 명시 제4조(국가 및 지방자치단체의 책무 등) 성희롱 성폭력에 대한 보호, 지방자치단체의 예술인 복지 증진 사업 근거 마련 제4조의2(실태조사) 복지정책의 예술인 권익보호 목적 명시
정책 수립 20. 6. 4.	제4조의2(예술인 복지정책기본계획) 제4조의4(문화예술용역 관련 계약)
예술인권리보장법 제정 22. 9. 25.	제6조의2(불공정행위의 금지) 제6조의3(재정지원의 중단 등) 삭제

「예술인복지법」은 예술인의 복지지원에 대한 지원사업을 명시하기 이전에 예술인의 권리보장에 대한 분명한 입장을 강화해야 한다. 중요한 것은「예술인복지법」에도 복지지원에 대한 예술인의 권리를 뒷받침할 수 있는 철학적 근거가 필요하다는 점이다.「예술인복지법」에는「예술인권리보장법」에서처럼, 표현의 자유 권리보장 내용은 없다.「예술인권리보장법」 제정 이후에는 불공정행위의 금지, 제정지원 등 권리 침해 행위자 제한 사항이 삭제되었다.「예술인복지법」이「예술인권리보장법」과 상호 연관성을 가지기 위해서는 예술인의 복지가 구제가 아니라 권리임을 선언하는 내용들이 포함되어야 한다. 이런 관점에서「예술인복지법」 내의 예술인 권리보장의 내용을 강화하는 것을 표로 정리하면 위의 표와 같다.

「예술인복지법」은 프리랜서라는 직업적 특성 때문에 사회보장제도의 사각지대에 쉽게 놓일 수 있는 예술인들에게 창작 안전망을 제공하기 위해 만들어졌다. 그러나 「예술인복지법」이 제정되었을 당시에 예술인의 권리를 구제하는 별도의 법이 없어서 예술인복지에서 권리로 이행하는 법적 정당성이 확보되지 않았다. 물론 「예술인복지법」의 불공정행위 금지 조항을 근거로 '예술인신문고' 등을 운영해왔지만, 「예술인복지법」은 실제로 신고된 불공정행위에 대한 조치를 제대로 하기 어려운 법적 위상의 한계를 가졌다. 2022년에 「예술인권리보장법」이 제정되면서, 예술인의 불공정행위에 대한 구체적인 구제 정책이 마련되었다. 「예술인복지법」이 예술인 창작준비금을 주축으로 예술인 창작 안전망을 지원하는 법이라면, 「예술인권리보장법」은 권리침해 구제와 권리보장 정책을 수립하여 예술인의 지위와 권리를 보호하는 법이다. 이 두 법이 제정되면서 비로소 안전하고 지속 가능한 예술인의 창작과 삶을 지원하는 중장기적 국가정책을 기대해볼 수 있게 되었다.

[예술인권리보장법과 예술인복지법의 목적]

예술인권리보장법	예술인복지법
예술 창작과 표현의 자유를 보호하고 예술인의 노동과 복지 등 직업적 권리를 신장하며, 예술인의 문화적·사회적·경제적·정치적 지위를 보장하고 성평등한 예술 환경을 조성하여 예술 발전에 이바지함	예술인의 직업적 지위와 권리를 법으로 보호하고, 예술인 복지 지원을 통하여 예술인들의 창작 활동을 증진하고 예술 발전에 이바지함

2) 「예술인권리보장법」의 시행

「예술인권리보장법」은 예술 표현의 자유 보장, 예술인의 직업적 권리의 보호와 증진, 성평등한 예술 환경 조성 등의 내용을 담고 있다. 예술인의 지위와 권리를 명확히 하고, 창작 활동 중에 예술인들이 비일비재하게 겪는 피해를 권리 침해 행위로 규정하고 유형화하고 금지하며, 권리구제 절차와 기구를 규

정한 법이다

예술 표현의 자유는 다양하고 창조적인 예술활동의 조건이자 민주주의의 근간으로 보호할 것, 예술인을 문화권을 가진 국민이자 문화국가 실현 · 국민 삶의 질 향상에 기여하는 존재로 존중할 것, 노동과 복지에서 다른 직업과 동등한 지위를 보장할 것, 예술인조합 활동방해 금지, 예술인 권리 보호 및 성희롱 · 성폭력 방지 관련 정부 시책 마련 의무화 등과 같이 기존에 미비했던 예술인 정책의 법적 근거를 마련하고 구체적인 방안들을 규정하였다. 특히 불평등한 위계 구조에서 예술인 권리 침해가 발생하는 만큼 예술인이 예술정책의 결정과정에 참여할 권리를 명시하였다. 또한, 각 권리를 보장하기 위한 국가기관 등의 책무를 별도 조항으로 마련했다. 예술인이 권리를 침해당하면 문화체육관광부에 신고하고, '예술인 보호관'의 조사를 거쳐, '예술인 권리보장 및 성희롱 · 성폭력 피해구제위원회'에서 시정명령, 수사 의뢰, 재정지원 중단 등의 구제 조치를 의결하고 문화체육관광부 장관이 이를 실행하도록 조치를 취할 수 있게 된 것이다.

「예술인권리보장법」은 문화예술계 블랙리스트 사태와 미투 운동이라는 두 가지 상이한 배경에서 출발했다. 이 상이한 사건이 재발하지 않도록 하려면, 예술인의 직업적 권리 강화를 위한 법적 보완이 함께 이뤄져야 한다. 예술인들의 존재 조건이 선별적으로 이루어지고 사회적 · 경제적 지위의 불안정성이 계속되어 직업적 권리가 취약해지는 상황이 지속하는 한 블랙리스트 같은 검열, 배제와 성희롱 · 성폭력은 지속될 수밖에 없다.

「예술인권리보장법」은 블랙리스트 사태와 성폭력 사건의 특징과 유형을 토대로 공공 영역에서 예술 표현의 자유를 침해하는 행위를 금지하고 예술인 복지정책을 넘어선 사회적 지위, 직업적 권리보장의 제도적 기반을 마련하고자 제정되었다. 또한, 미투 사건의 재연을 방지하고자 성희롱 · 성폭력의 금지 및 피해구제 조치 등이 「예술인권리보장법」에 명시되었다.

「예술인권리보장법」의 특별한 점은 예술인의 정의에 있어 예술인의 지위와

[예술인권리보장법 주요내용] (문체부)

구분	내용
제1장 총칙	헌법 제 22조 2항을 실질적으로 구현/ 예술인이라는 사회적 직업에 대한 다양한 권리를 보장/ 보호대상인 예술인을 규정하고 우리사회와 예술인의 관계에 대한 규범적 기준 제시
제2장 예술표현의 자유 보장	예술인 권리보호를 위한 구체적 내용 규정/ 예술활동과 예술활동의 성과 전파 활동 방해 금지/ 합리적 이유 없이 성별 종교 등 이유로 예술지원 사업에서의 예술인 또는 예술단체 차별행위 금지. 차별행위 목적으로 명단 작성 · 공정심사방해 · 심사문서 조작 등 금지
제3장 예술인의 직업적 권리의 보호와 증진	안전한 환경. 정당한 보상 등 실질적 보장이 필요한 직업적 권리 제시/ 예술인 조합 결성 및 예술사업자 등에 의한 권리침해행위 금지 등을 통해 타법에서 보호되지 못하는 영역에 대한 보충 적용/ 예술활동에 큰 영향을 끼치는 예술지원기관의 책무와 정부의 권리보호사업을 구체화
제4장 성평등한 예술환경 조성	예술활동에 있어 성평등을 보장하고 성희롱 · 성폭력으로부터 보호 받을 권리를 명확화. 예술계 특수성을 반영해 성희롱 · 성폭력에 대한 예방 피해지원 실태조사 등의 사항 규정
제5장 예술인 권리구제 기구 등 제6장 구제 및 시정조치	문체부 내 예술인 권리보장 및 성희롱 · 성폭력 피해구제 위원회, 예술인 보호관을 둠/ 구제절차 명시/ 재정지원 중단 및 불이익조치 금지 규정/ 과태료 사항 규정

권리를 법제화했다는 점이다. 그리고 정책 결정에서 예술인의 참여 권리를 명시했다. 예술인의 기본적 권리를 법으로 보장하는 법률이 만들어진 것이다. 「예술인권리보장법」은 법률로써 예술인의 존재 권리를 보장하고 권리 침해 행위 금지를 명확히 하고 구제조치를 마련하였다. 자신의 권리가 무엇이며 권리를 보장받기 위하여 무엇이 필요하며 권리 침해를 입었을 때 무엇을 해야 할지 모르는 예술인들에게도 스스로 자신의 권리 찾기의 필요성을 인식시키고 능동적으로 해법을 모색하는 계기가 되기도 했다.

예술인 권리보장법의 피해구제 조치가 실효성이 있도록 예술인의 정의를 확대해 예술인을 업으로 하거나 교육 · 훈련 과정에 있는 예비예술인까지 포함하였다는 데 매우 의미가 있다. 성범죄를 비롯하여 각종 권리 침해 행위에 가장 취약한 이들을 포함 또한 예술인의 지위와 권리, 예술인의 역할, 국가기관, 예술지원기관 등의 책무 등을 총칙에 포함했다. 이 법은 국가 차원으로 예술인 관련 정책의 중요성 인식을 보여주었고 그 책무와 결의를 명확히 하고 제시된 방향성과 지침에 따라 계획적 · 종합적 · 장기적으로 정책을 추진할 수 있도록 지침을 마련했다. <예술인 권리보장법>의 주요 내용을 정리하면 앞쪽의 표와 같다.

4. 예술인 지위와 권리보장 실현을 위한 정책과제

1) 블랙리스트 재발 방지를 위한 후속 조치 및 제도개선 공고화

'블랙리스트'는 청와대, 국정원을 위시하여 국가 문화행정 체계를 총동원한 정책 범죄이다. 문재인정부 시절 '문화체육관광부'는 블랙리스트 주요 실행기관으로 블랙리스트 피해자 회복을 위한 후속 조치와 블랙리스트 재발방지를 위한 제도개선 과제를 이행하고 제도개선을 공고화하기로 약속했다. 그러나 블랙리스트 진상조사위원회가 권고한 후속 이행 조치들은 제대로 이루어지지 않았다.

블랙리스트 국가 범죄행위가 다시는 일어나지 않게 하기 위해서는 블랙리스트 실행의 토대가 되었던 수직적 관료주의의 패착 문제를 근절하고 하청 계열화된 (대통령실-기재부-문체부-공공기관-지역단체) 전달체계에서 '예술현장에 권한이 있는 협력체계로의 전환'이 필요하다. 제도개선의 방향은 ① '공익을 위한 진흥'에서 '예술의 내재적 · 사회적 가치 지원'으로 본질적 목표를 전환하고, ② '문화예술계의 이권'에서 '삶 · 사회에서 예술적 가치가 창조되는 모든 과정'으로 예술의 개념과 가치를 확장시키는 것으로 ③ '국가기관과 공공정책 중심의 공급'에서 '현장(지역) 예술생태계의 형성을 지원하고 ④ '새로운 의제 개발 및 사업화 중심'에서 '사회적 자원 분배와 공유 중심'의 사업으로 재구조화 ⑤ '획일적인 성과와 결과만 있는 사업체계'에서 '불확실한 경과와 과정이 존중되는 사업체계'로 예술지원의 행정체계를 개혁하고 평가와 성찰이 실질적으로 작동하는 평가체계로의 변화가 그 내용이다.

2) 성평등 정책의 확산

2016년 미투 이후 한국문화예술위원회의 '성평등 소위원회' 등과 같은 협력적 거버넌스를 통해 성평등한 정책을 수립했으나 실질적으로 제도적 반영에 난점은 존재했다. 「예술인권리보장법」 제정으로 실행 체계가 보다 공고해진 만큼 실효성 있는 성평등정책의 확산이 필요하다. 문화예술계 미투 사건이 5년이 지난 최근에는 공소시효가 지난 성폭력 사건의 경우 법적 처벌을 할 수 없자 피해자에 대한 2차 가해가 빈번하게 발생하기도 하며, 위계에 의한 성폭력 사건은 현재에도 지속적으로 발생하고 있다. 문화예술계 성평등한 환경이 조성되기 위해서는 가해자에 대한 철저한 처벌과 피해자의 적절한 구제 조치와 더불어 제도적 보완을 통해 성 평등할 수 있는 환경을 조성해야 할 것이다.

3) 사회문화환경의 변화에 따른 예술인의 위상에 대한 새로운 인식

코로나 팬데믹, 재난 위험사회, 과학기술혁명, 비물질 노동, 인공지능, 기후위기와 같은 새로운 사회문화환경의 변화는 예술인의 지위와 권리의 패러다임을 다시 구성하게 만들었다. 예술인들이 이러한 문화환경의 변화에 대응하기 위해서는 다음과 같은 문제의식과 대안적인 정책과제가 중요하다.

첫째, 긴급재난 시대에 예술인을 신속하게 지원하는 정책의 시스템화가 필요하다. 사회적 재난 시대에서 긴급지원은 선별적, 임시적으로 이루어졌다. 위기의 국면에서 사회 안전망 사각지대를 좁히는 방향으로 지원해야 하지만 긴급제도는 경직성이 두드러진 수직 관료 행정으로 드러났다. 예술인을 관리-지도 계몽의 대상으로 취급할 뿐 지난 4년간 축적된 긴급재난 대응을 위한 매뉴얼과 컨트롤 타워가 명확하게 보이지 않는다. 다행히도 「예술인복지법」 개정

(2023.4.11.)으로 2장 예술인의 지위와 권리 등의 제4조 2항 예술인 복지정책 기본계획을 추가하면서 예술인에 대한 긴급지원대책 등의 항목이 담겼지만, 이를 구체적으로 실행할 수 있는 정책 사업들은 부재한 상태이다.

둘째, 특수한 피고용 지위에 있는 예술인의 예술노동에 대한 새로운 시각이 필요하다. 2012년 11월「예술인복지법」시행 및 산재보상보험법 개정으로 예술인도 산재보험에 가입할 수 있다. 2020년 12월 당연가입으로 '예술인고용보험'이 본격 시행됨에 따라 예술인을 특수 고용 지위의 노동자로 개념화하고 가입조건을 두어 노동시간, 평균소득이 표준화되고 있다. 고용노동부는 '예술인고용보험' 시작 3년 만에 21만 명이 가입했다고 발표했다.[21] 예술인에게는 보험 가입 진입장벽이 높고, 사회 일반적인 실업급여에 비해 예술인 실업급여는 매우 낮다. 그러다 보니 이미 근로체계가 성립되어있는 문화산업 사업자가 일반고용보험보다 '예술인고용보험'에 가입하여 회사의 부담을 낮추는 경우가 종종 발생하고 있어서 추후 개선할 과제이다. 예술인의 범위가 기초예술 분야를 넘어서 산업 영역으로까지 확대되고, 문화산업과 관련한 플랫폼 기업이 수직계열화하는 현실에서 특히 자영업자 프리랜서 예술인 중 웹툰 노동자들은 특정한 공정을 담당하는 재하청 노동자이기도 하다. 소위 재난 위기에 등장한 정부의 예술인 일자리 사업은 예술인을 저임금 임시직을 전전하는 프레카리아트(precariart)로 취급하는 경우가 많아 앞으로 프리랜서 예술인에 대한 고용보험의 확대를 포함해 4대 보험이 실현되어야 한다.

셋째, 노동과 생존의 사각지대에 놓인 프리랜서 예술인에 대한 다각적인 지원 보장 정책이 필요하다. 프리랜서는 현행법상 노동권, 성희롱 규제, 사회보장제도의 사각지대에 있으며, 관련 법과 제도들은 기관, 기업 등 조직을 중심으로 만들어져 있다. 예술인의 프리랜서 비율이 80% 가까이 되고,[22] 문화예술・콘텐츠 기업 중 10인 이하 사업장이 92.3%[23]를 차지하는 문화예술계 현

21_ 고용노동부 보도자료, 2023.12.11.
22_ 문화관광부, <2021년 예술인 실태조사>, 2021.

실에서 예술인들의 권리는 법적・제도적 보호를 받지 못한 채 권리침해는 끊이지 않았고 제도적 구제방법도 막혀 있었다. 「예술인권리보장법」은 예술인의 창작 중심 예술활동 또한 하나의 직군으로서 예술인은 조직에 고용된 형태가 아니더라도 정당한 보상을 받을 권리와 공정한 계약을 할 권리, 예술 활동 중 성희롱, 성폭력을 당하지 않을 권리가 있음을 명시했다. 예술인의 이러한 권리가 침해되었을 때 권리구제를 받을 수 있는 절차와 기구를 법률에 규정하여 예술인 권리구제의 길을 열었다.

넷째, 인류세, 기후위기, AI 등 급변한 세계에서 예술인은 가능성과 불가능성을 동시에 내포한다. 기후위기를 극복하기 위한 인간의 성찰, 다양한 존재들과 공존하기 위한 존재론적 전환이 요구되는 새로운 흐름 속에서 지속가능성을 탐구하는 예술은 사회적 의미를 재창출할 수 있을 것이다. 그러나 반대급부로 예술인에 대한 열악한 사회보장 제도는 예술인이 재난 위기의 희생자가 될 가능성을 높인다. 또한, 문화산업이 발달함에 따라 콘텐츠의 원천이 되는 예술작품의 저작권, 2차 저작권 등의 쟁점이 해결되지 않은 시점에서 최근에는 인공지능 기술로 인한 저작권 쟁점이 급부상하고 있다. 이에 예술인의 사회적 지위가 변화될 것으로 예상된다. 따라서 예술인 정책은 예술인 권리 보장을 원칙으로 유동성이 수렴되는 차원에서 설계되어야 할 것이다.

4) 예술인 권리 침해의 실질적 구제 조치 기반 마련

예술인이 겪는 권리 침해는 예술계 혹은 공공기관과의 불평등한 관계 속에서 발생하는 사회 구조적인 문제이다. 「예술인권리보장법」은 예술인 권리 침해 행위를 유형화하고 금지하고 있으며, 법에서 권리침해가 발생하였을 때 문화체육관광부에 신고하여 구제절차를 밟을 수 있도록 하여 예술인의 권리를 보호할 수 있게 되었다. 특히 구제조치와 예술인 정책의 실행을 위한 '예술인

23_ 문화관광부, <2021년 콘텐츠 산업조사>, 2022.

권리침해 행위	침해 행위자	피해자
7조 예술의 자유 침해	공무원, 예술지원기관 또는 예술교육 기관에 소속된 자	예술인 또는 예술단체
8조 예술지원사업의 차별	국가기관 등, 예술지원기관	예술인 또는 예술단체
9조 예술지원사업의 공정성 침해	국가기관등 소속 공무원 예술지원기관 임직원, 예술지원 사업 심사참여자	예술인 또는 예술단체
11조 예술지원사업에서 예술활동 방해	국가기관 등, 예술지원기관	예술인
13조 불공정행위	국가기관 등, 예술지원기관, 예술사업자	예술인
14조 예술인조합 활동 방해행위	국가기관 등 예술지원기관, 예술사업자	예술인, 예술인 조합
16조 성희롱 또는 성폭력	예술인, 예술 활동 또는 예술교육 활동 관련 업무를 지휘·감독하는 자, 예술 교육기관에서 예술인이 되고자 하는 사람을 교육하거나 교육 관련 업무를 하는 자, 예술사업자 또는 이에 고용된 자, 예술지원기관에 소속된 자, 예술 활동 관련 계약을 체결하거나 체결하려는 자	예술 활동 및 예술교육 활동에 관련된 자, 예술인
38조 불이익 조치	국가기관 등, 예술지원기관, 예술사업자, 16조3항 해당자	신고하거나 보고·자료제출 또는 출석·진술을 한 자

보호관' 직제의 근거 조항을 마련하여 제도적 실효성을 높였다.

예술활동은 광범위하고 다양한 관계에서 다양한 방식으로 이루어지므로 예술인의 권리침해 유형은 다양하다. 예술인들이 겪는 권리침해의 유형은 위계 관계에 따라 크게 검열과 지원 차별 등 예술 표현의 자유 침해, 불공정행위 등 직업적 권리의 침해, 성희롱·성폭력 피해로 나누어진다. 블랙리스트 사태는 국가권력에 의해 예술인이 피해를 본 권리침해이며, 불공정행위는 공공기관, 예술사업자에 의해 예술인이 겪는 권리침해, 성희롱·성폭력은 주로 예술계 내의 위계 관계 속에서 발생하기도 한다. 권리 침해 유형에 따라 가해자와 피해자의 관계가 각각 차이가 있으며 위 쪽의 표[24]와 같이 정리할 수 있다.

법률 초안에는 형사처벌 조항을 담고 있었으나 법안 발의 이후 검토 과정에서 삭제됐다. 그렇지만 신고 · 조사 · 분쟁조정 · 시정명령 · 재정지원 중단 등 일련의 구제 및 시정 조치를 정하고 있다. 관계기관에 대한 수사 의뢰, 행정처분, 권리 침해자 및 성희롱 · 성폭력 행위자에 대한 징계 요청을 내용으로 하는 구제 실행 조항도 별도로 마련되어야 한다.

5) 공정하고 안전한 예술 환경을 조성할 국가와 지방자치단체의 책무 규정

국가기관 등(국가, 지방자치단체, 공공기관, 예술지원기관 등)에 예술인의 권리를 보호할 책무를 명시하고 권리구제를 문화체육관광부가 책임지고 조치하도록 한 「예술인권리보장법」의 제정은 문화예술정책의 중요한 전환점이다. 예술인의 권리를 보호하고 공정하고 안전한 창작환경을 조성하여 지속가능한 예술생태계를 만들 수 있도록 정책과 지원의 방향이 전환될 수 있는 계기라고 생각한다. 예술인이 빈번하게 겪는 권리침해는 개인 사이에 발생하는 사적인 문제가 아니라 예술생태계의 불평등한 권력관계 속에서 발생하는 구조적 문제이므로 국가가 개입하여 예술인의 권리를 보호할 책무가 있다. 「예술인권리보장법」은 이러한 국가기관 등의 책무를 규정하고 명시하고 있기 때문에 이 법에 근거한 예술인의 피해구제와 권리보장이 실질적으로 이루어져야 한다.

■ **키워드**

예술인, 예술인의 지위, 예술인의 위상, 예술인 지원정책, 예술인 권리보장정책, 예술인권리보장법, 예술인복지법, 유네스코 예술인 지위에 관한 권고, 예술의 사회적 가치

■ **질문거리**

▪ 현재 예술인은 누구인지 역사적 맥락에서 기술하시오

24_ <문체부 예술인권리보장법 입법 TF> 자료 참고

- 예술인의 위상에 대한 관점을 설명하시오.
- 1980년 유네스코 「예술인의 지위에 관한 권고」 제정은 어떤 의미가 있는지 기술하시오.
- 예술인 지원 정책의 제도적 공백을 설명하시오.
- 예술인의 지위와 권리를 보장하기 위한 정책의 등장 배경과 과제는 무엇인지 설명하시오.
- 「예술인권리보장법」, 「예술인복지법」의 제정 목적과 의미를 기술하시오.

예술지원정책의 흐름: 창작, 시장, 산업

박종관 | 전 한국문화예술위원회 위원장　**정윤희** | 전 문화민주주의실천연대 위원장

홍태림 | 미술평론가

1. 예술의 사회문화 환경의 변화

1) 코로나 팬데믹

2020년에 불어닥친 코로나 팬데믹 환경은 예술이 과연 존재할 수 있을까 할 정도로 근본적인 위기를 몰고 왔다. 극장과 갤러리와 영화관이 문을 닫고 예술인들은 무대와 전시공간을 잃고 아무것도 할 수 없었다. '한국예술총연합회'가 조사한 <코로나19 사태가 예술계에 미치는 영향과 과제> 보고서에 따르면, 코로나19 사태로 인해 2020년 1월에서 4월 사이에 총 1,614건의 문화예술 행사가 취소되었고, 예술가의 88.7%가 수입이 급격하게 감소했다.[1] 공연예술분야만 놓고 보면 같은 시기 공연예술의 매출액이 76.6%가 감소했다. 프리랜서 예술가 비율이 70%나 되는 공연예술 인력들은 코로나19 사태로 극장이 폐쇄되면서 월수입이 제로에 가까울 정도로 생계에 큰 어려움을 겪고 있다. 예술의전당, 국립극장, 국립국악원, 세종문화회관 등 국공립 극장들은 예정된 공연프로그램을 취소하거나 온라인 중계로 대체했고, 대학로 소극장과 홍대 인

1_ 위 보고서(2020)에 따르면 예술인의 수입 감소를 물어보는 설문조사에서 서울은 100%, 경남은 94.1%, 충남 · 전북은 93.3%로 응답을 했고, 코로나19 사태가 종료된 이후에도 수입에 변화가 없거나 감소할 것(84.1%)으로 예상했다.

디클럽 같은 민간에서 운영하는 작은 규모의 공연장들은 '사회적 거리두기' 정책으로 인해 사실상 휴업을 선언하거나, 적자를 감수하면서 부분 운영을 했다. 비단 공연예술만 그런 것은 아니다. 문학을 포함해 출판 분야[2]도 그렇고, 오프라인 전시공간이 기본 플랫폼이 되는 미술관[3]도 그렇다.

코로나19 팬데믹 사태가 몰고 온 예술계의 핵심적인 쟁점들은 크게 네 가지로 구분해서 말할 수 있다. 첫째, '예술의 창작과 수용의 온라인화'로서 이것이 앞으로 극장과 전시공간의 역할을 어떻게 바꿀 것이며, 과연 이로 인해 새로운 예술수용자가 창출될 것인가 하는가이다. 둘째, '예술교육의 비대면화의 가능성'으로 특히 대면을 필수로 했던 고등예술교육 체계는 어떻게 바뀌어야 하고, 어떤 교육 환경이 마련되어야 하는지이다. 셋째는 재난의 상황에서 예술인에게 어떤 지원이 필요하고, 예술인의 사회보장은 어떤 방향으로 가야 하는가이다. 마지막으로 포스트코로나 시대에 예술의 존재와 가치는 어떻게 재구성되어야 하는가이다.

2) 문화예술계 블랙리스트

코로나 팬데믹 사태가 예술의 생존 자체에 위협을 가했다면, 문화예술계 블랙리스트 사건은 예술의 정당성에 위협을 가했다고 볼 수 있다. 팬데믹 사태가 예술의 환경적 위기를 초래했다면, 블랙리스트 사태는 예술의 정치적 위기를 초래했다. 블랙리스트는 박근혜정부의 정치적 위기의식이 문화와 예술에

2_ 출판계도 '작가와의 대화'와 같은 오프라인 모임이 잇달아 취소되고 여행 관련 서적 판매가 57%나 감소했다. 교보문고 측은 "매장 방문객이 이전보다 30% 이상 줄었고, 지난 설 이후 한 달간 전년대비 오프라인(바로드림 서비스 포함) 매출은 약 15% 감소했다"면서 "반면, 전자책 등 온라인 매출은 12% 정도 증가했다"고 설명했다. 사정은 다른 오프라인 서점 역시 마찬가지다. 영풍문고 측은 "매장 방문객이 5% 이상 줄었고, 온라인 매출은 10%가량 늘었다"고 설명했다(김기중, 「코로나19 사태 속 출판계, 그리고 이후의 출판계」, 한국출판문화산업진흥원 웹진 <출판N> Vol. 8, 2020.03 참고).

3_ 코로나19 확진자 확산 이후 국공립 미술관이 모두 휴관하고, 광주비엔날레 등 국내 주요 미술행사가 연기되었다. 코로나19로 인해 4월까지 취소된 공연 및 전시행사가 2,500건으로 피해액은 대략 600억원으로 추산하고 있다(『월간미술』, 2020년 4월호 참고).

즉각적으로 반영된 결과이기 때문이다. 블랙리스트의 시간은 어떤 점에서 예술에 대한 권력의 정치적 공포심을 현실화하는 시간이다. 예술인에게 블랙리스트는 정치적인 표현을 이유로, 예술인에게 지원을 배제함으로써 실질적이면서도 심리적인 위협을 가하는 정치적 폭력이지만, 거꾸로 말하면, 예술인에 대한 정치적 공포심을 현실화한 사건이기도 하다. 어떤 점에서 블랙리스트는 조악한 권력 행사의 의지를 보여주는 것이기도 하지만, 그 내면에는 권력의 공포심리가 표면화된다. 블랙리스트의 시간은 예술 검열의 시계를 빨리 돌리고, 예술 검열을 공식적으로 선언했다. 비선실세의 시간은 블랙리스트라는 공안정치에 기름을 붓고 문화행정을 공황 상태에 빠트려 사익 추구를 노골화하는 시간이다. 비선 실세의 시간은 블랙리스트 공작을 통해 공공적 방어막을 무장해제시켰다는 점에서 문화행정에 개입한 게 아니라 그것을 장악한 것이다. 블랙리스트의 시간은 정치적 권력을 확장하고, 공공의 자원을 사유화시키는 데 기여했다.[4] 그러나 그러한 모든 예술에 대한 정치적 탄압과 지원배제의 기술은 결코 예술 위에 군림할 수 없었다. 예술의 정당성은 지원의 제도적 기술에 우선하기 때문이다.

박근혜정부에 전면적으로 드러난 블랙리스트 사태는 이미 이명박정부 시기 <문화권력 균형화 전략>이란 청와대 작성 문건에서 진보적인 문화예술인에 대한 리스트 작성과 지원배제 계획이 노골화된 바 있다. 이러한 블랙리스트로 인한 예술(인)검열과 표현의 자유 침해는 1960-70년대 박정희정권으로 거슬러 올라갈 수 있다. 블랙리스트는 또한 과거의 것만이 아닌 현재의 것이기도 하다. 윤석열정부 들어서도 예술에 대한 전방위적인 검열이 이루어졌다. 대표적인 사례가 한국만화영상진흥원이 개최한 2022년 부천국제만화축제에서 <윤석열차>라는 제목으로 윤석열 대통령을 풍자한 고등학생 작품이 경기도지사상 금상을 수여 받아 전시되었는데, 이를 나중에 알고 문화체육관광부가

4_ 이동연, 「블랙리스트와 유신의 종말」, 『문화/과학』 89호, 2017년 봄 참고

엄중 경고하고 작품 철거를 지시했다. 이후 윤석열정부 들어 예술검열 사례들이 부각되었는데 이러한 사례들은 ① 윤석열정부의 배타적인 이념 정책 강화와 문화·예술에 대한 정치 검열 심화, ② 국정운용 차원에서 '좌파 혐오 프레임'을 정책화·제도화하는 이명박·박근혜정부 문화예술계 블랙리스트 정책 수용, ③ 윤석열정부의 블랙리스트 정책 수용에 따른 정부, 지방자치단체, 기타 행정기관들의 자기검열 일상화와 주무 부처(문체부)의 직무 유기, ④ 이명박·박근혜정부 문화예술계 블랙리스트 정책에 따라 문화예술계 지원구조와 검열 체계 연계[5]와 같은 특성을 가진다. 이러한 특성들은 문화예술계 블랙리스트가 여전히 지속하고 있고, 이는 예술(인)지원의 배제와 삭감과 같은 실질적인 불이익으로 이어지고, 예술인의 자기검열이 강화되는 일들을 반복적으로 재생산한다.

3) 예술의 장과 기술-생태 환경

예술의 사회문화환경 변화에서 또 한 가지 빼놓을 수 없는 것은 기술-생태 문화환경의 변화이다. 예술의 어원이 되는 그리스어 '테크네(techne)'에서 알 수 있듯이, 예술과 기술은 원래 불가분의 관계였다. 예술의 진보는 어떤 점에서 테크놀로지의 역사와 함께한다고 볼 수 있다. 그러나 최근 인공지능의 본격적인 등장은 예술의 기술적 요소가 아닌 기술의 예술적 요소를 논의해야 할 만큼 예술의 창작과 정체성에 근본적인 변화를 가져왔다. 최근 문학, 음악, 미술 분야에서 인공지능의 놀라운 결과물들은 기술이 생성하고 컴퓨터가 학습한 정보들이 인간의 창조적 과정을 배제하고 예술을 생산하는 단계에 이르렀다. 인공지능 예술에서 가장 우선시되는 질문은 컴퓨터가 예술을 창조할 수 있는가, 생성형 인공지능이 예술가를 대신할 수 있는가이다.[6] 이 질문은 예술의 존

5_ 정윤희, 「문화예술 검열」, 『윤석열 정부 표현의 자유 침해 기자간담회 자료집』, 2024년 3월 14일자 참고

6_ Göran Hermerén, *Art and Artificial Intelligence* (New York: Cambridge University Press, 2024) 참고

재와 관련해 많은 논쟁을 낳았다. 기술이 급격하게 발전하는 만큼, 예술은 그렇게 빨리 변화할 수 없기 때문에 기술의 급진적 발전과 예술의 유동적 창조성이 충돌하면, 예술의 윤리와 예술인의 정체성에 큰 논란이 생겨난다. 특히 인간이 지배하는 예술의 창조적 의식에 기술의 직접적인 통제가 과도할 때, 예술과 관련해 윤리적이고 법적인 쟁점들이 생겨난다.[7] 예를 들어, 생성형 인공지능이 만든 예술은 예술이라 정의할 수 있을까, 인공지능이 예술창작의 학습정보들을 축적하는 과정에서 윤리적인 문제를 피해갈 수 있는가, 인공지능형 예술창작물의 저작권은 누구의 것인가, 인공지능 시대에 예술가는 생존할 수 있을까 하는 질문들은 예술의 미래를 위해 중요한 토픽들이다.

인공지능으로 대변되는 예술의 기술환경과 더불어 예술이 존재하는 생태환경 역시 중요한 쟁점이 되었다. 환경부에 따르면 우리나라에서 발생하는 음식물쓰레기는 하루 1만 4000여톤에 달하며, 전체 쓰레기 발생량의 약 28.7%를 차지한다. 음식물쓰레기로 인한 연간 온실가스 배출량은 885만톤이며, 경제적 손실은 연간 20조원 이상이다. 유엔식량농업기구(FAO)의 통계에 따르면 전 세계 음식물 쓰레기양은 총 13억 톤이고, 전체 음식물의 30%가량이 버려진다. 음식물 쓰레기는 인간의 과소비 욕망의 가장 야만적인 본성을 드러낸다. 지구의 종말을 재촉하는 심각한 기후위기의 시대를 일컬어 인류세의 시대라고 한다. 지난 1만년 동안 지구의 지질은 홀로세라는 이름으로 불리었다. 그러나 인간에 의해 지질의 형태가 좌우되는 시대는 더 이상 홀로세가 아닌 인류세의 시대이다. 먼 미래 지구의 화석으로 남을 것은 오직 썩지 않는 플라스틱뿐이다. 패스트푸드의 증가와 1회 용기의 과다사용, 육식의 증가에 따른 메테인 가스의 증가, 이산화탄소 흡수를 막는 아마존 밀림의 벌목, 자동차 포함 에너지 과다사용으로 인한 대기오염 등은 파국적 인류세의 증표들이다. 인류세는 '지

7_ Ramya Srinivasan, Kanji Uchino, "The Role of Arts in Shaping AI Ethics," *Art, Computer Science*, 2021 참고; Yifei Wang, "Artificial Creativity: Ethical Reflections on AI's Role in Artistic Endeavors," *IEEE Computer Society*, 2023 참고.

구 시스템 전반의 기능에 생긴 균열'을 설명하는 용어라는 것과 이 균열로 인해 현재 지구가 새로운 지질학적 시대에 접어들었음을 이해하는 것은 매우 중요하다.[8)]

2. 예술지원의 정당성과 가치

위에 언급한 예술을 둘러싼 사회문화적 환경변화는 예술의 장에 위협이 되거나 새로운 기회가 되는 것들이다. 사회문화 환경의 변화로 인해 예술이 위협을 느낄 때 국가와 사회는 지원해야 할 책임이 있고, 예술에 새로운 가능성의 장이 열릴 때, 그 가치를 사회적으로 확산할 수 있는 다양한 지원의 토대를 마련해야 한다. 그렇다면 예술지원의 정당성과 가치를 어떻게 설명할 수 있을까?

1) 예술지원의 정당성

예술에 대한 체계적 지원은 이미 오래전 일이다. 예술지원은 '기초예술의 지속적인 시장실패'와 이를 '공공영역이 보정해야 한다'는 대응이 가장 오래된 예술지원의 타당성의 배경이다. 기초예술은 공동체의 풍요와 연관된 본원적 가치를 담고 있으며 이를 응용하는 파생적 가치를 주도한다. 그럼에도 기초예술이 갖는 가치는 시장에서 곧바로 자본으로 환원되지 못하고 더욱 문제가 되는 것은 기술의 진보로 생산성은 확대되는데 기초예술은 정비례하여 확대되지 못하므로 이를 그대로 두었을 경우 결국 기초예술은 사라지게 된다는 것이 핵심적인 전제이다.

기초예술의 지속적인 시장실패의 원인과 원리를 설명한 연구로는 대표적인 것이 윌리엄 보몰과 윌리엄 보웬(William G. Bowon)이 공동 연구한 『공연예술: 경제적 딜레마』[9)]가 대표적이다. 이 책은 연극, 오페라, 음악, 무용 등 공연

8_ 클라이브 해밀턴, 『인류세: 거대한 전환 앞에 선 인간과 지구 시스템』, 정서진 옮김, 이상북스, 2018, 28-29.

예술을 중심으로 한 당면한 재정적 위기가 어디서 기인하는가를 다년간 분석하고 이에 따라 정부 지원의 필요성과 타당성을 역설한 저작이다. 생산기술의 발전, 생산수단의 변화와 이를 통한 노동집약 등으로 산업은 발전하고 생산성이 갈수록 향상되지만 공연예술, 나아가 기초예술은 이렇게 순차적 생산 증대가 근본적으로 불가능하기에 기초예술의 진흥을 시장에만 맡겨둘 경우 결국 소멸할 수밖에 없다는 점을 이 책은 명쾌하게 설명한다.

『공연예술: 경제적 딜레마』는 공연예술을 지속하기 위해서는 입장료를 지속 인상해야 하는데 경제 생산의 효용성을 공연예술이 정비례하여 따라갈 수 없으며 그 격차가 점차 벌어지게 된다는 점을 설명하고, 현실적으로 소수 고소득 계층과 고학력자가 전체 관람객의 상당수를 차지한다는 면에서도 문화민주주의를 실천하는 원칙에서도 정부 지원이 필요하다는 점을 역설하고 있다. 문화민주주의 차원의 정책수단 연구, 공공의 개입을 통한 공급과잉과 공급부족의 적절한 해결, 세분화된 욕구와 관심, 수용능력, 관객경험 등과 관련한 연구의 필요성을 필두로 상설극장, 오페라, 교향악단, 발레, 현대무용 등 5개 분야 조사에서 정부지원 효과 등을 중점적으로 분석하였다. 그리고 지원의 효과가 어떻게 공익성으로 결정되는가의 문제를 '경제적 파급효과' 즉 고용기회 증대, 예술조직과 문화예술 소비자의 지출로 도시경제가 활기를 띠게 만드는 응집효과(Agglomeration Effects)와, 문화예술 환경은 도시의 기업과 상업, 금융기관을 유인하는 효과가 있다는 점을 설명하였다.

2) 예술의 사회적 가치 확산

예술의 사회적 가치는 어떻게 정의할 수 있을까? 특히 2020년 전 세계를 강타한 '코로나 팬데믹' 이후 예술의 사회적 가치가 얼마나 중요한지를 강조하는 보고서들이 많이 제출되었다. 유네스코는 2020년 4월 코로나 팬데믹 사태

9_ William J. Baumol, *Performing Arts: The Economic Dilemma* (New York: Twentieth Century Fund, 1966).

로 빚어진 예술의 위기를 극복하는 대안으로 <예술의 회복 운동을 위한 가이드Resiliart: Guide to starting your Resiliart Movement> 보고서를 발간하였다. 이 보고서는 코로나 팬데믹 사태가 문화예술의 창작, 유통, 접근, 향유라는 창의적 가치사슬을 파괴하여 궁극적으로는 개인의 정신건강에 심각한 위협을 가했음을 강조한다. 이를 위해 '예술의 회복' '예술을 통한 사회의 회복'이 필요하고 이를 위한 예술인의 지원, 예술의 사회적 가치 확대를 위한 공동의 정책을 제안하였다. 유럽연합(EU) 내 예술위원회는 2023년에 코로나 팬데믹 이후 심각하게 손상된 개인의 웰빙과 정신건강 위협을 극복하기 위해 예술의 역할을 강조하는 정책 보고서(Policy Report on the Social Value of Arts and Culture)를 만들었다. 이 보고서에 따르면, 코로나 팬데믹 기간에 유럽연합 인구의 26%가 외로움과 고통을 호소했는데, 이는 2016년에 비해 12%나 증가한 수치이다. 예술과 문화는 코로나 팬데믹 이후 심각한 정신적 고통을 해소할 수 있는 가장 중요한 사회적 가치재로서 일상에서 문화예술 관련 다양한 프로그램이 확대될 수 있도록 예술계와 보건의료계가 협력해야 함을 강조한다.

예술의 가치는 세 가지 차원에서 언급할 수 있다. 첫째는 예술의 미학적 가치로서 예술의 창조적 힘이 갖는 가치라 할 수 있다. 예술이 무대나 전시장에서 재현되고 표현될 때, 관객들은 일상에서 느끼지 못하는 특별한 감동을 받는다. 이것이 일상을 낯설게 하는 예술의 가치이고, 인간의 내면을 풍요롭게 만드는 힘이다. 두 번째 차원은 예술의 경제적 가치이다. 이것은 예술이 상품으로서 경제적 부가가치를 향상하는 자산 가치를 의미한다. 예술의 경제적 가치는 계량적인 화폐 가치로 환원될 수 없는 잠재적 능력을 말한다. 물론 공연의 매출, 음반 판매량, 화랑의 수익 등을 화폐로 환산하는 것은 가능하지만, 어떤 그림의 잠재적 가치, 어떤 연주자의 사례비는 확정된 화폐자본으로 매길 수 없다. 셋째, 예술의 사회적 가치이다. 이것은 예술이 사회적 재난과 위기의 시대에 우울한 사람들에게 감성적인 치유를 할 수 있다는 근원적 힘을 의미한다. 무엇보다 예술이 사회에 가치있는 일을 할 수 있다면, 그것은 아마도 "아름다움에 대한 우리의 감각을 충족시키고, 세상에 의문을 품게 만들며, 창의적 표현을 발산하는 곳이라는 데" 있다.[10] 에드먼드 펠트만(Edmund Burke Feldman)은 예술의 사회적 가치를 예술이 동시대 사회에서 어떤 기능과 역할을 할 수 있는 역량임을 강조하면서, "예술은 사람들의 집단 행동에 영향을 주고, 원래부터 공공의 현실 상황대로 창조하고 반영하며, 개인과 개별 경험들에 반하여 집단적 양상들을 표현하고 기술한다"는 사회적 의미를 강조한다.

그렇다면 예술의 사회적 가치는 어떻게 확산될 수 있을까? 무엇보다 예술의 창의성이 우리 사회의 중요한 자산임을 확신케 하는 것이 중요하다. 위대한 예술 창조 행위와 표현을 통해서 모든 사람이 예술작품으로 위로 받고 행복을 느낄 수 있는 사회가 되는 것이 진정한 의미에서 예술의 사회적 가치확산이다. 둘째, 예술교육을 통한 확산이다. 음악, 무용, 연극, 미술 등 다양한 예술 분야의 창의적 교육을 통해서 개인들의 미적 체험들을 확대하는 것이 중요하다. 영국의 예술교육 전문가인 엔 뱀포드(Anne Bamford) 교수는 이것을 "와우 이펙트(WOW Effect)"라고 명명했다. 셋째, 예술 다양성을 통한 확산이다. 국적, 인종, 성, 성차, 계층, 장애 등 다양한 사회구성원들의 예술 표현의 다양성을 보호하고 증진함으로써, 공동체의 문화 정체성을 평등하게 드러내는 것이 중요하다. 마지막으로 예술인의 사회적 위상과 권리 보장을 통한 확산이다. 한 시대의 예술인이 사회구성원이자 특별한 창조적 활동을 하는 사람들이라는 점을 사회가 인식하고 지원하는 상식과 통념을 자리매김하는 것이 무엇보다 중요하다.

3. 예술지원의 역사적 변천 과정

1) 한국문화예술 진흥의 시작: 문예진흥기금, 한국문화예술위원회

우리나라에서 예술지원에 대한 전례는 정부수립 직후로 거슬러 올라가 찾

10_ Ashley Gonzalez, "What is the Value of Creative Works of Art to a Society?," *ESSAI*, Vol. 15 (2017), 19.

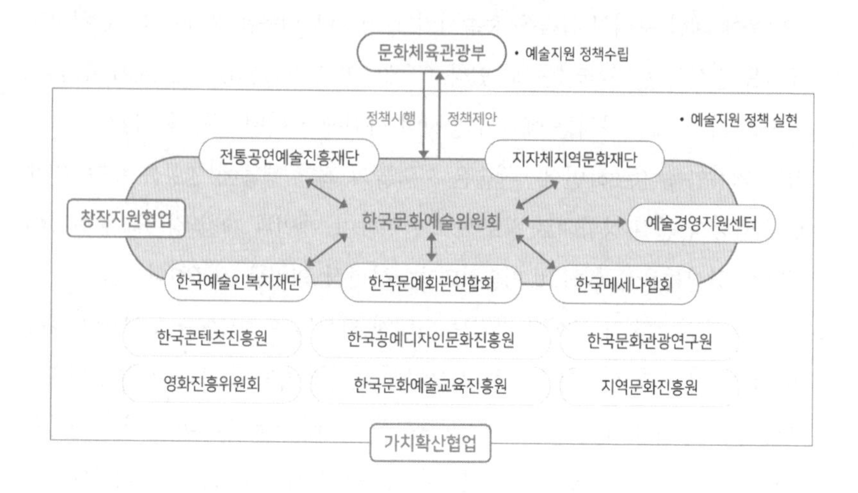

아 볼 수 있겠으나 법적 제도적인 명확한 분기점은 1972년 「문화예술진흥법」 제정과 이 법률에 따라 설립된 한국문화예술위원회(구 한국문화예술진흥원), 그리고 1972년 1월부터 조성을 시작한 한국문예진흥기금에 집약되어있다.

우리나라에 문예진흥기금 조성이 시작된 배경에는 "늘 행정 후순위에 밀려 필요한 만큼의 예산을 확보하지 못하는 문화예술이라는 특별한 영역에, 이것만큼은 반드시 문화예술 진흥을 위해 사용하여야 한다"는 원리가 깔려있다. 그래서 문화예술진흥기금은 예술지원을 위한 절대적인 재원을 별도로 설계하고 그 어떤 예산 상황에도 반드시 예술을 지원하는 목적으로 사용하도록 하는 제도마련의 의미를 지니고 있다.

한국문화예술위원회를 넘어서서 확장된 광역자치단체 예술지원 전문지원 기구의 출현은 1995년 지방정부의 단체장을 주민의 직접선거로 선출하기 시작한 본격적인 지방자치제도의 정립과 깊은 관련이 있다. 광역단위의 예술 전문지원 기구는 2000년을 넘어서 비로소 수도권부터 구성되기 시작하였다. 현재 중앙정부 차원에서는 전문지원기관이 세분되어 한국문화예술위원회 이외에도 한국문화예술교육진흥원, 예술경영지원센터, 전국문화회관연합 등등 많은 단체가 고유목적과 사업을 갖고 활동 중에 있다. 지역문화재단의 경우는 이미 전

광역자치단체에 광역문화재단이 설립되었으며 기초문화재단이 상당수 설립되었다. 그럼에도 한국문화예술위원회, 광역문화재단, 기초지역재단들은 각기 고립분산되어 한계를 갖고 있으므로 서로 네트워크 하는 구조가 필요하다는 문제제기도 있다. 또한 상당수 자치단체가 설치 운영하는 기초문화재단의 경우에도 한국문화예술위원회 또는 광역문화재단과의 연계가 미흡하다는 지적도 있고, 예술지원 전문기구라 할 수 있는 광역문화재단과는 달리 기초문화재단의 경우는 단체의 구성과 역할이 시설관리형 축제 집행기구 등으로 설립 목적과 사업이 넓은 범위를 지니고 있어 효과적인 네트워크의 구성이 어렵다는 지적도 있다.

우리나라 문예진흥을 가장 앞서서 담보하였던 문예진흥기금은 2000년을 전후하여 기금 모금이 중과세적으로 위헌이라는 헌법재판소의 판결 이후 2004년 모금이 중단되어 조성에 어려움이 따르고 현재는 기금고갈 문제에서 자유롭지 못한 형편에 있다. 기금 모금이 중단된 이후로 문화예술진흥기금사업은 전액 국고에 의존하는데 국가재정의 획기적 전환점이 없는 형편에서 문예진

전략목표	전략과제	2020	2024	2027	2030
예술의 창의성과 다양성 존중	예술의 지평확대	664억 원	1,038억 원	1,420억 원	1,994억 원
	예술현장 중심 지원체계 확립	3억 원	5억 원	7억 원	10억 원
	합계	667억 원	1,043억 원	1,427억 원	2,004억 원

전략목표	전략과제	2020	2024	2027	2030
문화예술의 사회적 가치 확산	문화예술의 사회적 역할 확대	288억 원	336억 원	367억 원	410억 원
	모두를 위한 예술 공유	1,403억 원	1,612억 원	1,763억 원	1,913억 원
	합계	1,691억 원	1,948억 원	2,130억 원	2,323억 원

흥의 안정적 재원 확보문제는 늘 어려운 여건에 놓여 있다.

한국문화예술위원회는 문화예술진흥기금을 관리·운영하고 집행하는 기관의 성격을 갖는다. 그러나 1973년 기관 설립 이후 한국문화예술위원회의 전신인 독임제 구조의 한국문예진흥원은 문예진흥기금의 사용의 자율권과 효용성에서 늘 예술현장으로부터 필요한 제도로 작동되지 못한다는 한계와 문제제기를 받아왔다. 정부와 문화예술계는 독임제 구조인 한국문예진흥원을 예술계의 대표인 예술위원회로 전환하자는 논의를 1990년대 말부터 꾸준히 계속하여 마침내 여야 합의를 통해 「문화예술진흥법」을 개정하여 2005년 8월 한국문화예술위원회로 재탄생되어 현재에 이르고 있다.

[위원회 제도와 독임제 제도의 장단점]

구분	독임제	위원회
의사결정	다양한 참여자의 의사존중이 상대적으로 낮음	상대적으로 다양한 의사를 존중하여 결정
책임한계	책임한계가 명확	집단의사결정방식이므로 한계 모호
비용·효율성	의사결정과정이 신속 운영비용이 상대적으로 적음	의사결정과정이 지연되어 신속한 대응이 어려움 운영비용이 상대적으로 많이 소요
갈등조정	계층제 구조이므로 원장의 결정에 의하여 갈등 조정이 용이	합의제 방식이므로 위원간의 갈등 조정 장치가 부족
정부에 대한 자율성	상대적으로 낮음	정부에 대해서는 독립적 의사결정
예술인에 대한 자율성	수혜집단인 예술인에 대한 자율성이 상대적으로 높음	예술인들의 이해관계가 직접 반영되므로 상대적으로 낮음

2) 예술지원정책의 체계화: 〈창의한국〉과 〈새예술정책〉까지

예술지원정책은 결국 문화·예술정책이라는 범주 안에서 다뤄지기 때문에 예술지원정책이 큰 틀에서 어떻게 변했는지 살피기 위해서는 결국 문화·예술정책의 흐름을 간략하게나마 복기할 필요가 있다.

이승만 정부부터 김대중정부까지의 궤적을 보면 1950년대부터 「문화예술진흥법」이 수립된 1972년까지는 문화・예술정책이 본격화되기 이전으로 기본적인 체계를 잡아가는 시기로 볼 수 있다. 1972년부터 1980년대까지는 문화정책의 기본적인 틀이 나름대로 잡힌 상태에서 민족문화가 강조되었고, 1980년대 이후는 이전과 마찬가지로 고급문화 중심성과 국가의 권위적인 하향식 정책 결정과 맞물려 있는 문화의 민주화를 근간으로 문화・예술 정책이 확대됨을 알 수 있다. 해방 이후 2004년 참여정부의 <창의한국>이 발표되기 전까지 대한민국의 문화・예술정책은 1972년 이후 본격적으로 체계를 갖추고 시간이 지남에 따라 확장되었지만, 한편으로 문화・예술에 대한 검열이라는 국가폭력도 지속되었다. 이러한 흐름 속에서 문화・예술 정책은 관료권력 중심의 하향식 구조를 가졌으며 이러한 구조 속에서 관료권력은 문화・예술현장을 시혜의 관점으로 가두며 분할통치하기도 했다. 이러한 한계에 전환점을 만든 것이 참여정부의 <창의한국>이었다.

지식기반 사회의 도래에 따라 시장의 모든 경제적 가치가 창의성에 의해서 결정된다는 창의성의 중요성 환기 문제는 21세기를 넘어서며 전 세계적으로 다투어 부각되었다. 시장의 모든 가치가 창의성에 의해서 결정됨을 인식한 자본은 공공이 창의성의 중요성을 전 국민을 상대로 흔들어 제고할 것을 국가에 요청하였으며, 이에 따라 국가별로 창의성의 중요성이 강조되는 다년간 계획이 만들어졌다.

영국의 경우는 1998년, 미국의 경우는 2000년에 창의성 중심의 중요성이 국가 주도로 환기되는데, 우리나라의 경우 2004년 다년간 문화정책 비전서인 <창의한국>과 <새예술정책>(<예술의 힘-새로운 한국의 예술정책>)에 의해 주도적으로 제기되었다. <창의한국>과 <새예술정책>은 그때까지 우리나라 정부 주도 문화정책의 한계였던 한 정부의 문체부 정책을 넘어서서 다년간 사회적 가치를 담은 문화예술의 가치, 역할, 진흥 방법론을 정부와 민간이 함께 구성했다는 의미를 갖는다.

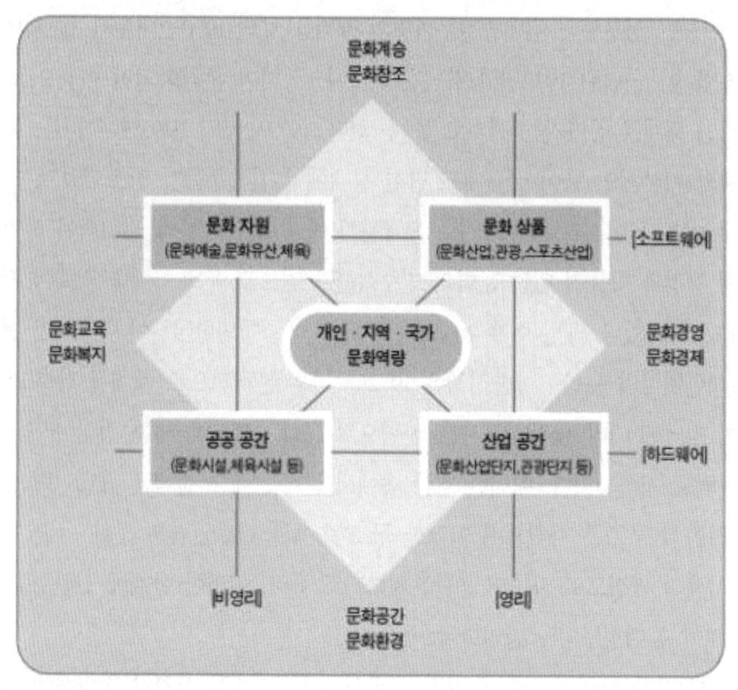

* 출처: 문화체육관광부, 창의한국 전개도, 2004

<창의한국>은 "예술의 창의적 속성이 국가발전의 기반으로 존재한다는 사실을 명징하게 기술"함으로써 "예술정책의 중요성을 전면적으로 부각시켜 국가적으로 환기해냈다는 점"에서 분명한 가치를 갖는다. <창의한국>은 문화비전으로 단기성 사업의 나열로 기획되던 과거의 문화정책과는 다르게 문화와 관련한 일관된 정책 체계를 수립하고 기초를 다지는 중장기적인 방향을 잡는 계획으로, 이전과는 다른 개념을 가지고 있다.

이와 함께 <새예술정책>은 <창의한국>에서 제기된 사안을 받아 창의성이 사회발전의 원동력이며 동시에 생산성의 기반이 된다는 점과 창의성의 의미와 영역의 확대, 창의성 확대와 자율성의 중요성 인식의 확대를 배경으로 이들 모두를 관장하는 예술의 중요성을 토대로 문예진흥을 위한 제도개선과 확대 등을 기본으로 제기하였다. 또한 급격한 현대화의 과정에서 나타나게 된 경

제 사회 교육 불균형이 빚어낸 문화적 불균형을 지역문화의 현실로 지적하면서, 지역균형발전과 국민문화증진의 기초가 되는 지역문화 진흥의 획기적 대책 마련도 함께 지적하였다.

2003년에 출범한 노무현정부는 참여정부라는 이명에서 알 수 있듯이 참여를 국가정책의 핵심으로 삼았다. 따라서 이 시기에 문화정책에서 참여라는 기조는 참여민주주의, 문화민주주의와 맞물려 중요한 화두로 다뤄졌다. 『문예진흥원 32년사』에서는 노무현정부가 문화행정의 혁신, 문화산업의 국가 경제 신성장 동력화와 문화영향평가제도의 도입, 기초예술과 예술교육의 진흥 등과 관련한 과제들을 풀어내기 위하여 애를 썼다고 총평한다.[11] 노무현정부의 문화정책을 이보다 더 깊이 살피기 위해서는 2004년에 발표된 <창의한국>을 살펴볼 필요가 있다. <창의한국>은 5년이라는 정부의 주기에 국한되지 않는 비전을 추구하며 수립되었다. 이를 증명하는 것으로는 <창의한국>에서 제안된 「문화기본법」 제정이 2014년에 박근혜정부에서 실현되었으며, 국립현대미술관을 국군기무사 부지로 이전하는 제안도, 2013년에 국립현대미술관 서울관이 개관하는 것으로도 이어졌다는 점이다. 그리고 한국문화예술위원회가 주도하여 당인리 화력발전소를 종합문화센터화하여 당인리 문화발전소라는 이름으로 2025년에 개관 예정인 경우도 역시 <창의한국>에서 제안된 기획이다. 또한, 차후 언급할 문재인정부의 <문화비전2030-사람이 있는 문화>에서 자율성, 다양성, 창의성이라는 가치를 강조하는 측면이 <창의한국>이 강조하는 문화의 가치의 연장선에 있는 것도 <창의한국>이 비전으로서 중요한 방점을 찍고 있음을 잘 보여준다. 따라서 <창의한국>은 앞으로도 대한민국 문화정책의 중요한 토대로서 계승하고 보완해야 할 비전이 아닐 수 없다.

<창의한국>에서 특히 주목할 점은 두 가지라고 볼 수 있다. 하나는 문화의 개념을 재정립하고 확장하고자 한 점이다. <창의한국>은 광의의 문화개념

11_ 문화정책연구평가원, 『문화예술진흥원 32년사』, 한국문화예술위원회, 2008, 48-50.

을 제시하며 문화에 대한 정책 영역이 민족적 정체성, 문화유산과 예술, 교육과 학습, 자연적이고 인공적인 경관, 대중매체와 문화산업, 관광, 스포츠와 레저 활동이며, 문화가 기술혁신, 경제발전, 정치개혁, 사회통합의 토대임을 명시한다. 이처럼 <창의한국>은 문화의 개념을 재정립하면서 문화와 예술을 분리함과 동시에 관계를 재설정했으며 문화의 민주화가 아닌 문화의 다양성을 확대할 수 있는 창의성 발현과 공공영역의 의사결정에 대한 참여와 분권을 중시하는 문화민주주의를 강조한다.[12] 가령 대표적으로 전자는 2005년에 설립된 한국문화예술교육진흥원이 그리고 후자는 한국문화예술위원회의 출범과 관련이 있다.

다음으로 주목할 부분은 앞서 언급한 부분과 자연스럽게 연결되는 측면이기도 한데, 그것은 바로 열린 예술 행정체계를 지향한 것이다. 이 지향점은 노무현정부의 국정 기조인 국민이 정치적 의사결정에 자발적으로 참여함으로써 대의 민주주의의 약점을 보완하는 동시에 국민 주권의 실질화를 이룩할 수 있으며 사회통합 효과를 낼 수 있다는 점과 연결된다.[13] 그래서 <창의한국>은 이러한 취지를 실현하기 위해 국민이 열린 정부에 참여할 수 있는 다양한 통로를 열어 탈권위와 분권을 추구했다. 이와 관련하여 <창의한국>에서의 열린 예술 행정체계 구축은 다음과 같은 방향성을 제시한다.

- 자율, 참여, 분권 원리에 기반한 국가, 예술현장, 지역사회 간의 유기적인 협력체계를 구축함으로써 예술지원에 투입되는 공공재원이 필요한 곳에 합리적이고 효과적으로 지원될 수 있도록 지원체계를 개선하고자 한다.
- 예술 지원체계를 현장 중심으로 전환하고자 한다.
- 예술 재원을 안정적으로 확충하고 효과적으로 활용할 수 있는 방안을 마련하고자 한다.
- 예술진흥을 위한 법과 제도를 개선해 나가고자 한다.[14]

12_ 문화관광부, <창의한국: 21세기 새로운 문화의 비전>, 2004, 13-34.
13_ 김병준 외 17인, 『노무현정부 국정운영백서: 총론/대통령 발언록』, 국정홍보처, 2008, 19.

<창의한국>에서 제시한 열린 예술 행정체계 구축은 공공영역의 의사결정에 대한 참여와 분권 차원에서 독임제 기구였던 한국문화예술진흥원이 민간 합의제 행정기구인 한국문화예술위원회로 전환한 것이 대표적인 사례이다. 한국문화예술위원회의 출범은 기존의 문화・예술 지원체계가 권위적 관료 중심의 하향식 의사결정 구조가 아닌 현장 중심의 상향식 의사결정 구조로 전환되어야 함을 의미한다. 사실 정부 차원의 문화・예술지원은 한정된 자원의 선택적 분배를 전제로 할 수밖에 없기에 대부분 예술가와 예술단체는 예술지원이라는 자원을 활용하고 싶어도 그럴 수 없다. 한국문화예술위원회는 한해 약 9,000건 정도의 지원서를 받아서 2,600건 정도를 지원하고 있는데, 이 수치는 평균 선정률이 30%도 되지 않음을 의미한다. 이러한 측면은 예술지원을 위한 공공의 자원이 결국 이 자원을 취하려는 예술가, 예술단체 간의 장벽을 강화하는 동시에 각 장르 예술 분야 안에서 무한경쟁 구도를 재생산함을 의미한다. 그리고 이러한 구조는 권위적인 관료들이 예술지원을 위한 자원에 대해 의사결정권을 독점하며 현장을 분할통치하는 지배력을 행사하는 것으로 이어진다.

이런 측면에서 정부의 예술지원은 그 자체로 깊게 논의될 필요가 있는 중요한 주제이지만, 이 주제를 다루기에 앞서서 선행되어야 할 것은 예술지원이 작동하는 체계에 대한 고민이라고 본다. 왜냐하면, 다양한 차원에서 가치가 높은 예술지원 사례들이 존재하더라도 그러한 예술지원들이 작동되는 체계가 권위적인 정부의 통제를 강하게 받는다면 언제든지 예술지원의 다양한 가치도 파괴될 수 있기 때문이다. 이와 관련하여 가장 대표적인 경우가 바로 이명박, 박근혜정부에서 발생했던 문화예술계 블랙리스트 작성 및 실행이다. 이런 측면에서 「문화예술진흥법」의 제정과 함께 본격적인 문화・예술지원 체계가 작동한 이후 무한경쟁과 분할통치를 재생산하는 한계를 극복하기 위해 만든 것이 바로 한국문화예술위원회의 출범이라고 볼 수 있다. 그러나 이 전환점에

14_ 문화관광부, <창의한국: 21세기 새로운 문화의 비전>, 289.

도 어쩔 수 없이 한계는 존재한다.

사실 한국문화예술위원회의 출범은 <창의한국>의 중요 가치를 실천한 것이자 30년 넘은 현장의 오래 숙원을 실현한 성과이다.[15] 그러나 <창의한국>에서 제시한 입법과제이기도 했던 「문화기본법」이 2014년에 제정된 이후, 문화와 예술의 관계를 재정립하는 목표를 가지고 「문화예술진흥법」의 역할을 조정하는 작업까지 맞물리지는 못했다. '한국문화예술진흥원'이 '한국예술위원회'로 전환하지 못하고, '한국문화예술위원회'라는 이름으로 유지된 것도 예술 자체의 독립성, 자율성에 대한 확고한 인식이 없던 탓이다. 또한, '한국문화예술위원회'는 민간 합의제 기구를 지향하며 출범했음에도 2007년에 도입된 공공기관 운영에 관한 법으로 인해 위원장 호선제의 독립성이 무력화되는 한계를 갖게 되었다. 이후로 한국문화예술위원회는 이명박정부 하에서, 위원회의 자율성 저하, 한 지붕 두 위원장 사태, 그리고 문화융성을 내세운 박근혜정부의 문화예술계 블랙리스트 작성 및 실행에 휩쓸리면서 자율성과 독립성을 갖춘 합의제 기구라는 원칙이 완전히 무너지는 상황까지 이른다.

2008년에 출범한 이명박정부는 문화・예술정책과 관련하여 품격 있는 문화국가 대한민국을 내세웠다. 이에 따라서 이명박정부는 '문화지원의 선택과 집중' '생활 공감 문화정책' '문화나 예술 자체가 목적이 되는 순수한 가치 확대' '우리나라의 대표적인 전통과 정신의 확대' '5대 콘텐츠 강국을 위한 도약'을 정책과제로 설정하였다.[16] 이 정책 과제 중 문화나 예술 자체가 목적이 되는 순수한 가치를 확대한다는 내용은 문화와 예술을 국가권력이 제시한 순수라는 자의적 가치에 가두고 통제하여 <창의한국>에서 제시했던 문화의 전환과 확장을 폐기하겠다는 의미가 내재되었다고 볼 수 있다. 실제로 당시에 청와

15_ 한국문화예술위원회의 출범은 「문화예술진흥법」 제정에 대한 논의가 이어진 1970년대 초반에 현장에서 한국문화예술진흥원의 성격이 정부가 직접 관리하는 기구가 아니라 민간자율기구이어야 한다는 주장이 32년 만에 반영된 것이다. 염신규, '[칼럼] 한국 예술지원조직의 오랜 문제들 ①', <문화정책리뷰>, 2023. https://culture-policy-review.tistory.com/239

16_ 양건열 외, 『품격있는 문화국가 대한민국 정책자료집 ② 문화예술』, 2013, 352.

대 기획관리비서실은 <문화권력 균형화 전략>이라는 문건을 만들어 좌파 세력의 문화권력화 실태를 분석하고 좌파 집단에 대한 인적 청산, '건전 문화 세력'에 대한 전폭적 자금 지원과 좌파 자금줄 차단 대책을 세웠다. 그리고 이에 따라서 원세훈의 국정원은 <문화・연예계 정부비판 세력> 문건을 만들기도 했다. 이렇게 이명박정부에서의 예술지원이라는 것은 결국 헌법의 가치를 파괴하면서 예술을 국가권력을 통해 길들이고 탄압하는 것에 불과했다.

2010년대는 박근혜정부와 문재인정부가 주를 이루는 시기다. 먼저 2013년에 출범한 박근혜정부는 희망의 새 시대라는 슬로건 아래 창조경제와 문화융성을 주요 국정 기조로 내세웠다. 박근혜정부는 문화융성을 실현하기 위해 대통령 직속 기구로 문화융성위원회를 설치하여 모든 부처가 문화융성이라는 가치를 실현하는 데 협력할 수 있는 체계를 만들고자 했다. 박근혜정부 전반기에는 ① 인문가치 정립 및 확산, ② 전통문화의 생활화, ③ 생활 속 문화 확산, ④ 지역 문화의 자생력 강화, ⑤ 예술계 자율적 창작생태계 조성, ⑥ 문화융합모델 발굴 및 육성 지원, ⑦ 문화가치의 국내외 확산, ⑧ 아리랑의 재해석과 국민 축제화가 문화융성의 전략목표로 제시되었다. 여기서 ⑤ 예술계 자율적 창작생태계 조성은 예술인 복지증진, 예술창작지원 확대 및 지원제도 개선, 문화예술 유통구조 선진화 및 제도개선, 문화예술교육 활성화, 장애인 문화예술 창작 및 향유환경 조성이라는 세부과제를 안고 있다.17) 그러나 박근혜정부는 문화융성이라는 외피를 내세운 후 뒤로는 앞서 언급한 이명박정부의 <문화권력 균형화 전략>과 <문화・연예계 정부비판세력> 문건을 계승하여 대규모 문화예술계 블랙리스트를 작성 및 실행하고 있었다.

비선 실세 국정농단으로 박근혜가 탄핵된 이후 출범한 문재인정부는 <문화비전2030-사람이 있는 문화>를 내세우며 출범했다. 이와 관련하여 문재인정부에서의 5년간 지속한 문화・예술정책의 방향을 정리한 <새 예술정책>을

17_ 노영순 외, 『문화융성 정책의 성과와 과제』, 한국문화관광연구원, 2015, 39-42.

[문재인정부 <새 예술정책> 범주별 정책 과제]

비전	사람이 있는 문화, 예술이 있는 삶			
목표	예술지원체계에서의 자율성·독립성 강화 예술 창작·향유에 참여하는 주체들의 권리를 보호하고 증진 모든 국민이 일상에서 예술에 참여할 수 있는 환경 조성 예술의 가치가 사회 전반에 확산되어 삶의 질 제고와 사회혁신에 기여			
방향	자율과 독립, 예술 가치존중, 분권과 협치			
영역	혁신	창작	향유	생태계
추진 전략	1. 자율과 분권의 예술행정 혁신	2. 예술인 지위와 권리 강화	3. 예술을 통한 문화적 권리 증진	4. 지속가능한 예술생태계 구축
핵심 과제	1-1. 예술지원 체계 혁신	2-1. 예술인 창작권 강화	3-1. 예술의 일상화	4-1. 예술시장 지원체계 혁신
	1-2. 예술지원 방식 혁신	2-2. 권리로서 예술인복지 실현	3-2. 소수자/다양성 예술 보호	4-2. 예술의 가치 확산
	1-3. 예술지원에서 지역분권 구현	2-3. 청년예술 활성화	3-3. 문화예술 교육 혁신	4-3. 미래 예술변화 대응

살펴보면 4가지 측면을 살펴볼 수 있다. 첫째는 블랙리스트 재발 방지를 위해 예술지원 체계를 혁신해야 하며 이를 위하여 한국문화예술위원회를 <공공기관운영에 관한 법률>에서 제외하는 동시에 위원장 호선제, 사무처 직위 개방, 소위원회 활성화, 참여형 사업 운영 등의 추진이다. 둘째, 예술참여 주체들의 권리를 보호하고 증진함이다. 셋째, 지역분권 및 수평적 협치체계로의 전환이며 이와 관련하여 공공과 민간이 상생하고 협력하는 공공성 구현, 예술정책의 참여 기회를 확대함이다. 넷째, 예술의 공공성과 사회적 가치확산 및 미래지향적 예술생태계를 구축함이다.[18] 언급된 이 4가지 기본방향 설정에 근간이 되는 중요한 요소는 현장의 참여와 분권이라고 본다. 그리고 이러한 측면은 첫째, 셋째 기본방향에서 특히 잘 드러난다.

18_ 새예술정책수립특별전담팀, <새 예술정책(2018~2022)>, 문화체육관광부, 2018, 9.

그럼에도 불구하고 문재인정부의 <새 예술정책>에도 한계점이 있다. 대표적으로 지난 정부에서 자행된 문화예술계 블랙리스트 사건 이후 예술지원 체계를 혁신하기 위하여 대한민국을 대표하는 문화·예술 지원 기구인 한국문화예술위원회를 개혁한다고 했지만, 개혁의 내용은 위원장 호선제 복원, 기금관리형 준정부 기관에서 기타공공기관으로 기관 유형 변경 정도여서 전반적으로 노무현정부 초기의 한국문화예술위원회로 복귀하는 것에 그치고 있다는 점을 꼽을 수 있다.

3) 현행 예술지원 기관의 개요 및 체계

중앙정부와 지방정부 차원에서의 예술지원은 여러 예술지원 기관을 중심으로 이뤄진다. 중앙정부는 대표적으로 문화체육관광부 공공기관인 한국문화예술위원회, 예술경영지원센터, 예술인복지재단을 꼽아볼 수 있다. 여기서 한국문화예술위원회와 예술경영지원센터는 예술사업을 중심으로 운영되는 곳이라면, 예술인복지재단은 예술인 지원에 중심을 둔다는 점에서 기관의 지향점에 있어서 큰 차이가 있다. 또한 중앙정부의 예술지원 기관은 「문화예술진흥법」과 「예술인복지법」을 근거로 설립된 한국문화예술위원회나 한국예술인복지재단이 있지만, 예술경영지원센터의 경우처럼 독자적인 지원 근거 법을 갖지 않는 기관도 존재한다.

예술경영지원센터는 2006년에 예술유통의 활성화와 예술기관의 경쟁력 강화를 종합적이고 체계적으로 지원함으로써, 예술현장의 자생력 제고에 기여하기 위하여 설립되었다. 예술경영지원센터의 예산은 국고 일반회계, 문예진흥기금 및 체육진흥기금 전입금이 주를 이룬다. 이에 따라서 근래의 예술경영지원센터 예산을 경영공시 자료를 통해서 확인해 보면 2018년에 211억 원, 2019년에 243억 원, 2020년에, 491억 원, 2021년에 510억 원, 2022년에 622억 원으로 책정되었음을 알 수 있다. 이렇게 예술경영지원센터의 근래 예산 흐름을 보았을 때 특기할 부분은 2020년이다. 2020년은 코로나19로 큰 위기에 처한 예술계 지원을 위하여 문예진흥기금을 통하여 공연료 관람지원 사업이 158억 원, 미술관전시관람료지원사업이 52억 원이 투입되어 예산운영액이 2배 넘게 상승한 해다. 2020년을 기점으로 예술경영지원센터의 예산은 계속 늘어났으며 코로나19 종식 국면을 맞은 2023년 예산안도 660억 원으로 책정되었다. 전술한 규모의 예산을 바탕으로 한 예술경영지원센터 사업은 크게 예술현장 성장 기반 조성(현장 맞춤형 인재양성, 전문예술법인 단체 경영활성화 지원, 예술경영컨설팅, 예술기업 성장 지원, 예술기업 확장 및 확산 등), 공연시장 활성화 지원(서울국제공연예술제, 서울아트마켓 해외진출 지원, 공연예술조사 등), 미술시장 활성화 지원(작가 미술장터, 예비 전속 작가제, 미술품 감정 및 유통기반 구축, 미술시장 정보 시스템, 미술시장 조사, 아트페어 활성화 지원 등), 아트코리아 랩으로 나뉜다.

한국예술인복지재단은 2011년에 「예술인복지법」이 제정됨에 따라서 2012년에 예술인의 복지에 대한 체계적이고 종합적인 지원을 함으로써 예술인들의 창작 활동을 증진하고 예술발전에 기여하기 위해 설립되었다. 한국예술인복지재단의 2021년 연차보고서를 참고하면 세입구조는 국고보조금, 체육진흥기금과 문화예술진흥기금으로 구성되며 이 중에서 문화예술진흥기금은 2019년부터 시작된 예술인생활안정자금(융자)사업에 사용된다. 예술인복지재단의 예산 추이는 2012년에 3.5억 원에 불과했지만, 본격적인 사업을 시작한 2013년에 135억 원, 2018년에 399억 원이었다. 코로나19가 발생한 2020년에는 예술경영지원센터와 마찬가지로 창작준비금 사업 등을 위하여 큰 폭으로 예산이 증가하여 2020년에 807억 원, 2021년에 1098억 원, 2022년에는 2031억 원에 이르는 예산이 배정되었다. 이처럼 2020년 이후 급격하게 예산이 확장되었지만, 조직 정원은 2020년까지 38명이었다가 2023년에 6명이 늘어나 44명에 그친 상황이다. 한국예술인복지재단의 주요 사업으로는 창작준비지원금, 예술인파견사업, 예술인신문고, 표준계약서 보급, 예술인 관련 보험 지원, 예술활동증명, 예술인 생활안정자금(융자) 사업 등이 있다.

1973년에 「문화예술진흥법」을 근간으로 출범한 한국문화예술진흥원을 전신으로 하는 한국문화예술위원회는 약 5,000억 원 규모의 문화예술진흥기금을 운영하며 예술창작역량강화(예술창작지원, 예술인력육성, 예술인생활안정자금), 지역문화예술진흥(지역문화예술지원, 예술의 관광자원화), 예술향유기회확대(예술정책 및 기부 활성화), 예술향유기회확대(통합문화이용권, 신나는예술여행) 그리고 각종 수탁사업(국고, 체육진흥기금, 정보통신기금)을 추진하고 있다. 또한 아르코예술기록원, 아르코미술관, 인사미술공간, 아르코·대학로 예술극장 같은 공간들을 운영하고 있기도 하다. 근래에 전술한 사업들을 추진하는 데 사용되는 한해 예산은 약 2,500억 원(2019년)에서 4,257억 원(2023년)으로 증가하기도 했다. 그러나 이러한 운영예산의 절반 이상이 복권기금을 통해서 전입되는 예산이며 복권기금으로부터의 전입금은 취약계층의 문화누림 기회 확대를 위해 1인당 연간 13만 원(2024년 기준)의 통합문화이용권을 보급하는 데 사용된다. 따라서 한해 문화예술진흥기금 운영예산에서 일반적으로 우리가 예술지원 사업이라고 부르는 영역에 사용되는 예산은 전체 예산의 30% 내외에 불과하다. 이와 관련해서는 <2021년도 한국문화예술위원회 연차보고서>에서 제시된 3개년 문화예술진흥기금 세부사업 예산 추이를 참고해볼 수 있다. 가령 2021년에 총예산 3,280억 원 중에서 문화예술향유지원 사업에는 1,811억원(55.2%)이 배정되었지만, 예술창작역량강화 사업에는(예술창작지원, 예술인창작육성, 예술인생활안정자금) 1,063억(32.4%)이 배정되었다. 그런데 우리가 일반적으로 예술창작 지원 사업이라고 부르는 것은 예술창작역량강화 영역 내의 예술창작지원 사업들인데, 이 사업들에 투여된 예산은 606억 원이라서 사실상 예술인을 위한 창작지원예산은 전체 예산 대비 18.5%에 불과하다.[19]

이렇게 살펴보았을 때 중앙정부의 예술지원 재정은 계속 확대되었지만, 이러한 확대와 맞물려 예술지원 기관의 정원이 충분히 보강되지 못했으며 예술지원을 위해 사용되는 예산의 규모에도 허수가 있음을 알 수 있다. 또한, 코로

19_ 한국문화예술위원회, <2021년도 한국문화예술위원회 연차보고서>, 2022. 12, 44-45.

나19의 종식 국면과 장기화될 조짐을 보이는 경제위기 및 저출산 · 고령화 문제와 맞물린 점진적 세수 부족 현상으로 인하여 앞으로는 예술지원 사업을 위한 예산도 본격적으로 하향국면을 맞을 것으로 보인다.

한편 지방정부 단위의 예술지원 기관은 크게 광역문화재단과 기초문화재단으로 구분해볼 수 있다. 전국지역문화재단연합회가 발간한 <2022년 기초광역문화재단 실태조사 연구>(2022)에 따르면 279개 시군구에서 설립한 문화재단은 2022년 기준으로 기초문화재단 116곳, 광역문화재단 17곳이다.[20] 광역 · 기초 단위 문화재단은 기본적으로 「지역문화진흥법」, 「민법」, 지방자치단체 출자 · 출연 기관의 운영에 관한 법률과 각 지방자치단체의 문화재단 관련 조례를 근간으로 설립 및 운영된다. 1997년에 경기도에서 문화재단이 최초로 설립된 이래, 2014년에 「지역문화진흥법」이 제정되면서 광역 · 기초 단위 문화재단의 수가 급격히 증가했다. 광역 · 기초 단위 문화재단들은 중앙정부의 한국문화예술위원회, 문화체육관광부, 예술경영지원센터, 예술인복지재단 등과도 긴밀히 연계하며 예술지원 사업을 추진한다. 이와 관련해서는 <지역문화재단 통계 및 지표체계 개발 연구>(2021)에서 제시한 다음 쪽의 [광역문화재단 문화서비스 전달체계] 도표를 참고할 수 있다.

문화체육관광부 예산이 지방자치단체를 거쳐 광역문화재단, 기초문화재단 등으로 전달되는 구조를 보여주는 대표적 예는 2021년에 코로나19 극복 차원에서 문화체육관광부의 추경 예산 758억 원과 지방비 189억 원이 투입되어 총 948억 원이라는 이례적 규모의 예산으로 시작한 공공미술 프로젝트 '우리동네 미술'을 꼽아볼 수 있다. 이 사업은 문화체육관광부가 추경으로 확보한 예산을 17개 광역지자체에 전달하고, 이후 광역지자체가 교부받은 예산으로 직접 공공미술 사업을 추진하거나 지역문화재단, 기초지자체 등에 재교부하여 사업을 진행하는 방식으로 작동했다. 이런 식으로 226개 지자체에 4억 원의 사업비가

20_ 주성돈 외, <2022년 기초광역문화재단 실태조사 연구>, 전국지역문화재단연합회, 2022, 1.

[광역문화재단 문화서비스 전달체계]

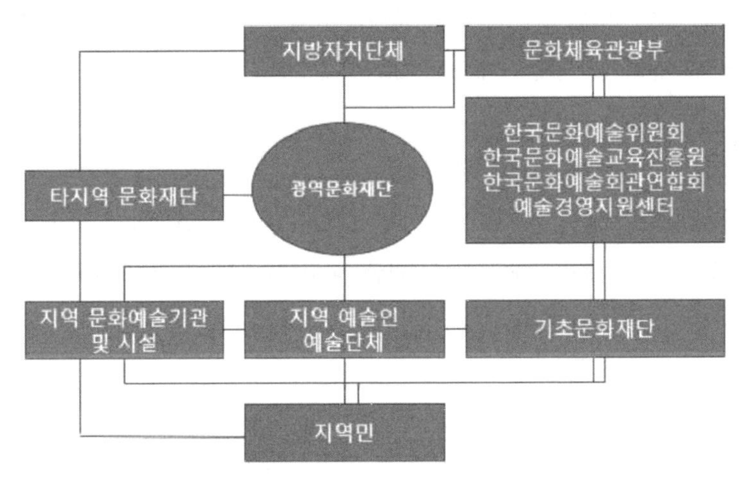

* 출처: 임학순 외, <지역문화재단 통계 및 지표체계 개발 연구>, 한국광역문화재단연합회, 2021, 31

분배되는 방식으로 전국에서 300개 넘는 프로젝트가 진행되었다.

문화체육관광부 공공기관이 주관하는 사업이 지역의 문화재단으로 전달되는 구조는 한국문화예술위원회의 국고 사업인 문화다양성 확산 사업(구 무지개다리사업)을 예로 들어볼 수 있다. 2023년 기준으로 23억원 규모로 진행되는 이 사업은 지역문화재단을 기반으로 지역별 문화자원 및 인구 특성을 고려한 지역특화 문화교류 및 소통 프로그램 운영을 지원하는 것을 골자로 한다. 이에 따라서 해마다 20여 개 내외의 도, 시, 구 단위의 문화재단들이 이 사업에 참여하고 있다.

광역문화재단의 예산이 기초문화재단으로 이어지는 사례는 앞선 문화다양성 확산 사업과 마찬가지로 예술지원이라고만 한정할 수는 없으나, 서울문화재단이 2014년에 「지역문화진흥법」이 제정된 이후 2017년부터 추진한 'N개의 서울' 사업을 예로 들어볼 수 있다. 이 사업은 서울의 25개 자치구가 각각의 지역문화 생태계를 주도할 수 있도록 하였다. 중앙정부의 예산이 지역으로 전달될 때 공모를 통한 경쟁과 닫힌 사업구조를 제시하여 그 구조를 지역에서 수행토록 하는 경우가 대부분인 것과 달리 'N개의 서울'은 지역문화재단 간의 경쟁이 없으며 사업의 내용도 서울문화재단이 제공한 최소한의 가이드라인만 따르면 지역문화재단 담당자나 프로젝트 매니저가 주도성을 가지고 만들어나갈 수 있는 특징이 있다.

이처럼 중앙정부와 지역의 예술지원기관들 그리고 광역, 기초 단위의 예술지원기관들은 서로 다양한 경로로 연계될 수 있다. 이러한 연계에 따른 규모는 광역문화재단과 기초문화재단의 자체자금, 국고, 지자체 보조금 비율을 통해서 살펴볼 수 있다. 이 비율은 기획재정부의 <2019~2023년 국가재정운용계획-문화체육관광분야>에서 대략적으로 가늠해볼 수 있다.

[문화재단(광역, 기초) 재원 현황(2018년 기준)] (단위: 억원, %)

구분		지자체 보조	국고 (기금 등)	자체 자금	기타
광역(16)	예산액	2,164	1,039	882	210
	구성비	50.39	24.19	20.53	4.89
기초(71)	예산액	3,821	246	1,165	307
	구성비	68.68	4.42	20.94	5.52

* 출처: 윤소영 외, <2019~2023년 국가재정운용계획-문화체육관광분야 보고서>, 기획재정부, 2019, 45

중앙정부와 지역의 예술지원 기관들 그리고 광역, 기초 단위의 예술지원기관들이 서로 다양한 경로로 연계되는 것은 결국 대부분 공모방식의 닫힌 구조의 사업들을 통하여 예산을 전달하고 수행하는 방식으로 귀결되는 것이라고 바꿔 말할 수 있다. 이러한 일방적 상황이 고착화된 이유는 한편으로 앞서 언급했던 권위적 관료 중심의 하향식 의사결정의 구조를 극복하며 <창의한국>에서 제시되었던 참여와 분권이라는 지향점이 여전히 제도 차원에서 실현되지 못한 탓이 크다. 물론 그렇다고 하여 기존의 닫힌 방식의 전달체계와 관련된 사업들을 전면 부정하는 것은 아니다. 다만 중앙정부와 지방정부 차원에서 다양한 맥락의 예술지원을 수행하는 방식이 기존의 일방적인 사업의 전달체계만 있는 것이 아니라 예술지원의 당사자들이 제도화된 분권과 협치를 통하여 만들어낸 과정과 결과들이 축적될 수 있는 방식도 필요하다는 말이다. 사실 「지역문화진흥법」의 개정을 통해 이러한 중앙집권적인 지원의 하향식 전달체계를 분권과 협치를 근간으로 하는 상향식 혹은 수평적 전달체계로 바꾸어야 하는데, 현재까지는 그러지 못한 실정이다. 그러다 보니, 지역의 예술지원 기구들은 여전히 중앙정부 등에 대한 보조사업 기구나 중앙정부가 지방정부 등에 대하여 그러하듯이 지역의 현장을 관료 중심의 하향식 의사결정 구조에 가두는 성격에서 벗어나지 못하고 있다.

이러한 한계를 점진적으로 극복하는 것에 긍정적인 영향을 미치는 것이 「지역문화진흥법」을 근거로 수행되고 있는 문화도시 사업에서 작동할 수 있는 다양한 거버넌스나 앞서 예로 들었던 'N개의 서울' 등이 있으나 이러한 사례도 분권과 협치를 기반으로 한 참여가 강력하게 작동하는 사례라고 보기는 어렵다. 사실 이러한 참여는 예술계 밖에서는 참여예산이라는 법률에 근거한 제도를 통해서 실현되고 있다. 이런 지점에서 예술계는 예술계 밖보다 보수적이고 수동적인 상황에 빠져있다고 볼 수 있겠다. 물론 참여예산 제도를 예술계에 도입하는 것이 만능약처럼 취급될 필요는 없지만, 적어도 이 제도를 통하여 분권과 협치를 제도화하여 정책의 당사자들이 참여할 수 있는 구조를 만들고 축적해나갈 수 있다는 점에서 현재 우리가 마주한 상황에 대한 대안으로 제시될 수 있다.

4. 예술지원정책의 쟁점과 과제–예술지원 패러다임의 전환

'문화예술계 블랙리스트 사태'[21]는 국가가 문화 행정체계를 총동원하여 정부

21_ '문화예술계 블랙리스트 사태'는 집권세력이 국가기관, 공공기관 등을 통해 법 · 제도 · 정책 · 프로그램 · 행정 등의 공적(公的) 또는 강요 · 회유 등의 비공식적 수단을 동원하여, 정권에 비

에 비판적이거나 이념이 다른 예술인들을 검열, 사찰, 차별, 배제한 정책 범죄이다. 블랙리스트는 국민의 문화향유와 삶의 질 확대를 위해 예술인이 보장받아야 하는 표현의 자유라는 기본적인 권리를 박탈한 문화정책의 한계를 그대로 드러냈다. '블랙리스트 진상조사 및 제도개선 위원회(이하 블랙리스트 진상조사위)'[22]는 블랙리스트가 재발되는 것을 방지하기 위하여 블랙리스트 실행의 책임이 있는 문체부와 산하기관에 다음과 같은 목적으로 제도 개선 과제를 권고했다. 따라서 문체부와 산하 공공기관은 문화민주주의 원리를 바탕으로 안전하고 지속가능한 창작을 위한 예술인 권리보장, 공공과 민간의 권한 분배와 수평적 협치체계로의 전환, 예술의 공공성과 사회적 가치확산 및 미래지향적 예술생태계 구축을 위한 제도개선을 이행해야 했다. 블랙리스트 사건과 포스트코로나 시대, 그리고 기술문화 혁신이 급변하는 시대에 예술지원 체계는 어떻게 변해야 할까? 이 글에서는 국가 문화예술의 중추를 담당하는 한국문화예술위원회를 중심으로 시대와 상황에 적합한 예술지원 체계의 개선 방향을 제시해보고자 한다.

예술 작업방식과 표현양식의 다양한 양태와 유연한 협업, 장르 구분과 다장르, 기획과 창작의 역할과 장르별 작업 형식 경계 허물기, 불특정 시공간의 변화 등의 주요 범주는 이른바 동시대 예술에서 예술창작은 작품 생산을 넘어 사회적 관계 속에 존재하는 예술의 의미들 혹은 예술창작 행위의 수행성(performativity)의 맥락에서 예술의 다양한 활동들과 관련해 지원체계를 상상해볼 수 있다.

판적이거나 정치적 견해가 다른 문화예술인들을 사찰 · 감시 · 검열 · 배제 · 통제 · 차별하는 등 권력을 오남용함으로써 민주주의 원리를 파괴하고, 예술 표현의 자유와 문화예술인의 권리를 침해한 국가범죄이자 위헌적이고 위법, 부당한 행위임(『문화예술계 블랙리스트 진상조사 및 제도개선위원회백서 1권』, 2019).

22_ 2017년 7월 31일 출범한 '문화예술계 블랙리스트 진상조사 및 제도개선위원회(이하 위원회)'는 공정한 문화 · 예술 지원 정책의 수립에 관한 장관의 자문에 응하기 위해 문체부 소속으로 설치되었고, 문화예술계 블랙리스트 사건의 경위 및 사실 관계 파악, 재발 방지 대책의 수립, 공정한 문화예술 지원 정책의 수립 등을 위한 활동을 수행함(『문화예술계 블랙리스트 진상조사 및 제도개선위원회백서 1권』, 2019).

동시대 예술(contemporary art)은 역할, 장르, 형식의 경계를 넘어 사회를 좀 더 적극적으로 해석하고 반영하고 개입하는 방향으로 존재해 왔으며 이미 1980년대 미학자 아서 단토(Arthur Danto)는 미학적, 역사적으로 전개된 장르 중심의 예술을 넘어, 다중적이며 실험적이고 새로운 예술의 시작점으로서 '예술(modern art)의 종말'을 주장했다. 아서 단토는 정보 전달과 이동, 연결이 자유롭고, 디지털 공간과 물리적 공간의 경계가 모호한 오늘날의 예술을 탈역사적(post-historical) 혹은 역사 이후의 예술이라고 한 바 있다.[23)]

그럼에도 대한민국의 지원체계 안에서 '동시대 예술'이 적극적으로 반영되지 않았던 이유는 무엇일까? 예술현장에서 동시대 상황에 부합하는 새로운 지원트랙의 변화를 요구하자 한국문화예술위원회는 '다원예술'을 지원 범주에 담으려고 했다. 그러나 이마저도 2014년 박근혜정부의 '문화예술계 블랙리스트 사태' 당시 정권에 비판적이거나 정치적 견해가 다른 예술이 많이 참여했다는 이유로 폐지되었다. 6년 후 2020년에는 '블랙리스트 진상조사위'의 제도 개선 권고에 따라 다원예술 지원사업이 복원되었으나 그마저도 블랙리스트 이전에 비해 예산이 절반으로 깎였다.

인공지능과 같은 하이테크놀로지를 기반으로 한 포스트휴먼, 탈(脫)인간중심주의 등 새로운 사유의 흐름과 맞물려 팬데믹 재난 시대가 도래하면서 비대면 상황이 되었고, 공개적인 예술 활동 자체가 어렵게 되었다. 문체부는 이를 극복하기 위해 예술과 기술의 융합, 기술 매체를 활용한 지원사업을 제시하고 일시적으로 사업 규모를 확대했다. 예를 들어 문체부는 2020년에 '다양한 실험 지원으로 새로운 예술 성장 유도' '온라인 기반 구축으로 언제 어디서나 만나는 예술' '미래 일자리 및 혁신기업 육성으로 생태계 대응력 강화' '비대면 예술 향유기반 확대로 예술 성장의 토양 마련' 등 '비대면 예술지원 방안'[24)]을 발표했다. 그러나 정부의 수직적 문화정책 전달체계에 의한 코로나 대응 정책과 현

23_ Arthur Danto, *After the End of Art* (Princeton, NJ: Princeton University Press, 1997).
24_ 문화체육관광부, 「코로나 일상 속 비대면 예술 지원방안」, 2020.09.09.

장의 괴리는 컸으므로 정책의 실효성은 답보상태라고 할 수 있다.

기초예술 분야의 예술지원 제도 내용을 크게 분류하면 장르 중심의 창작 지원과 공동체성을 목적으로 한 공공예술 지원으로 분류할 수 있다. 한국의 공공예술은 예술로 삶과 사회의 문제에 깊숙이 개입하여 공동의 삶을 꿈꾸던 1980년대 민중문화 정신에서 그 원류를 찾을 수 있다. '공공미술'은 1997년 IMF 외환위기, 2008년의 글로벌 경제위기 이후 계층 간, 지역 간의 문화 격차 해소를 위하여 본격적으로 등장했다. 특히 제도화되고 관례화된 공공미술의 경향들에 도전하면서 미술과 사회와 삶에 대한 실험에 대한 포괄적인 태도를 지칭하는 '새로운 장르 공공미술(New Genre Public Art)'[25]은 지역의 현안과 문제 해결을 위해 지역사회의 협력과 구성원들의 지속적인 참여를 이끌어 궁극적으로는 지역사회 발전을 도모해왔다. 이는 예술의 사회적 기능을 증명하여 예술인의 직업적 위상을 재정립하는 계기도 되었다. 그러나 집권 정부가 바뀔 때마다, 바뀐 정책 기조에 따라, 공공미술의 목적과 기능에 대한 인식이 크게 달라졌다. 지역주민들과 함께 지역의 문화적, 역사적 자원을 발굴하고 공통의 기억을 복원하거나 공동체의 형성을 촉진시키는 것은 물론 공동체적 삶의 다양한 문제에 개입하기도 하지만 '뉴딜 일자리' 같은 예술인들의 일자리 차원에서 공공미술 지원이 이루어지기도 했다.

한국문화예술위원회에서는 박근혜정부에서 폐지했던 공공미술 지원을 복원했다. 기후위기, 지역 인구 소멸 등 UN-SDGs(지속 가능발전 목표) 등의 사회적 문제 해결을 위한 주제로 확장하여 다년간 사업으로 공공예술 지원을 시도했으나 새로운 정부 들어서 3년 만에 폐지되었다. 이렇듯 예술의 위상과 예술지원체계의 역동적 변화가 요구되는 수준에 비하면 국가의 예술지원정책과 제도는 이를 소화하지 못할 뿐 아니라 시대에 부응하는 정책도 적합한 평가와

25_ Suzanne Lacy, *Mapping the Terrain: New Genre Public Art* (Seattle, Wash.: Bay Press, 1995); 한국어판: 수잔 레이시 편, 『새로운 장르 공공미술: 지형그리기』, 이영욱, 김인규 옮김, 문화과학사, 2010.

논의 없이 사라지는 실정이다.

포스트코로나 시대, 인류세와 기후위기의 시대, 지역 분권의 시대 예술지원체계는 새롭게 패러다임이 바뀌어야 한다. 예술지원의 패러다임은 개별 사업 중심의 지원에서 재난과 위기에 대비하는 예술의 안정망 구축을 중심으로, 근대적 장르 분과 예술지원에서 통합적이고 융합적인 경계를 가로지르는 지원으로, 기술 중심의 융합예술지원에서 예술 중심의 융합예술지원으로, 예술의 장안에 갇혀있는 지원에서 예술의 사회적 역할을 중시하는 지원으로, 결과 중심의 평가체계에서 과정 중심의 평가체계로 그 패러다임이 바뀌어야 한다. 예술지원체계의 패러다임이 전환되기 위해서는 다음과 같은 구체적인 정책 과제들이 중요하다.

1) 동시대 예술을 수렴할 수 있는 지원체계 마련

최근 예술인의 인식과 상황을 파악할 수 있는 한국문화예술위원회 <예술의 현재성 연구 조사>(2021)[26]로 도출된 8개의 범주에 따르면 예술인들이 작품 창작 외에 점점 리서치 등 외연을 넓힌 활동의 비중이 커졌으며, 창작자나 기획자의 경계가 모호해져 역할 구분 자체가 무의미한 경향을 파악했다. 또한, 협회나 단체에 소속되어 예술활동을 하기보다 개별 예술인들과의 교류를 통하여 프로젝트를 수행하는 콜렉티브 방식으로 일시적이고 유연한 방식으로 협업하는 비중이 높았으나 장르에 따라 편차가 있었다. 도제식 시스템의 유무와 강도에 따라, 지역 예술계의 상황에 따라 예술의 현재성 인식에 편차가 있을 것으로 예상할 수 있다.

'예술지원 체계의 방향'에 대한 질문은 '장르 중심 예술지원 구조 안에서의

26_ 한국문화예술위원회 정책혁신 소위원회 성연주, 정윤희, 최도인이 추진한 2021년 연구. 설문에 예술가들의 현재 인식과 상황을 반영하고자 선행 FGI(그룹인터뷰) 과정을 통해 네 가지 영역의 20개 문항(예술인의 자기인식, 예술 작업의 방식, 예술가와 사회의 상관관계, 예술위원회 지원에 대한 인식 등)을 구체화했다. 설문 조사에는 한국문화예술위원회의 지원사업을 경험한 548명의 예술가들이 응답했다.

구분	주 제
1	작품 창작 외에 리서치와 활동이 작업에서 차지하는 비중이 높다
2	예술인들 사이의 유연한 협업이 갈수록 증가할 것이다
3	예술인은 작품을 통해 사회와 소통한다
4	경력 5-10년 미만 30대 예술인의 경험과 인식을 주목할 필요가 있다
5	예술의 현재성의 변화가 나타나는 정도는 장르에 따라 편차가 존재한다
6	창작자의 기획자적 정체성과 기획형 작업이 늘어나고 있다
7	예술계 내부의 공정하고 투명한 생태계 조성은 미래 예술 현장의 중요한 기준이 될 것이다
8	예술인과 문화행정기관과의 신뢰 회복을 목표로 한 지원사업 설계가 필요하다

* 출처: 성연주, 정윤희, 최도인, <예술의 현재성 연구 조사>, 한국문화예술위원회, 2021

변화'와 '시대와 상황에 맞는 별도의 트랙을 만드는 것'이라는 두 개의 범주를 대비하여 각각에 대한 선호도를 리커트(Likert scale) 7점 척도로 물었다. 아래의 그림처럼 '시대와 상황 변화에 대응하여 별도의 트랙을 만드는 것'이 되어야 한다는 응답은 대체로 높았다. 연령과 경력이 적을수록 새로운 트랙을 만드는 것에 긍정적으로 답했다.

['시대와 상황 변화에 대응하며 별도의 트랙을 만드는 것'에 대한 응답 (7점 척도)]

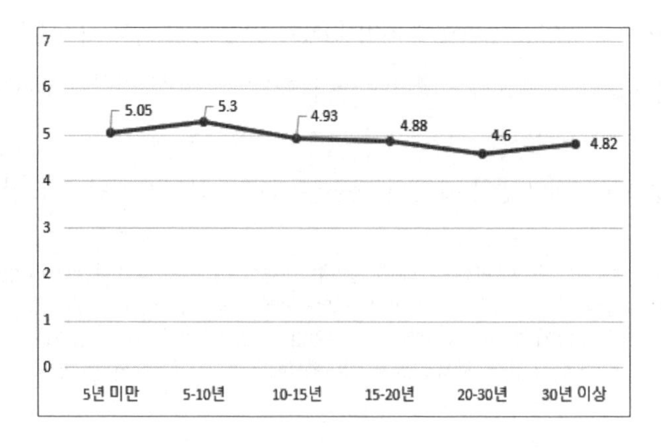

동시대 예술의 특성 중 하나는 장르, 역할의 형식성 사이에 존재하는 경계에서 예술의 존재를 부각시켜 왔다는 점이다. 한국문화예술위원회는 장르에 대한 새로운 접근과 다양한 예술적 가치를 실현하는 창작발표 지원과 탈(脫) 장르, 다매체, 기술결합, 동시대적 가치 탐구와 관련한 담론 확산 등 기초예술의 다양성과 실험의 가능성을 확보하기 위한 다원예술[27] 지원 트랙을 만들었다. <문예진흥기금 창작지원-다원예술 가이드>에 나온 최근의 다원예술 지원에 대한 정의를 보면, "예술의 다양한 시도에 대한 존중과 지원을 통해 새로운 예술과 창작 경향을 견인하기 위하여 기존 장르로 규정할 수 없는 다원적 예술, 기존 장르별 지원체계에 포함되지 않는 새로운 창작유형에 대한 지원"이라고 설명한다. 그러나 국내 예술인(단체)들의 공적 지원 의존도가 높은 상황에서 새로운 지원의 수요에 비해 적은 예산 규모 그리고 동시대 예술의 자율성, 다양성 보장에 소극적인 정부의 정책이 더해져 실상 새롭고 실험적인 예술 도전이 나오기 어려운 상황이다.

시대적 상황에 적합한 예술지원체계로의 전환은 기존 장르 중심 창작 지원과 병행하면서, '다원예술' 지원 범위와 규모를 점진적으로 확대하면서 이루어져야 할 것이다. 그리고 향후 의제별 부문별로 다양한 예술활동을 수렴하기 위한 '오픈트랙(Open Track)' 지원사업으로의 전환을 고려해볼 수 있겠다. 오픈트랙은 장르 중심 창작지원 트랙 외에 새롭고 미래지향적인 예술을 촉진하기 위해 부문별 의제별 다양하고 실험적인 창작활동을 수렴하기 위한 인프라, 지원 범위, 심의 형식 등의 변화를 전제로 한다. 2019년 한국문화예술위원회에서 실시한 '지원사업 개선을 위한 장르 분류체계 재설정 연구'에서 참고 사례로 다룬 미연방예술기금위원회(NEA, National Endowment for the Arts)는 지원 범위를 예술 창작(Creation of Art), 예술 참여(Engagement with Art), 지식 증진(Promoting

---

27_ '다원예술'이란 장르에 대한 새로운 접근과 다양한 예술적 가치의 실현을 목적으로 하는 창작활동으로서, 탈장르 예술, 복합장르 예술, 새로운 장르의 예술, 비주류예술, 문화 다원주의적 예술, 독립예술 등을 중심적 대상으로 하는 개념이다(한국문화예술위원회, 「소위원회별 사업 혁신방안」, 2006.01, 133).

Knowledge) 3개로 나누고 지속적으로 지원 분류체계를 지속 통폐합하여 점차 간소화하여 장르 구분보다는 창작활동을 통해 이루고자 하는 '목적'에 초점을 두고 지원사업을 설계하고 있다.

급변화하는 시대의 당면 과제와 그에 따른 예술 지원체계의 개선은 타당성, 형평성, 보편성에 근거한 공적 기금 배분과 보편적 지원 트랙 개발, 선별 지원 지표와 준거의 재정립 등의 변화를 촉진한다. 더 나아가서는 예술지원의 기준이 되는 수월성과 전문성 개념이 동시대 예술에 적합하게 재정립될 수 있을 것으로 기대한다. 정부 차원에서 새롭게 등장하는 예술 사례를 지속적으로 데이터화하여 분석한다면 예술의 현재성을 반영하는 실효성 있고 체계적인 예술지원정책을 수립할 수 있을 것이다. 그러나 아무리 좋은 목적의 예술지원사업이라고 하더라도 예술현장과 정보를 공유하고, 소통하고 협력하는 것은 매우 중요하다. 무엇보다 새로운 예술지원정책을 수립하는 과정은 예술현장과 공론화를 통해 사회적 합의를 이루어내고, 협력하고, 제도를 공고화하는 일련의 과정에서 이루어져야 한다. 그것이 실현될 때 통섭 시대의 근간을 이루는 예술의 창발성을 기대할 수 있을 것이다.

2) 안전하고 지속 가능한 창작환경 조성

'문화계 블랙리스트 사태'와 예술계 위계 성폭력을 고발한 '미투' 이후 안전하고 지속 가능한 창작환경 조성은 예술지원정책 개선 과제에 포함되었다. 국가가 문화 행정체계 전반을 동원하여 블랙리스트 실행을 가능하게 했던 정책적 환경, 즉 정부의 수직적인 문화정책 전달체계와 파행적인 관료 조직 전반의 개선을 요구받았기 때문이다. 그리고 문화도시, 도시재생 국가 주도 프로젝트 같은 문화예술의 저변이 확대됨에 따라 예술인의 직업적 권리가 중요해졌다. 특히 공공지원사업을 받거나 용역계약 형태로 창작 활동을 이어나가는 예술인들에게는 정부나 기관으로부터 검열, 저작권 분쟁, 갑질, 산재 등을 당하거나 예술계 미투 이후에도 위계 성폭력이 반복적으로 일어나는 문제를 해결하기 위한 제도개선이 필요했다.

앞서 거론했듯이 '블랙리스트 진상조사위'는 문체부와 문체부 산하 주요예술기관에 예술지원사업 제도개선 기조를 다음과 같이 권고하였다. 삶과 사회에서 예술적 가치가 창조되는 불확실한 과정이 존중되고, 안전하고 지속가능한 창작환경 조성을 위한 예술인 지원의 참여와 협치, 문화민주주의의 원리에 따른 분권에 기반한 지원정책 수립과 문화 행정체계 혁신 등이 필요하다. 한국문화예술위원회는 행정체계 혁신의 대안으로 예술현장과의 소통과 협력을 도모할 매개 조직으로서 '현장소통소위원회'를 개설하였으나 기관의 민원창구 역할을 크게 벗어나지 못했다. 그럼에도 부족한 부분을 개선하면서 지속되어야 할 이 소위원회는 정권이 바뀐 후 폐지되었다.

지역문화 예술생태계의 고질적 문제는 공적 자원과 정책 결정 권한이 공공에 집중되어 있거나 문화예술 기관이 정치적으로 사유화되는 것이다. 지역의 예술가들은 수도권에 비해 어려운 창작 여건 속에서 활동을 이어나간다. 지역에 정주하는 예술가가 성장, 도약하고 지역 문화발전에 기여하려면, 무엇보다 예술인의 기본적 권리보장이 전제되고 지역 문화예술생태계의 문화자치가 형성되어야 한다. 이를 위하여 '현장(지역) 예술생태계를 지원'하고 '새로운 의제 개발 및 사업화, 사회적 자원 분배와 공유를 중심'으로 예술지원정책을 재구조화해야 할 것이다.

3) 예술의 사회적 가치확산을 위한 지원구조 개선

각 부문과 장르의 형식 사이에 존재하는 경계를 부각하는 것은 예술의 사회적 존재성을 독특한 위치에 놓이게 했다. 동시대 예술이 아방가르드, 다다이즘과 초현실주의 예술이 변증법의 흐름 속에서 태동했다고 하더라도 각 장르의 개별적인 순수성만을 강조하고, 사회와 분리된 것처럼 보이는 특수한 위치에 놓이는 예술은 역사적으로 한계를 지닐 수밖에 없다는 것이다. 따라서 예술인, 예술지원에 대한 사회적 보편성 획득을 위한 정책이 고도화해야 한다.

[예술의 사회적 가치 인정을 위한 필요 제반 조건]

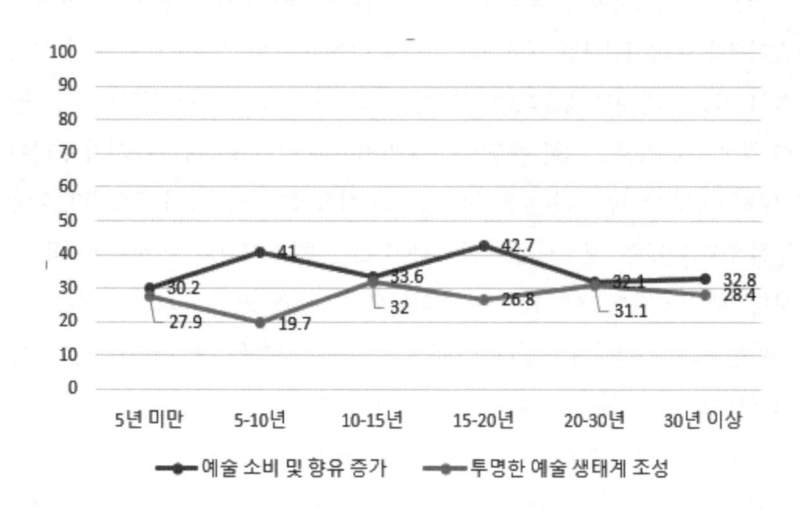

한국문화예술위원회 '예술의 현재성 조사'에서 주목할 점은 투명한 예술생태계가 조성되었을 때 '예술 소비 및 향유'가 증가한다는 대목이다. 예술 생태계의 일부가 권한을 독점하는 구조에서는 부패한 예술 권력에 의한 위계 성폭력, 갑질 등의 문제가 발생하고 해결되지 않아 예술인들은 결국 위축될 수밖에 없고 좋은 창작물을 생산해내기가 어렵고 그 결과 예술 소비, 향유에도 영향을 미친다는 것이다. 즉, 구성원 간에 상호 소통과 협력이 투명하게 이루어질 수 있는 안전한 창작여건이 가능할 때 예술 소비도 증가한다. 따라서 공정하고 투명한 예술생태계 조성 등 예술의 사회적 가치 인정을 위한 필요조건이 정책에 수렴되는 것이 가능할 때 예술의 소비 및 향유가 증가할 수 있다. 한편 '예술의 현재성 조사'를 통하여 사회적 역할과 의미를 중요하게 여기는 예술가들은 예술생태계의 선순환 구조가 이루어질 때 비로소 예술의 사회적 가치와 위상이 주어질 수 있다고 인식하는 점도 파악할 수 있었다.[28)]

28_ 한국문화예술위원회, <예술의 현재성 조사 연구> FGI 기록, 2021.

[문화예술생태계의 선순환 구조]

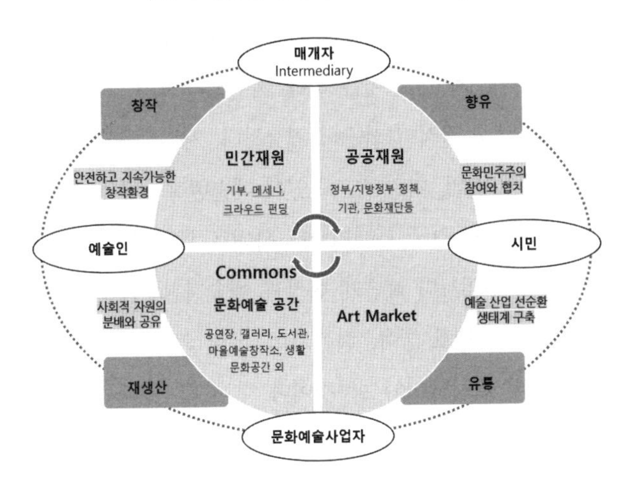

문화예술 생태계가 선순환하는 데 있어 핵심은 표현의 자유가 보장되는 환경에서 예술인과 시민들의 유·무형의 예술을 경험하면서 삶의 질이 제고될 수 있도록 하는 것이다. 그러기 위해서는 표현의 자유가 보장되는 창작환경에서 안전하고 지속가능하게 조성되는 것을 의미한다. 또한, 예술이 다양한 존재들과 평등하고 호혜적인 관계를 맺으며 예술참여로 사회적 의미를 생산하거나, 체험경제의 산물로서 예술의 상품화나 기능론에 접근하는 관점과는 다른 예술의 사회적 효능감을 높이기 위한 구조라고 할 수도 있다. 예술의 창작(생산)-유통-향유-재생산할 수 있는 선순환 구조는 예술인, 시민, 민간기업, 공공기관, 문화예술 생태계의 주체가 지속가능한 사회적 자원의 분배, 공유가 가능한 방향에서 이루어져야 한다.

이러한 정책적 시도를 위해서는 좀 더 세밀한 작품-예술참여-인프라에 대한 영향력을 잘 파악해야 한다. 예술지원 기관이 정책적 환경변화를 적극적으로 수용할 수 있도록 미래의 새로운 예술을 제시하고 다양하고 실험적인 창작 활동을 하면서 새로운 시도를 하는 예술인들을 지원할 수 있어야 한다. 이 혁신적인 근거와 체계를 제시하는 사례로 <미연방예술기금위원회>(NEA)에서 제작한 <예술은 어떻게 작업하는가*How Arts Work*>(2012)[29] 연구보고서를 참고해도 좋겠다. 예술지원의 새로운 흐름을 만들어내기 위해서는 예술과 예술인에 대한 지원이 왜 필요하고, 무엇을 위해 지원해야 하며, 어떤 지원 효과를 생산할 것인가에 대한 본질적인 접근이 필요하다. 가령, 문화예술 생태계에서의 문화민주주의 가치 실현, 지원제도에 있어 예술현장의 권한 강화, 예술현장과의 거버넌스 확대 등은 결국 블랙리스트 사태로 무너진 예술지원의 생태계를 회복하는 일이다. 무엇보다 예술계 현장과 예술지원 기관과의 협력적 관계를 도모하기 위해서는 "정보 공유, 컨센서스 구성, 의제 협치, 공정한 자원분배"를 위한 방법들이 고안되어야 할 것이다.

■ 키워드

예술지원, 예술지원의 패러다임, 예술지원의 전달체계, 창의한국, 문화비전2030, 새 예술정책, 지원의 거버넌스 체계

■ 질문거리

- 예술(인)지원의 정당성과 가치는 어떤 근거로 정립될 수 있는지 설명하시오.
- 국가예술지원 체계에서 한국문화예술위원회는 어떤 역할을 하며, 앞으로 개선해야 할 점은 무엇인지 기술하시오.
- 문재인정부의 <새 예술정책>의 주요 목표와 실천과제가 무엇인지 설명하시오.
- 현재 예술지원 패러다임은 어떻게 바뀌어야 하는지 기술하시오.
- 예술지원에서 지역분권과 문화민주주의는 어떤 의미를 갖는지 기술하시오.

29_ 예술가와 예술참여가 삶의 질이 높아지기 위한 기본적인 구조와 보다 광범위한 사회적 영향을 탐색한다. 예술이 개인과 커뮤니티에 미치는 시민의 이익, 경제적 이익과 개인의 감정적 및 인지적 이익 즉 우리 자신을 자유롭게 표현하는 능력, 기회 및 가능성 사이의 연결을 시사한다. 또한 예술 표현의 자유가 사회적으로 인정되는 환경, 교육 인프라, 경제적 이익이 예술가를 포함한 사람들의 창의력에 어떻게 선순환될 수 있는지 시스템을 살펴본다.

예술인 복지정책의 현황과 전망

하장호 | 전 예술인소셜유니온 운영위원장

1. 예술인 복지정책의 등장 배경

한국의 예술인 복지제도의 출발점이 어디인가라는 질문에 아마도 많은 이들이 2011년 시나리오 작가였던 최고은 작가의 비극적인 죽음으로부터 이야기를 시작할 것이다. 당시 프리프로덕션 단계에서 추진 중이던 작업이 연속으로 무산되고 지병까지 앓고 있던 최고은 작가가 사망하면서 예술인의 경제적 어려움과 불공정한 처우 문제가 본격적으로 수면 위로 드러나기 시작하고 언론을 통해 이와 같은 상황이 대대적으로 보도되면서 수년간 국회에서 잠자고 있던 예술인복지법안이 2011년 겨울 제정되어 공표되기에 이른다.

특정한 정책이 제도화되는 출발점이 법의 제정이라고 보았을 때 「예술인 복지법」의 제정은 분명 예술인복지가 정책 영역으로 들어오게 된 계기가 된 것은 분명한 사실이다. 예술인 복지정책이 어떠한 과정을 통해 제도 영역에 자리 잡았는가를 좀 더 면밀히 살펴보기 위해서는 2003년으로 시계를 돌려볼 필요가 있다.

2003년 9월 구본주라는 한 젊은 미술작가가 교통사고로 세상을 떠났다는 소식이 전해진다. 구본주 작가는 2000년 대한민국문예진흥원 미술작가 500인에 선정, 2002년 서울 예술의전당 젊은 작가로 선정되는 등 활발한 작품 활동을 통해 주목할만한 조각가로 인정받았으며 <갑오농민전쟁>, <미스터 리>,

<샐러리맨> 연작 등을 통해 날카로운 시대의식과 인간에 대한 깊은 통찰을 보여줬다. 장래가 유망했던 한 작가의 죽음은 예술계의 크나큰 슬픔이었지만, 더 큰 비극은 죽음 뒤에 찾아왔다. 사망 후 보험 처리 과정에서 해당 보험사가 구본주 작가의 경우 지속적인 수입이 없어 소득 입증 자료가 불분명하고, 예술 활동을 경력으로 인정할 수 없기 때문에 도시 일용직 노임 기준에 준하여 보험료를 지급하겠다고 밝힌 것이다. 이는 단순히 보험사의 착오 혹은 보험금 지급을 미루기 위한 몽니 정도로 치부하기는 어려운 일이었다. 당시 법적 기준, 제도화된 직업분류체계, 사회보장체계 안에서 예술가를 규정할 수 있는 명확한 기준이 없었기 때문이다. 예술인들은 존경받는 예술가란 외피를 걷어내고 들여다보면 사회적 지위와 직업적 권리도 인정받지 못하는 예술인의 불안한 처지를 실감하게 되었고 '예술은 사회적 노동이다'라는 구호와 함께 직업인으로서 예술인의 권리에 대한 자각이 이뤄지기 시작했다. 이후 법원의 조정에 따라 구본주 작가 측과 보험사 측의 소송이 종결되며 일단은 이러한 논의는 다시 수면 아래로 가라앉게 되었으나 예술인의 사회적 권리, 직업적 권리에 대한 정책적 검토와 연구는 오히려 본격화되기 시작하며 다양한 정책적 근거, 예술인의 실태 등을 바탕으로 예술인 복지정책의 제도적 설계가 진행되기 시작한다. 최초의 예술인 복지제도 관련 정부 정책 연구가 시작된 시점이 2003년이란 점도 예술인 복지제도가 2011년 갑작스레 한국 사회에 등장하게 된 것은 아니라는 것을 설명해 준다. 그리고 무엇보다 예술계 내부에서부터 예술인의 사회적 지위에 대한 자각과 고민이 시작되면서 이후 예술인 당사자 운동의 확장으로 이어진다.

물론 이러한 특정한 이벤트를 중심으로 예술인 복지정책이 성립되는 과정을 설명하는 것은 한계가 있을 수 있다. 오히려 눈에 보이지 않는 사회환경의 변화, 정책환경의 변화, 예술인의 삶의 조건들이 이러한 '사건'들과 결합해 정책화란 과정을 만들어냈다고 봐야 할 것이다. 그렇다면 예술인 복지정책이 등장할 수 있는 사회적 배경과 조건, 변화하는 환경은 무엇이었을지 다음의 몇

가지 지점들을 통해 살펴보자.

1) 불안정한 예술인의 삶과 경제적 취약성

예술인복지의 필요를 이야기할 때 가장 먼저 고려되는 지점은 예술인의 경제적 취약성이다. 아래 그림은 문화체육관광부가 3년마다 조사하고 있는 예술인 실태조사의 '예술인의 예술 활동 개인 수입' 통계의 2020년 조사 내용이다. 조사 결과에 따르면 예술 활동을 통한 예술인 개인의 수입은 2020년 평균 695만원이고, 중위값은 30만원으로 나타나고 있다. 이는 1년 기준의 수입금액으로, 월 수입으로 환산하면 평균 58만원 가량으로 2020년 통합소득[1] 평균이 월 308만원인 것과 비교해 봤을 때 전체 소득평균의 19% 수준밖에 되지 않음을 보여준다.

[예술인의 예술 활동 개인 수입]

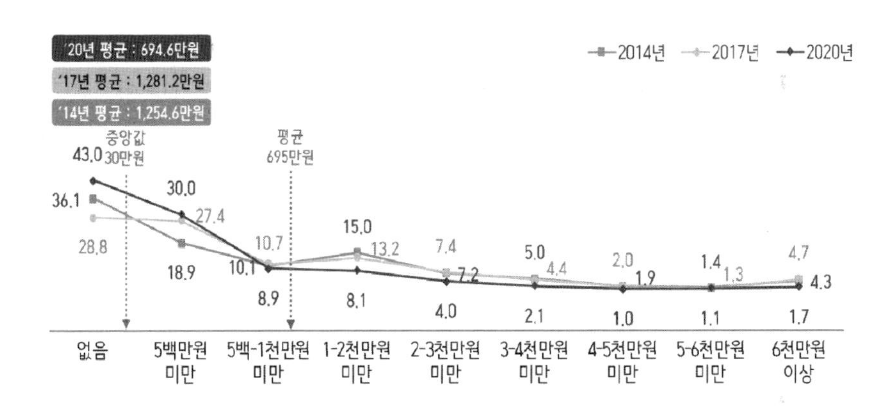

* 출처: 문화체육관광부, <2021 예술인 실태조사 보고서>, 2021

1_ 통합소득은 사업소득, 금융소득, 임대소득 등의 종합소득과 근로소득을 합친 것으로 개인의 전체 소득을 의미.

[통합소득 평균소득 · 중위소득 추이] (명, 백만원)

귀속연도	인원	통합소득	
		연평균소득	연중위소득
2018	23,246,938	35.5	23.9
2019	24,149,483	36.2	24.8
2020	24,581,945	37.0	25.4
2021	25,359,367	38.8	26.3
2022	26,231,458	40.4	27.7

* 출처: 국세청

2020년 평균이 2014년이나 2017년 조사보다 절반가량 적게 나타나는 것은 2020년에 코로나 감염이 확산하면서 예술 관련 활동 대부분이 취소되고 예술 관련 종사자들의 소득이 전체적으로 감소한 영향이 반영된 것으로 이전 예술인 실태조사의 평균을 살펴보아도 월 100만원 수준으로 전체 소득평균의 3분의 1 수준에 지나지 않는다.

예술 활동을 통한 소득수준이 낮기 때문에 많은 예술인들이 복수의 노동시장에 참여할 수밖에 없는 상황이며 특히 비예술 활동을 통해 소득을 보전하는 과정이 예술인의 직업적 정체성을 흔들리게 하는 요인으로 작용하기도 한다. 또한 예술활동을 통해 소득이 발생하는 시기가 특정 시기에 집중되거나 작품활동과 맞물려 이뤄지기 때문에 소득 발생을 예측할 수 없다는 점에서 지속가능한 경제활동을 계획할 수 없다는 한계를 드러낸다. 때문에 이러한 실질적인 경제적 위기로부터 예술인을 보호할 수 있는 사회안전망으로서 예술인 복지제도의 필요가 요구되고 있다.

2) 문화정책의 확장과 고도화

한국에 문화정책이 등장하는 시기를 언제로 볼 것인가는 다소 상이한 견해도 있으나 대체로 1972년 「문화예술진흥법」 제정 이후로 보는 견해가 많다. 초기 문화정책은 「문화예술진흥법」에 담긴 내용에 따라 '전통문화의 보호와 계승' '장르 예술의 진흥'에 그 목적을 두고 있었다. 이러한 정책적 기조는 80년대까지 이어졌으나 1990년대에 들어서며 문화복지 개념이 문화정책 내에 등장하게 되며 문화정책 영역의 확장이 이뤄진다. 이는 정부의 정통성을 문화정책을 통해 확립하고자 했던 이전 권위주의 정부의 정책적 기조가 90년대 문민정부의 등장과 함께 민주화에 대한 사회적 열망이 정책에 반영되었기 때문이다. 이 시기의 문화정책은 문화민주화라는 개념으로 정식화할 수 있으며 시민의 문화향유권의 확대와 저소득층에 대한 문화복지 지원이 본격화된다.

2000년대에 들어서며 문화정책은 다시 한번 큰 변화를 겪게 된다. 2004년 노무현정부는 기존의 기본계획 체계와는 달리 국가 문화정책의 장기적 비전과 새로운 과제 발굴, 통합적 실행 체계의 수립을 목표로 <창의한국>이란 이름의 문화정책 비전 계획을 발표한다. <창의한국>은 문화정책의 역할을 기존의 예술진흥이나 문화향유 지원과 문화복지 차원에 국한하지 않고 창의적인 시민주체의 형성과 전체 문화생태계의 조성과 선순환 구조의 구축, 자율적 참여와 문화민주주의의 확산이란 새로운 영역으로 확장하였다. 이 과정에서 문화예술교육, 문화다양성, 지역문화 등 다양한 정책의제들이 새롭게 등장하였고 예술인에 대한 지원과 육성, 그리고 예술인복지에 대한 고민이 새롭게 문화정책의 중요 과제로 떠오르게 되었다.

정치권에서도 예술인복지와 예술인의 신분보장에 대한 관심이 커지면서 2004년 예술인 공제회 설립을 통한 예술인 복지제도 도입에 대한 논의가 처음으로 이뤄졌고, 공제회 설립 모델이 무산되면서 2009년 정병국 의원과 서갑원 의원이 예술인복지법안을 각각 발의하면서 예술인복지의 제도화에 대한 논의가 이어지다, 2011년 최고은 작가의 사망 사건을 계기로 해마다 의안 폐기 되어오던 예술인복지법안이 비로소 제정되기에 이른다.

이러한 일련의 과정을 살펴보면 예술인 복지제도의 등장은 문화정책이 국가 주도의 진흥정책 중심에서 문화예술 현장과 생태계, 시민의 권리 확장이란 관점에서 고도화되는 과정에서 자연스럽게 나타난 결과이며 향후 문화정책 영

[시기별 문화정책의 변화]

연도	특징	주요 내용
70~80년대	문화예술정책의 등장과 양적 성장	• 1972년 「문화예술진흥법」 제정 • 1973년 문화예술진흥원 개원 • 1973년 문예중흥5개년계획 • 전통문화계승, 민족문화창달, 예술 진흥
90년대	문화복지와 민주화	• 1990년 문화발전 10개년 계획 수립 • 1993년 신한국 문화창달 5개년 계획 수립과 문화복지 전면화 • 1997년 최초의 지역문화재단인 경기문화재단 설립과 문화를 통한 지역 간 균형발전론 등장
2000년대	문화비전 수립과 예술행정 체계 정비	• 2000년 정부 예산 중 문화 부문 예산 1% 돌파 • 2004년 최초의 중장기 문화비전 <창의한국> 수립 • 2005년 한국문화예술진흥원을 합의제 기구인 한국문화예술위원회로 전환
2010년대	문화민주주의의 주류화와 문화정책의 확장	• 2011년 「예술인복지법」 제정과 예술인 복지제도의 시행 • 2014년 「문화기본법」의 제정과 문화권 개념의 등장 • 2014년 「지역문화진흥법」의 제정과 지역문화재단의 확대 • 2016년 문화예술계 블랙리스트를 사태와 진상조사 및 제도개선

역 안에서 주요하게 다뤄질 의제임을 알 수 있다.

3) 노동 개념의 재구조화와 예술 노동의 등장

근현대 자본주의 사회의 노동 개념은 대공장 노동자 중심의 전통적인 임금노동 체계를 기준으로 성립된 측면이 강하다. 이는 학문적 영역에 국한되지 않고 현대사회의 다양한 정책과 제도에도 영향을 미치고 있으며 특히 노동정책과 복지정책의 영역에서는 이러한 전통적인 관점을 여전히 채택하고 있다. 가령 한국사회에서 '노동자성'을 판단하는 중요한 법적 기준 중에 하나로 '사용종속성'을 이야기하고 있는데 이는 업무의 내용을 사용자가 정하는가, 취업규칙과 인사규정 등의 적용을 받는가, 사용자의 지휘·감독이 있는가, 근무 시간과 장소를 사용자가 지정하고 구속받는가, 업무에 필요한 비품이나 작업 도구를 제공받는가 등의 여부에 따라 노동자성을 판단함을 말한다. 이와 같은 사용종속성의 기준은 전통적인 컨베이어벨트 노동이란 아이디얼 타입에 근거하여 노동자성을 규정하는 것으로 현시대의 노동 형태에 부합하는 기준인가에 대해서는 전문가 사이에서도 이견이 나오고 있는 상황이다.

하지만 현대사회의 노동은 자율 노동의 확대, 기술 발전과 노동 형태의 변화, 플랫폼 노동의 확대 등 기존의 사용종속성이란 기준만으로는 설명할 수 없는 다양한 노동의 형태로 확장되고 있다.

예술 활동에 대한 개념도 마찬가지로 변화하고 있는데 과거에는 장르 예술을 기준으로 창작 과정을 통해 어떠한 '작품'으로 결과가 이어지는 것을 예술 활동이라고 보았던 데 반해 최근에는 개념예술의 등장이나 문화예술교육처럼 과정으로서 예술 활동이 이뤄지거나 예술적 기획을 바탕으로 통섭적인 과정에 참여하는 예술 활동이 점차 확산하고 있는 상황이다. 이는 창작의 결과물로서 작품을 중심으로 예술 활동의 보상 체계가 구조화되었던 것에 반해 창작 과정 자체를 하나의 활동으로서 보고 이에 대한 보상체계가 필요하다는 논의로 이어지고 있으며 노동환경의 변화와 맞물려 기존의 임금노동 개념에서 벗어나 사회적 노동으로서 예술을 바라보려는 시도가 이뤄지고 있다.

예술인복지와 관련한 논의에서 이 예술노동의 개념이 중요한 이유는 두 가지로 설명할 수 있다. 첫째는 한국의 보편적 복지체계가 노동을 기준으로 체계화되어 있는 만큼 예술인의 노동자성을 법적으로 보장할 수 있다면 기존의 보편적 복지체계로의 편입이 자연스럽게 이뤄질 수 있기 때문에 별도의 예술인 복지체계를 복잡하게 설계하지 않아도 충분히 예술인을 사회안전망 내 포함할 수 있기 때문이다. 이러한 시도는 초기 예술인복지법안에서도 나타나고 있는데 현재 제정된 「예술인복지법」 이전에 의안 폐기되었던 법안 중에는 예술인에 대해 근로자 의제[2] 적용을 함으로써 사회보험 적용 문제와 임금 체불 문제를 해결하고자 했던 시도가 그 대표적인 예이다. 둘째로는 예술노동이란 관점에서 예술인의 사회적 신분과 지위를 확인할 필요가 있기 때문이다. 여기서 예술노동이라 함은 보수를 받아 생활을 영위하기 위한 직업으로서의 예술을 의미하며 이는 예술인을 사회적 기준에 따라 정책 대상화하고 이를 바탕으로 구체적인 제도 설계가 이뤄지도록 하기 위함이다. 가령 현재의 직업분류 체계가 예술 직종의 다양한 활동을 포괄하고 있지 못하다는 점이나 예술 활동에 대한 직무분석이 이뤄지지 않고 이를 바탕으로 한 표준노임 기준 등이 마련되지 못한다는 점 등이 노동을 기반으로 한 직업 활동으로 예술을 규정하지 못하면서 발생하는 문제라 할 수 있다.

불과 얼마 전까지만 해도 예술계 내부에서도 예술을 노동으로 보는 관점에 대해 격렬한 반대와 거부 의사가 지배적이었다. 그러나 「예술인복지법」의 제정을 전후하여 예술인의 사회적 지위와 권리에 대한 자각이 이뤄지며 예술노동에 대한 다양한 논의가 촉발되었고, 이를 바탕으로 한 당사자 조직이 하나 둘 형태를 드러내게 되면서 최근에는 '예술노동'이란 단어 자체에 대한 거부감은 줄어든 것으로 보인다. 그러나 주요한 정책적 개념으로서 예술노동에 대한 사회적 합의가 이뤄졌다기보다는 일종의 예술활동에 대한 또 다른 수사로서 사용되는 측면이 강하며 이후 예술인복지와 예술인의 사회적 지위에 대한 공론 과정에서 보다 깊이 있는 논의가 필요할 것으로 보인다.

2. 예술인 복지정책의 주요 내용

1) 예술인 복지제도의 유형화

2_ 의제(擬制)란 본질은 같지 않지만 법률에서 다룰 때는 동일한 것으로 처리하여 동일한 효과를 주는 일(표준국어대사전)을 말한다. 여기서는 예술인을 임금을 받는 사용종속성 상의 근로자는 아니지만 예술활동을 노동행위의 하나로 보고 근로자로 처리하여 근로자들이 가입할 수 있는 사회보험제도 안에 편입하도록 하는 것을 의미한다.

한국의 예술인 복지제도의 구체적인 내용을 살펴보기 이전에 예술인 복지제도를 두 가지 정도의 유형으로 구분하여 살펴보자. 이는 제도라는 것이 개별적인 정책과 사업의 다발인 만큼 개별 정책과 사업에만 주목할 경우 제도의 성격과 특징을 구분하여 파악하는 데 어려움이 있을 수 있기 때문이다. 또한 한국의 예술인 복지제도가 어떠한 맥락에서 구조화되어 있는지를 이해하기 위해서는 정책개발 과정에서 모델로 삼았던 여러 사례들로부터 시사점을 발견할 필요도 있다. 다만 다음과 같은 구분이 정답일 순 없으며 대부분의 나라에서 이 두 가지 유형의 정책이 유기적으로 연결되어 있다는 점에서 아래의 구분은 이해를 돕기 위한 가이드 정도로 봐주길 바란다.

(1) **공공주도형**

다음 쪽의 표 [예술인 사회보장 제도의 네 가지 유형]에서 볼 수 있듯 해외의 예술인 복지제도 중 정부나 공공이 주도하는 유형은 예술인 계층을 대상으로 하는 일반적 사회보험제도, 비정규직 공연예술인 계층을 위한 사회보험제도, 예술인 계층을 대상으로 하는 별도의 사회부조제도, 예술인 연금제도의 별도 운영의 크게 4가지로 볼 수 있다. 그리고 각 나라별로 예술인이 처한 상황에 따라 이 4가지 유형에 따른 제도를 혼합하여 운영하고 있음을 알 수 있다. 엥떼르미땅 제도로 잘 알려진 프랑스의 경우만 보더라도 예술인의 일반적 사회보험제도로의 편입과 비정규직 예술인을 위한 사회보험제도(엥떼르미땅)을 함께 운영하고 있다.

공공주도형 예술인 복지제도 모델은 정부가 예산과 제도 운영의 상당 부분을 책임진다는 점에서 안정적이며 예측가능한 모델이라 할 수 있고 다양한 정책 간의 유기적 결합과 확장이 가능하다는 장점을 갖고 있다. 반면 정부와 공공 주도의 정책 구조는 사회적 합의에 근거하여 추진될 수밖에 없기 때문에 이를 위한 공론장의 구조와 제 주체 간의 협력적 거버넌스가 부재할 경우 정책의 정당성이 상실되거나 사회적 갈등으로 이어지기도 한다.[3)]

[예술인 사회보장 제도의 네 가지 유형]

유형	국가	주요내용
일반 사회보험 제도 적용	프랑스, 독일	• 자영업자인 예술인에게 임금노동자와 같이 사회보험제도에 편입할 수 있는 법적 지위 부여(공적연금과 건강보험에 적용) • 예술 활동을 통한 총소득 규모를 기준으로 함 • 재정 충당: 프랑스는 노사 분담원칙/독일은 노사정 3자간 분담원칙(본인 50%, 사용자 30%, 연방 20%)
비정규직 공연 예술인 적용	프랑스, 이탈리아	• 프랑스의 엥떼르미땅: 비연속적 비정규 예술인에 대한 고용보험(스태프는 10개월 간 507시간, 배우 및 연기자는 10.5개월 간 507시간). 최대 8개월간 실업급여 • 이탈리아 공연영상예술 비정규직 사회제도는 실업보험뿐만 아니라 사회보험제도 일반 포괄적 제공. ENPALS의 인증서를 받은 예술인을 대상으로 함.
예술인 계층의 사회부조	룩셈부르크, 네덜란드	• 저소득 예술인 계층을 위한 사회부조 제도로서 최저생활 보장제도 운영 • 룩셈부르크는 2004년부터 시행. 문화사회기금에서 충당. 예술 활동을 통한 소득이 최소 기준에 미달하는 경우에 적용 • 네덜란드는 최저생활보장 제도를 미술가 작가 공연예술가를 대상으로 국민연금 급여의 70%를 지원. 10년 동안 최대 4년간 지급. 예술 활동에 전념하기 위한 배려이므로 예술 활동을 통한 연차별 소득 증가가 입증되어야 함.
예술인 연금제도 운영	아일랜드, 독일, 일본	• 아일랜드, 독일은 예술위원회 산하 Aosdane에 의해 30세 이상 예술인 중 회원에 한해 예술인 연금제도를 운영 • 독일은 장르별 분야별로 연금제도 운영 • 일본은 사단법인 예능실연가단체협의회에서 무대분야에 종사하는 예술인을 대상으로 예능인 연금 공제제도 운영 • 아일랜드, 독일은 공적지원, 일본은 자발적 사적연금

* 출처: 이규석 외, <예술인 복지 증진을 위한 정책 연구> 보고서, 문화관광부, 2007

3_ 간혹 뉴스를 통해 전해지는 아비뇽 페스티벌의 파업의 주된 이유가 엥뜨레미땅 제도 운영 과정

한국은 2008년 공제회 모델의 폐기 이후 사실상 공공주도형 모델을 기반으로 예술인 복지제도를 설계하고 개별 정책들을 수립해 왔으며, 특히 프랑스 모델의 이식에 많은 공을 들여왔다. 그러나 한국형 엥떼르미땅이라고 홍보했던 예술인 고용보험 모델은 사실상 엥떼르미땅과는 전혀 관계없는 프리랜서 예술인 기반 정책이고, 프랑스와 같이 예술인 당사자 조직을 통한 예술인복지 지원이 아닌 한국예술인복지재단이라는 공공기관을 설립하고 이를 통해 예술인복지지원을 실행하는 구조는 한국만의 국가 주도형 모델이라 할 수 있다.

<프랑스 엥떼르미땅 Intermitent>

- 기간을 정한 계약에 의해 노동하고 있는 이들을 엥떼르미땅이라고 함
- 엥떼르미땅 제도는 공연영상예술 분야에 종사하는 비정규직(엥떼르미땅) 예술인에 대한 실업급여 지원제도
- 단속적 노동을 반복하는 공연영상 분야 예술인의 업무 특성상 특별한 실업급여 지원 체계의 필요
- 1년 동안 특정일수를 일한 공연영상 분야 비정규직 예술인에게 8개월~12개월의 실업급여 지급
- 보험료는 고용주와 예술인이 공동으로 부담하며 정부가 보험료를 직접 보조하지는 않지만 기금 손실의 일부를 함께 부담

(2) 민간주도형

민간주도형 예술인 복지제도 모델은 주로 미국이나 일본과 같이 문화예술 관련 독립적인 정부 정책 부처가 없는 경우에 나타나는 형태로 예술인 당사자 조직에 의한 상호부조 활동에 기반하고 있다. 역사적으로 보면 민간주도형의 모델은 과거 서구의 길드 조직을 통한 상호부조나 교회나 귀족, 상인이 경제적으로 예술가를 지원하던 페이트런(patron)이 일종의 예술인 복지제도로 존재했다고 볼 수 있으며, 현대에는 노동조합이나 협단체, 메세나(기업후원) 등으로 그 역사가 이어지고 있다.

에서 실업급여 지급 비율 등에 대한 정부와 예술인 간의 갈등 때문이다.

이와 같은 민간주도형의 예술인 복지제도는 당사자 중심의 유연한 제도 운영과 개별 예술인의 상황에 맞춘 실효성 있는 지원이 가능하다는 점, 정부 조직이나 공공의 정책적 기조 변화에 영향을 받지 않는다는 점에서 장점이 있다. 그러나 재정적 취약성이 문제가 될 수 있으며, 투명한 제도 관리를 위한 장치가 부재할 시 제도의 악용이나 사유화, 특정인에 대한 편중된 지원 등으로 제도적 기반이 흔들릴 수 있다.

한국도 「예술인복지법」 제정 이전 예술인 당사자 조직을 중심으로 예술인의 사회보장과 지원을 위한 시도가 이뤄진 바 있다.

[민간 영역에서의 예술인 복지 관련 조직 설립 경과]

년도	내용
1981	예술인 의료보험조합 설립
1984	영화인복지재단 설립
2002	한국문화예술인복지조합 설립 추진
2003	전국문화예술노동조합 출범
2004	공공 주도의 예술인공 제회 설립 추진
2005	(사)연극인복지재단 출범 전국영화산업노동조합 출범
2007	전국미술인노동조합 출범 (재)전문무용수지원센터 설립
2013	뮤지션유니온 출범
2015	예술인소셜유니온 출범
2017	공연예술인노동조합 출범

* 출처: 이규석 외, <예술인 복지 증진을 위한 정책 연구>보고서. 내용 보완 수정

그러나 이러한 조직 설립을 통한 예술인 사회보장의 시도는 (사)연극인복지재단이나 (재)전문무용수지원센터 정도를 제외하고는 대부분 재정 확보의 문제 등으로 인해 지속하지 못하고 실패하거나 자조 조직 정도의 위상에 머물고 만다. 정부와 정치권에서 추진하고자 했던 예술인공제회 설립을 위한 시도도

재원 확보와 기금 수익성에 대한 부정적 분석 등으로 인해 무산되고 2011년 「예술인복지법」 제정과 함께 공공주도형 모델로의 전격적인 변화가 이뤄진다.

[미국 IATSE(International Alliance of Theatrical Stage Employees)]

- 1893년에 설립된 공연, 영화, 방송 및 엔터테인먼트 사업 종사자 노동조합
- 미국, 캐나다에 13개 지구 375개 지역 노동조합으로 구성되어 있으며 약 130,000명의 조합원
- 문화예술 분야 노동조합 중 가장 큰 규모와 교섭력을 갖고 있으며 문화산업에 대한 영향력도 큼
- IATSE는 사용자단체 또는 개별 사업 주체들과의 계약을 통해 소속 조합원의 임금, 노동시간, 노동조건 등에 직접 개입하며 이를 위반할 시 강력한 법적 대응 또는 집단행동을 통해 소속 조합원의 권리 보호
- 조합원을 대상으로 한 교육사업, 신용금고 운영, 로비 활동 등도 수행

2) 한국의 예술인 복지정책의 주요 영역

「예술인복지법」 제정 이후 초기 예술인 복지정책의 초점은 법제화 과정에서 도입 근거를 마련하지 못한 예술인 대상 고용보험 적용 문제와 예술인의 급박한 생활 위기에 대한 직접지원을 정책화하는 것에 맞춰졌다. 한국의 고용보험 제도는 실업 상태에 대한 경제적 보조 개념이 아닌 고용 장려와 촉진을 위한 지원이란 점에서 취업을 위한 활동이 필수적으로 증명되어야 하며 이러한 점에서 고용계약에 근거하여 예술노동을 제공하는 경우가 많지 않았던 예술인에 대한 고용보험 적용 문제는 예술인 복지정책 도입 초기에는 사실상 해법을 찾기 어려운 측면이 있었다. 때문에 이를 우회하는 지원으로 일종의 부업 개념의 일자리 매칭을 통해 일정부분 소득을 보장해주는 파견예술인 사업이나 저소득 예술인이 사실상의 실업 상태로 인한 생계 불안을 극복할 수 있도록 긴급복지지원 사업(이후 창작준비금 지원으로 사업명이 변경), 예술인의 직업적 역량 강화를 위한 학습공동체 지원사업 등이 한국예술인복지재단을 통해 시행되었다. 이와 같은 형태의 지원사업은 예술인 복지제도 도입 초기 예술인에 대한 사회보험 적용이 한계적인 상황에서 예술인에 대한 실질적 지원을 위해서는 불가피한 측면이 있었으나 이후 예술인 복지정책이 고도화되는 과정에서

예술인복지의 지원 사업화란 점에서 비판을 받기도 한다.

하지만 제도 도입 이후 정부와 예술인, 관련 전문가 등이 정책을 다듬어가는 공론화 과정과 정책 연구 등을 거치면서 한국의 예술인 복지제도의 정책적 얼개가 만들어지기 시작한다. 그리고 2013년 예술인복지법상 불공정 행위 금지 조항의 신설, 2016년 서면계약 의무화 조항의 신설, 예술인 복지제도의 정책 대상을 규정하기 위한 예술활동 증명 제도의 지속적인 개선, 불공정 행위 조사를 위한 정보제공과 과태료 부과 기준의 마련 등을 통해 예술인 복지정책의 실효적 운영을 위한 기반을 마련했다. 그리고 이러한 노력을 바탕으로 2023년 정부의 첫 예술인복지 기본계획[4]이 발표되기에 이른다.

제1차 예술인 복지정책 기본계획은 예술인의 삶의 질 개선과 타 직업군과 유사한 수준의 직업권 보장을 목표로 자유로운 예술 활동을 위한 법・제도 개선, 예술 활동의 지속을 위한 안정적 삶의 기반 조성, 예술인 권리보장체계 확립 및 공정 환경 조성, 예술인 역량 강화와 예술의 가치확산을 주요 추진전략으로 제시하고 있다.

2011년「예술인복지법」 제정 이후 10여 년 만에 나온 예술인 복지정책 기본계획은 예술인복지에 대한 새로운 계획의 제시라는 의미보다는 그간 축적되어온 정책적 논의와 사업적 성과들을 집대성하고 정책적 시사점들을 도출해낸 결과이며 향후 정책 추진을 위한 공식적인 근거들을 제시했다는 의미가 강하다. 예술인 복지정책 실행 초기 왜 예술인들에 대한 이러한 지원이 필요한지, 예술을 직업의 영역으로 볼 수 있는지 등에 대한 문제제기로 인해 예술인복지법 제정조차 몇 년간 유예되기도 했으나 이제는 예술인 복지정책이 안정적 제도화의 단계에 들어섰다고 평가할 수 있다.

이러한 맥락에서 현재 한국 사회에서 추진되고 있는 예술인 복지정책을

4_ 정책 영역에서 기본계획의 수립이 중요한 이유는 기본계획은 법정계획으로서 1년 단위의 업무계획과 다르게 5년 단위의 중장기 계획으로 수립되기 때문에 정책의 비전과 일관성 있는 추진을 위한 기준이 되기 때문이다.

[제1차 예술인 복지정책 기본계획 비전 체계]

비전	문화 매력 국가의 기반, 예술인이 존중받는 사회
목표	예술인의 종합적인 삶의 질 개선을 추진 다른 직업군과 유사한 수준의 '직업권' 보장 추진
추진전략	1. 자유로운 예술 활동을 위한 법·제도 개선 ① 예술인의 법적 정의 개선 ② 효율적이고 공정한 예술활동증명 제도개선 ③ 예술인 통계 강화 및 데이터 연계·활용 활성화 2. 예술 활동의 지속을 위한 안정적 삶의 기반 조성 ④ 예술인을 위한 사회안전망 강화 ⑤ 예술인 생활 안정화 및 의료·돌봄 지원 ⑥ 복지와 창작활동의 연결고리, 창작준비금 지원 내실화 ⑦ 예술인 창작공간 다변화 지원 3. 예술인 권리 보장 체계 확립 및 공정 환경 조성 ⑧ 예술인 권리침해 예방 및 구제 시스템 체계화 ⑨ 문화예술계 서면계약 문화 정착 ⑩ 공정하고 안전한 창작 환경 조성 4. 예술인 역량 강화와 예술의 가치 확산 ⑪ 경력 단계별 맞춤형 역량 강화 ⑫ 예술을 통한 사회적 가치 창출 프로그램 지원 ⑬ 예술(인)의 사회적 지위·역할 강화
추진체계	범정부 차원의 협력적인 예술인 복지정책 네트워크 강화

* 출처: 문화체육관광부, <제1차 예술인 복지정책 기본계획>, 2023

'사회보험 지원을 통한 예술인 사회보장 확대' '예술인 권리보장과 공정한 예술 생태계 조성' '예술인 직업역량 강화와 일자리 지원' '예술인의 생활안정 지원' '예술인 복지정책 추진을 위한 기반 조성'으로 나눠볼 수 있다.

(1) 사회보험 지원을 통한 예술인 사회보장 확대

한국의 예술인 복지제도는 정책 설계의 초기부터 예술인에 대한 사회보험 적용을 통한 사회보장의 확대를 핵심적인 과제로 설정하였다. 이는 「예술인복지법」 제정 과정에서 대안 폐기되었던 법안들의 내용이나 초기 예술인 복지제도 도입을 위한 정부 연구보고서에서도 공통으로 나타나는 부분이다.

[제정 예술인복지법과 대안폐기된 예술인복지법안의 사회보험 적용 의제 비교]

구분	예술인 '근로자' 의제	고용 보험법 가입 특례	산업재해 보상 보험법 가입 특례	국민건강 보험법 적용 특례
제정 예술인복지법(2011년)	×	×	○	×
예술인복지법(안) (2009년 정병국 의원 발의안)	○	○	○	×
예술인복지법(안) (2009년 서갑원 의원 발의안)	○	○	○	×
예술인복지법(안) (2011년 전병헌 의원 발의안)	×	○	×	○
예술인의 지위와 복지에 관한 법률(안)(2011년 최종원 의원 발의안)	○	○	○	○

그러나 「예술인복지법」의 제정 과정이 최고은 작가의 사망 사건을 계기로 급물살을 타게 되면서 관련 법의 개정 문제, 정부 부처 내부의 정책 조율이나 정책대상의 설정, 재원 확보와 운영방식의 설계 등이 충분히 논의되지 못한 상황에서 산재보험을 제외한 고용보험, 국민건강보험, 국민연금의 주요 사회보험의 적용은 유보되었다. 이에 예술현장의 당사자 조직과 정책 전문가 등이 지속해서 예술인 고용보험제도의 도입이 시급한 과제임을 주장하였고 2017년 19대 대통령 선거 당시 문재인 대통령이 한국형 예술인 고용보험 제도 도입을 공약화하고 2018년 문재인정부의 문화정책 계획인 <문화비전-2030>에 예술인 고용보험 정책 도입이 제시되면서 2020년 비로소 예술인 고용보험 제도가 실시되기에 이른다.

현재 시행되고 있는 예술인 고용보험은 용역 계약을 체결한 프리랜서 예술인을 대상으로 예술인 고용보험에 가입하여 일정기간 보험료를 납부하면 비

구 분	내 용
예술인 산재보험	[지원대상] • 예술활동증명 완료 예술인 [지원내용] • 산재보험 가입 등 보험 사무대행 및 상담 • 산재보험료 50~90%지원 [특징] • 임의가입 방식 • 기업(사용자) 분담 방식이 아닌 예술인이 보험료 전액 부담
예술인 고용보험	[지원대상] • 문화예술용역 관련 계약을 체결하여 노무를 제공하는 프리랜서 예술인(예술활동증명 불필요) [지원내용] • 비자발적 실업 기간 중 구직급여 지급 • 수급 요건: 이직일 전 24개월 동안 9개월 이상 가입 • 지급금액: 기초일액의 60% 수준 지급하며 상한액은 일 66,000원, 하한액은 일 16,000원으로 가입기간 및 연령에 따라 120일~270일 동안 지급 [특징] • 문화예술용역 계약 체결 시 월평균 소득이 50만원 이상일 경우 당연가입 • 근로복지공단에 사업주 또는 예술인이 신고하여야 하며 한국예술인복지재단에서 상담 및 안내 업무 지원
국민연금 지원	[지원대상] • 예술활동증명 완료 예술인 중 표준계약서를 통한 예술 활동 계약 체결 예술인 • 표준계약서를 통해 예술인과 계약한 문화예술사업자 [지원내용] • 국민연금 보험료 최대 50%를 최대 3개월 지원 [특징] • 보험료에 대한 현금지원 성격으로 사회보험 보조사업으로 볼 수 있음

자발적 실업 상태일 때 구직급여를 받는 방식이다. 예술인 고용보험은 일반 임금노동자의 고용보험 보험료율 1.8%보다 낮은 1.6%의 보험료율을 적용하고 있으며, 예술인의 특성상 구직급여를 수급하는 중에도 일부 수익 활동을 인정해 주기도 한다.

「예술인복지법」 제정과 함께 시작한 예술인 산재보험 지원은 한국예술인복지재단이 보험 사무를 대행하는 형태로 프리랜서 예술인이 중소기업 사업주

방식으로 산재보험에 임의가입하여 재해 발생시 보험료를 받을 수 있도록 설계되어 시행 중이다.

이밖에도 한국예술인복지재단의 지원 사업 형태로 지원되고 있는 국민연금 보험료 지원 사업은 표준계약서를 체결한 프리랜서 예술인에 대해 국민연금 보험료의 최대 50%를 3개월 지원해 주는 사업으로 보험료에 대한 제한적 현금지원이란 측면에서 예술인을 대상으로 한 사회보험제도로까지 보기는 어렵다.

(2) 예술인 권리보장과 공정한 예술생태계 조성

예술인 복지제도는 사회보험 적용과 같은 사회보장 정책을 통해 경제적 안정을 도모함으로써 예술인의 직업 활동과 생활을 보장해주기도 하지만 사회적 지위 확인을 통한 신분보장과 직업적 권리 보호 역시도 중요한 영역 중 하나이다.

한국의 경우 예술계 내의 도제식 교육체계, 경도된 예술관, 집단적 창작 문화 등 여러 가지 요인들로 인해 예술계 내의 위계적 질서가 예술인의 권리를 침해하는 형태로 구조화된 측면이 강했다. 선배나 스승이 제안하는 창작활동에 참여하는 경우 계약서를 요구하거나 부당한 처우에 대해 항의하는 것은 사실상 불가능했으며 창작활동에 대한 보수가 지급되지 않더라도 감내하는 경우도 많았다. 또한 예술시장의 규모가 크지 않은 상황에서 영세한 사업주가 작품에 참여한 예술인들의 보수를 지급하지 않고 폐업하거나 잠적하는 사례들도 심심치 않게 반복되었다. 이러한 경우에도 계약 과정에서 제대로 된 계약서를 작성하지 않아 떼인 보수를 법적으로도 돌려받지 못하는 경우도 많았다.

이러한 문제로 인해 예술인복지법 제정 당시 표준계약서의 보급(「예술인복지법」 제5조)을 법안에 반영했으며 이후 개정 작업을 거치며 서면계약 체결의 의무화, 문화예술용역계약에 대한 사실관계 조사와 과태료 부과 등이 예술인복지법상에 추가되었다. 한국예술인복지재단은 이러한 법적 근거에 따라 예술

[1년 이내 서면계약 체결 여부]

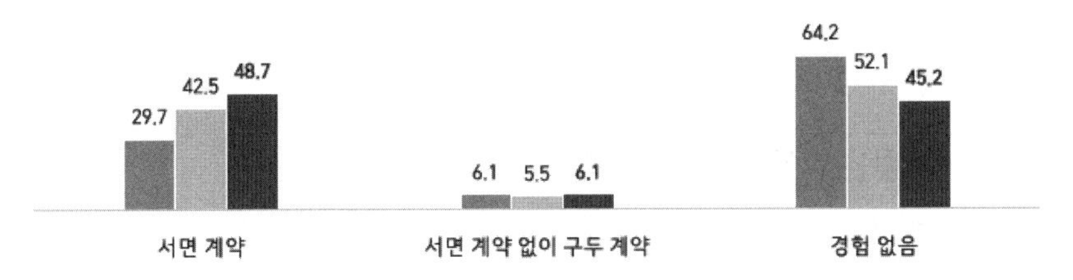

* 출처: 문화체육관광부, <2021 예술인실태조사보고서>, 2021

인 신문고를 운영하며 피해 예술인의 구제를 지원하였으나 조사 권한의 부재와 불공정행위를 저지른 문화예술 기획업자에게 부과되는 과태료의 실효성 부족 등으로 눈에 띄는 성과를 만들어내진 못했다.

그러나 2016년 문화예술계 블랙리스트 사태 이후 예술인의 권리 보장이 중요한 사회적 화두로 떠오르면서 2021년 「예술인의 지위와 권리의 보장에 관한 법률」(이하 「예술인권리보장법」)이 제정되면서 전환점을 맞이하게 된다. 「예술인권리보장법」은 예술 표현의 자유 보장, 예술인의 직업적 권리 보호, 성평등한 예술환경 조성의 3가지 내용을 담고 있으며 이를 시행하기 위한 구체적인 방법으로서 권리구제 기구의 구성, 법적인 조사 권한을 갖는 예술인보호관 지정과 조사절차의 규정 등의 내용도 담고 있다. 이 법에 따라 불공정 행위에 대한 심의 권한을 갖는 행정위원회로 '예술인권리보장위원회'가 2023년 구성되어 운영 중이다.

예술인의 권리 보장과 공정한 예술생태계를 조성하기 위해서는 불공정 행위자에 대한 법에 따른 규율과 피해 예술인에 대한 보호와 지원이 무엇보다 중요하다. 현재 한국의 예술인 복지제도는 이중 불공정 행위를 규율할 근거는 어느 정도 갖추는 단계까지는 온 것으로 보인다. 그러나 아직도 피해 예술인에 대한 실질적 지원과 보호를 위한 구체적인 방법은 부족한 상황이다. 가령 임금

노동자들의 경우 임금 체불 발생 시 임금채권보장법에 따라 체불 임금을 국가가 먼저 지급하고 문제 사용자에게 구상권을 청구하도록 하고 있어 임금체불로 인한 노동자의 피해를 최소화하도록 하고 있다. 하지만 예술인에 대한 권리 보장체계 안에서는 이러한 보호장치가 아직 마련되어 있지 않아 아쉬움이 남는다.

(3) 예술인 직업역량 강화와 일자리 지원

제1차 예술인 복지정책 기본계획을 살펴보면 계획의 목표로 예술인의 '직업권' 보장을 제시하고 있다. 여기서 말하는 직업권이란 앞서 말한 예술인 권리 보장 측면에서 예술노동권을 말하는 것이기도 하지만 한편으로는 예술인의 직업 활동을 촉진하고 이를 통해 최소한의 경제적 기반을 만드는 데 도움을 주기 위한 직업역량의 강화와 지원을 의미하기도 한다.

예술인 복지제도 안에서의 예술인 직업역량 강화는 주로 한국예술인복지재단의 지원사업 구조 안에서 시행되고 있다. 재단 설립 초기인 2014년부터 창작준비금(예술활동준비금) 지원사업과 함께 추진되어온 예술인 파견지원 사업(예술로 사업)이나 원로예술인 지원사업, 예술인 역량 강화 지원사업 등이 이 분야의 주요 사업이다. 이중 대표사업이라 할 수 있는 예술인 파견지원 사업은 예술인 복지제도 도입 초기 '예술가의 부업'이란 캐치프레이즈 아래, 예술인의 소득보전과 예술의 사회적 가치확산이란 측면에서 재단의 핵심사업 영역으로 자리잡았다.

예술인 파견지원 사업은 예술활동 증명을 마친 예술인과 기업・기관을 매칭하여 예술을 매개로 기업・기관의 미션이나 니즈를 해결하고 이를 바탕으로 예술의 사회적 가치와 예술인 지원의 필요성을 확인하기 위한 사업이다. 물론 이 과정에서 참여 예술인의 역량을 강화하고 창작활동의 새로운 계기를 마련한다는 점도 중요한 사업의 목표이다. 2014년 337명 규모로 시작되었던 예인 파견지원 사업은 2016년 천 명 정도의 규모로 확대되어 현재까지도 규모를 유지하고 있다.

[예술인 파견지원 사업]

	협업사업	기획사업
사업내용	• 참여 주체별 심의를 통해 선정, 자율매칭 후 상호 협의된 협업 주제에 따라 활동 추진	• 참여주체가 사전에 협의를 통해 협업주제를 선정하여 팀으로 지원
참여주체	• 리더예술인 • 참여예술인 • 기업 · 기관	• 리더예술인 • 참여예술인 • 기업 · 기관
활동내용	• 리더예술인: 협업 프로젝트를 기획 및 운영하고 참여예술인과 기업 · 기관을 매개하는 역할, 정기 활동보고서와 결과보고서 제출 • 참여예술인: 협업 프로젝트에 참여하여 기획 및 실행, 정기 활동 보고서와 결과보고서 제출 • 기업 · 기관: 리더예술인, 참여예술인과 함께 프로젝트 운영, 협업에 필요한 부가 지원	• 리더예술인: 협업 프로젝트를 기획 및 운영하고 참여예술인과 기업 · 기관을 매개하는 역할, 정기 활동 보고서와 결과보고서 제출 • 참여예술인: 협업 프로젝트에 참여하여 기획 및 실행, 정기 활동 보고서와 결과보고서 제출 • 기업 · 기관: 리더예술인, 참여예술인과 함께 프로젝트 운영, 협업에 필요한 부가 지원

* 출처: 한국예술인복지재단, <한국예술인복지재단 사업소개서>, 2024

(4) 예술인 생활안정 및 복지 지원

경제적 위기 혹은 생활 위기에 놓인 예술인에 대한 직접 지원은 예술인 복지제도의 가장 기초적인 부분을 구성하고 있는 내용으로, 한국의 예술인 복지제도는 주로 저소득 예술인의 창작 준비 과정을 지원하는 창작준비금[5] 지원, 생활안정자금 융자, 예술인 주거지원, 예술인 돌봄 지원, 예술인 패스 발급 등으로 구성되어 있다. 이 중에서도 핵심사업이라 할 수 있는 것은 창작준비금 지원 사업으로 지원 인원만 신진 예술인 포함 23,000명 규모이다.

창작준비금 지원사업은 초기에는 생활 위기에 놓인 차상위 계층의 예술인을 지원하기 위한 긴급복지지원 사업으로 시작되었으나 2014년 기획재정부가

5_ 2024년부터는 예술활동준비금 지원으로 이름을 바꿔 운영 중.

[예술인 생활안정 및 복지 지원을 위한 사업]

구 분	내 용
창작준비금 지원	• 예술 외적 요인으로 인한 저소득 예술인의 예술 활동 중단을 예방하기 위해 예술 활동 준비 과정을 지원 • 예술활동증명 완료 예술인 중 소득인정액 120% 이내 예술인 • 1인당 300만원 일괄 지원 • 연속 지원 불가
예술인 패스	• 예술인의 문화 향유 기회를 확대하기 위한 할인 제도 제공 • 예술활동증명 완료 예술인, 학예사, 문화예술교육사, 미술관 · 박물관의 관장 또는 설립자 • 국 · 공립 박물관, 미술관, 공연장 관람료 할인 및 가맹점 이용시 할인 적용 • 모바일카드 형태로 발급
생활안정자금 융자 사업	• 제도권 금융서비스 이용에 어려움이 있는 예술인의 창작 환경 개선과 생활 기반 마련을 위한 저금리 대출제도 • 예술활동증명 완료 예술인 중 일반 신용정보 관리 규약에 따라 이상이 없는 경우 • 생활안정자금 대출: 의료비, 부모요양비, 장례비, 결혼자금, 긴급생활자금 • 전세자금 대출: 최고 1억원 이내, 2년 만기일시상환(동일주택 3회 연장 가능, 최장 8년)
예술인 주거지원	• 2024년부터 신규 사업으로 편성된 사업으로 LH와 협력하여 예술인 대상으로 맞춤형 공공임대주택 지원 • 국토부에서 정한 임대주택 공급 대상 기준을 충족하는 예술인 • 2024년 기준 신규 편성 사업으로 서대문구 북가좌동, 서초 그루하우스 두 곳 운영 및 지원
예술인 돌봄 지원	• 예술 활동 종사자의 자녀 돌봄 지원 • 24개월~10세 예술인 자녀 • 대학로의 반디돌봄센터, 마포의 예술인 자녀 돌봄센터 두 곳 • 2024년 문화체육관광부 예산 조정 과정에서 예산 삭감으로 인해 폐업 위기에 몰렸으나 기적적으로 회생

보건복지부에 동일한 사업명의 제도가 운영 중이란 점에서 중복성을 지적하고 예산 교부를 중지하는 사태를 겪으면서 창작준비금 지원이란 이름으로 사업을 개편하고 지급 대상과 선정방식을 새롭게 설계해 지금까지 이어져 오고 있다.

창작준비금 지원사업은 창작 준비 과정에 대한 일부의 이해 부족과 유사한 지원사업의 사례를 찾아보기 힘들다는 점에서 의회나 기획재정부와 같은 정부부처 안에서도 수시로 문제제기를 해왔다. 그러나 코로나 사태가 발생하면서 예술인에 대한 긴급 지원이 창작준비금 지원을 통해서 이뤄지면서 이 사업의 필요성이나 정책적 효과에 대한 재평가가 이뤄지고, 코로나 사태 이후에도 지원 규모와 예산은 늘어나는 추세다.

예술인복지 차원의 직접지원사업은 예술인 복지제도 도입 초기의 몇몇 제한적 사업을 넘어서 최근에는 주거지원, 생활안정자금 융자, 예술인 돌봄 등으로 확대되고 있으며 특히 주거지원 사업은 그간 서울시와 SH, 국토부와 LH가 해온 모델과 함께 이후 예술인 복지제도의 새로운 시너지를 만들어낼 수 있을 것이라 기대되고 있다.

3. 예술인 복지정책의 전망과 과제

「예술인복지법」의 제정과 한국예술인복지재단의 설립으로부터 벌써 10여년의 시간이 흘렀다. 예술인 복지정책 도입 초기의 여러 가지 혼란과 시행착오의 시간이 있었지만 이제는 한국형 예술인복지라고 말할 수 있을 정도로 주요 사업과 제도가 자리를 잡아가고 있는 상황이다. 물론 현재 정책의 실효성에 대한 판단은 조금 다른 문제이긴 하다. 자리를 잡아가고 있는 많은 정책과 사업이 실재 예술현장에 긍정적 영향을 주며 작동하고 있는지는 지속적인 조사와 성과 측정을 통해 분석해 볼 문제이다. 어쨌든 한국의 예술인 복지제도는 이제 정책의 다음 스텝을 고민해 볼 수 있을 정도로 많은 구간을 달려온 것만은 분명한 사실이다.

최근 예술인 복지정책 수립의 초기 단계에서 민간 전문가로 중요한 역할을 했던 이들 중에는 현시기 한국의 예술인 복지정책이 과잉 단계에 들어선 것은 아닌지 우려하는 이들도 있다. 예술인복지 혹은 예술인 관련 정책이 전무했던 상황에서 예술인 복지정책을 이식하는 과정 중 일종의 막대 구부리기 현상이 발생한 것은 아닌가 하는 것이다. 「예술인복지법」 자체가 이전부터 준비되어 왔다고는 하나 제정 시기에는 극단적인 빈곤에 시달리는 가난한 예술인의 상을 언론에서 과도하게 표상화하면서 일종의 포퓰리즘적 성격에서 법 제정과 초기 지원의 공급이 이뤄졌다고 보기 때문이다. 그럼에도 예술인들은 여전히 최저생계비에도 미치지 못하는 적은 소득과 불안한 사회적 지위로 인해 어려움을 겪고 있지만, 이 역시도 지금까지의 공급형 정책들이 근본적인 변화를 만들어내는 데 한계를 보인 것은 아닌지 되돌아볼 필요가 있다. 이런 의미에서 지금까지의 예술인 복지정책에 대한 성찰적 평가와 새로운 의제 설정을 위해 다음과 같은 과제를 살펴보자.

1) 예술인 정책으로서 예술인 복지정책의 재정립

앞서 살펴본 바와 같이 한국의 문화정책은 몇 차례의 전환과 확장의 과정을 거치며 현재에 이르렀다. 그러나 이러한 변화의 과정에서도 예술정책은 기본적으로 수월성에 기반한 진흥정책으로서 기능해왔고 예술 창작활동에 대한 지원, 또는 미학적 성취를 담보하는 예술창작의 결과에 대한 지원에 집중되어 왔다. 이 과정에서 예술인 개개인에 대한 지원은 극히 제한적이었으며 때로는 예술인이나 예술단체와 같은 주체에 대한 지원은 공정하지 않은 것이라 여겨지기도 하였다. 예술정책은 한정된 자원을 바탕으로 뛰어난 것에 대한 발견과 지원이 중심이며 그래서 항상 심사와 평가가 지원구조의 핵심을 이루기도 하였다.

그러나 예술인 복지정책의 제도화는 예술정책의 새로운 전환점을 만들어냈다. 예술에 대한 지원이 예술인이라는 주체에 대한 지원으로 확장되었고, 특정한 자격 요건을 획득한 예술인이라면 누구나 지원받을 수 있는 정책이 등장하게 된 것이다. 이는 이전과는 전혀 다른 조건에서 예술정책이 설계되어야 함을 의미하며 예술활동의 주체, 과정, 결과와 확산이 선순환되는 예술생태계라는 것을 상정하고 각각의 영역을 강화하는 새로운 정책적 접근이 필요함을 의미하고 있다.

한국의 예술인 복지정책은 이러한 예술정책의 변화를 만들어낸 계기이기도 하지만, 한편으로는 새로운 예술정책의 구조 안에서 새롭게 재정립되어야 할 필요가 있다. 과거의 예술 진흥체계 안에서의 예술인 복지정책은 이러한 지원을 바탕으로 한 예술인의 활동이 만들어내는 사회적 성과, 영향을 그 지원의 필요 근거로 삼았다면 예술인이라는 주체를 중심에 놓고 예술정책을 바라본다면, 예술인복지는 예술이라는 직업을 갖고 있는 시민이 우리 사회 구성원으로서 마땅히 누려야 할 사회적 권리를 보장하는 정책에 가깝기 때문이다. 그리고 이와 같은 접근이 이뤄질 때 예술인의 신분보장과 자유롭고 안전한 예술창작 환경의 조성도 가능할 것이다.

2) 예술인복지 거버넌스의 구축과 실행체계의 다각화

한편으로는 예술인 복지정책의 확장과 지속가능한 기반 구축을 위해서는 예술인 복지정책 관련 거버넌스의 구축과 실행체계의 다각화를 이뤄낼 필요가 있다. 한국과 같은 공공주도형 정책 모델은 정부가 거의 모든 책임과 권한을 갖는다고 오해할 수 있다. 그러나 공공주도형의 예술인 복지정책 모델을 채택하고 있는 대다수의 나라에서도 정책의 설계와 실행 과정에서는 정부, 사용자, 예술인 간의 거버넌스나 정부 관련 부처 내 거버넌스를 동시에 운영하는 경우가 많다. 프랑스의 엥떼르미땅 제도 운영 과정에서도 프랑스 정부와 사용자 단체, 공연영상예술비정규노동조합 간의 거버넌스를 통해 보험료율이나 지급 대상의 범위와 제도운영에 관한 사항 등에 대해 상설적 협의를 이어가고 있다.

예술인 복지정책에서 이러한 거버넌스가 특히 중요한 이유는 창작활동이라는 예술노동의 형태가 일반적인 노동과 비교할 때 표준화되거나, 예측가능한 모델링이 어렵다는 측면도 있고 예술인 복지정책을 통해 시행되는 사업의 영향이 예술현장과 개별 예술인에게 즉각적으로 나타날 수 있을 만큼 이에 대한 관련 주체 간의 합의와 정책 효과에 대한 면밀한 파악이 필요하기 때문이다. 한국도 예술인 고용보험의 도입으로 인해 보험제도의 실질적 운영을 위해 어떠한 형태로든 사회적 합의 기구나 협력적 거버넌스의 구축이 필요한 상황이나 아직은 비공식적인 TF의 한시적 운영 외에는 공식화된 기구로서 거버넌스가 구축되어 있지는 못하다.

또한 예술인 복지정책 실행체계를 예술현장 중심으로 다각화하여 사각지대 없는 예술인 복지제도 운영을 위해서도 예술인복지 거버넌스의 구축은 중요하다. 이는 거버넌스가 관련 이해관계자들의 참여를 통해 정책에 대한 공익적 책임과 경험을 획득하고 이를 바탕으로 사회적 책임을 완수할 수 있는 주체의 발굴과 성장에도 많은 영향을 미치기 때문이다. 또다시 프랑스의 예를 들자면 프랑스 예술인 복지정책 중 장르 예술인에 대한 지원은 '작가사회보장협회(AGESSA)'나 '예술가의집(La Maison des Artistes)'과 같은 민간 조직이 관련 업무를 위탁받아 수행하고 있다. 이러한 프랑스 모델은 예술 현장을 잘 알고 지원이 필요한 곳을 빠짐없이 살펴볼 수 있다는 점에서 정부 주도의 복지 체계가 가질 수 있는 빈 곳을 보완하는 장점을 갖는다 볼 수 있다. 프랑스의 경우 시민의 공공영역에 대한 참여와 민주주의 교육 등으로 공공 거버넌스에 대한 이해도가 높은 편이고 이러한 지점이 예술인복지 관련 공공업무를 민간 조직이 나눠서 진행할 수 있는 중요한 토대가 되었던 것으로 보인다. 한국에서도 이러한 해외 사례를 참고하여 당사자 조직이 이러한 역할을 나눠 갖고 공익적 책임을 해내기 위해서는 거버넌스 참여를 통한 경험의 축적이나 정책 수행을 위한 물적・인적 기반의 구축이 필요하다. 그리고 이러한 예술인복지 실행 체계의 현장 중심의 다각화가 이뤄질 때 정부가 바뀌거나 정책의 일부가 바뀌더라도 예술인이 신뢰하고 기댈 수 있는 예술인 복지제도가 운영될 수 있을 것이다.

3) 예술인복지 재정의 확보와 지속가능한 정책 모델의 개발

예술인 복지정책의 안정적이고 지속가능한 운영을 위해 중요하게 논의되어야 할 주제 중 하나로 예술인복지 재정구조의 변화를 들 수 있다. 현재 시행되고 있는 예술인 복지제도는 예술인 고용보험[6]을 제외한 대부분의 사업 재정을 문화체육관광부의 일반회계 예산을 통해 편성하여 시행하고 있다. 이러한 재정구조의 취약성은 몇 차례 현실화하여 나타난 적이 있는데 2014년 이미 편성되어 있는 긴급복지지원 예산을 기획재정부가 보건복지부 사업과의 중복성을 이유로 예산 교부를 하지 않아 상반기 동안 사업 추진이 이뤄지지 않은 사례나 최근 정부 출범 이후 정부 예산의 긴축 기조로 인해 한국예술인복지재단의 돌봄지원 예산이 삭감되면서 예술인 자녀 돌봄센터의 운영이 중단되어 센터를 이용하던 예술인들이 곤혹을 치르기도 했다.

예술인 복지제도 도입 초기에는 예술인 공제회 설립을 통해 예술인 복지 재정의 확보를 모색한 바 있으나 당시 관련 연구와 정책 검토 끝에 이미 운영 중인 공제회 조직의 기금운용 수익률의 악화로 인한 불안정성 등을 고려한 끝에 공제회 모델은 최종적으로는 폐기되었다. 이후 공제회 모델을 대신하여 예술인 복지금고 설치의 필요성이 전문가를 중심으로 제안되었으며 한국예술인복지재단에서도 2013년, 2018년, 2022년에 관련 연구를 진행한 바 있다.

2018년 한국예술인복지재단에서 수행한 연구에서는 예술인 복지금고를 "예술인을 위한 정책금융과 예술인의 자체 재원 조성이 종합된 상호금융의 성격을 가지는 금융기관으로 예술인 대상의 소규모 생활 대출을 주목적으로 하는 마이크로크레딧으로 규정"하고 있다.[7] 이 연구에서는 재원 확보를 위한 방안으로 1순위 중앙정부의 일반재원 편입, 2순위 저작권 미불보상금의 이전, 3순위 문화산업투자펀드 수익금의 활용 등으로 제시하고 있으며 이 밖에도 기부와 모금, 출자금 등도 추가적인 재원으로 사용할 수 있다고 말하고 있다. 앞서 살펴본 민간주도형 모델의 사례인 미국의 IATSE도 자체적으로 이러한 금고형 금융지원 사업을 수행하고 있으며 이는 예술인복지를 당사자 중심으로 다각화하고 단기적인 정책 변화에 영향을 받지 않고 안정적이며 예측 가능하게

6_ 예술인 고용보험은 고용노동부가 운영하는 고용보험기금의 재원을 사용한다.
7_ 서우석 외, <예술인복지금고 재원조성 방안 연구>, 한국예술인복지재단, 2018.

운영할 수 있는 중요한 토대가 된다.

예술인 복지금고 외에도 중앙정부 차원은 아니지만 코로나 사태 이후 일부 지자체에서 예술인복지 기금의 조성을 본격화하고 있으며 중앙정부 차원에서도 기금 형태로 조성된 별도의 재정계획 수립의 필요성이 꾸준히 제기되고 있다.

예술인 복지정책은 예술인의 삶에 직접적인 영향을 즉각적으로 미칠 수 있다는 점에서 예측 가능하며, 단기적인 지원이 아닌 장기적으로 믿고 신뢰할 수 있어야 정책적 효능을 갖는다 할 수 있다. 한국의 예술인 복지정책은 짧은 시간 동안 압축적으로 성장하는 과정에서 정부가 주도적인 역할을 자임하였고 그러다 보니 정책의 양적 성장과 제도화는 쉽게 이뤄졌으나 재정적 취약성이나 정책의 지속가능성에 대한 의구심은 여전히 많은 예술인을 불안하게 하는 요인이 되고 있다. 하지만 예술인 복지정책의 안정적 시행을 위한 재정의 확보와 이를 운용할 수 있는 신뢰할 수 있는 운영체계까지 갖춰진다면 한국의 예술인복지 모델은 양적 성장 이상의 중요한 가치와 의미를 갖게 될 것이다.

■ 키워드

예술인복지, 예술인의 권리, 예술인의 사회적 지위, 예술노동, 사회보험제도, 사회보장, 예술의 사회적 가치, 거버넌스

■ 질문거리

- 예술인 복지정책 등장의 사회적 배경은 무엇인가?
- 예술인복지의 공공주도형 모델과 민간주도형 모델의 차이를 서술하시오.
- 예술노동의 특징은 무엇이며 예술인 복지정책 안에서 갖는 함의는 무엇인가?
- 한국 예술인 복지정책의 주요 영역과 특징을 서술하시오.
- 예술정책 안에서 예술인 복지정책이 갖는 의미에 대해 자유롭게 서술하시오.

한편으로, 우리 사회는 고령화 사회로 진입하고 있다. UN의 기준에 따르면, 65세 이상 인구가 총인구에서 차지하는 비율이 7% 이상인 사회는 '고령화 사회(aging society)'로 지칭된다. 2015년 기준 한국의 65세 이상 노인 인구는 662만 4천 명으로 전체인구의 13.1%에 이르렀으며, 2025년에는 전체인구의 20%에 이르는 초고령화 사회로 돌입할 것으로 추정된다. 고령화 사회에서 노령인구를 대상으로 한 문화예술교육의 확대는 매우 중요하다.

둘째, 문화예술교육은 각종 사회문제 해결능력을 키우는 데 도움을 줄 수 있다. 대표적인 사례가 기후위기를 알리는 문화예술교육이다. 기후위기는 이제 우리 모두의 문제가 되었고, 더욱이 피해갈 수 없는 문제가 되었다. 쓰레기, 온실가스, 대기오염 등 인류가 돌이킬 수 없는 환경을 재앙으로 만들어버린 시대를 일컬어 '인류세(anthropocene)'라고 한다. 지구과학자들이 홀로세가 끝나고 인류세가 시작되었다고 믿는 주된 이유는 대기 중 이산화탄소 농도의 급격한 증가와 그로 인해 지구 시스템 전반에 미치는 연쇄적인 영향 때문이다. 해양산성화, 생물종의 멸종, 질소순환의 혼란 등 시스템을 변화시키는 힘들이 이러한 주장에 힘을 실어주고 있다. 인간은 지구 시스템의 탄소 축적량에 변화를 가져왔다. 수천 년에 걸친 기간 동안 높아진 산성도는 심해 해저에 탄산칼슘이 퇴적되는 자연과정에 교란을 일으킨다. 지구 시스템에 남긴 인간의 흔적은 대단히 광범위해 풍화, 화산활동, 운석 충돌, 섭입, 태양의 활동과 같은 물리적 힘들과는 근본적으로 다르게 자연의 힘에 영향을 미친다.[3] 문화예술교육은 기후위기와 같은 사회문제의 심각성을 어린이, 청소년 등 미래 세대에게 알리는 데 적절한 창의적 프로그램들을 제공할 수 있을 것이다.

셋째, 문화예술교육은 사회적 혐오와 적대에서 벗어나 타인의 다른 생각들을 공감하고 연대하는 감수성을 키워준다. 최근 한국사회에서 심각한 문제로 대두되는 '혐오 발언(hate speech)'은 사회적 갈등의 실체를 가장 잘 보여주는 현

3_ 클라이브 해밀턴, 『인류세: 거대한 전환 앞에 선 인간과 지구 시스템』, 정서진 역, 이상북스 2018, 1부 참고

상이다. 혐오는 계층, 지역, 성, 성차, 세대, 장애, 인종, 국적 등 모든 사회 영역에 걸쳐 심화하고 있다. 우리 사회의 혐오 발언은 한 사회를 구성하는 문화적 다양성을 인정하지 않는 편협한 가치관에 매몰되어 타인의 인권을 침해하는 극단적인 감정을 드러낸다. 예술교육은 우리 사회의 문화적 다양성의 차이와 공존을 강조하는 다양한 프로그램을 통해서 혐오의 감정을 해소하고 더불어 살아가는 윤리와 감각을 키우는 데 큰 역할을 할 수 있을 것이다.

유럽 국가들은 오랫동안 사회적 문제가 되었던 인종, 종족, 종교적 갈등을 해소하기 위해 '그림 그리기' '연극 역할놀이' '합창' 등과 같은 예술교육 프로그램을 도입하였다. 예술, 표현, 문화는 교육의 지속가능성을 위한 가장 강력한 수단이다. 지속가능한 교육의 한 구성요소로서 문화예술교육은 우리 시대의 다양한 도전들, 예컨대 기후변화, 환경저하에서 빈곤과 불평등까지 그러한 다양한 도전들에 마주하는 지식, 기술, 가치, 태도를 모든 이들에게 창의적으로 사유하는 힘을 길러주는 것이다. 창의적인 표현을 통해서 지속가능성은 각기 다른 형태들로 전 세계 예술교육 현장에서 재현될 수 있다.[4)]

넷째, 문화예술교육은 '디지털 폭식 사회'에 맞서 새로운 디지털 미디어 교육을 수행할 수 있다. '2016년 세계 경제포럼(WEF: World Economic Forum)'에서 언급되기 시작한 '4차 산업혁명'은 정보통신기술(ICT)를 기반으로 새로운 산업 시대를 일컫는 용어가 되었다. 인공지능, 사물인터넷, 빅데이터, 모바일 등 첨단 정보통신기술이 경제·사회적으로 융합되어 혁신적인 변화를 불러일으킬 것으로 예상할 수 있다. 이러한 산업적 변화가 개인의 라이프스타일에 어떠한 영향을 미칠 것인가에 대한 고민이 시급한 시점이다. 일례로 우리의 일상은 유튜브의 데이터 알고리즘이 생산하는 콘텐츠 소비에 빠져있고, 디지털 앱에 의한 온라인 주문과 플랫폼 배달 노동에 지배되고 있다.[5)]

4_ "UNESCO: Advancing sustainability education through art, expression and culture," *Cognición*, 2023.02.28. 기사 참고

5_ 이광석, 『디지털 폭식사회』, 인물과사상사, 2022, 2장 「인공지능 자동화와 노동의 미래」 참고

4차 산업혁명의 핵심 과제는 과학기술혁신 그 자체에 있다기보다는 그러한 기술문화 혁신으로 우리의 일상의 삶이 얼마나 창의적이고 감성적으로 활성화될 것인가에 있다. 4차 산업혁명의 담론에 따라, 문화예술 분야도 예술과 기술, 문화와 과학에 대한 융합을 중시하고 있다. 특히 문화예술교육에서 예술과 기술의 융합을 통한 창의적인 예술창작을 학생들과 시민들이 다양하게 체험하는 것은 새로운 문화예술교육의 방법이 될 수 있다. 예술과 기술이 융합하고, 장르와 장르가 융합하고, 예술과 사회가 융합하는 문화예술교육의 새로운 교육과정을 통해서 문화예술교육이 사회 안에 가치를 확산할 수 있는 대안들을 마련해야 한다. 4차 산업혁명을 준비하는 문화정책의 과제에서 과학기술과 문화예술이 융합하는 새로운 교육 패러다임의 변화는 문화예술교육의 미래 비전 수립에 중요한 쟁점 중의 하나이다.[6] 지금까지 우리 시대 문화예술교육이 필요한 몇 가지 상황에 대해서 언급했다. 이제 구체적으로 문화예술교육의 정의와 개념, 그 가치에 대해 논의하고자 한다.

2. 문화예술교육이란 무엇인가-이론적 고찰

1) 문화예술교육의 법적 정의

문화예술교육의 개념을 정의하는 방식은 다양하다. 그중에서 가장 기본적인 것은 현행 「문화예술교육지원법」(이하 지원법)에서 내린 법적인 정의이다. 지원법 제2조 정의 조항을 보면, "'문화예술교육'이라 함은 「문화예술진흥법」 제2조 제1항 제1호의 규정에 따른 문화예술 및 「문화산업진흥 기본법」 제2조 제1호의 규정에 따른 문화산업, 「문화유산의 보존 및 활용에 관한 법률」 제2조 제1항의 규정에 따른 문화재를 교육내용으로 하거나 교육과정에 활용하는

6_ 정종은, 「4차 산업혁명 시대의 문화정책 이슈와 과제: 문화예술교육정책에의 적용」, 『지역과문화』 제5권 4호, 2018 참고.

교육을 말하며, 다음 각 목과 같이 세분한다"고 정의한다. 학교문화예술교육은 "「영유아보육법」 제2조의 규정에 따른 어린이집, 「유아교육법」 제2조의 규정에 따른 유치원과 「초·중등교육법」 제2조의 규정에 따른 학교에서 교육과정의 일환으로 행하여지는 문화예술교육"으로 정의하며, 사회문화예술교육은 "제2조, 제3호 및 제4호에서 규정하는 문화예술교육시설 및 문화예술교육단체와 제24조의 각종 시설 및 단체 등에서 행하는 학교문화예술교육 외의 모든 형태의 문화예술교육"으로 정의한다.

위의 정의에서 알 수 있듯이 문화예술교육의 법적 정의는 매우 형식적이다. 문화예술교육은 단지 기존 문화예술 관련 법에서 정하는 분야를 교육하는 것으로 정의되고 있다. 학교문화예술교육과 사회문화예술교육에 대한 정의 역시 학교와 사회를 편의상 구분하는 정도의 수준에 그치고 있다. 특히 사회문화예술교육은 학교가 아닌 곳에서 교육하는 나머지 것으로 정의되고 있어, 다양한 사회 영역의 의미와 가치를 담아내지 못하는 매우 기계적인 정의에 불과하다. 지원법의 정의는 "문화예술교육에 담겨 있는 의미와 가치, 목표, 지향점 등을 결여하고 있어 이론적 측면에서나 실천적 측면에서 충분한 개념이라고 보기는 어려운" 점이 있다.7) 정작 문화예술교육이 무엇이고, 그 개념은 어떤 철학과 가치를 담고 있는지에 대해서 지원법은 정의를 제대로 내리지 못하고 있는 것이다. 지원법의 정의는 분야와 장소에 따른 형식적인 정의에 그치고 있다. 문화예술교육의 정의가 형식적인 법의 정의 수준에서 그치지 않으려면, 문화예술교육의 정체성이 무엇인지에 대한 검토가 선행되어야 한다.

2) 문화예술교육의 정체성

사실 문화예술교육이란 용어는 모호한 의미를 내포하고 있다. 특히 문화교육의 관점을 중시할 것인가, 예술교육의 관점을 중시할 것인가에 따라 그 의미

7_ 김수정·최샛별, 「문화예술교육정책은 왜 혼란스러운가?: 문화예술교육정책 연구를 위한 사회학적 시론」, 『문화와 사회』 제24권, 2017, 14.

와 역할, 실천 방법이 달라질 수 있다. 2004년부터 문화예술교육이 본격화된 이래 이 용어상의 문제는 이론과 실제에 있어 모두 지속적인 논쟁이 있었으며, 정책 사업의 행정과 현장에서 문화교육과 예술교육의 차이와 그 실천의 차별성에 대해서는 충분한 논의를 하지 않았다.

한국보다 예술교육정책을 먼저 실시한 프랑스와 영국의 경우 '예술교육의 창의성의 가치'와 '문화교육의 다양성의 가치'를 공존시키기 위한 정책 방향을 놓고 적지 않은 노력을 기울였다. 한국 문화예술교육의 모범 사례가 된 프랑스의 예술교육은 두 가지 중요한 목표를 가진다. 하나는 학생들의 비판의식과 미적 감각을 양성하는 것이고, 다른 하나는 예술의 애호가로서 잠재적 예술 향유자를 양성하는 것이다. 이러한 목표는 대중에게 예술의 미적 감각을 활성화하는 것만 아니라 예술교육을 통한 사회적 비판 감각을 키우는 데 있다. 그런 점에서 프랑스 예술교육은 기존에 문화예술정책에서 제외된 과학, 기술, 문화를 예술교육의 중요한 대상으로 삼았다는 점에서 문화교육의 관점이 강하게 드러난다고 볼 수 있다.[8] 프랑스 문화예술교육정책에서 중요한 철학은 이른바 '모든 이를 위한 예술교육'이란 슬로건을 통해 문화민주주의를 실천하고자 하는 데 있다.[9]

영국의 경우 한국에서 문화예술교육이 본격적으로 시작된 2000년대 초기에는 신노동당 정부가 집권하던 시기였다. 신노동당 정부는 문화예술에서 문화민주주의의 사회적 확산을 위해 국민의 문화적 접근권을 강조하는 데 목표를 두었지만, 그렇다고 예술의 창의적 가치를 간과하지는 않았다. 신도동당 정부가 문화정책의 슬로건으로 내건 '창의적 파트너십(creative partnership)'이나, 첫 번째 문화정책 백서 『문화와 창의성: 다음 10년 *Culture & Creativity: The Next 10 Years*』은 모두 예술교육의 창의성과 접근성을 모두 강조했다. "신노동당 주도의 예술교육 정책논의 역시 예술교육의 사회경제적 효과를 강조하면서도, 동시에

8_ 고봉만, 「프랑스 문화예술교육 정책의 방향」, 『프랑스학 연구』 18호, 2000, 180.
9_ 이가야, 「프랑스의 문화예술교육정책과 문화 민주화」, 『프랑스어문교육』 제43집, 2013 참고.

예술의 본질적 가치 및 수월성 제고의 필요성을 강조하는 이중적 양상을 나타내기 시작한 것"[10]이다.

한국에서 문화예술교육정책이 본격화된 데에는 문화NGO 단체인 문화연대의 문화교육운동이 큰 역할을 담당했다. 문화연대의 문화교육운동은 공교육에서 행하여진 예체능교육의 한계를 극복하고, 장르 중심적인 분과예술교육에서 개인의 감성적 역량을 강화하는 통합적으로 넓은 의미의 삶으로서 문화교육을 대안으로 제시하였다.[11] 문화예술교육은 "예술교육의 내재적인 가치를 사회적 가치로 확산"하는 데 기여하는 것이고, "예술 안의, 예술의 교육에 머무르지 않고, 예술을 통한 교육, 삶을 위한 예술교육으로 변화"를 모색하는 것을 의미한다.[12] 문화교육은 기존 장르 중심적이고 기능 중심적인 예술교육의 대안으로 제시된 개념이지만, 문화교육운동이 정부의 문화정책과 입법으로 전환하는 과정에서 문화예술교육으로 변경되었다. 문화예술교육은 문화교육과 예술교육을 결합한 개념이지만, 국가 문화정책에서 통상 문화예술을 같이 사용한다는 점에서 입법 과정에서 일반적인 정책-법률 용어로 변경된 것이다. 그럼에도 문화예술교육의 정체성과 가치를 이해하기 위해서는 문화교육과 예술교육의 개념적 차이를 기술할 필요가 있다.

물론 문화교육과 예술교육이 다른 개념이라 하더라도 이 둘의 관계를 대립적인 이분법으로 생각해서는 안 된다. 예술교육은 전통적이고, 문화교육은 동시대적이며, 예술교육은 분과적이고, 문화교육은 통합적이며, 예술교육은 장르교육이고, 문화교육은 사회교육이라는 이분법적인 관점에서도 벗어나야 한다. 문화예술교육의 정체성을 모호하게 이해하기보다는 통합적, 상호작용적으로 이해하는 것이 바람직하다.

10_ 최보연, 「창의교육에서 문화교육으로: 영국 신노동당 및 보수·자민당 연합정부 간 문화예술교육 정책변동에 관한 비판적 고찰」, 『문화경제연구』 제18권 제1호, 2015, 61.
11_ 조동원, 「다시! 문화교육운동이다—문화교육운동의 전략 재검토와 문화예술교육 정책 비판」, 『문화/과학』 38호, 2004년 여름, 157.
12_ 정연희, 「문화예술교육 정책의 정당성 제고에 관한 소론」, 『미술교육연구논총』 35권, 2013, 20.

[문화교육과 예술교육의 개념 비교]

구분	관점	대상	가치
예술교육	전통적, 분과적, 장르적, 보수적 교육	문학, 연극, 무용, 국악 등 예술 장르 기반의 교육	예술장르의 역량강화 사운드, 이미지, 텍스트의 창의적 감각 확대 -감각과 감수성 교육
문화교육	동시대적, 통합적, 탈장르적, 진보적 교육	예술 장르교육에 한정하지 않고 대중문화의 영역까지 확장 예술장르 간, 탈 예술장르 사회적 이슈와 연계	근대적 예술장르의 경계를 벗어나, 예술교육이 사회적 가치를 이해하고 소통하는 데 중요한 매개가 되는 것을 강조 -사회적 이해와 소통을 위한 교육

문화예술교육의 정체성은 확정해서 정의할 수 없다. 그것은 불변하는 본질을 정의하는 것이 아니다. 그것의 현재성, 사회적 가치 의미를 구하기 위한 유동적인 개념으로 이해할 필요가 있다. 문화교육이 교육을 매개로 사회적 소통과 문제의식을 높이고, 문화의 사회적 가치를 중시하는 것이라면, 예술교육은 다양한 예술 역량의 연마를 통해 개인의 감각을 활성화하고 감수성을 높이는 교육이라 할 수 있다. 문화예술교육은 이러한 두 가지 장점들을 살리고, 사회의 가치확산과 개인의 감각 활성화라는 두 가지 목표를 함께 실현하는 것으로 이해할 필요가 있다.

3) 문화예술교육정책의 패러다임 전환

문화예술교육의 정책 패러다임 전환은 급변하는 사회문화 환경을 반영한다는 의미에서 매우 중요하다. 무엇보다 문화예술교육의 정의를 전통적으로 법에서 정하는 장르 예술교육의 패러다임에서 벗어나서 정의하는 것이 필요하다. 문화예술교육을 불변의 본질이 아니라 사회문화 환경에 대응하는 과정으로서 이해하기 위해서는 예술교육과 문화교육을 분리하는 관점보다는 통합적으로 사유하는 관점이 중요하다. '예술교육에서 문화교육으로'라는 도식적인 패러다임의 전환보다는 '예술교육의 창의성과 문화교육의 다양성을 잘 연계하여 개인의 감각 역량을 높이고 사회의 소통 능력을 활성화하는 교육'으로 이해하는 것이 필요하다.

문화예술교육을 사회문화 환경에 대응하는 과정으로서 이해하는 것도 문화예술교육의 전통적인 정책 패러다임에서 벗어나는 시각이다. 문화예술교육의 사회적 가치확산을 위해 전 생애적 교육을 통한 개인의 문화적 권리를 높이는 교육, 개인의 창의적인 삶을 디자인하는 교육, 공동체 안에서 타인에 대한 공감과 이해를 높이는 교육, 사회적 갈등 해소에 기여하는 교육, 창의적 영역의 경제적 가치를 높일 수 있는 교육으로 패러다임이 전환되어야 한다. 이러한 패러다임의 전환을 고려해보면, 문화예술교육은 "개인의 감각 활성화와 사회의 이해와 소통 능력의 확대를 위한 창의적인 모든 교육과정"으로 정의할 수 있다. 이처럼 예술교육을 적극적인 사회문제 해결의 수행자 역할로 변화시키면 개인의 삶을 바꿀 수 있는 중요한 교육적 가치를 가지게 된다.[13]

4) 문화예술교육의 원리

(1) 문화권으로서 문화예술교육

문화는 인간 삶의 총체적 양식이자 인간답게 살 수 있는 권리의 기초이며, 행복하고 즐거운 삶을 누릴 수 있는 가장 중요한 가치를 지닌다. 따라서 문화를 우리 시대의 가장 중요한 사회적 의제로 인정하고, 국가는 문화에 대한 통합적 시각을 바탕으로 문화권(문화적 권리) 보장에 대한 실천적 대응으로서 국가정책을 수립하고 운영해야 한다. 문화권(문화적 권리)은 삶의 질을 향상한 후에나 보장되어야 하는 부차적인 것이 아니라 인간의 기본권이다. 따라서 국가정책에서 '문화'와 '복지'는 분리하여 접근할 수 있는 영역이 아니다. 구제의 개념으로서 문화복지가 아니라, 자기결정권을 바탕으로 한 문화 주체로서 지속

13_ 현은령, 「문화예술교육의 사회적 확산을 위한 성공사례연구」, 『한국과학예술포럼 자료집』 제10권, 2012, 260.

가능한 삶이라는 기본권리라는 인식이 제도 전반에 반영되어야 한다.

문화권(문화적 권리)은 삶의 의미와 가치를 높이거나 삶의 모습을 가꾸는 사회적 권리이며, 따라서 문화적 권리를 누리기 위해서는 삶을 가꿀 수 있는 사회 공공성이 탄탄해야 하며, 사회적 자유 등이 법률적・제도적으로 제공되고 보장되어야 한다. 문화예술교육은 개인의 문화적 기본권을 추구하는 데 있어 중요한 영역이다.

(2) 감각 활성화로서 문화예술교육

문화예술교육이 다른 교육과 가장 큰 차별점은 개인의 감각과 감수성의 활성화에 있다. 문화예술교육은 일상에서 느끼지 못하는 미적인 체험을 할 수 있는 교육이며, 놀이와 배움을 통해서 미적 즐거움을 추구하는 교육이다. 감각의 활성화로서 문화예술교육은 유아와 어린이 청소년 시기의 정서발달에 크게 도움이 되며, 또한 장년과 노년기의 삶을 즐겁게 만드는 교육으로서 삶의 치유와 행복을 위한 교육으로 이해할 필요가 있다. 따라서 문화예술교육에서 감각과 감수성 교육이 가장 중요하다. 감각의 활성화로서 문화예술교육은 크게 사운드, 이미지, 텍스트로 구분해서 설명할 수 있다.

가령 다양한 악기연주나 노래를 통한 합창 교육의 수준을 넘어서 소리의 다양한 감각들을 체험할 수 있는 창의적 교육프로그램의 개발이 필요하다. 이미지로서의 문화예술교육은 주로 그림을 매개로 하는 시각문화 분야의 교육을 기본으로 하지만, 동영상 및 멀티미디어, 상호작용형 미디어아트를 포함하는 교육이다. 그것은 또한 이미지의 개념을 광고, 브랜드 로고, 건축물의 외형구조, 도시 공간을 모두 포함하는 시각물 전체를 대상으로 간주하여 우리의 일상생활 안에 이미지가 어떤 감각을 생산하는지를 체험한다. 텍스트로서의 문화예술교육은 주로 시, 소설, 에세이, 희곡과 같은 문학 작품들을 중심으로 하는 교육이지만, 이 역시 전통적인 문학 장르에 한정되지 않고, 인터넷, 웹툰, 영화, 드라마 등의 문화콘텐츠도 함께 체험하는 교육으로 확대되어야 한다.

(3) 소통과 공감으로서 문화예술교육

문화예술교육은 개인의 감각을 활성화하는 교육일 뿐 아니라, 사회의 문제들을 공감하고, 사회적 문제해결 능력을 높이는 교육이기도 하다. 문화예술교육은 교육과 체험을 통해 사회의 다양한 이슈들을 이해하는 교육으로 재난, 환경과 생태, 문화다양성, 혐오와 차별 등의 사회적 문제들의 발생 원리를 이해하고, 문제해결의 가능성을 탐색하는 교육이다. 문화예술교육은 개인의 예술적 능력을 높이는 예능교육만이 아니라 하나의 주제를 가지고 공동체가 함께 참여하는 교육이기도 하다. 재난, 환경, 생태, 인권, 다문화 등의 주제를 표현하는 다양한 문화예술교육 사례 등을 통해서 사회적 문제들을 감성적으로 이해하는 교육이다.

문화예술교육 중 사회문화예술교육은 이러한 소통과 공감으로서의 교육을 중시해야 하며, 지역사회 안에서 타자의 차이를 이해하고, 더불어 살아가는 지혜를 얻는 창의적 교육프로그램들이 많이 개발되어야 한다. 지역과 사회 안의 공동체 감성 교육으로서 사회문화예술교육의 원리와 방법 연구와 체험 사례 공유의 기회가 더 필요하다.

(4) 삶으로서 문화예술교육

문화예술교육은 개인들의 일상적 삶을 좀 더 즐겁고 행복하게 만드는 일에 기여하는 교육이다. 문화는 일상적 삶의 양식이고, 예술은 일상을 낯설게 하는 행위라는 점에서 문화예술교육은 일상의 삶을 좀 더 창의적으로 사는 다양한 방법을 찾는 것으로 정의할 수 있다. 삶으로서 문화예술교육은 전 생애에서 문화예술교육이 얼마나 중요한지에 대한 근거를 제시하고, 생애주기별 맞춤형 문화예술교육의 프로그램들을 개발해야 한다.

삶으로서 문화예술교육은 '배우는 교육'과 '체험하는 교육'을 함께 결합하는 것이 바람직하다. 필요한 예능 교육을 배우는 것을 넘어서 직접 예술행위에 참여하고 체험하는 교육으로 확대해야 한다는 점에서 '생활문화' 사업과 연계될 수 있는 지점들이 많이 있다.

3. 문화예술교육정책의 전개과정

정부별 문화예술교육정책은 크게 세 가지 형태로 제안될 수 있다. 첫째, 법정계획으로서, 현행 「문화예술교육지원법」 제6조(문화예술교육 종합계획의 수립 등)에 따라 5년마다 <문화예술교육 지원에 관한 종합계획>을 수립할 수 있다. 2017년 법률 재개정을 통해 첫 번째 종합계획이 발표되었고, 2022년에는 두 번째 종합계획이 발표되었다. 둘째, 정부가 출범하게 되면 국정과제를 수립하는데, 이 과제에 문화예술교육 관련 계획을 포함할 수 있다. 정부의 모든 국정과제를 담은 보고서이기 때문에 문화예술 분야의 국정과제는 통상 4-5개 정도 포함되고, 그중에서 예술정책 분야도 작게 기술되어, 문화예술교육 지원 계획을 자세하게 담을 수 없는 한계를 가진다. 마지막으로 문화체육관광부 '문화예술교육지원과'와 한국문화예술교육진흥원에서 문화예술교육 활성화를 위한 지원정책을 별도로 수립할 수 있다. 별도의 종합계획안은 정부가 바뀌거나 진흥원장이 새로 임명될 때, 실용적인 정책과제들을 담는 내용을 담을 수 있지만, 법정 계획은 아니어서 사업실행력이 높지 않다. 이제 정부별로 문화예술교육정책이 어떻게 수립되어 변화해왔는지를 개괄하고 정부별 문화예술교육정책에 대해 논의하고자 한다.

1) 노무현정부 문화예술교육정책

노무현정부에서 본격적으로 시작한 문화예술교육정책은 지난 20년간 새로운 정부를 거치면서 발전해왔다. 노무현정부는 문화예술교육정책을 본격적으로 실시하기 위해 2003년 6월에 문화예술교육과를 신설하고 문화예술교육 특

[문화예술교육정책 관련 정부별 주요 발표]

시기	제목	발표기관
2004년 11월	문화예술교육 활성화 종합계획	문화관광부 · 교육인적자원부
2007년 6월	문화예술교육 활성화 중장기 전략	문화관광부
2010년 7월	창의성과 인성함양을 위한 초·중등 예술교육 활성화 기본방향	문화체육관광부 · 교육과학기술부
2014년 2월	문화예술교육 중장기 발전계획	문화체육관광부
2017년 12월	문화예술교육 종합계획	문화체육관광부(법정계획)
2022년 11월	제2차 문화예술교육 종합계획 수립	문화체육관광부(법정계획)

별전문위원회를 설치했다. 2004년 11월에는 문화관광부와 교육인적자원부가 공동으로 <문화예술교육 활성화 종합계획>을 발표했고, 2005년 2월에는 한국문화예술교육진흥원을 설립하고, 같은 해 12월에는 「문화예술교육지원법」이 제정되었다.[14] 2006년 포르투갈에서 처음으로 개최된 1차 유네스코 세계문화예술교육대회에 참석하여 한국의 문화예술교육정책 사례들을 발표하고, 2010년 차기 대회 한국 유치에 성공했다. 2007년에는 정책 사업 실행 초기 3년의 경험과 시행착오, 정책현장의 반응을 종합적으로 검토하여 <문화예술교육 활성화 중장기 전략(2007~2011)>을 수립했다.[15]

노무현정부 문화예술교육정책은 <창의한국>과 2004년에 발표한 <문화예술교육 활성화 종합계획>에도 중요하게 포함되었다. 먼저 <창의한국>에서 문화예술교육정책은 문화비전 27대 추진과제에서 첫 번째 과제 '문화예술교육을 통한 문화역량 강화'로 제시될 정도로 비중 있게 다뤄졌다. 이 정책과

14_ 김영순, 전영은, 「학교 문화예술교육 정책의 내용 계열성에 관한 연구」, 『문화예술교육연구』, 제6권 4호, 2011, 88.

15_ 홍애령, 송미숙, 「문화예술교육 정책 분석을 통한 문화예술교육의 발전 방향」, 『한국무용연구』 33권 1호, 2015, 171.

[문화예술교육 세부추진과제와 단위사업]

세부 추진과제	단위사업
시민의 문화향유력 · 창의력 고취를 위한 사회문화예술교육 활성화	• 사회문화예술교육의 체계적 제도화를 위한 연구과제 수행 • 문화기반시설, 대학 등과 연계한 사회문화예술교육 시범사업 추진 • 문화예술 강사 풀(Pool)을 활용한 사회 문화예술교육 내실화 · 다양화 • 문화기반시설을 거점으로 한 지역 주민들의 자발적 문화활동 활성화 • 계층별 · 연령별 문화접촉력 강화 • 공동체 지향성 강화를 위한 문화예술교육 프로그램 개발과 시범 사업 수
학교교육을 지식 중심에서 문화 중심으로 전환	• 학교에서의 문화예술교육 비중 확대 • 문화예술 교원연수 프로그램 내실화와 교사 연구활동 지원 • 학교 현장에 적합한 문화예술인 강사 풀 운영과 문화예술 전문인력 재교육 강화 • 학교 현장의 문화접촉력 강화 [영상 · 미디어 분야] • 영상 · 미디어 교육의 체계적 제도화 추진 • 공교육 내 미디어 교육 비중 확대
지역 문화자원과 학교교육간 연계 강화	• 학교와 지역 연계 문화예술교육 시범사업 운영과 전국적 확산 • 문화기반시설을 거점으로 한 지역 청소년 문화활동 활성화 [영상 · 미디어 분야] • 지역문화기반시설과 교육기관 내 미디어 교육 비중 확대 • 지역 문화기반시설을 거점으로 한 자발적 영상 · 미디어 활동 활성화
문화예술교육 활성화를 위한 제도적 기반 조성	• 문화예술교육 활성화 종합계획 수립 • 「문화예술교육진흥법」 제정 • 문화예술교육 대국민 인식 제고를 위한 홍보활동 강화 • 문화예술교육 연구 사업 추진 • 문화예술교육 지원체계와 지역단위 협력체계 구축 • 문화예술교육 허브 사이트 구축 • 문화예술교육 활성화 재원 확충

제의 주요 의의는 '지식-문화사회가 요구하는 창의적 문화인력 양성을 위해서는 문화예술교육 강화 필요' '일상생활에서의 문화적 삶 실현과 여가시간 문화적 향유 능력 필요' '사회공동체 지향성 강화' '문화다양성과 차이에 대한 이해

와 수평적 관계 맺기' '공교육 내 문화예술교육 여건 개선을 통해 청소년의 창의적 문화감수성 함양'으로 요약할 수 있다. 문화예술교육정책은 창의적인 인력 양성, 개인의 문화향유, 청소년의 문화감수성, 사회적 문제해결 능력을 위해 필요한 정책이다. 이러한 목표를 실현하기 위해 <창의한국>은 4개 추진과제와 23개의 단위사업을 제시하였다.

노무현정부 <창의한국>에서 제시한 문화예술교육정책 세부사업을 추진하기 위해 2004년 <문화예술교육 활성화 종합계획>이 마련되었다. 이 보고서는 최초의 문화예술교육 진흥을 위한 종합계획서로 2004년 11월 25일 인적자원 개발회의를 통해 문화관광부와 교육인적자원부가 공동으로 발표하였다. 종

[2004년 문화예술교육 활성화 종합계획 주요 과제]

추진 과제	주요내용
문화부 · 교육부 공동으로 유 · 초 · 중등학교 문화예술교육 지원	• 어린이와 청소년을 위한 문화예술교육 확대-체험 중심의 문화예술교육 • 교과교육, 재량활동 프로그램, 특별활동 및 동아리활동 프로그램, 특기적성 프로그램과 이에 필요한 교안, 교재 등을 다양하게 개발하여 보급 • 국악, 연극, 영화 강사풀제 시작
공연장, 박물관 등 문화공간 속에서 이루어지는 체험형 교육 확대	• 학교와 지역 문화기반시설을 연계하여 문화예술교육을 하는 시범사업을 대폭 확대 • 문화의집, 청소년문화의집, 지역의 청소년 공부방 등에 문화예술교육 프로그램과 전문 강사를 지원
외국인노동자, 탈북자 등 특수계층 대상 문화예술교육 프로그램 개발	• 탈북자, 국제결혼이주여성과 그 가족 등을 위한 문화예술 활용 사회적응 프로그램, 탈성매매여성, 가정폭력 피해여성 등을 위한 예술치유 프로그램, 해외교포와 외국인 노동자 및 외국인 유학생 대상 한국문화 교육프로그램
문화예술교육 전문위원회 설치 등 부처간, 민관 협력 체제 구축	• 교육부총리가 주재하는 인적자원개발회의 산하에 관계 부처 공무원, 민간 전문가 등이 참여하는 문화예술교육전문위원회 설치 · 운영 • 지방자치단체와 교육자치단체 그리고 문화기반시설과 학교 관계자 등이 참여하는 지역별 협의체 구성

합계획은 1년여 기간 동안 초·중등교사, 학계 전문가, 문화기반시설 교육담당자 등 문화예술교육 관련 각계 전문가들의 의견 수렴을 거친 후 마련된 것으로서, 유·초·중등학교, 지역 공공시설 등 사회 전반에서의 문화예술교육 활성화를 위한 체계적인 정책 방향을 담고 있다. 이 계획안의 주요 추진 계획들을 정리하면 앞쪽의 표 [2004년 문화예술교육 활성화 종합계획 주요 과제]와 같다.

노무현정부 시절 문화예술교육정책은 초기 단계였기 때문에 정책의 기반을 다져나가는 일들에 집중했다. 문화관광부 안에 처음으로 문화예술교육과가 신설되고, 한국문화예술교육진흥원이 출범하였다. 초기 문화예술교육은 학교 문화예술교육에 집중하였기 때문에 특히 교육부와의 협력이 필수적이어서 관련 법령에 따라 <문화예술교육지원위원회> 협의체 구성에 노력을 기울였지만, 국가 교육정책을 담당하는 교육부가 학교문화예술교육 사업에 있어 충분한 지원을 하지는 않았다. 「문화예술교육지원법」도 애초 문화예술교육진흥법으로 제정할 계획이었지만, 교육부가 문화관광부에서 교육을 진흥하는 정책을 추진하는 것에 반대의견을 제시하여 최종적으로는 진흥이란 이름 대신에 지원이란 이름으로 대체되었다. 노무현정부 초기에는 지원법 제정이 늦춰지면서, 안정적인 사업을 진행하기 어려웠다. 법 제정 이전에 출범한 한국문화예술교육진흥원 사업에 대해 당시 야당에서 많은 비판이 있었고, 시설과 인력도 매우 열악한 상황이었다. 그럼에도 불구하고, 문화예술교육 사업은 노무현정부의 대표적인 문화예술 분야 국정과제 중의 하나로서 통합적인 문화정책의 성공사례로 남았다.

2) 이명박정부 문화예술교육정책

이명박정부 출범 초기에 문화예술교육정책 실행에 많은 어려움이 있을 것으로 예상했지만, 오히려 문화체육관광부와 교육부 간의 협력체계를 강화하면서 학교예술교육 사업 예산이 많이 증가했다. 2008년 문화체육관광부가 발표한 <2008년도 주요업무계획>은 사실상 이명박정부의 문화정책의 핵심 과제들을 담고 있다. 새 정부의 문화정책의 슬로건은 '소프트파워가 강한 창조문화국가'이고, 4대 정책 목표로 '콘텐츠산업 전략적 육성' '체육의 생활화, 산업화, 세계화' '문화예술로, 삶의 질 선진화' '관광산업의 경쟁력 강화'가 제시되었다. 이 중에서 '문화예술로, 삶의 질 선진화' 정책목표에는 '생활 속의 문화환경 조성' '문화적 가치 사회 확산' '전통문화유산의 창조적 활용' '국어의 올바른 가치 확산' '문화예술 활성화 및 창작기반 강화' '창의적 문화공간 조성'이라는 구체적인 추진과제들이 제시되어 있다.

이 중에서 문화예술교육과 관련된 정책은 '생활 속의 문화환경 조성' 분야에 "도서관, 박물관 · 미술관, 문예회관 등 3대 문화기반시설을 지속 확충하고, 폐교 · 폐동사무소 등 유휴 공유시설을 작은 도서관 · 문화예술교육센터로 조성하여 국민의 문화예술 접근기회 확대"라는 구체적인 실천과제를 담았다. 또한 '문화예술 활성화 및 창작기반 강화' 분야에도 문화예술교육정책 사업이 포함되었는데, "국민의 문화적 감수성을 제고하고 잠재수요를 확충하기 위한 전 생애 주기별 문화예술교육 확대 실시"하는 세부과제가 담겨 있다. 2008년 문화체육관광부 주요 업무보고에서 문화예술교육정책은 주로 교육기반시설과 학교 예술강사 확대를 주된 정책과제로 제시했다.

이명박정부가 학교문화예술교육 사업에 중점을 두었다는 점은 2010년 7월에 문화체육관광부와 교육과학기술부가 함께 발표한 <창의성과 인성함양을 위한 초 · 중등 예술교육 활성화 기본방향>을 통해서 확인할 수 있다. 이 보고서의 기본 목표는 '예술을 통한 창의-인성 교육 강화' '유네스코 세계문화예술교육대회 '서울선언: 예술교육 발전목표' 후속대책 추진, '교과부의 교육과정 개편에 따른 학교 현장의 국 · 영 · 수 위주 교과 편성 우려 등에 대응하기 위한 예술교육 활성화'이다. 구체적인 실행과제들을 표로 정리하면 다음과 같다.

[창의성과 인성함양을 위한 초·중등 예술교육 활성화 기본방향 주요 과제]

추진과제	세부과제
교과활동에서의 예술교육 강화	• 음악·미술 등 정규 예술 교과 활성화 • 국어 등 일반 교과에 예술수업기법 적용 권장 • '1학교 1예술실 현대화 사업'(1,000개)과 '예술교과 교실제'(100개) 추진 • 문화부의 초중등 예술강사파견 확대 ('10년 4,150명 →12년 7,000명)
학교와 지역사회 연계를 통한 체험예술교육 강화	• 문화예술교육자원지도 (ARM: Arts education Resources Map) 개발 • 문화예술 체험 '프로그램 인증제' 도입 및 '대학생 문화봉사제도' 도입
예술·체육중점학교 활성화 및 확대	• 기 지정된 30개 예술·체육중점학교 조기 정착 유도 • 연극영화, 디자인, 실용음악 등 분야 다양화 및 확대
각급 교육기관의 예술 심화교육 지원 확대	• 대학의 시설·인력 활용을 위해 대학부설 예술영재교육원 설치 (20개) • 교육청부설 예술분야 영재학급 등 설치 ('12년까지 50,000명/년 교육규모)
과학과 예술의 통합 교육 실시	• 과학예술영재학교 또는 과학예술고등학교(특목고) 지정·운영 (1개교) • 과학고등학교, 과학중점학교 등 과학교육중심학교의 예술교육 강화
예술교육지원 부처간 협력체계 구축	• 문화예술교육진흥원을 문화예술 창의교육 거점기관으로 육성(가칭 창의교육센터) • 문화부, 교과부 및 전문가로 구성된 정례협의회 (분기 1회) 운영

3) 박근혜정부 문화예술교육정책

박근혜정부는 취임 초 국정과제 보고서에 '국민 행복, 희망의 새 시대'라는 비전으로 5개의 국정 목표를 제시하였다. 이 중에서 세 번째 목표는 '창의교육과 문화가 있는 삶'으로 교육과 문화의 연계정책을 중요한 과제로 삼았다. 이 중에서 국정과제 78번 '문화향유 기회 확대와 문화격차 해소' 과제는 생애주기별 문화향유 지원체계 구축 및 여가 모델 개발 보급을 강조하여 어린이집 유치원에 문화예술교육사를 파견하고, 전국 모든 학교에도 문화예술교육사를 배치하는 안을 제시하였다.

문화체육관광부는 2014년에 <문화예술교육 중장기 발전계획>안을 발표했다. 이 보고서에는 세 가지 추진배경이 강조되었다. 첫째, 상상력 · 창의력 기반의 소프트파워 부상에 따라 예술교육의 중요성이 증대하면서 문화예술교육의 새로운 패러다임이 부상한 점, 둘째, 양극화, 저출산 · 고령화, 과잉경쟁과 사회갈등 심화, 가족해체, 고용불안 등으로 국민의 삶의 질이 낮아 행복수준이 저하하는 문제를 해결하는 문화예술교육의 사회적 통합 역할이 증대한 점, 셋째, 문화예술교육은 문화융성, 창조경제, 국민 행복의 원동력으로서 국민 행복 실현의 토대가 된다는 점이다. 이러한 배경을 바탕으로 세 개의 추진과제와 9개의 세부실행과제를 제시하였다.

[박근혜정부 문화예술교육 중장기 발전계획 추진과제]

추진과제	세부실행과제
문화예술교육의 일상화	생애주기별 문화예술교육 지원 문화예술교육을 통한 문화 사각지대 해소 문화복지 구현을 위한 생활밀착형 교육
문화예술교육의 지역화	지역 중심의 프로그램 확충 문화예술교육 전달체계 개선
문화예술교육의 내실화	문화예술교육 전문인력 양성 및 활용 문화예술교육 연구 기능 확충 국제교류 · 협력 활성화

박근혜정부 문화예술교육정책은 이명박정부에 이어 사업의 규모를 양적으로 확산하는 데 중요한 목표를 두었다. 한국문화예술교육진흥원 2014년 연차보고서에 따르면 박근혜정부 시절 문화체육관광부는 업무계획을 통해 전국 모든 초 · 중 · 고교에 예술강사를 6,000명으로 확대 배치하는 계획을 발표하였고, 전년도 진흥원 예산과 비교할 때, 36%를 증액하였다.[16] 문화예술교육 중장기

16_ 김광중, 「문재인 정부의 문화예술교육 정책 현황과 과제: 한국문화예술교육진흥원 예산변화와 신규사업을 중심으로」, 『모드니예술』 제16호, 2019, 26.

발전계획의 추진과제와 세부 실행과제들이 잘 제시되고 있지만, '문화예술교육 전달체계 개선이'나 '문화예술교육 전문인력 양성' '예술강사의 처우 개선' 등 정책의 기반이 되는 과제들에 대해서는 제대로 해결하지 못했다. 또한, 박근혜정부 후반기에 터진 블랙리스트 사태가 문화예술교육정책의 후퇴를 야기했다.

4) 문재인정부 문화예술교육정책

문재인정부는 출범 이후에 국가 문화정책의 새로운 대안을 만들기 위해 보고서 <문화비전2030-사람이 있는 문화>(이하 <문화비전2030>, 2018.12)를 발간했다. 보고서는 3대 가치로 자율성, 다양성, 창의성의 가치, 3대 방향으로 '개인의 자율성 보장' '공동체의 다양성 실현' '사회의 창의성 확산'으로 설정하였다. <문화비전2030>은 또한 3대 가치와 3대 방향을 문화정책에 반영할 수 있는 9대 의제를 다음과 같이 제시하였다.

[문화비전 3대 가치, 방향, 9대 의제]

3대 가치	3대 방향	9대 의제
자율성	개인의 자율성 보장	개인의 문화권리 확대
		문화예술인/종사자 지위와 권리 보장
		성평등 문화의 실현
다양성	공동체의 다양성 실현	문화다양성 보호와 확산
		공정하고 다양한 문화생태계 조성
		지역 문화분권 실현
창의성	사회의 창의성 확산	문화자원의 융합 역량강화
		미래와 평화를 위한 문화협력 확대
		문화를 통한 창의적 사회혁신

<문화비전2030>의 9대 의제 중에서 첫 번째, '개인의 문화권리 확대' 의제는 개인의 문화 권리 실현을 위해 문화예술교육정책이 필요하다는 점을 강조하고 있다. 대표적인 추진과제로는 다음과 같이 정책과제들이 제시되었다.

- 문화예술교육 지역 분권화 추진과 지역문화예술교육 생태계 구축
- 학교 예술 강사 등 문화예술교육가의 지위와 권리를 강화해 문화예술교육 안정화
- 수요자 맞춤형 교육 콘텐츠 개발 및 교육 영역의 다변화
- 예술 수요 기반을 확대하기 위한 문화예술교육 강화
- 문화적 권리를 증진하기 위한 미디어교육의 활성화
- 치유와 사회통합을 위한 문화예술교육
- 생활 속 자생적 인문 확산 기반 구축

문재인정부는 <문화비전2030>과 함께 <새 예술정책: 사람이 있는 문화, 예술이 있는 삶>을 발표하였다. 이 보고서 전략과제 5번은 '모두에 열려 있는 예술 참여 환경을 만들겠습니다'이고, 이 전략의 첫 번째, 실행과제가 '문화예술교육을 통한 예술향유 역량 강화'이다. 이 실행과제의 대표사업들은 다음과 같다.

- 대표사업 1: 지역 기반 문화예술교육 생태계 조성
- 대표사업 2: 수요자 맞춤형 생애주기별 문화예술교육 확대
- 대표사업 3: 문화예술교육의 사회적 역할 강화
- 대표사업 4: 예술동아리 교육 지원 및 활성화
- 대표사업 5: 문화예술교육 전문인력 역량 강화 문화예술교육 지역 분권화 추진과 지역문화 예술교육 생태계 구축

문재인정부 들어 새롭게 추진한 문화예술교육 사업으로는 '문화예술교육센터 (가칭)'꿈꾸는 예술터' 조성' '아마추어 예술동아리 교육 지원' '지역문화유산 교육' '길 위의 인문학' '이야기할머니' '인생나눔교실' '미디어교육-지역신

[문화예술교육 종합계획 추진과제]

추진과제	실행과제
지역 기반 생태계 구축	① 지역 중심 문화예술교육 추진 체계화 ② 지역 문화예술교육 거점 공간 조성 및 지역자원 연계 ③ 문화예술교육 협력망 활성화
수요자 중심 교육 다각화	④ 생애주기별 맞춤형 문화예술교육 확대 ⑤ 소외계층 대상 문화예술교육 지속 확대 ⑥ 문화예술교육 지원 다각화
문화예술교육 기반 고도화	⑦ 기획 및 연구역량 강화 ⑧ 문화예술교육 전문인력 역량 강화 ⑨ 문화예술교육 국제교류 활성화 ⑩ 인식개선 및 홍보강화

문 활용 및 매체 이해력 교육' '창의교육 랩' 등이 있다. 이는 주로 개인의 문화적 향유를 높이는 것을 목표로 하고 있음을 알 수 있다.[17] 문화예술교육은 선택적인 사업이 아니라 국민의 문화권 권리를 신장하는 필수적인 교육임을 강조한 것이다.

문재인정부 들어 2017년에 「문화예술교육지원법」 제6조(문화예술교육 종합계획의 수립 등)에 의거하여 처음으로 법정 <문화예술교육 종합계획>이 수립되었다. 이 종합계획안은 2015년 5월에 「문화예술교육지원법」 개정을 통해 문화예술교육지원위원회의 심의를 거쳐 5년마다 종합계획 수립을 법적으로 의무화하는 첫 번째 계획안이다. '삶과 함께하는 문화예술교육'이란 비전과 '문화예술교육의 재도약: 문화예술교육의 지속 성장과 질적 제고'라는 목표를 가지고 종합계획안은 정책 방향으로 첫째, 국민의 문화생활(Cultural Life) 관점에서 문화예술교육정책의 체계성 확보, 둘째, 현재의 수직적 전달체계를 지역 분권을 고려한 협력체계로 전환하는 지역 분권화, 셋째, 전 국민 대상 정책으로 생애주기 · 사회적 · 지역적 여건 등에 따른 수요를 고려한 정책을 설계하는 수

17_ 같은 글, 33 참고

요 특성화, 넷째, 예술, 미디어, 문화재, (다)문화, 인문 등 다양한 문화영역들의 융합과 확장을 제시하였다. 이러한 비전과 목표 전략을 바탕으로 문화예술교육 종합계획안은 앞 쪽의 표에서 보듯 추진전략과 실천과제를 제시하였다.

공교육의 위기가 심화하고, 인구 감소에 따른 학생 수의 감소로 인해 교사 수급에 불균형이 발생하는 등의 학교 교육환경의 변화로, 교육부에서도 학교 문화예술교육을 자체적으로 법제화하여 시행하고자 2019년 6월 박경미 의원 대표 발의로 학교예술교육진흥법안 제정을 추진하고자 했다. 제정 제안 사유를 보면 "그간의 예술교육 정책들은 국가와 지방자치단체, 학교 등 다양한 예술교육 주체 각각의 역할이 다소 불분명하고 상호 협력체계가 미흡한 상황에서 추진되면서 예술교육의 지속성이나 학교 교육과정과의 연계성이 부족한 한계"가 있고, 법 제정의 목적으로는 "체계적인 학교예술교육을 위한 법적・제도적 기반을 마련함으로써, 모든 학생의 예술교육 받을 권리를 보장하고 문화적 삶을 누릴 수 있는 기회를 제공할 수 있도록 학교예술교육의 내실을 기하려는 것"으로 설명하고 있다.[18] 교육부가 추진하려는 학교예술교육진흥법안이 제정될 경우, 학교예술교육 사업에 있어 문화체육관광부와 중복이 발생하고, 그동안 함께 협력하여 진행한 학교 예술강사 지원사업 역시 안정적으로 진행되기 어려운 상황일 수 있다.

이에 문화체육관광부는 지난 15년 동안 지속한 문화예술교육정책의 방향과 주요 사업들에 대한 성과 및 평가, 향후 발전 방향들을 재정립하기 위해 '문화예술문화예술교육 공론화 추진단'을 구성하여 문화예술교육정책의 중요한 쟁점들을 정리한 이슈리포트를 제작하였다. 이 이슈리포트는 문화예술교육의 개념을 재정의하고, 문화예술교육의 원리와 가치를 강조하면서 문화예술교육 공론화의 주요 방향을 다음 쪽의 표 [문화예술교육 공론화 방향]에서 보듯 제시하였다.

18_ 한국문화예술교육진흥원, <문화예술교육 공론화 추진단 이슈리포트>, 2020, 4.

[문화예술교육 공론화 방향]

공론화 방향	세부 방향
학교문화예술교육의 전환	• 지역연계 학교문화예술교육 추진 • 현장 수요 기반 학교문화예술교육 다각화
사회문화예술교육의 새로운 패러다임 구축	• 사회문화예술교육의 개념 및 정체성 재정의 • 사회문화 환경 변화에 조응하는 문화예술교육 역할 • 사회문화예술교육의 접근 방법론: 사업구조와 내용, 지원 방식 및 대상
지역분권의 실현을 위한 토대 마련	• 문화예술교육으로서 생활문화 • 문화예술교육 사업과 생활문화 사업의 중복 해결 • 지역 문화분권 정책의 관점에서 문화예술교육과 생활문화 사업의 연계 • 문화예술교육정책의 분권화로 지역 중심의 문화예술교육 실현
문화예술교육 인적 자원의 지원체계 마련	• 문화예술교육사의 실질적인 활용 방안 • 예술강사의 교육활동 영역의 확대 • 예술강사의 복지지원 • 문화예술교육 인력양성의 내실화
창의적인 문화예술교육의 확대	• 예술 장르 간 융합 관점에서 창의 · 융합문화예술교육 • 예술과 기술 관점에서 창의 · 융합문화예술교육의 시도 • 예술과 사회 관점에서 창의 · 융합문화예술교육 • 문화예술교육의 R&D 혁신을 위한 법제도 체계

5) 윤석열정부 문화예술교육정책

2022년에 출범한 윤석열정부의 국가 문화정책의 주요 국정 목표는 '따뜻한 동행, 모두가 행복한 사회'이다. 이를 위해 문화 분야 7개 국정과제를 제시하였다.

- 일상이 풍요로워지는 보편적 문화복지 실현(국정과제56)
- 공정하고 사각지대 없는 예술인 지원체계 확립(국정과제57)
- 'K-콘텐츠의 매력을 전 세계로 확산(국정과제58)
- 국민과 동행하는 디지털 · 미디어 세상(국정과제59)
- 모두를 위한 스포츠, 촘촘한 스포츠 복지 실현(국정과제 60)

- 여행으로 행복한 국민, 관광으로 발전하는 대한민국(국정과제 61)
- 전통문화유산을 미래 문화자산으로 보존 · 가치 제고(국정과제 62)

그리고 문화체육관광부는 2023년 2월 <제2차 문화예술교육 종합계획(2023~2027)>을 발표하였다. 이 종합계획안의 주요 방향들은 아래의 표와 같다.

윤석열정부의 문화예술교육정책은 현재 진행형이지만, 발표한 계획안만 가지고 평가해보면, 모든 이를 위한 예술교육을 중요한 목표로 한다는 점에서 문재인정부와 크게 다르지 않다. 그러나 사회적 취약계층을 위한 문화예술교육 사업을 집중적으로 강조한다는 점에서 다소 차별화할 수 있다. 그러나 문화

[제2차 문화예술교육 종합계획]

목표	추진과제
[자유] 자유로운 문화예술교육 향유 지원	• 수혜자가 자유롭게 직접 선택하는 문화예술교육 지원 • 문화예술교육의 디지털화를 통한 코로나19 이후 변화된 일상에서의 문화예술교육 향유 지원
[공정] 모든 국민이 공평하게 누리는 문화예술교육	• 모든 국민이 생활권 내에서 문화예술교육을 경험할 기회를 공평하게 보장하기 위한 생활권 밀착형 문화예술교육 강화
[연대] 취약계층까지 누구나 함께 누리는 문화예술교육	• 문화사각지대에 있는 취약계층 대상 다양한 분야에서의 문화예술교육 확대 • 공공 · 민간 협력을 통한 신규 정책 대상 발굴
[체감] 국민이 체감할 수 있는 문화예술교육	• 대국민 문화예술교육 체감도 제고를 위한 정량적 · 정성적 성과관리 강화
[환류] 성과 및 수요조사 환류를 통한 만족도 제고	• 지역 내 수요에 기반한 문화예술교육 실행을 위한 지역의 자율적 주도성 강화 → 지역 문화예술교육 지속성 강화 • 각 대상별 · 지역별 수요 발굴을 위한 통계 · 조사 · 연구개발 기반 고도화

예술교육정책에서 오랫동안 쟁점이 되었던 문제들은 여전히 해결되지 못하고 있다. 가령, 문화예술교육정책의 패러다임이 중앙중심에서 지역분권으로 전환하지 못하는 점, 문화예술교육 공급자인 예술 강사들의 신분보장과 처우 개선이 부족한 점, 학교문화예술교육과 관련한 교육부와의 협치가 부족하다는 점, 창의적이고 융합적인 사회문화예술교육 프로그램이 부족하다는 점 등 지속가능한 예술교육을 위한 핵심 정책과제들은 여전히 해결되지 못하고 있다. 이제 마지막으로 문화예술교육정책이 지속가능하기 위해 어떤 과제들을 해결해야 하는지를 언급하고자 한다.

4. 지속가능한 문화예술교육정책을 위한 개선 과제[19]

1) 학교문화예술교육의 전환

학교문화예술교육은 문화예술교육정책의 대상과 재원의 차원에서 보면 사회문화예술교육에 비해 비중이 높은 편이지만, 교육부와 일선 학교와의 협력, 대부분 비정규과목에의 참여, 예술강사의 지위 등의 문제로 인해서 정체된 상태이다. 이를 해결하기 위해서 먼저, 지역과 연계하는 학교문화예술교육의 비중을 높일 필요가 있다. 학교문화예술교육이 최근에 지역과 연계하는 유연한 프로그램에 관심을 가지고 있지만, 공교육의 교육과정의 장기 계획과 연계하여 발전하기보다는 여전히 "방과 후 수업 혹은 창의적 체험활동의 형태로 학교교육의 중심과 연계되지 못한 채 '부가적'이고 '과외'활동의 파편적 양태로 학교교육의 변방에 머물러 있다".[20]

따라서 학교예술교육이 공교육의 교육과정 안에서 지역사회와 연계하는

19_ 4장은 한국문화예술교육진흥원이 주관한 <문화예술교육의 공론화 이슈리포트> 보고서(2020)에서 필자가 집필한 총론 중 개선 과제의 내용을 수정보완한 것임을 밝혀둔다.

20_ 최보연, 김병주, 「학교문화예술교육 활성화를 위한 방향성과 과제: 영국의 사례를 통한 시사점」, 『韓國初等教育』 제24권 제4호, 2013, 275.

프로그램들을 적극적으로 개발할 필요가 있다. 예를 들면 지역 교육청을 활용한 지역연계 학교문화예술교육(서울시교육청 <창의인성센터>, 경기도교육청 <경기학교예술창작소> 사업 등)을 활성화한다거나, 지역 문화기반시설을 활용한 학교문화예술교육(아난딸로형 서울시 청소년 문화예술교육센터 연계, 지역의 문예회관, 도서관, 박물관, 청소년 문화센터 등)을 지원한다거나, 지역의 마을학교, 마을사업, 문화도시 선정 지자체와 연계하는 학교문화예술교육사업과 연계하는 방안을 고려할 수 있다. 두 번째로 현장 수요 기반 학교문화예술교육을 다각화하는 방안을 고려할 수 있다. 이를 위해 '학생들이 원하는 문화예술교육에 대한 선호도 조사' '학교 안 문화동아리, 특별활동 프로그램의 실질적인 강화를 위한 교육' '게임, 영상, 멀티미디어 관련 문화예술교육의 활성화'(학교 안 문화미디어 리터러시 교육, 게임 머시니마 제작교육 등) 등의 사업을 확대할 수 있다.

2) 사회문화예술교육의 새로운 패러다임 구축

문화예술교육정책 사업 안에서 사회문화예술교육은 사회적 약자나 소외자들을 위한 교육기회 제공이라는 취지가 강했다. 그러다 보니 사회문화예술교육은 학교문화예술교육에 비해 부차적이고 예산 규모도 적은 편이었다. 사회문화예술교육은 소외계층을 위한 교육이라기보다는 모두를 위한 예술교육으로 그 패러다임이 전환될 필요가 있다. 그러기 위해서는 먼저 사회문화예술교육의 개념 및 정체성 재정의가 필요하다. 「문화예술교육지원법」에서 정의하는 사회문화예술교육의 법률적 정의를 새롭게 하는 작업이 선행되어야 할 것이다.

현행 「문화예술교육지원법」에서 사회문화예술교육은 "제2조, 제3호 및 제4호에서 규정하는 문화예술교육시설 및 문화예술교육단체와 제24조의 각종 시설 및 단체 등에서 행하는 학교문화예술교육 외의 모든 형태의 문화예술교육"이라 정의하고 있는데, 이는 학교와 학교 외부를 구분해서 정의하는 것으로 가치 지향적인 정의로 볼 수 없다. 지금까지 진행된 사회문화예술교육은 주로 사회 소외계층을 위한 교육으로 정의할 수 있는데, 이러한 정의를 사회구성원 모두를 위한 교육, 우리 사회가 안고 있는 다양한 사회적 의제들을 다루는 예술교육으로 정의하는 것이 바람직하다. 말하자면, '사회갈등 해소, 기후변화, 생태위기, 4차 산업혁명 시대 기술과 인간, 사회 양극화 등'에 대처하고 이를 극복하고 대안을 마련하는 창의적인 문화예술교육이란 가치지향적인 의미를 강조해야 한다.

3) 지역 문화분권의 실현의 장으로서 문화예술교육

문화예술교육이 지속가능한 환경을 마련하기 위해 가장 중요하게 고려해야 할 의제는 바로 지역문화의 고유성에 토대를 둔 지역 시민들의 문화적 역량을 강화하는 목표를 분명하게 해야 한다. 이를 위해 문화예술교육정책의 탈중앙화, 분권화, 지역별 특이성을 강조하는 원칙을 가져야 한다. 그렇다고 지역문화 기관에 방임하는 방식이 아니라 중앙-지역(광역-기초)의 협력체계를 재구성하고, 현재 권역별로 조직된 <지역문화예술교육지원센터>의 권한 및 역량을 강화하고, 기초지자체-생활권 단위 문화예술교육을 실현하는 구체적인 플랜을 제시해야 한다.

지역 문화분권을 실현하는 문화예술교육은 지역 문화향유 기회의 격차를 해소하는 보급형 교육뿐 아니라, 지역의 문화적 특성과 고유성이 반영되는 교육프로그램으로 차별화하는 전략이 필요하다.[21] 가령 전주는 전통예술, 부산은 영상예술, 부천은 만화 웹툰 애니메이션, 원주는 책문화예술, 청주는 공예예술교육 등 각 지역의 문화적 고유성과 특이성을 반영하는 시민들을 위한 문화예술교육 프로그램들을 늘려야 할 것이다.

지역의 문화분권을 실현하는 문화예술교육은 지역에서 활성화되는 생활문화예술과 연계하는 프로그램을 고민해야 한다. 문화예술교육과 생활문화정책

21_ 이수철, 「지역에 밀착한 문화예술교육 정책: 성남문화재단 문화예술교육 정책 전개 과정을 중심으로」, 『IDI 도시연구』 제12호, 2017 참고.

은 중앙정부에서는 각자 다른 부서에서 담당하고 있지만, 지역 현장에서는 크게 구별하지 않고 시행되고 있다. 생활문화는 아마추어 문화예술동아리 활동에서 비롯되어서 개인의 문화 취미활동의 의미가 강하다. 문화예술교육의 관점을 수동적인 문화예술교육에서 능동적인 문화예술교육으로 확대하는 데 있어 생활문화는 중요한 연결지점이다. 문화예술교육이 개인들의 전 생애 문화 취미활동으로 확대되기 위해서는 생활문화 사업과 유사한 점이 많아서 생활문화를 문화예술교육의 확대된 지평으로 이해할 필요가 있다.

4) 기술문화 환경에 대응하는 창의적인 융합 문화예술교육의 확대

가상현실, 증강현실, 인공지능, 로보틱스, 메타버스 등 최근 기술문화의 혁신은 문화정책에서도 피할 수 없는 융합 과제가 되었다. 4차 산업혁명 시대의 도래로 문화와 과학, 예술과 기술의 융합을 위한 다양한 콘텐츠 창-제작과 혁신 연구개발(R&D)의 필요성이 제기되고 있다. 기술 중심의 연구개발이 아니라 콘텐츠 중심의 연구개발이 주도하는 다양한 혁신 지원 사업들이 마련되어야 한다. 가령 예술과 인공지능의 융합에 대한 이론적 검토와 최신 흐름 사례 연구, 가상현실을 활용한 미래의 공연예술 연구로서 버추얼 퍼포먼스, 온라인 네트워크 퍼포먼스, 이머시브 시어터(immersive theater) 구상, 인공지능과 예술융합 엔터테인먼트 프로젝트로서 차세대 디지털 미디어 플랫폼 개발, 유비쿼터스 스마트 테크놀로지, 유비쿼터스 헬스케어 시스템을 활용한 새로운 개념의 미디어 플랫폼 등의 연구개발이 필요하다.

문화예술교육에서도 예술과 기술, 예술과 예술 간 다양한 융합 사례들에 대한 교육프로그램을 개발해야 한다. 예술교육의 융합 프로그램은 크게 보아 세 가지 영역으로 설계가 가능하다. 첫째는 예술 장르 간 융합 예술교육으로 가령, 두 개의 예술 장르가 융합하는 '간학제적 예술교육(inter-disciplinary arts education)', 3개 이상의 예술 장르가 융합하는 '다중 예술교육(multi-disciplinary arts education)' 예술 장르의 경계를 허무는 '트랜스 예술교육(trans-disciplinary arts education)' 등을 들 수 있다. 특정 장르 중심형 융합 예술교육 프로그램 개발로서, 가령 음악을 기반으로 한, 무용을 기반으로 한, 시각문화를 기반으로 한 융합예술교육 프로그램을 만들 수 있다.

두 번째는 예술과 기술 관점에서 창의 · 융합문화예술교육을 시도하는 경우이다. 가령, '미디어아트 중심의 문화예술교육' '첨단기술(VR, MR, AI 등)을 활용한 문화예술교육' '기술 커먼스(techno-commons)에 기반한 기술공유 문화예술교육' 등을 들 수 있다.

세 번째는 예술과 사회 관점에서 창의 · 융합문화예술교육 프로그램을 개발하는 것으로, 가령 '특정 예술 장르를 활용한 사회적 문제해결 문화예술교육' '현장체험형 교실 밖 문화예술교육 프로그램' '분노, 혐오, 차별에 반대하는 인지적 정동 문화예술교육 프로그램' 등을 구상할 수 있다.

5) 문화예술교육 전문인력 양성 지원체계 마련

현재 문화예술교육과 관련한 예술 강사는 대략 5,000여 명에 이른다. 이들은 20년 동안 일선 학교 현장과 사회 각 영역에서 국악, 연극, 영화, 무용, 디자인, 공예, 만화, 애니메이션, 사진 등 다양한 분야의 문화예술교육을 학생들과 시민들에게 가르치고 있다. 그러나 이들에 대한 처우는 여전히 열악한 수준이다.[22] 모두 비정규직들이고, 시간당 받는 강의료는 43,000원으로 20년 전이나 지금이나 크게 오르지 않았다. 「문화예술교육지원법」에는 전문인력양성을 위해 문화예술교육사 자격증을 취득하도록 명시되어 있고, 자격증을 딴 자만 예술강사로 활동할 수 있지만, 자격증을 취득한 예비 예술강사도 모두 예술교육 현장에 참여하는 것은 아니다. 예술강사와 예술교육을 기획하고 매개하는 인력을 포함해 문화예술교육 전문인력에 대한 새로운 지원체계가 필요한 시점이다.

22_ 김소연, 「학교문화예술교육 정책의 변천 과정과 개선방안 연구—학교 무용 예술강사 지원사업 중심으로」, 『대한무용학회논문집』 제77권 4호, 2019 참고.

첫째, 문화예술교육사의 실질적인 활용 방안을 강구해야 한다. 가령, '문화예술교육사 자격증의 취득과 활용의 실태 파악 현장 중심의 수요조사' '문화예술교육사 수급에 대한 장기적인 계획수립' '문화예술교육 교육과정 내실화' 등의 플랜이 필요하다. 특히 예술 강사의 서비스 전달체계에서 강사 파견의 모든 권한을 가지고 있는 <문화예술교육진흥원>과 예술 강사를 지역에 배치하지만 실질적 권한이 없는 <지역문화예술교육지원센터> 간의 위계적인 관계에 대한 개선이 필요하다.[23)]

둘째, 예술 강사들의 교육활동 영역이 지금보다 확대되어야 한다. '학교문화예술교육 파견 예술 강사 중심에서 사회문화예술교육 영역을 확대' '생활문화 분야와 생애별 맞춤예술교육의 확대' '융복합 분야 미디어 리터러시 교육영역의 확대' '직장인 대상 문화예술교육의 기회 확대' 등이 필요하다.

셋째, 예술 강사들의 복지지원을 통해 전문인력의 안정된 생활이 보장되어야 한다. 이를 위해 '예술 강사들의 처우 개선을 위한 종합계획 수립' '예술 강사들의 단계별 사회보장 제도의 개선' '예술 강사들의 강의 지원을 위한 환경 개선'을 위한 노력이 필요하다.

■ **키워드**

문화예술교육, 문화예술교육지원법, 문화적 권리, 모두를 위한 예술교육, 정부별 문화예술교육정책, 문화예술교육전달체계, 예술강사처우개선

■ **질문거리**

▪ 문화예술교육정책의 사회문화적 배경은 무엇인가?

▪ 정부별 문화예술정책의 특징은 무엇인가?

23_ 조은영 외, 「문화예술교육 서비스전달체계에 관한 연구: 학교예술강사 지원사업 갈등사례를 중심으로」, 『한국공공관리학보』 제32권, 2018 참고

- 문화예술교육정책에서 사회문화예술교육은 어떻게 개선되어야 하는가?
- 문화예술교육의 전달체계를 개선하려면 어떤 것을 바꾸어야 하는가?
- 예술강사들의 처우개선을 위해 앞으로 어떤 지원정책을 만들어야 하는가?

3 부

콘텐츠 · 관광 문화정책

콘텐츠산업정책의 현황과 과제

김규찬 | 국립창원대학교 미디어커뮤니케이션학과 교수

1. 콘텐츠산업정책의 개념과 특징

1) 콘텐츠와 콘텐츠산업

콘텐츠란 사전적으로 '알맹이' '내용물' 등을 의미한다. 따라서 콘텐츠는 이를 드러내고 운반해줄 도구, 즉 채널, 미디어, 플랫폼 등의 개념과 긴밀히 연관된다. 콘텐츠(contents)라는 집합적 용어는 고유한 실체가 있다기보다 특정 미디어와 연결되는 순간 지니게 되는 정체성이다. 이런 측면에서 보면 콘텐츠는 미디어를 구성하는 '텍스트(text)'에 해당한다.[1] 「문화산업진흥기본법」에서는 콘텐츠를 "부호·문자·음성·음향 및 영상 등(이들의 복합체 포함)의 자료 또는 정보"로 정의하는데 이 또한 텍스트의 의미와 유사하다.

문화정책에서 관심을 가지는 콘텐츠는 '문화적 요소가 체화된 콘텐츠'인 문화콘텐츠이다. 그리고 콘텐츠산업이란 곧 문화콘텐츠산업 또는 문화산업을 의미한다.[2] 법률 용어로서의 문화산업은 "문화상품의 기획·개발·제작·생

1_ D. Hesmondhalgh, "The Cultural Industries(2nd Ed)," The SAGE handbook of cultural analysis, 2008.

2_ 콘텐츠산업과 문화콘텐츠산업, 문화산업, 창조산업, 미디어엔터테인먼트산업 등은 콘텐츠의 속성과 범주, 강조점에 따라 다른 의미를 지닐 수 있지만, 정책 현장에서는 거의 동일한 의미로 사용된다.

산·유통·소비 등과 이에 관련된 서비스를 하는 산업"으로 정의되며, 예시조항으로 영화, 음악, 게임, 출판, 방송 등의 장르가 나열되어 있다. 여기서 다시 문화상품은 "예술성·창의성·오락성·여가성·대중성(문화적 요소)이 내재되어 경제적 부가가치를 창출하는 유형·무형의 재화(문화콘텐츠, 디지털문화콘텐츠 및 멀티미디어문화콘텐츠 포함)와 그 서비스 및 이들의 복합체"로 정의된다. 이처럼 「문화산업진흥기본법」은 (문화)콘텐츠와 문화(콘텐츠)산업, 문화상품과 같은 용어의 정의를 비교적 꼼꼼히 내리고 있는데, 이는 해당 용어를 학술이나 담론의 영역이 아닌 정책적 수준에서 명확히 사용하기 위해서이다. 이러한 법적 정의를 토대로 콘텐츠산업의 개념과 범위를 구조화하면 아래와 같다.

[콘텐츠산업의 법적 정의에 따른 범주]

요소적 속성		장르적 속성		가치사슬적 속성
예술성 창의성 오락성 여가성 대중성	×	영화, 비디오 음악, 게임 출판, 인쇄, 정기간행물 방송영상물 국가유산 만화, 캐릭터, 애니메이션 에듀테인먼트, 모바일문화콘텐츠, 디자인(산업디자인 제외), 광고, 공연, 미술품, 공예품 디지털문화콘텐츠, 사용자제작문화콘텐츠, 멀티미디어문화콘텐츠 대중문화예술 전통(의상, 조형물, 장식용품, 소품, 생활용품 등)…	×	기획 개발 제작 생산 유통 소비

* 출처: 「문화산업진흥기본법」 제2조

2) 콘텐츠산업정책의 특징

콘텐츠산업정책의 가장 큰 특징은 문화정책인 동시에 산업정책이라는 점이다. 콘텐츠산업은 문화를 '돈벌이'의 수단으로 바라봄을 전제하기 때문이다.[3] 콘텐츠산업정책은 목표나 수단 면에서 여타 문화정책과의 간극이 크고 이질적이다. 하지만 바로 그 특징으로 인해 단기간에 문화정책의 주요 영역으로 부상하였다. 프랑크푸르트학파의 비판적 개념이 아닌 정책용어로서 '문화산업'이 등장한 것이 1994년이었는데, 불과 몇 년 후 "21세기 주력산업"[4]과 "21세기 기간산업"[5]이라는 호칭을 얻게 된다. 21세기 들어서면 "차세대 성장동력산업"[6]으로 "국민소득 3만 달러 시대를 조기에 견인"[7]하라는 책무도 부여받는다. 이명박정부 출범 시에는 "콘텐츠산업의 경쟁력을 높여 문화강국의 기반을 다져야 한다"고 선언함으로써,[8] 전통적인 문화강국의 개념조차 경제적인 것으로 바꾸어 놓았다. 때마침 불어온 한류 열풍과 함께 콘텐츠산업정책은 가시적인 효과를 가져온 듯 보였다. 정권과 여야를 막론하고 콘텐츠산업정책에 대해 비교적 일관되고 우호적인 태도는 이러한 배경을 품고 있다.

(1) 콘텐츠산업정책의 양면성

콘텐츠산업은 '문화'와 '산업'이라는 이질적인 두 영역이 혼재된 분야이다. 정신적이고 고상한 문화의 영역과 물질적이고 세속적인 산업의 영역은 조화되기 어려운 면이 있다. 이처럼 상이한 두 속성을 동시에 지닌 콘텐츠산업은 사회문화적 측면과 경제산업적 측면이라는 정책의 양면성이 존재할 수밖에 없다. 즉 산업으로서 경제적 속성이 강조되지만 지나치게 시장 원칙에만 의존하여 문화의 본질적 가치를 왜곡하거나 훼손해서도 안 된다.[9]

3_ 김규찬, 『문화콘텐츠산업 진흥정책의 시기별 특성과 성과: 1974~2011 문화예산 분석을 중심으로』, 서울대학교 박사학위 논문, 2012.
4_ 문화체육부, 『문화산업백서』, 1997.
5_ 김대중, 『제16대 대통령 취임사』, 1998.
6_ 재정경제부, 『차세대성장동력 추진체계 개선방안』, 2003.
7_ 문화관광부, 『2004 문화산업백서』, 2005.
8_ 이명박, 『제18대 대통령 취임사』, 2008.
9_ 김정수, 『문화행정론: 이론적 기반과 정책적 과제』, 집문당, 2010, 248-250.

콘텐츠산업에 정책적 관심이 집중되기 시작한 것은 이것이 지닌 경제적 가치가 드러나면서부터이다. 실제로 1997년 문화체육부에서 처음 발간된 『문화산업백서』에는 “우리나라의 경우 민간 부문이나 정부 모두 문화산업을 문화예술적 관점에서만 바라보았지 시장 경제적 관점에서 접근하려는 노력은 매우 부족했다”고 평가할 정도로 당시로서는 산업적 잠재력에 대한 인식이 부족하였다. 사실 20세기 말에 이르기까지 ‘대중문화’로 집약되는 콘텐츠 관련 정책은 규제 정책 일변도였다. 콘텐츠산업정책을 시행한다는 것은 이러한 단편적 시각으로부터 벗어나 진흥정책으로의 전환을 의미하였다.

하지만 문화정책의 입장에서 경제나 산업의 가치를 받아들이긴 쉽지 않았다. 콘텐츠산업정책이 적극적으로 추진되기 시작하던 2000년을 전후하여 이에 대한 비판도 만만치 않았다.[10] 이들 주장의 핵심은 문화가 시장이나 산업논리에 좌우되어서는 안 되며, 이러한 논리가 지배하면서 고유한 사회문화적 가치의 보호가 정책적 관심에서 벗어나고 있다는 것이다. 경제적 파급 효과는 문화 발전의 부수적 산물일 수는 있어도 그 자체가 문화정책의 목적이 되어서는 안 된다는 관점이다. 이 같은 비판은 다소 규범적으로 보일 수 있지만, 콘텐츠산업정책의 규모와 비중이 커지고 있는 오늘날 매우 실제적이고 본질적인 문제로 부상하고 있다.

대표적인 사례가 게임산업 정책 분야이다. 2019년 5월 세계보건기구(WHO)는 게임이용장애(Gaming Disorder)에 질병코드(6C51)를 부여하였다. 게임은 알콜, 도박, 마약과 같은 중독성 행위장애를 일으키는 주요 인자라는 것이다. ‘게임은 질병’이라는 인식은 ‘게임은 수출 효자상품’이라는 인식과 정면으로 충돌한다. 게임은 청소년 보호라는 정책 목표 아래서는 규제의 대상이 되어야 하지

10_ 공용배, 「멀티미디어 시대의 문화산업과 문화정책」, 『문화정책논총』 6집, 1995, 253-277; 문화연대, 『국민의 정부 문화적 평가와 정책대안』, 2002; 이원재, 「새 정부 문화정책 제안: 문화민주주의의 꿈」, 『참여정부 문화정책의 개혁과제 및 대안정책 제시를 위한 공개토론회 자료집』, 2003.

만, 산업 발전이라는 정책 목표 아래서는 진흥의 대상이 되어야 한다. 정책을 추진하는 부처별 입장과 이해관계자의 의견이 극명히 갈라졌다.

2011년 여성가족부가 입안해 시행에 들어간 '게임 셧다운제'도 마찬가지 경우였다. 이 정책은 청소년의 인터넷게임 중독을 예방하고 건강한 성장을 지원하기 위해 이용시간을 일부 제한하는 것이었다. 해당 정책은 청소년보호법 개정을 통해 이루어졌지만, 그 대상이 게임산업진흥에 관한 법률 상 게임물이기 때문에 게임업계와 이를 관장하는 문화체육관광부의 이해관계가 충돌하였다. 문화체육관광부의 입장은 콘텐츠산업 주무 부처로서 당연한 반응일 수 있으나, 문화정책의 궁극적인 목표를 생각해보면 일면 자기모순적인 면이 없지 않다. 문화체육관광부의 역할은 게임산업 진흥에도 있지만, 이에 따른 부작용을 최소화하고 청소년과 같은 미래세대를 '문화적'으로 육성해야 할 의무도 동시에 지니기 때문이다.

이처럼 콘텐츠산업정책은 양면적이다. 하지만 현실적으로 콘텐츠산업 자체가 이미 문화와 산업의 결합체로 존재하고 있다는 사실을 부인할 수도 없다. 김정수는 과거에는 두 부문이 별개의 영역으로 존재할 수 있었지만, 이제는 두 부문이 융합된 제3의 실체로서의 존재함을 인정해야 한다고 주장한다.[11] 산업적 가치가 없는 문화는 특별한 경우가 아니고서는 독자적으로 존재할 수 없고, 산업에서도 문화적 요소를 필요로 하기 때문이다. 따라서 한쪽의 입장만 대변하는 것은 곤란하며 정책적으로도 균형 있는 접근이 필요하다. 그러나 여전히 상이한 점이 존재하는 두 영역 간 '균형' 잡기란 말처럼 쉽지 않으며, 콘텐츠산업을 연구하는 학자와 정책담당자가 해결해야 할 과제이다.

(2) 콘텐츠산업정책의 목표와 수단

콘텐츠산업정책 목표는 상반된 두 가지 특성을 고루 반영하여 설정되어야

11_ 김정수, 앞의 책.

한다.[12] '산업경제적 목표'와 '사회문화적 목표'가 그것이다. 먼저 콘텐츠산업정책의 산업경제적 목표는 문화상품의 매출과 수출 증대를 통한 경제적 효과 달성이다. 콘텐츠산업정책의 대상은 일반적으로 대중문화와 긴밀히 관련되어 있는데, 이는 본질적으로 영리를 추구하는 시장 영역이기 때문에 정부가 별도로 개입하지 않더라도 일정 수준의 성과를 얻을 수는 있다. 하지만 영상이나 음악, 게임 같은 분야는 시장이 고도로 개방된 분야로 세계적 수준에 이르지 않으면 국내시장의 성공조차 보장할 수 없는 특징이 있다. 따라서 콘텐츠산업정책의 초점은 글로벌 경쟁력 확보에 맞추어질 수 있다.

한편 콘텐츠산업정책의 사회문화적 목표는 국민행복과 문화적 삶의 질 제고이다. 이는 "최고 수준의 다양한 문화예술을 최대 다수의 사람들이 누리게 함으로써 국민의 정서적 만족과 감동을 극대화하고 문화적 삶의 질을 제고하는 것"[13]이라는 문화정책의 일반적 목표와도 통하는 개념이다. '최고 수준'이라는 목표는 문화상품의 질적 수준 향상을 의미하며, 단순한 돈벌이 이상의 의미를 부여하게 된다. 문화상품의 효용은 편리함이 아닌 즐거움과 감동에 있기 때문이다. 더불어 '다양성'이라는 가치 또한 콘텐츠산업정책에서 고려되어야 할 사항이다. 문화다양성(cultural diversity)이란 말은 흔히 글로벌 차원에서 사용되지만 한 국가 내에서도 문화적 다양성을 갖추는 것은 중요하다. 특히 문화상품의 가치가 높고 낮음에 대한 객관적 판단이 불가능하다면 다양성 확보는 콘텐츠산업의 더욱 중요한 정책 목표가 될 수 있다.

콘텐츠산업의 두 가지 목표를 모두 실현하기 위한 대표적인 수단은 창작자와 생산자의 창의성(creativity) 제고이다.[14] 자본이나 토지, 노동, 기술 같은 전통적 생산요소보다 개인의 독창적 사고와 참신한 아이디어가 콘텐츠산업의 사회문화적 목표뿐만 아니라 산업경제적 목표를 실현하기 위한 가장 유용한

12_ 이영두, 『문화산업 경영전략』, 삶과 꿈, 2000.
13_ 김정수, 앞의 책, 97.
14_ D. Hesmondhalgh, op. cit.

수단이 될 수 있다. 물론 문화상품이 경제적 효과를 창출하기 위해서는 제작, 유통, 소비가 대량으로 이루어져야 하지만, 애초에 콘텐츠 자체가 창의적이지 않으면 이러한 과정 자체가 발생하지 않는다. 창의성은 다양한 사회문화적 소양을 지닌 인재로부터 나오기 때문에 콘텐츠산업정책의 핵심은 결국 이러한 창의성을 갖춘 전문인력을 양성하고, 그들의 아이디어를 현실화하기 위한 직간접적 지원방안을 제도적으로 갖추는 것이다. 콘텐츠산업의 두 가지 상반된 목표는 현행 법령에도 오롯이 나타난다.

[콘텐츠산업 관련 주요 법률에 나타난 정책 목표]

구 분	경제적 목표	사회문화적 목표
문화산업진흥기본법	국민경제의 발전	국민의 문화적 삶의 질 향상
콘텐츠산업진흥법	국민경제의 건전한 발전	국민생활의 향상
영상진흥기본법	영상산업 경쟁력 강화	국민 문화생활 향상
영화 및 비디오물의 진흥에 관한 법률	영상산업 진흥 촉진	국민의 문화생활 향상 민족문화의 창달
게임산업진흥에 관한 법률	국민경제 발전	국민의 문화적 삶의 질 향상
음악산업진흥에 관한 법률	국민경제 발전	국민의 문화적 삶의 질 향상
만화진흥에관한법률	국민경제 발전	국민의 문화생활 향상
이스포츠(전자스포츠) 진흥에 관한 법률	산업기반조성 및 경쟁력 강화 국민경제의 건전한 발전	국민의 여가선용 기회 확대
대중문화예술산업발전법		건전한 대중문화를 확립하고 국민의 문화적 삶의 질 향상
애니메이션산업 진흥에 관한 법률	국민경제의 발전에 이바지	국민의 문화적 삶의 질 향상

* 출처: 각 법률 제1조

2. 콘텐츠산업정책의 어제와 오늘

1) 콘텐츠산업정책의 발전

(1) **콘텐츠산업정책의 시작**[15)]

우리나라 콘텐츠산업정책의 시작은 기준에 따라 달리 설정될 수 있다. 장르 관점에서 보자면 출판이나 영화정책은 미군정 또는 그 이전까지도 거슬러 올라갈 수 있지만, 규제가 아닌 진흥, 개별 장르가 아닌 문화(콘텐츠)산업 수준에서 정책의 기원은 1994년 1월 문화체육부의 업무보고 시 "부가가치가 높은 문화산업을 육성시키고, 일반 공산품에 문화의 옷을 입혀 국제경쟁력을 제고하라"는 대통령 지시와 이에 따른 문화산업국의 설치에서 시작된다고 하겠다.[16)]

김영삼정부가 문화산업에 관심을 가지게 된 배경은 1993년 영화 <쥬라기공원*Jurassic Park*>의 흥행과 우루과이라운드(UR) 타결에서 찾을 수 있다. 1993년 여름 개봉하여 전 세계적으로 8억 5000만 달러를 벌어들인 123분짜리 공상과학영화는 당시 우리에게 낯선 개념이었던 '문화산업'의 경제적 효과와 영향력을 보여주는 기념비적 사건이었다. "두 손으로 얼굴을 가린 채 비명을 질러댈 영화를 뭐하러 돈주고 와서 보는지"[17)] "오락영화에 불과한 제작비로 480억원을 쓰는지"(서울신문, 1994) 이해하기 어렵다는 당시 언론의 평도 있었지만, 그 결과가 보여주는 엄청난 경제적 · 산업적 가치는 세계화를 주창하며 기존 군사정부와 차별화된 정책을 추구하던 김영삼정부의 관심을 끌기에 충분했다.

이듬해인 1994년 1월 문화체육부 업무보고에서 영상산업진흥책이 논의되었고, 3월 영상산업발전민간협의회가 출범하였다. 5월 "쥬라기공원 한편의 흥행수입이 자동차 150만대를 팔아서 얻는 수익과 같다"는 국가과학기술자문위

15_ 김규찬, 『문화콘텐츠산업 진흥정책의 시기별 특성과 성과: 1974~2011 문화예산 분석을 중심으로』 내용 일부를 수정 보완.
16_ 문화관광부, 『2004 문화산업백서』, 2005, 34.
17_ 이효연, 「쥬라기공원」, 『국민일보』, 1993.07.23, 10.

원회의 청와대 보고는 문화산업의 가치를 대중적으로 알린 결정적 계기가 되었다. 1997년 문화산업백서에도 "영화 '쥬라기공원'의 천문학적 수익에 관한 보도를 비롯 문화산업에 대한 단편적인 신문 보도 등이 인식 전환의 본격적인 계기가 되었다"[18]고 기록하고 있다.

한편 우루과이라운드는 다자간 자유무역협약인 가트(GATT) 체제로의 편입을 의미했다. 김영삼 대통령이 취임한 지 얼마 지나지 않은 1993년 12월 우루과이라운드가 전격 타결되었고, 쌀시장 개방과 더불어 문화산업 개방도 중요한 이슈 가운데 하나였다. 1988년 직배사 설립 허용의 형태로 영화시장이 개방된 이후 우리나라 외화 점유율은 80%에 달하였는데, 여기에 GATT 및 WTO 체제 진입으로 인한 통신 및 시청각 매체 시장 추가 개방은 산업적 위기를 넘어 문화적으로도 종속될 우려를 불러일으켰다.[19]

이러한 당시 여건을 고려하면 <쥬라기공원> 수준의 기술력을 갖춘 영화를 국내 제작하여 국부 유출을 막는 것은 문화정책의 주요한 목표가 될 수밖에 없었다. 실제로 국가과학기술위원회(1994)의 청와대 보고서 제목은 '첨단영상산업' 진흥방안이었는데, 구체적으로 카메라나 비디오테이프, CD 같은 촬영 장비 및 영상저장 장치의 국산화와 해외 수출을 목표로 하였다. 미래사회는 영화와 같은 영상콘텐츠가 부의 근원이 될 것이라는 인식은 동일했지만, 그 방향은 콘텐츠 창작지원이 아닌 콘텐츠 관련 제조업 육성이었다.

김영삼정부의 콘텐츠산업정책은 그 한계에도 불구하고, 문화산업국 설치라는 제도적 기반과 진흥정책으로의 방향 전환을 이루었다는 점에서 상당한 의미를 지닌다. 당시 정책 흐름에 따라 설립된 삼성영상산업단은 짧은 활동 기간에도 불구하고 <쉬리>와 같은 한국형 블록버스터 영화의 표준을 만들었고, 당시 참여 인력의 상당수가 콘텐츠 업계에 남아 한류의 초석이 되었다.

18_ 문화체육부, 『문화산업백서』, 1997, 31.
19_ 김원식, 「문화산업의 육성을 위한 지원 및 자원확충방안」, 『국회보』, 1994년 10월호(통권 336호), 113-119; 공용배, 앞의 글, 253-277.

(2) 콘텐츠산업 주요 중장기 정책

[콘텐츠산업 주요 중장기 계획]

구분	목표
제1차 콘텐츠산업진흥계획(2011)	13년 세계 7대 강국 ⇒ 15년 5대 강국 시장규모(100조원→120조원) / 수출규모(52억불→75억불) / 고용규모(58만명→63만명)
제2차 콘텐츠산업진흥계획(2014)	창조경제 견인 ⇒ 국민소득 3만불 시장규모(112조원) / 수출규모(85억불) / 고용규모(66만명)
콘텐츠산업 중장기정책비전 (2017)	사람이 있는 콘텐츠, 함께 성장하는 산업 - 매출액 10억 이상 기업수: 8,200('16)→10,000('22) - 콘텐츠산업성장률(5년 평균): 4.9%('16)→6%('22) - 지역 콘텐츠산업 매출 비중: 36%('16)→45%('22)
제3차 콘텐츠산업진흥계획(2018)	고용규모(2018년 65만 / 2022년 68.3만) 매출규모(116.3조→141조) / 수출규모(75억불→101억불)
콘텐츠산업 3대 혁신전략(2019)	매출 153.8조원, 수출 134.2억 달러, 고용 70만명 1000억원 이상 기업 2000개, 실감콘텐츠매출 11.7조원
코로나19 극복 콘텐츠산업혁신 전략(2021)	콘텐츠 매출: 126조원('20) → 168.1조원('25) 콘텐츠 수출: 108.3억달러('20) → 156.9억달러('25) 해외 한류 팬 수: 약 1억 명('20) → 1.5억 명('25)
제4차 수출전략 회의 발표 '콘텐츠 수출전략'(2023)	K-콘텐츠 수출: 2021년 124억 달러 ⇒ 2027년 250억 달러(연평균 12.3%) K-콘텐츠 소비재 · 관광 수출 유발: 2021년 46.6억 달러 ⇒ 2027년 80.0억 달러(연평균 9.4%) K-콘텐츠 매출: 2021년 137조 원 ⇒ 2027년 200조 원(연평균 6.5%)
미디어콘텐츠산업융합 발전방안 (2024)	K-콘텐츠, 세계 4대 국가로 도약 - 콘텐츠산업 매출액 ('22) 151조원 → ('27) 200조원 - 콘텐츠 수출액 ('22) 132억불 → ('27) 250억불 미디어 산업, 글로벌 선도국가진입 - 미디어 산업 매출액 ('22) 21.5조원 → ('27) 30조원 - 국내 OTT, 아시아를 넘어 세계로

콘텐츠산업정책은 다양한 영역과 수준에서 제시된다. 우선 관련 법령에 따라 3-5년마다 수립되는 중장기 진흥계획이 있다. 문화산업이나 콘텐츠산업 수준에서 수립되기도 하고, 영화나 출판, 방송 등 장르별 진흥계획도 별도로 수립된다. 더불어 새로운 정권이 출범할 때마다 국정과제와 연계하여 발표되는 콘텐츠산업 발전방안 등이 있다. 이는 법정 중장기 계획과 연계되기도 하지만 반드시 그런 것은 아니다. 또한 매년 예산편성개요와 함께 연도별 정책 목표가 제시되기도 한다. 최근 10여 년간 발표된 콘텐츠산업정책 분야 주요 중장기 계획의 명칭과 목표를 정리하면 앞쪽의 표 [콘텐츠산업 주요 중장기 계획]과 같다.

(3) 콘텐츠산업 관련 법령과 추진체계

「문화산업진흥기본법」에 따르면 문화(콘텐츠)산업 정책의 주무부처는 문화체육관광부이다(제4조 제1항). 하지만 방송산업이나 디지털콘텐츠산업 등은 방송통신위원회나 과학기술정보통신부와 정책 영역이 일부 겹치기도 한다. 이는 부처별 정책 영역 확장의 결과라기보다 기술환경 변화에 따른 미디어콘텐츠 융복합의 자연스러운 결과로 보는 게 타당하다. 하지만 정책 효율성의 관점에서 부처별로 분산, 중복된 사업과 예산에 대한 개편 요구가 꾸준히 이어지고 있다.

문화체육관광부 소관 법령 가운데 기본법 또는 이에 준하는 지위를 가진 법률은 「영상진흥기본법」(1995), 「문화산업진흥기본법」(1999), 「콘텐츠산업진흥법」(2002/2010), 「저작권법」(1957), 「대중문화예술산업발전법」(2014) 등이 있다. 2024년 현재 「영상진흥기본법」과 「저작권법」은 전부개정이 논의된 바 있으며, 문화산업 공정유통 관련 법률 제정 시도도 이루어지고 있다.

장르별 진흥법은 「영화 및 비디오물의 진흥에 관한 법률」(1962/2006), 「애니메이션산업 진흥에 관한 법률」(2020), 「게임산업 진흥에 관한 법률」(1999/2006), 「이스포츠(전자스포츠) 진흥에 관한 법률」(2012), 「음악산업 진흥에 관한 법률」(1991/ 2006), 「만화진흥에 관한 법률」(2012), 「신문 등의 진흥에 관한 법률」

(1987/2010), 「잡지 등 정기간행물의 진흥에 관한 법률」(1987/2008), 「출판문화산업 진흥법」(2003/2008), 「인쇄문화산업 진흥법」(2003/2008), 「공연법」(1961), 「공예문화산업진흥법」(2015), 「전통문화산업진흥법」 (2023) 등이 있다. 법률의 필요성과 실효성에 대한 문제제기에도 불구하고 콘텐츠산업 장르법 진흥법은 지속 제정되고 있는 추세이다. 2024년 막을 내린 21대 국회에서도 한류산업발전진흥법(안)과 한복문화산업진흥법(안)이 발의된 바 있다.

방송통신위원회와 과학기술정보통신부 소관 법령 중 기본법이나 이에 준하는 법률로는 「방송통신발전기본법」(2010)과 「정보통신 진흥 및 융합 활성화 등에 관한 특별법」(2014)이 있다. 방송 분야와 관련된 법률은 「방송법」(1964)과 「인터넷 멀티미디어 방송사업법」(2008)이 있다. 방송법을 발전시켜 영화와 방송, OTT를 통할하는 이른바 '시청각미디어서비스법'에 대한 제정 시도가 꾸준히 이루어지고 있다.

(4) 콘텐츠산업 재정

문화산업국 설치 당시 문화체육부 예산은 일반회계로만 운영되었다. 2024년 기준 문화체육관광부 재정은 일반회계와 2개의 특별회계(지역균형발전특별회계, 아시아문화중심도시조성특별회계), 6개의 기금(문화예술진흥기금, 영화발전기금, 지역신문발전기금, 언론진흥기금, 관광진흥개발기금, 국민체육진흥기금)으로 확대되었다. 방송과 디지털콘텐츠 관련 예산은 방송통신위원회나 과학기술정보통신위원회의 일반회계나 방송통신발전기금도 있다. 이 가운데 문화체육관광부의 콘텐츠산업정책과 직접적으로 관련되는 재원을 영화발전기금을 중심으로 살펴보면 다음과 같다.

영화발전기금은 2007년 「영화 및 비디오물 진흥에 관한 법률」에 근거한 것으로, 1997년 설치된 영화진흥금고에 정부 출연금을 더해 조성되었다. 영화발전기금의 관리와 사업추진은 영화진흥위원회가 담당하는데, 각종 투 · 융자사업 수입, 펀드투자 등을 통한 기금예탁 수입, 영화관입장권 부과금(극장관람

[모태펀드 문화계정 출자 및 투자 구조]

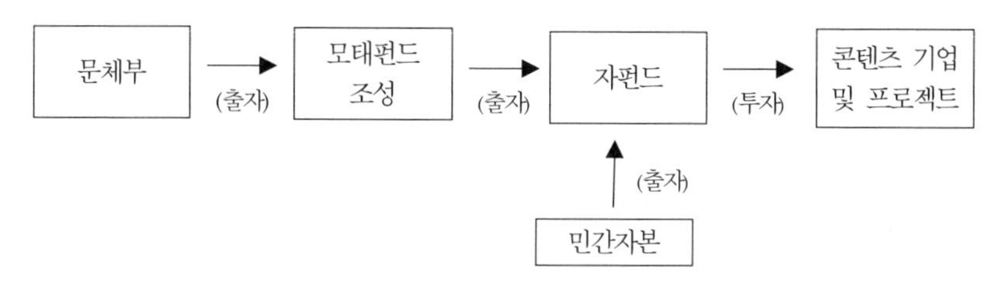

료의 3%) 등을 통해 마련된 재원으로 각종 경상사업 및 재정사업을 시행한다. 하지만 코로나19 등을 계기로 극장관람료 수입이 크게 감소하면서 영화발전기금 재정 건전성이 위협받는 상황이다. 이와 더불어 2024년에는 32개 항목의 부과금을 일괄 정비하겠다는 정부 발표에 따라 영화발전기금이 폐지 위기에 놓인 상황이다.

실제 콘텐츠산업 재정 역사에서 폐지된 기금이 있다. 바로 1999년 「문화산업진흥기본법」에 근거하여 설치되었다가 2007년 폐지된 문화산업진흥기금이다. 문화산업진흥기금은 문화산업 분야의 기획 및 창작력 강화와 문화상품 유통구조의 개선, 제작 인프라 현대화 등을 위해 2004년까지 2,744억원이 조성되었다. 그러나 문화산업의 영세한 기업환경과 어려운 시장여건 등으로 투자조합의 수익률이 좋지 못하였고 이후 추가 기금 출연 없이 유지되다가 2007년 기금운용평가에서 폐지가 결정되었다. 이후 문화산업진흥기금은 모태펀드 문화계정으로 이관되어 운용되고 있지만, 기금 폐지를 아쉬워하는 목소리가 여전하다는 점에서 영화발전기금의 폐지 여부의 향방이 주목된다.

모태펀드(fund of funds)는 투자자(출자자)로부터 출자금을 받아 하나의 펀드(모태펀드)를 조성한 후 개별펀드(자펀드/투자조합)에 출자하는 펀드를 의미한다. 모태펀드 문화계정(영화계정)은 일반회계 및 기금과 더불어 콘텐츠산업 분야를 지원하는 주요 재원으로 활용되고 있다. 특히 산업정책 관점에서 정부 예산을 마중물로 콘텐츠산업에 안정적인 투자재원을 공급함으로써 콘텐츠산업 성장기반 조성을 목적으로 한다. 완성과 흥행 위험이 높고 영세사업자가 많아 제도권 금융지원이 어려운 콘텐츠산업의 특성을 적극 고려하여 운영되고 있다. 2024년 모태펀드 문화계정 2,700억원, 영화계정 250억원, 콘텐츠 전략펀드 450억원이 출자되었다.

2) 콘텐츠산업정책의 결과(성과)

콘텐츠산업정책의 주요 성과 지표는 매출액, 수출액, 고용자 수 등이다. 앞서 콘텐츠산업정책 중장기 계획 등에서 목표로 제시된 수치가 이에 해당한다. 삶의 질 제고와 같은 콘텐츠산업의 사회문화적 성과와 달리 산업경제적 성과는 측정과 계량화가 용이하다는 점에서 콘텐츠산업정책의 결과를 보여주는 지표로 사용된다. 물론 콘텐츠산업의 매출액과 수출액 증감을 정부 정책의 직접적 결과로 해석할 수는 없다. 정책 집행과 성과 간 인과관계는 보다 정밀한 방법론으로 접근해야 하지만 일부 지표는 정책 수요와 경향성 파악의 기준이 될 수 있다.

2024년 1월 발표된 콘텐츠산업 통계[20]에 따르면 우리나라 콘텐츠산업 수출액은 132.4억 달러로 전년 대비 6.3% 증가하였다. 매출액은 150.4조 원으로 전년 대비 9.4% 증가하였고, 사업체 수는 11.5만 개로 전년 대비 5.7% 증가, 종사자 수는 65.1만 명으로 전년 대비 6.0% 증가하였다. 지난 5년간 연도별 추이를 보면, 콘텐츠산업 매출액과 수출액은 지속 상승하였다. 이들 수치는 몇 가지 관점에서 해석이 가능하다.

[콘텐츠산업 연도별 수출액(좌, 억달러)과 매출액(우, 조원)]

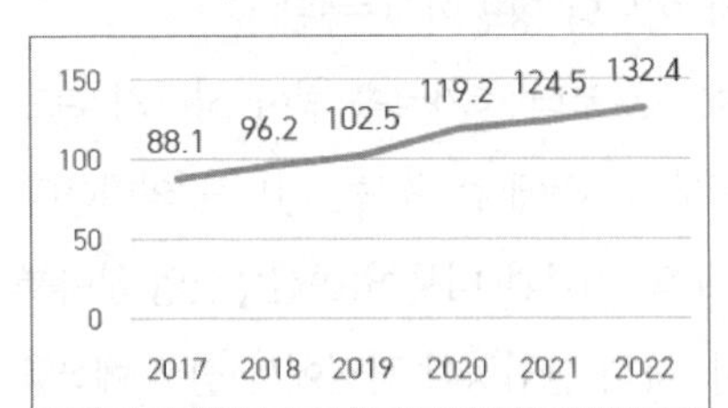

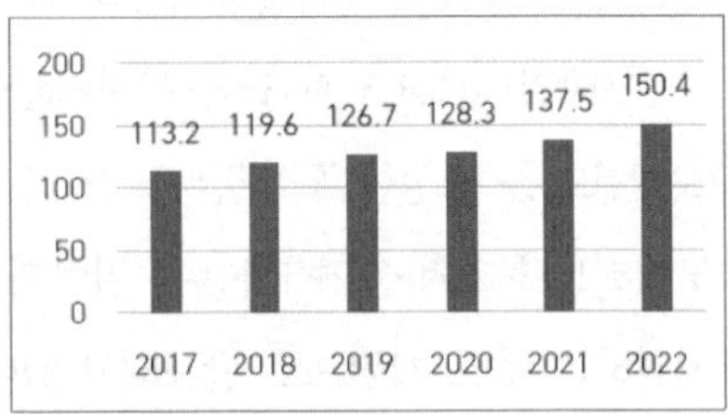

* 출처: 문화체육관광부, <2022년 기준 콘텐츠산업조사(2023년 실시)>, 2024

20_ 문화체육관광부, 『2022년 기준 콘텐츠산업 조사』, 2024.

[우리나라 콘텐츠산업 규모] (2022년 기준)

구분	사업체 수(개)	종사자 수(명)	매출액(백만원)	수출액(천달러)
출판	34,652	173,167	25,191,702	375,083
만화	5,004	12,185	2,624,004	107,635
음악	33,626	60,996	11,009,624	927,613
영화	7,020	36,601	7,369,200	71,440
게임	10,272	84,347	22,214,886	8,981,751
애니메이션	696	6,373	921,022	159,355
방송	1,154	51,639	26,104,717	948,045
광고	6,667	75,338	19,666,138	327,748
캐릭터	3,169	17,154	5,372,788	390,399
지식정보	10,185	90,652	21,493,067	701,400
콘텐츠솔루션	2,324	39,516	9,110,097	252,535
합계	114,769	647,969	151,077,245	13,243,006

* 출처: 문화체육관광부, 『2022년 기준 콘텐츠산업조사(2023년 실시)』, 2024

첫째, 우리나라에서 일정 규모를 갖춘 대표 산업 가운데 매출액과 수출액이 지속적으로 증가하는 경우는 콘텐츠산업 분야를 제외하고 찾아보기 어렵다. 특히 코로나19 기간 상당수 산업군이 매출액 하락을 경험하였지만, 콘텐츠산업은 오히려 증가 폭이 크게 나타났다. 둘째, 콘텐츠산업 수출액은 이차전지(99.9억 달러), 전기차(98.3억 달러), 가전(80.6억 달러) 등 주요 산업 수출액과 비교해도 절대 뒤지지 않는 수준으로 성장하였다. 셋째, 콘텐츠산업은 타 산업에 미치는 연관효과가 비교적 큰 분야이다. 한국수출입은행(2022)[21]에 따르면, 콘텐츠 수출액 1억 달러 증가 시 화장품, 식품 등 소비재 수출액은 1억 8천만 달러 증가하는 것으로 나타났다. 즉 콘텐츠산업의 성장은 자기 분야뿐만 아니라 타 분야의 성과에도 기여하는 긍정적 외부효과를 발생시키는 특성이 있다.

우리나라 콘텐츠산업 규모를 장르별로 구분해보면 위의 표와 같다. 콘텐츠

21_ 한국수출입은행, 'K콘텐츠 수출의 경제효과', <이슈보고서>, 2022.

산업 분류체계에 따른 11개 세부 산업 가운데 사업체 수나 종사자 수가 가장 많은 것은 출판산업이다. 매출액이 가장 큰 분야는 방송산업인데 출판산업과 게임산업도 비슷한 수준을 보인다. 수출액이 가장 큰 분야는 게임산업으로 전체 콘텐츠산업 수출액의 약 70%를 차지한다.

우리나라 콘텐츠산업 시장규모는 세계 7위 수준이다. 미국이 압도적 우위를 점하는 가운데 중국이 연평균 7% 수준으로 성장하고 있고, 일본은 연평균 2.9% 증가하는 추세이다. 이어서 영국과 독일, 프랑스 순인데 규모나 증감률 측면에서 아주 큰 차이는 보이지 않기 때문에 중장기 비전이나 계획 등에서 세계 4위를 목표로 제시하기도 한다.

[국가별 콘텐츠시장 규모 및 전망]

순위	국가	2021	2022	2023	2024	2025	2026	연평균 증감률(%)
1	미국	9,798	10,573	11,120	11,588	11,965	12,307	4.67
2	중국	4,461	4,837	5,209	5,566	5,920	6,273	7.05
3	일본	2,082	2,175	2,238	2,297	2,351	2,403	2.91
4	영국	1,203	1,309	1,392	1,457	1,514	1,566	5.41
5	독일	1,130	1,209	1,272	1,316	1,348	1,377	4.04
6	프랑스	773	834	871	903	925	944	4.08
7	한국	702	753	791	819	843	864	4.26
8	캐나다	662	721	763	798	828	852	5.19
9	이탈리아	438	476	499	517	531	544	4.46
10	호주	422	457	482	502	516	527	4.55

* 출처: 한국콘텐츠진흥원, <2022 해외콘텐츠시장 분석>, 2023, 17

3) 콘텐츠산업정책 전달체계

콘텐츠산업정책의 전달 및 집행의 기본 구조는 장르이다. 영화, 방송, 게임, 출판 등 세부산업 단위로 정책이 입안되고 편성되는 가장 큰 이유는 현행 법령이 장르별 진흥법 구조를 형성하고 있기 때문이다. 영화산업 진흥정책은 「영화 및 비디오물의 진흥에 관한 법률」에 근거하여 일반회계 또는 영화발전기금을 재원으로 영화진흥위원회가 정책 집행 기관이 된다. 출판산업의 경우

「출판문화산업진흥법」에 따른 출판문화산업진흥원이, 게임이나 음악, 캐릭터 등은 「문화산업진흥기본법」에 따른 한국콘텐츠진흥원이 해당 정책 사업을 담당하는 구조이다.

하지만 미디어 융복합이 심화되고 콘텐츠산업 장르 간 구분이 흐려지면서 효과성과 효율성 차원에서 이러한 정책 전달체계에 대한 개선 요구가 커지는 추세이다. 영화인력과 방송인력의 구분이 크지 않다면 각각의 인력양성 사업을 별도로 유지 운영할 필요성 또한 낮기 때문이다. 하지만 오랜 기간 형성된 경로의존과 함께 다양한 이해관계가 교차하면서 정책 추진체계의 변화는 이른 시일 안에 이루어지기 어려운 구조를 품고 있다. 인력양성, 투자금융, 공정거래, 지역콘텐츠, 문화기술, 수출 및 문화교류 등 장르가 아닌 정책 영역 또는 기능 차원의 통합적 접근을 요구하는 목소리가 이어지고 있다.

3. 콘텐츠산업정책 과제[22)]

1) 콘텐츠산업정책 환경 변화와 대응

코로나19로 인한 팬데믹과 엔데믹을 거치면서 콘텐츠 제작과 유통, 이용 차원의 다양한 변화가 일어났다. 실감기술 기반 메타버스 시대가 시작되었고 디지털 플랫폼을 중심으로 산업 구조도 빠르게 재편되는 중이다. 콘텐츠 소비자는 구독경제라는 새로운 틀에 익숙해졌고, 콘텐츠 사업자는 지식재산(IP) 중심으로 수익모델을 다각화하고 있다. 이러한 변화에 대응하여 우리 콘텐츠산업의 글로벌 경쟁력을 높이기 위한 효과적인 지원정책 설계에 대한 고민이 필요하다.

우리나라 콘텐츠산업의 가장 큰 한계는 작은 내수시장이다. 그 속에서 콘

22_ 이윤경 외, 『콘텐츠산업 환경 변화에 따른 정책방향 연구』, 한국문화관광연구원, 2021; 김규찬, 『문화산업정책 패러다임 변화 연구』, 한국문화관광연구원, 2017의 내용을 수정 보완.

텐츠 기업은 생존을 위해 밀도 높은 경쟁을 해왔다. 분야별, 장르별 이용자 규모가 크지 않아 하나의 콘텐츠에 다양한 감성과 메시지를 통합적으로 담아내야 했다. 그리고 이것이 바로 K-콘텐츠로 불리는 우리 콘텐츠산업의 특성과

[콘텐츠산업 환경 분석과 정책 기조]

환경분석		
소비환경 분석	기술환경 분석	산업환경 분석
언택트 문화확산과 일상의 디지털화 팬덤 문화의 부상과 소비 권력의 피보팅	비대면 경제 기반 디지털 기술 융합 가속화 실감기술 기반 메타버스 시대 시작	글로벌 플랫폼을 중심으로 한 산업구조 재편 구독경제 부상과 광고기반 수익모델 확산
↓	↓	↓
정책수요	정책수요	정책수요
디지털 사회의 원활한 작동을 위한 문화의 역할 기준 필요 디지털 격차 극복과 책임 기반 디지털 리터러시 확장 팬덤을 기반으로 하는 콘텐츠 IP와 이종산업 연계의 장 마련 문화적 차이를 이해하고 공존을 지향하는 글로벌 상호 교류 확대	온라인 콘텐츠산업 제작, 유통, 이용 기반 구축 장르별 분리 지원에서 장르 통합 기반 기능적 지원 체계 구축 콘텐츠 분야에 기술을 응용 확산시키기 위한 R&D 강화 디지털 기반 콘텐츠산업 전체를 포괄하는 법제도 기반 구축	공정한 유통환경 개선을 위한 공공의 역할 확립 국내 플랫폼 경쟁력 강화 및 콘텐츠의 다양성 지원 구독경제 기반 수익화 모델 조정 기능 지원 디지털 기반 광고 산업에 대한 집중도 관리

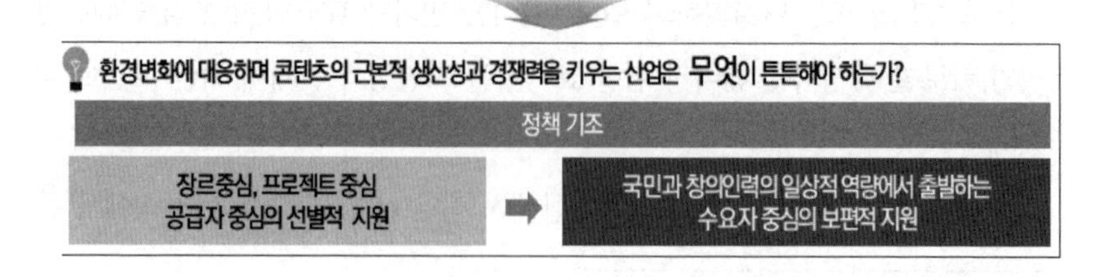

* 출처: 이윤경 외, 『콘텐츠산업 환경 변화에 따른 정책방향 연구』, 169

경쟁력의 기반이 되었다. 글로벌 경쟁력의 기저에는 치열한 경쟁 속에서 생존하며 K-콘텐츠의 정체성을 찾아온 창의인력과 콘텐츠에 대한 비평적 관점과 태도를 보유한 연결된 이용자(개인)들이 있다. 이들은 인터넷 커뮤니티를 통해 공통의 취향을 형성하고 소통하면서 콘텐츠에 대한 높은 리터러시를 갖게 되었고 이는 다시 팬덤 등의 이용자 커뮤니티를 통해 제작자에 환원되면서 콘텐츠산업 경쟁력 강화에 기여하고 있다. 이런 측면에서 콘텐츠 소비환경과 기술환경, 산업환경 변화에 따른 콘텐츠산업정책 수요와 방향성을 제시한 앞 쪽의 표 [콘텐츠산업 환경 분석과 정책 기조]를 통해 연구 결과를 참고할 수 있다.[23)]

콘텐츠산업 영역이 확대되고 기술발전과 콘텐츠 융복합이 진전되면서 보

[문화(콘텐츠)산업정책의 추구가치와 수단, 목표]

출처: 김규찬, 『문화산업정책 패러다임 변화 연구』, 182

23_ 이윤경 외, 앞의 책.

다 전문화되고 세분화된 정책 수요가 발생하고 있다. 콘텐츠 소비자 및 창작자로서 국민의 권리가 중요해지고, 기본권으로서 문화정책에 대한 요구가 증가하는 것도 달라진 정책 수요 중 하나이다. 「문화기본법」 제4조(국민의 권리)에 언급된 "모든 국민은 성별, 종교, 인종, 세대, 지역, 사회적 신분, 경제적 지위나 신체적 조건 등에 관계없이 문화 표현과 활동에서 차별을 받지 아니하고 자유롭게 문화를 창조하고 문화 활동에 참여하며 문화를 향유할 권리(문화권)를 가진다"는 조항은 콘텐츠산업정책에도 적용된다.

콘텐츠산업정책은 결국 문화(콘텐츠), 산업, 정책이 추구하는 가치와 수단, 목표를 모두 충족하여야 한다. 문화의 추구가치는 다양성이며 포용을 통해 개인과 공동체가 성숙하는 것을 목표로 한다. 산업은 명실상부하게 수익성을 추구한다. 이를 위해 역량을 제고해야 하며 기업이 성장하는 것이 목표가 된다. 정책은 공공성의 가치를 추구하며 공정한 수단을 통해 국가 차원의 성과를 내는 것이 목표이다. 이러한 차원에서 콘텐츠산업 혁신을 위한 국가의 역할을 재설정하고 국민의 문화적 권리를 고려한 정책을 강화할 필요가 있다.

2) 콘텐츠산업 혁신을 위한 정책과 공공의 역할 재설정

(1) 산업 체질 개선을 위한 수평적 정책 확대

콘텐츠산업이 당면한 여러 문제를 해결하고 새로운 정책 수요에 대응하기 위해 콘텐츠산업 체질 개선이 요구된다. 전통적 콘텐츠산업정책이 보조금 중심의 수직적 선별적 정책을 수행하였다면 새로운 정책은 산업 기반을 튼튼히 하고 시장 구성원 간의 원활한 협조가 이루어질 수 있는 수평적 정책을 확대해나갈 필요가 있다. 국가가 특정 기업이나 분야를 선별하여 지원하기보다 건강한 생태계를 스스로 형성할 수 있는 정책으로 유도해야 한다.

(2) 산업 역량 강화를 위한 조정자로서의 위상 제고

일반적인 산업정책에서도 국가는 더 이상 선도자의 역할을 하지 않는다.

따라서 창의성과 자율이 핵심자산인 콘텐츠산업정책에서 국가가 무엇인가를 선도하는 역할은 지양할 필요가 있다. 국가는 개별 기업이 성장하고 산업 역량이 강화될 수 있도록 조정자의 역할을 담당하며 공정한 거래를 통해 다양한 콘텐츠가 시장에서 자유롭게 생산·유통되도록 노력해야 한다.

(3) 산업 정보 제공을 위한 통계/지표 기능 강화

기업이나 정부 모두 전략이나 정책을 수립하기 위해 신뢰성과 타당성을 갖춘 양질의 정보가 필요하다. 정부가 콘텐츠산업정책의 전문성을 제고하고 조정자로서 적절히 시장에 개입하기 위해서는 무엇보다 시장 상황과 산업을 진단할 수 있는 정보가 있어야 한다. 현재 문화산업 분야에는 사업체 통계가 생산되고 있으나 장르나 분야가 통합된 소비통계 또한 점진적으로 확산될 필요가 있다. 뿐만 아니라 정책의 성과를 측정할 수 있는 타당성 높은 지표 또한 부족한 실정이다. 정부가 정책(예산, 규제 등)이란 수단을 통해 올바른 처방을 하기 위해서는 현 상황에 대한 정확한 진단이 무엇보다 중요하다. 통계/지표 기능의 강화는 문화산업정책 전문성 제고를 위한 출발점이다.

3) 국민의 문화적 권리를 고려한 정책 강화

(1) 경제적 가치와 문화적 가치의 조화를 통한 정책 정당성 제고

콘텐츠산업정책은 경제적 가치와 문화적 가치가 조화를 이룰 때 국민경제의 발전과 문화적 삶의 질 향상이라는 두 가지 정책목표를 모두 달성할 수 있다. 하지만 지난 기간 우리 콘텐츠산업정책은 경제적 가치를 우선하여 관련 자원을 집중 투입한 경향이 있다. 새로운 정책 패러다임 아래에서는 무엇을 위한 성장인지 돌이켜보고, 콘텐츠산업 발전의 과실을 국가나 일부 기업이 아닌 전체 사회와 국민과 나눌 필요가 있다. 산업정책의 오랜 질문인 국가의 정당하고 적절한 시장개입은 결국 모두를 위한 혜택으로 돌아올 때 가능하기 때문이다. 지역성에 기반한 다양한 콘텐츠가 공정한 환경에서 만들어지고 향유될 때 문화산업정책의 정당성은 극대화된다.

(2) 소비자이자 창작자로서 국민의 정책 수혜 확대

정부 정책의 수혜자는 국민이어야 하지만 그간 콘텐츠산업정책 수혜자는 일부 기업과 관계자에 그친 면이 있다. 산업정책의 특성상 생산 중심의 정책이 다수일 수 있지만 콘텐츠산업정책은 한편으로 문화정책이라는 점에서 소비자이자 창작자인 국민이 정책의 수혜로부터 소외되어서는 안 된다. 이른바 프로슈머 시대에 누구나 콘텐츠를 창작하고 향유할 수 있는 기반과 체제가 충실히 갖춰질 필요가 있다. 콘텐츠산업정책의 사회문화적 가치를 회복하고 수도권, 대기업 중심의 생산이 아닌 지역, 중소 1인 기업의 창작이 장려되도록 정책적 관심을 기울여야 할 것이다.

(3) 실질적 정책 목표 달성을 위한 정책 평가 강화

콘텐츠산업정책 목표를 재설정하고 예산 등 관련 수단을 재정비하더라도 이를 올바로 평가하지 않으면 실질적인 성과를 기대할 수 없다. 즉 정책 목표의 달성은 정책 평가의 강화로부터 시작된다고 해도 과언이 아니다. 현 제도 아래에서는 문화체육관광부, 기획재정부, 국무조정실, 국회 등 다양한 기관이 콘텐츠산업정책을 평가하지만, 이러한 제도적 장치들이 실질적 효과를 달성하기 위해서는 정책 평가의 중요성에 대한 인식과 객관적이고 타당한 평가가 가능한 양질의 성과 지표가 우선 마련되어야 한다. 평가 틀과 성과 지표의 개선은 단기간에 이루어지는 것이 아니라 상당한 비용과 시간을 필요로 한다는 점에서 별도의 연구와 준비 기간이 요구된다.

4) 콘텐츠산업의 새로운 정책 패러다임 구현 방안

(1) 글로벌 시장을 고려한 산업 역량 강화

산업정책으로서 콘텐츠산업정책은 기업의 역량 강화가 핵심이다. 역량 강화는 달라진 시장 환경에 적극 대응할 수 있는 혁신 친화적 산업 환경 조성에서 시작된다. 오늘날 콘텐츠산업 생태계는 글로벌 가치사슬 한가운데 있다. 정부는 콘텐츠 IP 비즈니스와 국제통상 전문성 강화를 위한 정책 지원을 꾸준히 시행하고 콘텐츠 융복합 환경을 고려한 연계 정책 강화에도 관심을 기울일 필요가 있다.

(2) 산업 통계의 전문화 및 지표 개발 확대

산업 역량 강화는 현실 진단에서부터 시작된다. 기업 및 시장 실태 파악을 위한 기초 조사를 확대하고 원천 데이터를 확보하여 산업 통계를 보다 전문화할 필요가 있다. 생산자뿐만 아니라 소비자 통계 조사를 적극 시행하고 현재보다 높은 비용을 투자하여 양질의 데이터가 확보 가능하도록 노력해야 한다. 이를 통해 정책적 결정의 실효성 증대를 위한 콘텐츠산업 지표도 자연스럽게 개발할 수 있을 것이다. 현재로서는 새로운 지표를 구성하고자 하여도 이를 뒷받침할 원천 데이터가 없는 한계가 존재한다.

[새로운 콘텐츠산업정책 패러다임 구현 방안]

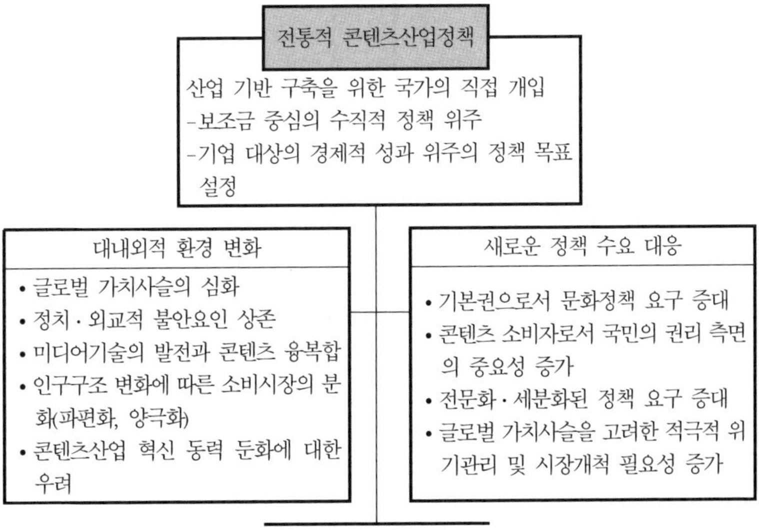

전통적 콘텐츠산업정책

산업 기반 구축을 위한 국가의 직접 개입
-보조금 중심의 수직적 정책 위주
-기업 대상의 경제적 성과 위주의 정책 목표 설정

대내외적 환경 변화	새로운 정책 수요 대응
• 글로벌 가치사슬의 심화 • 정치 · 외교적 불안요인 상존 • 미디어기술의 발전과 콘텐츠 융복합 • 인구구조 변화에 따른 소비시장의 분화(파편화, 양극화) • 콘텐츠산업 혁신 동력 둔화에 대한 우려	• 기본권으로서 문화정책 요구 증대 • 콘텐츠 소비자로서 국민의 권리 측면의 중요성 증가 • 전문화 · 세분화된 정책 요구 증대 • 글로벌 가치사슬을 고려한 적극적 위기관리 및 시장개척 필요성 증가

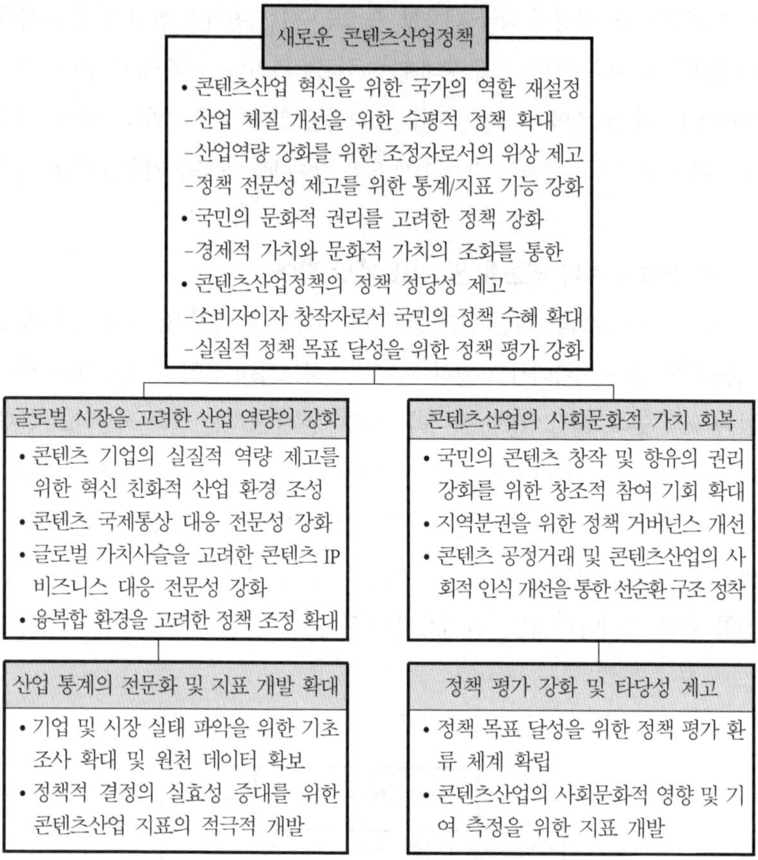

새로운 콘텐츠산업정책

- 콘텐츠산업 혁신을 위한 국가의 역할 재설정
  - 산업 체질 개선을 위한 수평적 정책 확대
  - 산업역량 강화를 위한 조정자로서의 위상 제고
  - 정책 전문성 제고를 위한 통계/지표 기능 강화
- 국민의 문화적 권리를 고려한 정책 강화
  - 경제적 가치와 문화적 가치의 조화를 통한
- 콘텐츠산업정책의 정책 정당성 제고
  - 소비자이자 창작자로서 국민의 정책 수혜 확대
  - 실질적 정책 목표 달성을 위한 정책 평가 강화

글로벌 시장을 고려한 산업 역량의 강화

- 콘텐츠 기업의 실질적 역량 제고를 위한 혁신 친화적 산업 환경 조성
- 콘텐츠 국제통상 대응 전문성 강화
- 글로벌 가치사슬을 고려한 콘텐츠 IP 비즈니스 대응 전문성 강화
- 융복합 환경을 고려한 정책 조정 확대

산업 통계의 전문화 및 지표 개발 확대

- 기업 및 시장 실태 파악을 위한 기초조사 확대 및 원천 데이터 확보
- 정책적 결정의 실효성 증대를 위한 콘텐츠산업 지표의 적극적 개발

콘텐츠산업의 사회문화적 가치 회복

- 국민의 콘텐츠 창작 및 향유의 권리 강화를 위한 창조적 참여 기회 확대
- 지역분권을 위한 정책 거버넌스 개선
- 콘텐츠 공정거래 및 콘텐츠산업의 사회적 인식 개선을 통한 선순환 구조 정착

정책 평가 강화 및 타당성 제고

- 정책 목표 달성을 위한 정책 평가 환류 체계 확립
- 콘텐츠산업의 사회문화적 영향 및 기여 측정을 위한 지표 개발

* 출처: 김규찬, 『문화산업정책 패러다임 변화 연구』, 187쪽 수정 보완

(3) 콘텐츠산업의 사회문화적 가치 회복

콘텐츠산업정책 목표의 중요한 한 축이던 사회문화적 가치 회복을 위한 패러다임 전환이 필요하다. 국민의 콘텐츠 창작 및 향유 권리를 강화하여 창조적 참여 기회를 확대하여 성숙하고 행복한 사회로 나아가는 데 콘텐츠산업정책이 일조할 수 있어야 한다. 지역분권을 위한 정책 거버넌스 개선, 콘텐츠 공정거래 및 사회적 인식개선을 통한 선순환 구조 정착도 콘텐츠산업의 사회문화적 가치라는 측면에서 중요성을 지닌다.

(4) 정책평가 강화 및 타당성 제고

정책 목표 달성을 위한 정책 평가 환류 체계가 확립되어야 한다. 콘텐츠산업의 사회문화적 영향과 기여는 사실 측정하기 어려운 경우가 많아 고도화된 평가 틀과 성과지표를 필요로 한다. 자칫 비계량지표나 투입지표 같은 불량지표를 통해서는 의도한 정책 목표가 올바로 평가될 수 없음을 주지하고 이를 개발하고 고도화하려는 노력을 상시적으로 해야 할 것이다.

■ **키워드**

콘텐츠산업, 문화콘텐츠, 문화상품, 콘텐츠산업정책, 콘텐츠 법령, 추진체계, 전달체계, 목표와 수단, 정책의 양면성, 경제산업적 목표, 사회문화적 목표, 인력양성, 투자금융, 지역콘텐츠, 문화기술, 공정거래, 수출과 문화교류, 다양성, 포용, 성숙, 수익성, 역량, 성장, 공공성, 공정, 성과, 패러다임

■ **질문거리**

- 콘텐츠산업의 법적 정의에 따른 영역과 범주는 어디까지인가?
- 콘텐츠산업정책이 지닌 양면성은 무엇인가?
- 콘텐츠산업정책의 목표와 수단은 무엇인가?
- 콘텐츠산업정책은 어떻게 시작되고 발전되었나?
- 콘텐츠산업정책의 성과를 측정하는 주요 지표는 무엇인가?
- 콘텐츠산업정책 환경변화에 따른 새로운 정책 패러다임의 필요성과 방향성은 무엇인가?

한류정책의 빛과 그림자*

정종은 | 부산대학교 예술문화영상학과 교수

1. 들어가며

이 글은 '한류정책'을 직접적인 대상으로 삼아 그 '빛과 그림자'를 파악하는 것을 목적으로 삼는다. 주지하다시피, 1990년대 후반 중화권의 매체들이 처음 사용한 '한류'라는 말은 지난 20여 년에 걸쳐 전 세계가 사용하는 단어가 되었다.[1] 가령, 『가디언』은 2021년 9월 옥스퍼드 영어사전이 '한류(hallyu)'를 공식적인 영단어로 등재했다는 사실에 주목했다.[2] 『뉴욕 타임스』 역시 2021년 11월 기사에서 이를 언급하며, "BTS에서 오징어 게임까지" 대한민국이 국제 사회에서 "문화적 거물"로 성장했다는 사실을 보도했다.[3] 중국과 대만, 동남아 일부 국가에서 소박하게 시작된 한류가 북미와 서유럽에 이르기까지 전 세계를 강타하는 '글로벌 문화자본'으로 성장한 셈이다. 문화 또는 문화정책에 관심이 있는 연구자라면 21세기 가장 두드러진 국제적 문화현상 중 하나로 한류

* 이 글은 필자의 저서 『한류 맥 짚기: 신개발주의를 알아야 한류가 보인다』(진인진, 2022)에 토대를 두고 있으며, 위 책의 한류정책 부분을 큰 폭으로 수정, 보완, 재구조화한 것임을 밝혀둔다.

1_ 채지영, 『한류 20년 성과와 미래전략』, 한국문화관광연구원, 2020.

2_ "K-beauty, hallyu and mukbang: dozens of Korean words added to Oxford English Dictionary," *The Guardian*, 2021.10.05.

3_ "From BTS to 'Squid Game': How South Korea Became a Cultural Juggernaut," *The New York Times*, 2021.11.03.

를 빠트리기란 쉽지 않을 것이다. 그러나 한류에 관한 엄청난 관심에도 불구하고, '한류정책'에 대해서는 그간 충분한 주목이 이루어지지 않았다.

어떤 이들은 한류가 대부분 '국책(國策)'으로 이루어진 것이라고 말한다. 일본과 중국 방송의 한류 분석 프로그램에서 단골로 등장하는 설명이다. 내수가 부족한 상황에서 한국 정부가 수출 진흥 정책의 일환으로 대거 한류 지원사업을 실행하기 시작했으며, 이것이 큰 효과를 거두자 점점 더 많은 정부 지원예산이 투입되면서 한류가 확산되었다는 것이다. 전적으로 틀린 말은 아니지만, 이러한 '인상비평'은 충분한 근거나 체계적인 설명 없이 제시되는 경우가 대부분이다. 반대로 어떤 이들은 한류가 우연히 일어난 사건이라고 말한다. 홍콩 반환 등과 같은 중화권의 문화적 공백기에 해당 지역 수용자들이 '어쩌다가' 한국의 대중문화를 주목하게 된 것이 한류의 시작이며, 마찬가지 방식으로 한류의 확산 역시 갑자기 새로운 시장을 만나게 된 국내 콘텐츠기업들이 열심히 땀 흘려 파이를 키워온 결과라는 것이다. 이러한 관점에서 보면, 정부가 가끔 발표하곤 하는 『한류백서』와 같은 자료 등은 계면쩍은 숟가락 얹기에 지나지 않는다. 뭔가 쿨(cool)한 듯 보이지만, 필자는 후자 역시 전자와 마찬가지로 '인상비평'에 그칠 위험이 높다고 생각한다. 한류는 지난 20여 년간 매우 다각적인 요인과 단계를 거쳐 발현되어온 복합적인 문화현상으로서, 단순히 문화적인 층위만이 아니라 우리 사회가 걸어온 경제적, 정치적 층위를 함께 고려할 때 비로소 전체를 그려볼 수 있는 현상이다. 다시 말해서, 한류의 부상 과정에서 '정부' 또는 '정책'의 역할을 이해하기 위해서는 섣부른 '국책론'이나 '숟가락론'보다는 좀 더 세밀한 관찰과 복합적인 분석이 요구된다는 말이다.

이러한 문제의식을 가지고 이 글은 '한류정책의 빛과 그림자'를 차분하게 살펴보려는 목적을 갖는다. 이를 위해서 먼저 한류라는 현상을 정의하고, 역사적으로 한류가 어떻게 발전해왔는지를 살펴볼 것이다. 이를 바탕으로, 한류정책의 흐름과 쟁점을 정부별 정책의 변화 과정을 통해서 구체적으로 파악해볼 것이며, 이와 같은 '한류정책'의 성과와 한계는 무엇인지를 입체적으로 분석해

보고자 한다. 그리고 '지속가능한 한류'를 위한 정책 과제를 모색하는 것이 이 글의 마지막 과제가 된다.

2. 한류의 정의 및 발전단계

1) 한류의 작업가설적 정의

한류의 눈부신 성장이 상당 기간 지속되면서 많은 연구자들이 한류의 정의를 제안해왔다. 이동기 · 최진아가 농심의 중국 진출에 대해 분석하면서 제시한 한국문화와 한류스타에 대한 현지의 관심이라는 단순한 정의가 2000년대의 접근을 전형적으로 보여준다.[4] 2010년대에는 K-Pop을 중심으로 장르별 성과가 두드러지고 한류가 아시아를 넘어 전 세계로 진출하게 되면서 보다 복합적인 한류 정의가 등장하기 시작한다. 아래는 안창현(2010), 송정은 · 장원호(2012), 심두보(2013), 윤여광(2019) 등의 정의를 종합적으로 분석한 것이다.[5]

이처럼 현상의 주체, 핵심, 과정, 이유에 대한 다각적인 관점 및 의견을 담고 있는 기존의 정의들을 통해서 다음과 같은 작업가설적(working) 정의를 도출해볼 수 있다. 즉, 한류(Korean Wave)란 "21세기 들어 / 대중문화를 필두로 한 한국 문화가 / 아시아에서부터 북미와 서유럽에 이르기까지 유행을 하면서 / 글로벌 팬덤을 형성하여 지속적인 인기와 영향력을 발휘하는 사회현상"을 말한다.[6] '이유'에 대한 설명이 탈각되기는 했지만, 이유가 현상의 정의에 반드시

4_ 이동기 · 최진아, 「농심의 성공과 글로벌화 전략: 중국시장 진출을 중심으로」, 『국제경영리뷰』 10(2), 2006, 137-164.

5_ 안창현, 「한국 문화콘텐츠산업 중국시장 진출 전략」, 『인문콘텐츠』 17, 2010, 475-497; 송정은 · 장원호, 「유투브(YouTube) 이용자들의 참여에 따른 한류의 확산」, 『한국콘텐츠학회논문지』 13(4), 2012, 155-169; 심두보, 「케이팝(K-pop)에 관한 소고: 한류, 아이돌 그리고 근대성」, 『Social Studies』 52(2), 2013, 13-28; 윤여광, 「방탄소년단(BTS)의 글로벌 팬덤과 성공요인 분석」, 『한국엔터테인먼트산업학회논문지』 13(3), 2019, 13-25.

['한류'에 관한 기존 정의들의 주요 범주 및 내용]

범주	내용
1) 주체	한국 대중문화(한국에 관련된 것들로 확장)
2) 핵심	해외에서 인기 획득(아시아에서 시작하여 유럽과 북미로 확대)
3) 과정	대중적 기반으로서 팬덤을 형성하여 지속성을 발휘
4) 이유	정부 정책, 하이브리드 상품, 팬덤을 통한 초국적 유통, 세계인들의 기호에 소구하는 등 다양한 요인

* 출처: 정종은, 『한류 맥 짚기: 신개발주의를 알아야 한류가 보인다』, 25.

포함될 필요는 없다는 점, 대신에 구체적인 시간과 공간을 포착하면서 현상의 주체와 핵심, 과정을 종합적으로 담아내고 있다는 점에서 나름의 효용을 갖춘 정의라고 할 수 있다.

2) 한류의 발전단계

그렇다면, 위의 정의에서도 강조되고 있는바, 한류는 어떠한 방식으로, 어떠한 과정을 거쳐서 해외에서 지속적으로 팬덤을 형성하며 확산될 수 있었을까? 한류의 '발전단계' 역시 '정의'와 마찬가지로 많은 연구자들의 관심을 모은 주제였는데, 최근에 이루어진 단계 구분 시도 중 주목되는 것은 문화체육관광부[7]와 한국문화관광연구원[8]의 제안이다. 양자는 모두 한류의 역사적 확산 과정을 네 단계로 구분하고 있다. 물론 '시기'를 '초반'이나 '중반'으로 제시하는지 아니면 구체적인 '연도'로 명시하는지, '지역'에서 특정 단계의 핵심 국가를 어디로 파악하는지, '분야'를 '연관산업'까지 확장하는지 아니면 '대중문화'에 집중하는지 등 작은 차이들은 존재한다. 하지만 양자는 모두 2017~2020년 이후 개시된 4단계에서는 한류의 "전 세계" 확산이 이루어졌다는 점에

6_ 정종은, 『한류 맥 짚기: 신개발주의를 알아야 한류가 보인다』, 진인진, 2022, 27.
7_ 문화체육관광부, '신한류로 전 세계 한류 열기 이어나간다', 문화체육관광부 보도자료, 2020. 07.16.
8_ 채지영, 앞의 책.

[글로벌 문화자본으로서 한류의 성장 과정]

구분	1단계	2단계	3단계	4단계
개시 년도	1997	2003	2010	2017
팬덤 지역	중국, 동남아	일본, 중동, 남미 확산	북미와 유럽 진입	글로벌 팬덤 구축
주도 분야	드라마, K-Pop	드라마, 영화	K-Pop	K-Pop, 드라마, 영화
대표 콘텐츠	사랑이 뭐길래, 별은 내 가슴에	겨울연가, 대장금, 주몽	도깨비, 별에서 온 그대	사랑의 불시착, 오징어 게임
	HOT	보아, 동방신기	원더걸스, 빅뱅, 2NE1	BTS, 블랙핑크
구분 기준	엽기적인 그녀	올드보이	부산행	기생충
	최초의 해외 팬덤 형성	최초의 선진국 팬덤 형성	구미주 팬덤 형성 및 K-Pop 젊은 팬덤의 프로슈머화	글로벌 팬덤 네트워킹 및 장르간 시너지
문화 자본 성격	지역(Regional) 문화자본: 중국과 동남아 등 동아시아에서 통용되는 문화자본	대륙(Continen-tal) 문화자본: 아시아 전체를 아우르면서 타 대륙에도 소개되는 문화자본	대륙간(Inter-Continen-tal) 문화자본: 대륙을 가로질러 진지한 향유와 비평의 대상으로 간주되기 시작한 문화자본	글로벌(Global) 문화자본: 글로벌 문화산업 시장의 주류에 진입한 문화자본

* 출처: 정종은, 「글로벌 문화자본으로서 한류의 형성 및 확산 과정」, 『한류: 문화자본과 문화내셔널리즘의 형성』, 한국예술종합학교 · 북코리아, 2023

동의하고 있으며, 이러한 세계적 확산에서 디지털 플랫폼과 온라인 소통의 역할이 중요했음을 강조하고 있다. 위의 표는 양자를 동시에 고려하면서, '글로벌 문화자본'으로 한류가 부상하게 된 궤적을 필자가 네 단계로 정리해본 것이다.

1단계는 최초로 한국 대중문화 팬덤이 형성되고 해외 언론이 '한류'라는 말을 처음으로 사용하게 된 시기로서, 중국과 동남아에 국한된 일종의 지역(regional) 문화자본이기는 했지만 국제 문화산업 시장에 한류가 처음 얼굴을 내밀었다는 의의가 있다. 1997년 중국 CCTV 제1채널에서 <사랑이 뭐길래>가

방영된 해를 기준으로 삼았지만, HOT의 영향력 역시 매우 거셌다. 2단계는 한류가 일본 문화시장에 상륙하면서 처음으로 선진국 문화시장에서 팬덤이 형성되고, 드라마와 영화를 중심으로 아시아 전체로 한류의 영향력이 확산된 시기이다. 전자에서는 2003년 4월에 <겨울연가>가 NHK에서 방영되면서 일본 주부들을 중심으로 강력한 팬덤이 형성된 것이 기념비적인 사건이었으며, 후자에서는 <대장금>과 <주몽>, 그리고 <올드보이>의 영향력이 주효했다. 이러한 대표 콘텐츠의 활약에 힘입어 한류가 짧은 시간에 아시아의 대표선수 또는 '대륙(continental) 문화자본'의 지위에 올라설 수 있었던 것이다.

2단계를 드라마의 시대라고 할 수 있다면, 3단계는 의심의 여지 없이 K-Pop의 시대라고 부를 수 있다. 이 시기에는 2005년 처음 출현한 Youtube와 2007년 출현한 아이폰이 결합하면서, 2010년대의 젊은 K-Pop 팬들이 적극적인 프로슈머로 거듭나게 되는 것이 가장 상징적인 사건이라고 하겠다. <빌보드>가 올바로 지적하고 있듯이, 2008년 10월 한국인 최초로 빌보드 메인 차트에 진입한 원더걸스는 매우 중요한 의미를 갖는다.[9] 3단계의 시발점을 2010년으로 잡은 것은 그해 6월과 7월에 '원더걸스 월드 투어'라는 이름으로 원더걸스가 27회의 미국 공연을 했던 사건에서 기인한다. 싸이, 빅뱅, 2NE1 등의 역할도 마찬가지로 중요했으며, 이들의 팬덤과 함께 한류는 이제 대륙을 자유롭게 넘나드는 대륙 간(inter-continental) 문화자본으로 자리매김한다. 마지막 4단계의 시점을 2017년으로 잡은 것은 당연히 방탄소년단 때문이다. BTS가 2017년 '빌보드 뮤직 어워즈'에서 '톱 소셜 아티스트' 상을 수상한 것은 이후에 도래할 거대한 태풍의 전조였다. BTS와 아미 그리고 블랙핑크와 블링크의 유대감은 소위 4세대 아이돌 그룹에게 전범을 제공하며 K-Pop의 전지구적 확산을 견인하고 있다. 또한 이 시기에는 코로나 팬데믹과 함께 영향력을 확대한 글로벌 OTT, 그 중에서도 넷플릭스를 주목해야 한다. 이를 통해 K-Drama의 팬덤

9_ Billboard (2018.9.23.) Looking Back On Wonder Girls' 'Nobody,' A Decade Later.

이 전지구적으로 확장되며 한층 두터워졌기 때문이다. 넷플릭스의 모든 기록을 새로 쓴 <오징어 게임>과 함께 칸영화제와 아카데미영화제를 동시에 석권한 <기생충>이 4단계 한류의 대표 콘텐츠로서 작용했다. BTS와 블랙핑크, <기생충>과 <오징어 게임> 등의 약진을 통해 한류는 이제 나름의 확고한 브랜드를 갖춘 글로벌(global) 문화자본으로 성장하게 된다. 20여 년의 경험과 자산을 바탕으로 한류가 드디어 글로벌 문화산업 시장의 주류(mainstream)에 진입한 것이다.

이처럼 한류는 다양한 국지적 문제 또는 저항에 효과적으로 대응하면서, 세계인의 감성에 일치하는 내용과 형식을 통해 스스로를 재구성해왔고, 현재는 그 어느 때보다 강력한 성공 신화를 써내려가고 있는 중이다. 동아시아 지역의 작은 문화현상으로 시작되어 결국에는 아시아 전역에 뿌리를 내렸고, 남미와 아프리카에 상당한 팬덤을 구축한 이후에는 구미주의 젊은이들까지 매료시키면서 글로벌 문화시장의 중심에 진입한 것이다. 요컨대, 일종의 초국적(supra-national) 문화자본으로 한류가 성장해온 여정은 위와 같이 지역(regional) 문화자본→대륙(continental) 문화자본→대륙 간(inter-continental) 문화자본→글로벌(global) 문화자본으로 진화하는 과정이었다고 이해할 수 있다.

3. 한류정책의 흐름과 쟁점

1) 한류정책 고찰을 위한 전제

그렇다면, 이러한 글로벌 문화자본으로서의 한류의 성장 과정에서 한류정책은 어떠한 역할을 감당해온 것일까? 앞서 우리는 구체적으로 네 개의 단계를 구분하였는바, 각 단계에서 정부의 관련 정책이 해당 단계의 중요한 활동 및 의제를 적절하게 지원하였는가? 그 과정에서 단계별로 또는 정부별로 어떠한 새로운 정책 방향과 과제가 등장하였으며, 그것이 한류의 성장과 확산에는 어떠한 영향을 미쳤을까? 이와 같은 질문에 답하기 위해서는 역대 정부의 한류정책을 구체적인 층위에서 검토할 필요가 있다. 하지만 그 전에 '한류정책'이라는 개념과 관련하여 몇 가지 간단히 언급해둘 것들이 있다.

첫째, 한류정책은 한류를 지원하고 진흥하기 위한 정부 정책을 지칭하는 것으로, 본고에서는 광역이나 기초자치단체의 활동은 논외로 하고 중앙정부의 정책에 초점을 맞추고자 한다. 둘째, 한류정책의 시작은 문화부가 이끌었다고 할 수 있지만, 현재는 문화부 외의 여러 부처들도 상당히 많은 자원과 에너지를 한류 지원정책에 투입하고 있다. 따라서 한류정책을 고찰하기 위해서는 문화부를 중심으로 유관 부처의 움직임도 파악할 필요가 있다. 셋째, 한국 대중문화가 중심이 된 현상이었기 때문에 한류정책도 대중문화, 문화산업 또는 콘텐츠산업과 관계된 지원 업무를 다루는 콘텐츠산업 담당 부서가 가장 중요한 역할을 했다. 하지만 2010년대 이후 순수예술 한류나 전통문화 한류 등이 문화부의 주요 계획에 공식적으로 등장하면서, 문화예술이나 관광산업을 다루는 부서에서도 관련 업무의 비중이 커지게 된다.

넷째, 여타의 콘텐츠산업 지원정책과 마찬가지로 한류 지원정책 역시 직접 지원사업과 간접 지원사업을 구분해서 바라보는 것이 필요하다. 전자에 기획, 창작, 제작, 유통 등 가치사슬 활성화를 위한 구체적인 개인 및 기업 지원사업들이 있다면, 후자에는 거버넌스, 환경 인프라(인식 공감, 법・제도 정비, 연구 지원), 물적 인프라(공간, 예산, 인력, 정보, 기술 지원) 구축 사업 등이 존재한다. 다섯째, 특정 시기 정부의 정책을 제대로 파악하기 위해서는 그 시기에 괄목할 예산이 투입된 사업들만을 보아서는 안 되며, 그러한 사업들이 애초에 어떠한 명분과 방향에서 기획되었는지를 포착해야 한다. 직접 사업이든, 간접 사업이든 세부 사업만이 아니라 그 기저에 존재하는 정부의 철학과 기조도 주목해야 한다는 말이다. 전자를 명시적(explicit) 한류정책이라고 한다면, 후자를 암묵적(implicit) 한류정책이라고 부를 수 있을 것이다. 이상과 같은 조건들을 기억하면서, 역대 정부별 한류정책의 흐름을 살펴보도록 하자.

2) 역대 정부별 한류정책과 주요 쟁점

(1) **김대중정부**(1998-2003)

한류의 발전단계에 대한 고찰에서 살펴보았듯이, 1990년대 후반 '한류'라는 단어와 현상이 처음으로 출현했기 때문에, 한류에 관한 최초의 정책을 마련한 정부도 국민의 정부가 되는 것은 당연한 일이다. 물론 문화산업국의 설립이나 <쥬라기공원>의 경제적 효과에 대한 담론이 우리 사회를 들썩인 것은 김영삼정부 시절에 일어난 일이지만, '한류'를 포함한 문화산업 지원정책의 체계와 원칙, 방법이 본격적으로 실행된 것은 김대중정부 이후의 일이다.

하지만 '문화대통령'을 꿈꾸었던 김대중대통령과 그의 행정부는 한류의 발전에 있어서 단지 출발점 이상의 의미를 갖는다. 김대중정부는 '팔길이 원칙'과 '문화산업의 국가기간산업화'라는 두 가지 원칙에 근거하여 과거 개발독재 시대와 결정적으로 구분되는 '신개발주의' 문화정책을 펼쳤기 때문이다.[10] 영화진흥공사의 영화진흥위원회로의 전환이 전자의 대표적인 사례라고 한다면, 「문화산업진흥기본법」의 제정과 한국문화콘텐츠진흥원의 설립이 후자의 대표적인 사례라고 할 수 있다.

IMF 위기가 한창이던 시기, 문화와 문화산업을 '국가기간산업'으로 육성하겠다는 대통령의 의지에 조응하여 당시 문화관광부는 문화산업 관련 최초의 계획 및 제도를 연속적으로 도입했다. <문화산업발전 5개년 계획>(1999), <문화산업 비전 21>(2000), <콘텐츠코리아 비전 21>(2001) 등 굵직한 계획들이 매년 조금씩 업그레이드된 형태로 발표되었고, 특히 1999년 2월 제정된 「문화산업진흥기본법」은 문화산업의 위상을 한 단계 제고하는 '기본법'으로 역할을

10_ 한류는 개발국가 시대의 침식과 함께 이루어진 과정, 즉 문화를 이데올로기적 촉매제이자 장식품으로 보면서 검열과 보호를 핵심적인 논리로 삼았던 개발주의 문화정책이 서구 선진국의 민주적인 거버넌스 원칙과 압축적 산업화 전략을 장착하면서 신개발주의 정책으로 전화(轉化)하는 것과 깊은 관계를 맺고 있다. '신개발주의 문화정책'에 관한 논의를 자세히 살펴보기 위해서는 다음을 참고하라. Chung, "The Neo-Developmental Cultural Industries Policy of Korea: Rationales and Implications of an Eclectic Policy," *International Journal of Cultural Policy* 25(1), 2019: 63-74; 정종은, 『한류 맥 짚기: 신개발주의를 알아야 한류가 보인다』.

했다. 2001년 8월, 문화산업지원센터를 확대 개편하여 설립된 한국문화콘텐츠진흥원은 이후 우리나라의 문화산업 또는 콘텐츠산업 진흥을 위한 중추적인 기관으로 성장하게 된다. 역시 2001년 8월 30일 발표된 <한류산업 지원 육성 방안>은 각 부처의 차관들이 모인 차관회의 보고 자료로 작성된 것이기는 하지만, 최초로 한류와 관련한 정부 계획이라고 할 수 있으며 문광부의 보고 시에 타 부처의 이견이 없었던 것으로 기록되어 있다.[11] 이는 중국과 동남아에서 일어나고 있었던 한국 대중문화에 대한 관심이 이제 우리 정부 차원에서도 독립적인 정책대상으로 다룰 만큼 진지하게 다가오기 시작했음을 의미한다. 이 계획에는 '한국상품 판매 신장 및 관광객 유치 확대' 등 한류의 주요 효과가 정리되어 있었으며, '대중문화의 국제 경쟁력 강화를 위한 지원 확대' '아시아 문화교류협의회 구성 · 운영' '장기적 문화교류 확대 차원의 협력관계 형성' 등의 '지원 육성 전략'이 제시되었다.

(2) **노무현정부**(2003~2008)

참여정부는 2004년 <창의한국>이라는 보고서를 통해 국가 문화정책을 체계적으로 정리했다. 기존의 문화정책, 예술정책, 문화산업정책 등은 물론이고 지역문화정책, 국제문화정책 등도 일관된 정책 틀 내에서 나름의 위상과 지향을 체계적으로 부여받았다. 한편 참여정부는 '세계 5대 문화산업 강국 실현'이라는 목표를 내걸고 2003년 12월에 <참여정부 문화산업 정책비전>(문광부, 2003)을 발표했는데, 청와대에서 이루어진 이 정책 발표는 훗날 범부처 차원에서 한류가 공식적인 의제로 정기적으로 논의되는 데 큰 역할을 했다. 당시 이해찬 국무총리가 주도했던 '2004년 12월 국무회의'와 '2005년 1월 국정현안정책조정회의'가 중요한 전환점이라고 할 수 있는바, 이 회의들의 주요 의제는 '한류의 지속 · 확산을 위한 한류 추진체계 구축'이었다. 구체적으로 살펴보자

11_ 자료: https://theme.archives.go.kr//next/chronology/archiveDetail.do?isPop=Y&flag=2&evntId=0051146871

면, '한류의 민간 자율성 제고'를 위한 한류정책자문위원회 운영, 정부 차원에서는 '관련 부처가 참여하는' 한류지원정책협의회(국무조정실 사회수석조정관) 운영, '한류와 직접 관련된 부처'에서는 자체적인 한류지원단 운영 등이 의제로 다루어졌다.[12]

이러한 범부처의 관심 속에서 2005년 2월에 문화관광부는 한류 주무부처로서 <한류의 지속 · 확산 방안>을 국무회의에서 발표하게 된다. 이 계획에는 위에서 언급한 세 개의 조직 운영 방안이 '한류 추진체계 구축'이라는 전략 속에 고스란히 담겼으며, 이외에도 '한류의 원천인 문화콘텐츠 창작역량 강화' '한류 관련 콘텐츠산업 기반 강화' '쌍방향 문화교류를 통한 정서적 거부감 완화' '한류 마케팅 강화 및 한류 활용 확대'까지 총 다섯 개의 전략이 제시되었다.[13]

이처럼 노무현정부 시기의 한류정책은 민관협력체계, 범부처 차원의 협력체계 등 정책 추진 거버넌스에 대한 강조가 두드러진다. 콘텐츠산업과 관련한 통계가 통계청 승인을 얻게 되면서 훨씬 더 체계적이고 신뢰성이 높은 국내외 데이터를 산출하게 된 데에도 이러한 배경이 작용한다. 그와 함께 반드시 언급할 필요가 있는 것은 바로 아시아 내에서 한류의 존재감이 높아지면서, 반대급부에서 한류에 대한 저항도 나타나기 시작했다는 점, 따라서 이미 '신한류'를 고민해야 한다는 대응 논리가 모색되기 시작했다는 점이다. 가령, 노무현정부

12_ '한류정책자문위원회'는 2003년 6월 발족한 아시아문화산업교류재단이 운영을 맡았다. 아시아문화산업교류재단은 2006년 국제문화산업교류재단을 거쳐, 2018년 국제문화교류진흥원으로 발전하게 되는데, 이는 한류의 위상이 아시아에서 국제사회로 나아가는 것과 발을 맞춘 명칭 변화라고 할 수 있다(문효진, 「정부별 한류 정책과 법제: 문민정부에서 촛불정부까지」, 『한류와 문화정책—한류 20년 회고와 전망』, 한국국제교류문화진흥원, 2018).

13_ 같은 해 7월에 문화관광부가 발표했던 <문화강국 2010: 문화로 부강하고 행복한 대한민국의 미래전략> 보고서는 이러한 흐름 속에서 파악되어야 한다. Creativity, Culture, Contents를 강조하면서 흔히 'C-Korea' 보고서라고도 불렸던 <문화강국 2010> 보고서에서는 '세계 5대 문화산업 강국 실현'이 3대 정책 목표의 하나로 제시되었으며, 이 목표를 위한 4대 핵심 과제 중 하나로 '한류 세계화를 통한 국가 브랜드파워 강화(한브랜드 세계화, 아시아 문화 동반자 1만명 확보, 코리아 플라자 설립 등)'가 포함되었다.

시기 마지막 업무계획인 <2007년도 문화관광부 업무계획>에서는 '기존 한류의 한계(장르/지역)를 넘어 「신(新)한류」 전개'라는 목표가 등장한다. 이를 위해서 제시된 세 가지 과제는 ① 한류지역을 아시아권에서 전 세계로 확대 및 지역별 전략 차별화, ② 민・관 협의기구 운영 활성화로 추진 주체간 연계 및 협조 강화, ③ 상호성 기반의 교류 활성화로 정서적 거부감 완화이다. 장르와 지역의 확장 및 다각화에 대한 고민이 참여정부 후기부터 시작되었다는 점이 흥미롭다.

(3) 이명박정부

이명박정부는(마치 지역정책을 5+2 광역경제권으로 단순화했던 것처럼) 문화산업 또는 콘텐츠산업정책에서도 통합과 효율화를 정책 기조로 제시하였다. 2009년 5개 진흥기관을 통합하여 한국콘텐츠진흥원을 (새롭게) 출범시켰으며, 문체부의 문화콘텐츠산업 담당 부서도 인력 및 규모를 크게 확대하였다.[14] 특별히 주목되는 것은 '한류 지도'를 만들고, '한류 3.0' 정책을 도입하는 등 한류의 장르별, 지역별 맞춤형 정책을 본격화했다는 점이다.

참여정부 시기에는 중화권의 한류가 확대되고 일본에서의 한류가 시작되면서 한류의 사회문화적 효과는 물론 산업적・경제적 효과에 온 국가가 주목하기 시작했다. 물론 정권 후반부에는 동북공정 등 역사 분쟁이나 해외에서 표출된 정서적 거부감 등이 언론에 집중보도되면서 이미 '신한류'라는 표현이 등장하기도 하지만,[15] 이와 같은 대안 모색은 아직 분석 수준에 머물렀을 뿐 핵

14_ 통합된 5개 기관은 한국문화콘텐츠진흥원, 한국방송영상산업진흥원, 한국게임산업진흥원, 문화콘텐츠센터, 한국소프트웨어진흥원 내 디지털콘텐츠사업단이다. 문광부는 문체부로 변경되었으며, 문화산업국을 대신하여 문화콘텐츠산업실이 설립되었고 그 안에는 한류 진흥을 한 업무로 삼고 있는 대중문화산업팀이 신설되었다.

15_ 가령 앞서 언급한 참여정부의 <2007년 주요 업무계획>에는 성과목표 아래 "기존 한류의 한계(장르/지역)를 넘어 「신(新)한류」 전개"라는 세부목표가 제시되고 있으며, 이를 위한 방안 중 하나로 "한류지역을 아시아권에서 전 세계로 확대 및 지역별 전략 차별화"가 제시되고 있다. 확대 및 차별화 전략의 지역은 다음과 같이 네 개로 구분된다. ① 심화지역(일본, 중국):

심적인 정책과제로 부각된 상태는 아니었다. 하지만 이명박정부 시기에는 반한류·혐한류 등의 흐름이 매우 강력한 형태로 출현하면서 한류의 장르적 다양화 및 지역의 다각화 등 '지속적인 성장' 전략에 대한 고민이 본격적으로 이루어지기 시작했던 것이다.

이와 같은 견지에서 이명박정부는 한류 전략을 담은 문건들을 다수 발표했다. <한류 재점화를 위한 전략>(문체부, 2009), <신한류 진흥 및 확대를 위한 4개 역점 추진과제>(문체부, 2010.12), <대중문화산업 글로벌 경쟁력 강화 방안>(문체부, 2011.06), <전통문화의 창조적 발전 전략>(문체부, 2012.01), <세계와 함께하는 대한민국 문화예술 발전 전략>(문체부, 2012.02), <콘텐츠 글로벌 경쟁력 강화 방안>(2012.04)이 그것이다. 가령, 2010년 '한류 포럼'에서 문체부가 발표한 4대 역점 과제는 '한류정보장터' '글로벌 한류지도' '한류스타 거리조성' '중남미 유럽 지역과의 문화교류 확대' 등으로 정리할 수 있는데, 그중에서도 '글로벌 한류지도' 사업은 한류 콘텐츠의 해외시장 동향과 특성, 수출 및 흥행 현황 등에 관한 정보를 온라인으로 제공하는 것으로, 이를 통해 지역별 문화코드에 따른 맞춤형 전략을 수립하여 추진하기 위한 것이었다. 이 시점부터 훗날 『한류백서』의 기반이 되는 『한류총서』도 체계적으로 발간되기 시작하는바, 이는 향후 전략적인 정책 추진을 위한 정보 인프라 차원에서 중요한 성과라고 할 수 있다. 같은 맥락에서, 한류 3.0 정책은 드라마 한류(1.0), K-POP 한류(2.0)를 넘어 장르와 지역을 다변화 하는 한류(3.0)를 진흥하겠다는 내용을 담고 있었다. 바로 이러한 목표 아래서 이명박정부의 문체부는 2011~2012년 사이에 연달아 <대중문화산업 글로벌 경쟁력 강화 방안>, <전통문화의 창조적 발전 전략>, <세계와 함께하는 대한민국 문화예술 발전 전략>을 의욕적으로 발표하게 된다.

쌍방향 교류, 콘텐츠 고급화에 중점, ② 확산지역(베트남, 태국): 한류 이벤트, 홍보 마케팅에 중점, ③ 잠재지역(중남미, 중동): 드라마, 영화 등 확산효과 높은 콘텐츠 중심, ④ 전략지역(미주, 유럽): 대중문화와 기초 전통예술 접목 콘텐츠 중심.

대중문화 한류를 넘어서 전통문화 및 순수예술 한류를 진흥하겠다는 이러한 전략이 훗날 어떠한 성과로 이어지는지는 논외로 하더라도, 이러한 노력들이 적절한 시점에 적절한 문제의식을 반영한 것이었음은 충분히 평가할 수 있는 것이다. 하지만 일종의 '기업주의'를 표방한 국정 운영이 이루어졌기 때문에 장기적으로 문화의 시대를 준비하는 정책 방향이 부족했고 이로 인해 추진체계 등 정책기반의 강화보다는 '대규모 이벤트'와 '단기적 대형 프로젝트'들이 주를 이루었다는 비판 역시 기억할 필요가 있다.[16)]

(4) **박근혜정부**

박근혜정부는 '창조경제'와 '문화융성'이라는 매우 확실한 정책 기조를 제시하였으며, 이러한 맥락에서 문화예산 2% 공약 등을 통해 상당히 많은 투자가 문화산업 분야에 이루어졌다. 하지만 한류정책에서는 기존 정부들과 같은 분명한 정책목표가 제시되지는 않았던 것으로 보인다. 예컨대, 국민의 정부의 '문화산업은 국가기간산업', 참여정부의 '5대 강국 비전', 이명박정부의 '한류 3.0' 등과 같은 주목할 만한 담론을 박근혜정부에서 따로 찾아보기는 어렵다. 이 시기에는 이명박정부 중반에 제시된 '한류 3.0' 정책을 계승하면서 한류3.0위원회 및 한류기획단 등이 운영되었으며, 이 과정에서 '융합 한류'라는 개념이 종종 언급되었다.[17)]

한류3.0위원회는 이명박정부에서 '한류 3.0'을 적극 추진했던 장관이 바뀐 정부에서도 위원장을 맡아서 기존 정책목표의 연속성을 담보하고자 했다. 장르 다각화, 지역 다변화 등의 전략적 추진을 위해 위원회 구성원으로 대중문화

16_ 최영화, 「이명박 정부의 기업국가 프로젝트로서 한류정책」, 『경제와사회』 97, 2013, 252-285.
17_ 이명박정부 마지막 해인 2012년에는 (노무현정부에 비해서) 상대적으로 주목되지 않았던 한류 관련 추진체계의 정비가 이루어진다. 그해 1월에는 문체부 내에 실국과장이 중심이 된 태스크포스로서 한류문화진흥단이 출범했고, 4월에는 한류문화진흥자문위원회와 한류지원협의회가 발족되었다. 그러나 이전의 조직을 뛰어넘는 권한이나 책임이 없었을 뿐만 아니라 대통령 임기 마지막 해의 사건이었기 때문에 큰 주목을 받지는 못했다.

관련 기관 외에도 세종학당재단, 태권도진흥재단, 한국방문위원회 등이 참여했고, 문화부 바깥에서도 전경련과 KOTRA 등의 기관들이 참여했다. 2015년 6월 발족한 '한류기획단'의 경우도 정부부처, 공공기관, 투자기관을 중심으로 하되 이외에도 지상파 방송 3사, 주요 콘텐츠 기업과 화장품 · 패션 등 소비재 기업이 참여하여 '융합 한류' 확산을 주요 목표로 삼아 운영되었다.

문화산업정책 분야에서 오히려 주목되는 것은 박근혜정부에서 처음으로 콘텐츠 스타트업 또는 문화 스타트업 육성 정책이 추진되었다는 것이다. '콘텐츠코리아랩(CKL)'의 설립 및 이를 확대한 '문화창조융합벨트' 설립 등은 스타트업 지원정책이 큰 규모로 문화정책에 도입된 최초의 사건이었다. 이처럼 창조경제와 문화융성이 만나는 지점에서 콘텐츠 스타트업을 육성하고 이러한 새로운 에너지가 한류 3.0, 즉 국제적인 경쟁력을 가진 다양한 문화 장르의 세계 진출로 이어지는 것을 꿈꾸었던 것으로 판단된다. 하지만 국정원을 중심으로 한 '예술인 블랙리스트' 및 국정농단 세력의 '문화창조융합벨트' 간섭 등이 밝혀지면서 이러한 정책 지향은 훗날 그 진정성을 의심받게 된다. 또한 사드 배치를 둘러싸고 중국 정부와 직접적으로 충돌하면서, 한류의 중국 진출에 이상 전선이 드리워진 것도 당시 열정적으로 추진되었던 융합 한류 또는 한류 3.0 정책의 동력을 약화시키는 결과를 낳았다는 점도 지적할 필요가 있다.

(5) 문재인정부

문재인정부에서도 지난 기간 역대 정부에서 도입된 주요 정책들이 지속되었다. 총리 주재 국정현안조정회의에서는 한류를 핵심적인 국정 의제로 다루었으며, 주요 계획으로서 <신한류 진흥정책 추진계획>(2020.07)을 수립하여 발표하기도 했다. 민관이 함께 참여하는 '한류협력위원회'도 운영되었는데, 이 위원회는 매 정부마다 운영되었던 민간자문위원회의 역할과 함께 범정부 차원의 협의체로서의 성격도 가지고 있었다. 문체부 훈령으로 위원회의 구성과 운영에 관한 규정이 만들어졌기 때문에 실효성도 제고되었고, 한류 컨트롤 타워의 위상이 높아짐에 따라 참여하는 정부부처와 유관기관의 수도 확대되었다.[18] 이에 더하여, 2020년 6월, 문체부 내 한류를 전담할 '한류지원협력과'가 신설되었다는 점도 거버넌스 차원에서 중요한 사건으로 꼽힌다. 하나의 '과'가 한류 지원정책 및 협력정책을 전담하게 되면서, 예산 규모가 확대되었고 '한류'에 집중하는 정책을 마련할 수 있게 되었으며, 연관 부서 및 부처의 사업들과 일관성·연계성을 높일 수 있는 조직체계가 구축된 것이다.

특별히 주목할 점은 이명박정부와 박근혜정부 하에서 지향점으로 언급되었던 '한류 3.0' 정책이 '신한류' 정책으로 옷을 갈아입었다는 점이다. 문체부(2020)에 따르면, "신한류"란 "기존 한류와 달리 한국 문화 전반에서 한류콘텐츠를 발굴하고, 연관 산업과의 연계를 강화하며, 상호 문화교류를 지향함으로써 지속성과 파급효과가 높은 한류를 말한다."[19] 이를 위한 세 가지 전략은 1) 한류 콘텐츠의 다양화(기존 대중문화 콘텐츠 지원 외에도 우리나라의 풍부한 문화자산으로부터 새로운 한류 콘텐츠를 찾아내려는 것), 2) 한류로 연관 산업 견인(한류로 소비재뿐만 아니라 서비스 산업까지 연계 강화하며, 이를 위해 각 부처가 산발적으로 추진하고 있는 정책과 정보를 공유하고 협업 강화), 3) 지속가능한 한류 확산의 토대 형성(공식적인 정책 총괄 기구로서 한류협력위원회 및 실무위원회 운영)이다. 기존 정부들의 한류정책에서 부각되어온 쟁점들이 고스란히 담겨 있음을 알 수 있다.

문재인정부의 '한류' 정책과 관련해서 또 한 가지 빠트릴 수 없는 것은 '코로나19'에 대한 방역 과정에서 탁월한 디지털 국정 운영능력이 현실화되면서, 공식적인 선진국 진입이 이루어졌고, 이러한 사건이 한류와 시너지를 내면서 거침없는 동반상승 작용이 이루어졌다는 사실이다. 역설적이게도 '글로벌 팬데믹' 위기 속에서 한류는 디지털 플랫폼을 통해 북미와 서유럽에서도 엄청난 확장을 경험하였고, 이를 통해서 그동안 꿈꾸어왔던 '글로벌 문화자본'으로서

18_ 문효진, 「함께 도약하는 한류, 한류에 대한 공공의 역할과 과제」, 『한류NOW』 2022년 7+8월호, 한국국제문화교류진흥원.
19_ 문화체육관광부, '신한류로 전 세계 한류 열기 이어 나간다', 문화체육관광부 보도자료.

의 위상을 갖추게 된다.

그럼에도 불구하고, BTS, 블랙핑크, <오징어 게임>, <기생충> 등으로 대표되는 한류의 4단계와 동일한 시간을 점유하고 있는 문재인정부의 정책적 차별성이나 독특성을 찾아내기란 쉽지 않다. 가령 대표 정책으로서 '신한류' 정책은 사실 '한류 3.0' 정책과 그 내용과 형식 면에서 커다란 질적 차이를 보이지 못했다. 넷플릭스로 대변되는 글로벌 OTT 시장이 부상하면서 한국 콘텐츠의 IP 비즈니스를 위한 고민이 깊어지고 한국형 OTT 육성을 위한 지원 정책이 진지하게 시작되기는 했지만, 새로운 환경에 맞는 재도약을 준비하고 정비하는 것을 넘어서 새로운 한류정책이라고 부를 만한 굵직한 흐름을 창출하는 데까지는 나아가지 못한 셈이다.

[역대 정부별 한류정책의 특징]

구분	국민의 정부	참여정부	이명박정부	박근혜정부	문재인정부
정책 기조	팔길이 원칙, 문화산업의 국가기간 산업화	창의 한국, 세계 5대 문화 강국 비전	진흥체계의 통합 및 효율화	창조경제와 문화융성	자유와 창의가 넘치는 문화국가
주요 성과	「문화산업 진흥 기본법」 제정, 최초의 중장기 계획 수립, 진흥기관 설립	범정부 및 민관 협력체 구성, 장르별 법안 개정, 통계 업그레이드, 장르/지역 확대 고민 시작	5개 기관 통합 콘텐츠진흥원 출범, 장르 다각화 및 지역 다변화 확대 고민 심화, 한류 3.0 담론(예술과 전통문화 한류)	한류3.0위원회 발족, CKL 등 콘텐츠 스타트업 지원 강화	정책 컨트롤 타워 발족, 문체부내 한류 전담과 신설, 신한류 진흥 계획 수립
의의	방향 정립	추진 체계 구축	다각화 전략 심화	융합 한류 촉진	재도약 추진
	한류의 발전을 위한 사상적, 정책적 기반 마련	한류의 효과에 대한 거국적 주목과 정책 추진 구조 발족	한류의 지속가능성에 대한 장르, 지역 고민의 내실화	국정농단 및 사드 사태 등으로 한류정책 위기	코로나 시대, '신'한류정책을 통한 재도약 정비

* 출처: 정종은, 『한류 맥 짚기: 신개발주의를 알아야 한류가 보인다』, 120쪽을 수정 · 보완

4. 한류정책의 성과와 한계

1) 한류정책의 성과

앞서 살펴보았듯이, 지난 20여 년에 걸쳐 대한민국의 모든 정부는 '초국적(supra-national) 문화자본'으로 부상하고 성장해온 '한류' 현상에 큰 자부심을 가지면서 이를 적극적으로 지원・육성・진흥하고자 노력했다. 추진체계 및 협력체계의 구축으로 집약되는 거버넌스(governance) 정책, 사회적 인식 제고, 법・제도 정비, 연구 지원 등으로 구성되는 환경 인프라(environmental infrastructure) 정책, 물적 인프라를 필두로 재정・정보・인력・기술 인프라를 조성하려는 투입 인프라(input infrastructure) 정책, 가치사슬(value chain) 제 단계를 활성화하기 위한 전략적・상징적 개입 정책 등이 대표적인 정책 범주들이다. 이 네 가지 범주별로 주요 성과들은 아래와 같이 요약해볼 수 있다.

첫째, 거버넌스 부문이다. '한류'에 대한 소식을 처음 접했던 김대중정부 시기에는 한류정책 추진을 위한 구체적인 추진체계나 협력체계가 구축되지 못했다. 하지만 문화의 시대를 준비하면서 '신개발주의(neo-developmental) 문화정책'을 통해 민주적 거버넌스를 바탕으로 문화산업의 국가기간산업화를 추진한 정부답게 '거버넌스 원칙'에 대한 확고한 기반을 다져놓았다는 사실은 매우 중요하다. 이어서 노무현정부 시기에 '콘텐츠산업 5대 강국'의 비전과 함께 한류정책의 추진체계가 거의 오늘날의 형태를 갖추게 된다. 예컨대, 민관협력을 위한 추진체계로서 민간 자문위원회는 한류정책자문위원회(노무현정부), 한류문화진흥자문위원회(이명박정부), 문화융성위원회 소속 문화산업전문위원회(박근혜정부), 한류협력위원회(문재인정부) 등으로 이어져 내려왔다.[20] 범부처 협력을 위한 협의체와 국무조정실의 역할도 지속적인 거버넌스 의제로서 정부마다 편차는 있지만 꾸준히 강조되어왔고, 문화부의 전담조직 역시 대중문화산업팀

20_ 문효진, 「정부별 한류 정책과 법제: 문민정부에서 촛불정부까지」.

(2011.09)의 일부로 존재하다가 한류지원협력과(2020.06)로 독립하는 등 전문화·체계화되어 왔다.

둘째, 환경 인프라 부문의 성과도 괄목할 만하다. 무엇보다 과거 '대중문화'에 대한 사회적 인식은 그다지 높지 않았다. 만화나 게임은 소위 '불량 청소년'과 쉽게 연관되었는바, 1990년대 후반 게임산업지원센터가 초기에 진행한 사업 설명회들에는 조직폭력배들이 대거 참여하곤 했다. 그러나 정부가 문화산업 또는 콘텐츠산업을 국가전략산업으로 홍보하고 '한류'가 비상하면서 이와 같은 국민들의 인식은 180도 전환되었다. 김대중정부 시기의 「문화산업진흥기본법」(1999), 이명박정부 시기의 「콘텐츠산업진흥법」(2010), 박근혜정부 시기의 「대중문화예술산업발전법」(2014), 문재인정부 시기의 「국제문화교류진흥법」(2017) 제정 등을 통해 한류의 양적·질적 성장을 위한 법적 기반도 정비되어왔음이 분명하다. 관련 연구들도 한국문화관광연구원, 한국콘텐츠진흥원, 한국국제문화교류진흥원 등에서 지속적으로 이루어지고 있으며, 연구의 결과물도 온라인을 통해서 점점 대중들이 쉽게 접할 수 있는 형태로 유통되고 있다.

셋째, 투입 인프라 부문이야말로 정책 지원을 통해서 산업 현장에 도움이 될 수 있는 성과들이 가장 두텁게 산출된 부문이다. 대학로에 처음 조성되었다가 현재 종로에서 운영되고 있는 콘텐츠코리아랩(CKL)은 전국의 광역지자체들에게 콘텐츠 정책 추진을 위한 공간과 프로그램의 모형을 제공하면서 전국적 확산에 중요한 역할을 했다. 또한 해외문화원들과 세종학당들은 해외 현지에서 한류팬들이 한국어와 한국문화를 배우고 활용하는 데 중추적인 거점이 되면서 꾸준하게 양적 성장을 경험했다. 노무현정부 시기의 콘텐츠산업정책의 주요 성과로 거론되곤 하는 '모태펀드'를 통한 콘텐츠 창작 자금 확대 노력도 세계 시장에서 주목받는 한국 콘텐츠의 숫자가 늘어나면서 큰 폭으로 확대되었는바, 이러한 마중물이 훗날 해외 콘텐츠 플랫폼들의 직접 투자 확대로까지 이어졌다. 이와 같은 '물적 인프라' '재정 인프라'와 함께 '정보 인프라'의 확대도 눈부시다. 앞서 '연구 지원'과 맞물리면서 한류에 관한 다채로운 그리고 신뢰도가 높은 정보들이 끊임없이 쏟아지고 있다. 한국콘텐츠진흥원의 '통계'를 중심으로 한 정보들과 한국국제교류진흥원의 '백서'를 중심으로 한 정보들이 양대 산맥을 이루면서 학술 연구나 언론 보도, 경영 전략 수립의 원천으로 활용되었다. 다만 아쉬운 것으로는 문화산업정책 차원에서 콘텐츠 창작과 유통을 겨냥한 인력양성 사업은 많지만 한류를 전문적으로 다루는 '인력 인프라' 사업이 부족하다는 점, CT(문화기술) R&D 사업 등 '기술 인프라'와 관련한 노력들도 투입한 시간과 에너지, 예산에 비해 성과가 충분치 않았다는 점을 꼽을 수 있다.

마지막으로 '가치사슬 제 단계에 대한 전략적 · 상징적 개입'에 관해 살펴보도록 하자. 앞서 다룬 세 가지 정책, 곧 거버넌스, 환경 인프라, 투입 인프라 관련 정책들은 '간접지원' 정책 사업이지만, '가치사슬'에 대한 지원은 산업 현장에 대한 지원으로서 기획–창 · 제작–유통–소비로 이루어지는 콘텐츠산업의 가치 창출 제 단계에 대한 '직접지원' 사업이 주를 이룬다. 그렇지만 여전히 가치사슬 활성화라는 목표가 정부의 힘이나 노력으로만 이루어질 수 있는 것은 아니기 때문에, 정부의 직접 사업은 수혜 기업에게 혜택을 주는 것을 넘어서 '전략적이고 상징적인' 개입을 통해 시장에 올바른 사인을 주고 기업들이 장기적인 계획을 수립하도록 촉진하는 방식으로 전개되어야 한다.

참여정부에서 문화부 차관을 역임한 두 명의 인사는 모두 국민의 정부에서 문화산업 국장직을 경험했었는바, 이들은 필자와의 인터뷰에서 두 정부의 문화산업 담당 공무원들은 '지원하되 간섭하지 않는다'는 팔길이 원칙을 기억하면서 (검열과 같은) 간섭과는 구분되는 '전략적이고 상징적인 개입'을 통해 지원의 효과를 극대화하고자 노력했다고 밝혔다. 사실 한류정책만을 위한 '가치사슬'이라는 것은 따로 존재한다고 보기 어렵기 때문에, 이와 같은 콘텐츠산업 전반의 기획/창 · 제작/유통을 위한 수많은 직접 사업들이 국내 콘텐츠의 역량 강화와 해외 진출에 있어 많은 기여를 했다고 할 수 있을 것이다. 다만 '한류' 정책과 관련해서 따로 언급할 것은, 이러한 직접지원사업이 확대되는 과정에서, 국내 콘텐츠기업들의 해외 진출을 돕는 조직(콘텐츠진흥원의 해외비즈니스센터)의 역할이 더불어 확대되어왔다는 점, 이와 발맞추어 한국콘텐츠진흥원 내에서 '해외사업'의 비중도 지속적으로 커져왔다는 점이다.[21)]

이상을 종합하자면, 지난 20여 년의 여정 속에서 한류정책의 체계성과 유기성, 실효성 등은 지속적으로 개선되어왔으며, 이는 (한류의 지역적, 장르적 확산이라는) 분명한 목표, (매년 해외 언론 보도는 물론, 구체적인 통계와 백서 등으로 확인되는) 즉각적인 피드백, (한류의 발전단계에 부합하는 실현가능한) 적절한 도전과 과제의 설정이 어우러지면서 이루어낸 값진 성취라 하겠다. 하지만 이상에서 정리해본 한류정책의 성과는 정책의 렌즈를 통해서 살펴본 것이다. 한류정책은 보다 넓은 관점에서, 다시 말해서 그것이 본래 지원하고 진흥하고자 한 대상, 즉 '한류'의 성과에 빗대어 최종적으로 평가받을 필요가 있다.

[한류의 성공 요인]

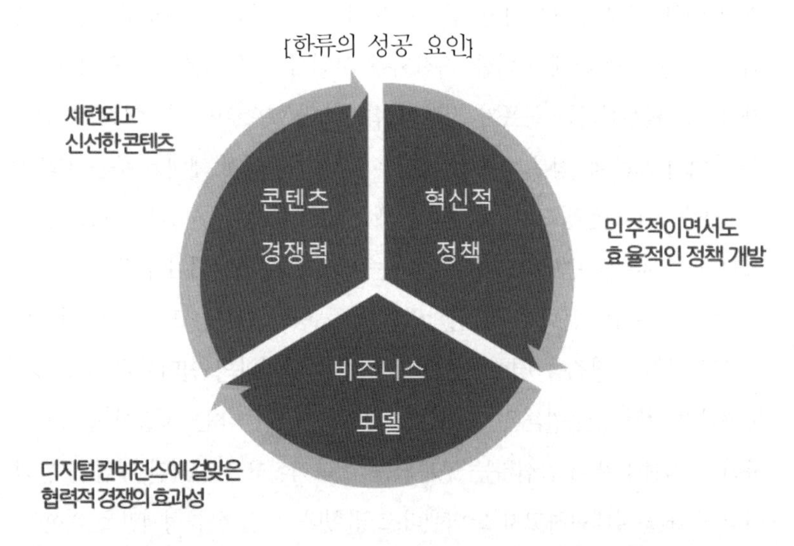

* 출처: 정종은, 『한류 맥 짚기: 신개발주의를 알아야 한류가 보인다』, 68쪽을 수정

21_ 가령, 콘텐츠진흥원 '해외사업지원단'의 2023년 업무계획은 다음과 같은 13가지 사업으로 이루어져 있다. 해외진출종합컨설팅지원, 해외거점운영, 콘텐츠수출전문인력양성, 맞춤형해외심층정보제공, 콘텐츠해외시장개척지원, 글로벌온라인유통플랫폼진출지원, 관계부처합동한류박람회개최, 관계부처해외홍보관운영, 관계부처한류마케팅지원, 신기술융합콘텐츠 해외전시, 대한민국콘텐츠대상, 정부간협력채널(정부간포럼)운영, 인도네시아문화인재양성(ODA)이 그것들이다(『2023 한국콘텐츠진흥원 지원사업 설명회 자료집』, 223).

2절에서 이미 다루었듯이, 한류는 21세기 글로벌 문화생태계에서 누구도 간과하기 어려운 엄청난 현상으로 자리를 잡았으며, 한류는 지역 문화자본에서 대륙 문화자본, 대륙 간 문화자본의 단계를 거쳐, 이제는 글로벌 문화자본으로서의 위치를 다져가고 있는 중이다. 앞의 '한류의 성공요인'에 관한 그림에서 제시하는바, 이와 같은 한류의 성공에서 정책적 요인은 상당히 중요한 위상을 차지한다. K-콘텐츠의 눈부신 성장 뒤에는 '검열'을 폐지하고 팔길이 원칙을 기반으로 '진흥'에 앞장선 정부가 있었고, 이와 같은 새로운 환경에 적응하고 기대하면서 자신의 열정과 상상력을 마음껏 펼친 개인 또는 집단 창작자들과 제작자들이 있었다. 특별히 우리의 집단 무의식을 가감 없이 건드리는 참신한 콘텐츠들에 열광적으로 반응하면서 시장을 윤곽 짓고 방향 지어온 국민들이 늘 든든한 팬덤으로 역할해 주었기에 이러한 발전과 경쟁우위의 구축도 가능할 수 있었음을 기억해야 한다. 이러한 요인들을 바탕으로 K-콘텐츠는 전 세계적으로도 무척이나 세련되고 신선한 콘텐츠로 인정받게 되었으며, 이를 통해 지역과 성별과 연령을 뛰어넘어 세계인들의 많은 관심과 사랑을 받고 있는 것이다.

2) 한류정책의 한계

그러나 이와 같은 한류정책의 성과를 인정하는 것이, 한류정책이 더 개선될 여지가 없을 정도로 훌륭하다거나 그간 부족한 부분이 전혀 없었다는 말로 이해되어서는 곤란하다. 올바른 방향을 설정하면서 차근차근 개선되어왔다는 말은 아쉬움이 없을 정도로 훌륭하고 완벽했다는 말과는 전혀 다른 것이다. 예를 들어보자. '대륙 간 문화자본'으로 한류가 비상하던 시기, '한류3.0'이라는 깃발 아래 한류의 장르 다각화와 지역 다변화를 고민하던 문체부는 한류의 영향력을 반감시킬 수 있는 핵심적인 장애물로 다음의 네 가지를 꼽았다. 혐한류 또는 반한류, 경제 제일주의적 접근, 불균형적 성장, 콘텐츠의 획일성 등이 그것이다.[22] 이러한 인식은 당시 정책 방향을 설정하는 데 중요한 역할을 했지만, 십년이 훌쩍 지난 지금도 이러한 걸림돌들은 충분히 해소되지 못한 것으로 보인다. 보다 구체적으로 살펴보자.

첫 번째 장애물은 중국과 일본 등을 중심으로 일정 정도 세를 형성하고 있는 '혐한류 또는 반한류'의 흐름이다. 혐한류 또는 반한류를 야기하는 원인으로는 불균형적 · 일방적 한류 전파, 자국의 문화산업 보호 의지, 한류 콘텐츠의 경쟁력 약화, 국가 간 정치 · 사회적 측면 등이 주로 언급된다. 이러한 반작용은 한류의 영향력이 확대되면서 피하기 어려운 자연스러운 현상이라고 볼 수도 있지만, 우리가 지난 20여 년의 눈부신 성과에 사로잡혀 스스로 문화우월주의에 빠지게 된다면 한류의 근간을 뒤흔들 가장 큰 위협으로 발전할 수 있다. 독한 '국뽕'에 취한 일부 한국인들이 국내 뉴스 댓글이나 해외 유튜버 채널에 집단적으로 달려가, 자민족중심주의와 문화우월주의의 극단적인 버전을 배설하는 것은 낯선 일이 아니다. 만일 우리가 이러한 일들을 그냥 웃고 넘긴다고 한다면, 이는 혐한류와 반한류를 '정당한' 대응으로 승격시키는 데 일조하는 것이 된다.

둘째는 한류를 경제적 이익만으로 환산하려는 '경제 제일주의'적 접근이다. 경제 제일주의적 접근은 한류가 세계인과의 소통 및 공감을 이끌었을 때 경제적 가치가 자연스럽게 따라오는 것임을 망각하고, 경제적 수익을 최우선으로 고려함으로써 '단기적인' 성공을 빌미로 '장기적인' 쇠락을 초래할 수 있는 함정이라고 할 수 있다. 예컨대, 한 아이돌 그룹의 팬포럼을 대상으로 "디지털 네트워크 시대의 초국가적 온라인 팬덤"을 살펴본 연구[23]에 따르면, 한류의 팬들은 국가의 경계를 넘어 자신이 선택한 그룹에 대해 적극적으로 정보를 추구하고, 스타 및 여타의 팬들과 함께 놀고 성장하며 즐거움을 얻는다. 하지만 여기에서 그치는 것이 아니라 "초국가적 팬포럼의 회원들은 궁극적으로 이러한 활동을 통해 개인적/심리적 만족과 더불어 문화적 다양성에 대한 열린 태도

22_ 문화체육관광부, 『한류백서』, 2013, 226-239.
23_ 손승혜, 「디지털 네트워크 시대의 초국가적 온라인 팬덤」, 『미디어, 젠더 & 문화』 25, 2013, 73-111.

를 갖게 되고, 문화적 다양성에 스스로 기여하고 있다는 자부심을 형성"해 나가고 있다. 이러한 차원을 이해하고 존중하는 대신, 정부와 기업, 언론 등이 한류를 경제 제일주의적 접근으로 다루게 된다면, 커다란 실망과 함께 연쇄적인 부작용들이 나타날 수 있는 것이다. 이런 점에서는 2023년 문화체육관광부가 기존의 '한류협력위원회'를 '콘텐츠 수출협의회'로 개편한 것은 상당히 우려할 만한 사건이라고 하겠다.

셋째로, 가장 빈번하게 한류의 걸림돌로 언급되어온 또 다른 현상은 바로 불균형성이다. 보다 구체적으로 말하자면, 콘텐츠 장르간, 콘텐츠 업체간, 대상국가간, 그리고 대중문화-문화예술-전통문화 간에 존재하는 '격차'가 늘 문제가 되어왔다. 한류의 불균형적인 성장은 장기적으로 한류의 지속가능성 및 효과 확산에 대한 중요한 위협이 될 수 있기 때문이다. 예컨대, 한류 팬덤 면에서는 필자가 '한류 트로이카'라고 부르는 'K-Pop, K-Drama, K-Movie'의 영향력이 절대적인 가운데, 한류 수출액 면에서는 세계 어느 지역에서나 절반 이상이 게임 장르에 집중되어 있다. 또한 중화권 수출이 35%, 일본이 20%, 동남아가 15% 가량을 담당하면서 아시아 지역 수출이 전체의 70%가량을 차지하는 것도 이미 오래된 현상이다. 한류를 통한 혜택 역시 해당 산업분야의 극히 상층부에 속하는 기업들에 집중되고 있는 것이 엄연한 현실이다.

마지막으로는 대표적인 한류 콘텐츠의 '획일성', 곧 K-Pop이나 K-Drama가 실험성과 다양성을 추구하는 대신에 일부 유사한 내용과 형식을 반복하고 있다는 지적도 새겨들을 필요가 있다. 물론 현재까지는 한류 콘텐츠들이 대체적으로 아시아 지역에서는 '세련된 것'으로 받아들여져 왔고, 서구에서는 선진국 진입과 맞물려 '신선한 것'으로 받아들여지고 있으나, 선진국과 개발도상국을 매개하는 이러한 지위 또는 위치의 혜택이 언제까지 지속될 수 있을 것인지는 고민해볼 문제이다. 물론 우리나라 콘텐츠기업들은 글로벌 시장과 디지털 기술의 변화에 매우 민감하게 반응하면서 소비자 취향, 유통 방식과 투자 방식에 있어서 매우 성공적인 대처를 해왔다. 이로 인해 한류의 세부 장르에서 다양성도 (과거에 비해) 제고된 것이 분명하다. 하지만 기대가 높아지면 실망도 커지는 법이다. 지속적인 혁신이 가능한 경쟁과 협력의 토양, 특히 거대 기업들의 영향력 아래서도 개인과 작은 기업들이 자유롭게 창의성을 발휘할 수 있는 환경을 만들어가야 하는 쉽지 않은 과제가 우리 앞에 놓여있는 것이다.

전술하였듯이, 이상의 네 가지 장애물 또는 걸림돌은 지난 10여 년 간 반복적으로 제시되어온 것이다. 그 사이에 한류는 눈부신 성장을 거듭하며 글로벌 문화자본으로 자리매김했지만, 왜 이러한 문제는 근본적으로 해결되지 못했던 것일까? 뒤의 '한류 호감도'에 관한 그림은 문화체육관광부와 한국국제문화교류진흥원이 진행한 <2023 해외한류 실태조사>의 결과이다. 이번 조사에서는 <해외한류 실태조사>가 시작된 이래 처음으로 웹툰을 제외한 모든 분야에서 3~8% 정도의 호감도 하락이 감지되었다고 한다. 가장 승승장구하고 있다는 평가를 받고 있는 K-Pop에 대한 호감도는 8.5%라는 가장 큰 하락 수치를 기록했다. 앞서 언급한 '장애물'들이 임계점을 넘어서 이제 본격적으로 활성화되는 것은 아닌지 경각심이 요구되는 상황이다.

우리 사회가 지속적인(sustaining) 성장보다는 지속가능한(sustainable) 발전을 논해야 하는 단계에 오른 것처럼, 한류 역시 성장과 성숙을 동등하게 고려하면서 '지속가능한 발전'을 지향하는 데 매진해야 할 단계에 도달한 것이 아닐까? 초국적 문화자본으로서 '한류'가 이제 성장의 시대를 거쳐서 성숙의 시대에 진입한 이상, 과거와는 완전히 다른 목표와 방향이 요구되는 시점이라는 말이다. 마찬가지로 '한류정책'도 이제는 전혀 새로운 목표와 방향을 설정하여 패러다임 전환을 이루어야 하는 시점에 도달한 것으로 이해할 수 있다. 그렇다. 이제는 한류가 또 한류정책이 '양적 성장'보다는 '질적 성숙'에 보다 많은 관심을 기울여야 할 시점에 이르렀다.

안타깝게도 국내 문화산업계의 친환경 · 생태적 지속가능성에 대한 고민은 이제 겨우 출발선상에 있다. 우리 사회의 고질적 문제를 드러내고 성찰하는 콘텐츠들(<기생충>, <오징어 게임>, <더 글로리>, <이상한 변호사 우영우> 등)

[한류의 각 분야별 호감도 조사 결과]

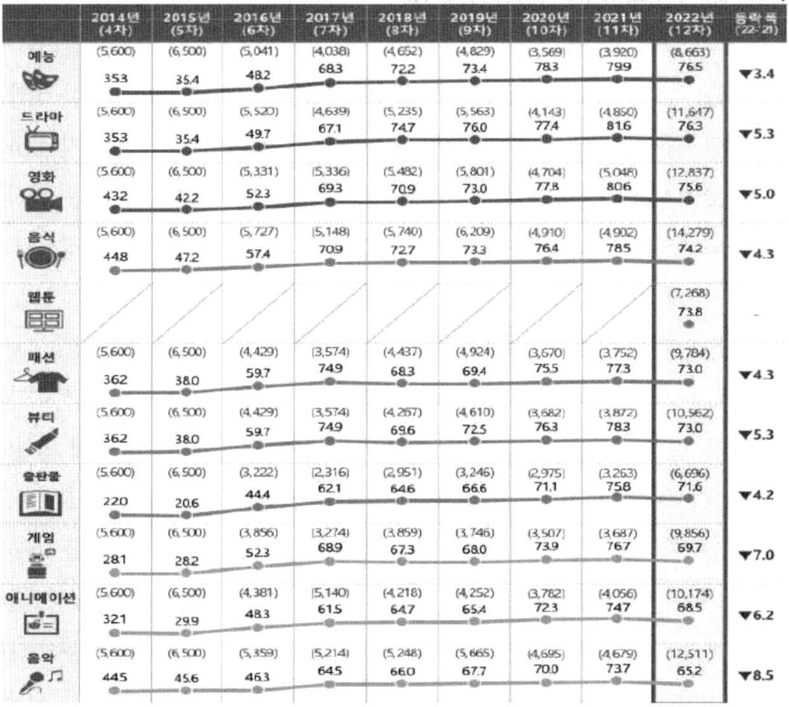

[BASE: 한국 문화콘텐츠 경험자, n=( ), 단위: 호감(4+5)%, %p]

	2014년 (4차)	2015년 (5차)	2016년 (6차)	2017년 (7차)	2018년 (8차)	2019년 (9차)	2020년 (10차)	2021년 (11차)	2022년 (12차)	등락폭 ('22-'21)
예능	(5,600) 35.3	(6,500) 35.4	(5,041) 48.2	(4,038) 68.3	(4,652) 72.2	(4,829) 73.4	(3,569) 78.3	(3,920) 79.9	(8,663) 76.5	▼3.4
드라마	(5,600) 35.3	(6,500) 35.4	(5,520) 49.7	(4,639) 67.1	(5,235) 74.7	(5,563) 76.0	(4,143) 77.4	(4,850) 81.6	(11,647) 76.3	▼5.3
영화	(5,600) 43.2	(6,500) 42.2	(5,331) 52.3	(5,336) 69.3	(5,482) 70.9	(5,801) 73.0	(4,704) 77.8	(5,048) 80.6	(12,837) 75.6	▼5.0
음식	(5,600) 44.8	(6,500) 47.2	(5,727) 57.4	(5,148) 70.9	(5,740) 72.7	(6,209) 73.3	(4,910) 76.4	(4,902) 78.5	(14,279) 74.2	▼4.3
웹툰									(7,268) 73.8	-
패션	(5,600) 36.2	(6,500) 38.0	(4,429) 59.7	(3,574) 74.9	(4,437) 68.3	(4,924) 69.4	(3,670) 75.5	(3,752) 77.3	(9,784) 73.0	▼4.3
뷰티	(5,600) 36.2	(6,500) 38.0	(4,429) 59.7	(3,574) 74.9	(4,267) 69.6	(4,610) 72.5	(3,682) 76.3	(3,872) 78.3	(10,562) 73.0	▼5.3
출판물	(5,600) 22.0	(6,500) 20.6	(3,222) 44.4	(2,316) 62.1	(2,951) 64.6	(3,246) 66.6	(2,975) 71.1	(3,263) 75.8	(6,696) 71.6	▼4.2
게임	(5,600) 28.1	(6,500) 28.2	(3,856) 52.3	(3,274) 68.9	(3,859) 67.3	(3,746) 68.0	(3,507) 73.9	(3,687) 76.7	(9,856) 69.7	▼7.0
애니메이션	(5,600) 32.1	(6,500) 29.9	(4,381) 48.3	(5,140) 61.5	(4,218) 64.7	(4,252) 65.4	(3,782) 72.3	(4,056) 74.7	(10,174) 68.5	▼6.2
음악	(5,600) 44.5	(6,500) 45.6	(5,359) 46.3	(5,214) 64.5	(5,248) 66.0	(5,665) 67.7	(4,695) 70.0	(4,679) 73.7	(12,511) 65.2	▼8.5

귀하가 최근 이용한 한국 문화콘텐츠는 전반적으로 얼마나 마음에 드십니까? (1.전혀 마음에 들지 않는다/2.마음에 들지 않는다/3.그저 그렇다/4.마음에 든다/5.매우 마음에 든다)

* 출처: 문화체육관광부 · 한국국제문화교류진흥원, <2023 해외한류 실태조사>, 2023

의 전지구적 성공이 여전히 불공정 계약이나 왜곡된 지배구조 등 우리나라 문화콘텐츠산업의 사회적 지속가능성이 개선할 여지가 많다는 사실을 가리는 데 이용되어서는 안 될 것이다. 경제적 지속가능성 역시 이제는 단순히 불법유통 억제나 저작권 분쟁 해결 등의 처방에 만족해서는 안 된다. 창작자와 실연자의 권익을 최대한 존중하면서 역량 있는 기업들이 창조성에 기반한 혁신에 매진할 수 있는 환경과 조건을 더욱 숙성시켜 나가야 한다. 앞으로 20여 년을 새롭게 수놓을 '넥스트 한류'의 시대, '한류정책'의 키워드는 성장(growth)이 아니라 성숙(maturity)이 되어야 한다.

5. 나가며: 지속가능한 한류를 위한 정책 과제

지금까지 우리는 한류의 발전단계를 고찰하고 그 궤적을 함께 해온 한류정책의 빛과 그림자를 꼼꼼하게 살펴보았다. 좌고우면하지 않고 열심히 달려서 애초 목표로 한 높은 곳에 결국 도달했다면, 이는 분명히 칭찬받을 만한 성과라 하겠다. 하지만 달리는 것에 집착하다가 주변의 소중한 것들을 챙기지 못하고 스스로에 대한 성찰의 기회도 충분히 갖지 못했다면, 이제라도 새로운 관점과 목표와 방법에 대해서 진지하게 생각해볼 필요가 있지 않을까? 한류정책이 챙겨야 할 중요한 과제들에 대해서 다음과 같은 몇 가지 제언을 하는 것으로 글을 맺고자 한다.

무엇보다 한류정책은 '지속적인 성장'이 아니라 '지속가능한 발전'이라는 목표를 향해 새롭게 정위되어야 할 것인바, 이를 위해서는 '인문학적 성찰'을 통해 질적 성숙의 요구를 진지하게 담아내는 정책으로의 전환이 필요하다.[24] 말뿐인 '인문학', 말뿐인 '성찰'이 아니라 대학인문학과 대중인문학을 아울러 한류라는 민족사적 현상에 대한 근원적이고 다각적인 성찰이 요구된다. 한류의 '생태적' 지속가능성, '경제적' 지속가능성, '사회적' 지속가능성 등에 대한 실천적이고 세분화된 물음 묻기가 시급히 요청되는 상황이다. 이러한 성찰이 구체적인 정책으로 변환되고 실행되는 데에는 상당한 시간이 걸리겠지만, 한류 그리고 나아가서는 우리나라 콘텐츠산업의 지속가능성을 담보하기 위한 대전환의 계기를 마련하기 위해서는 꼭 필요한 과정이 아닐 수 없다.

둘째로, 점진적 · 단계적 지역 확산 전략은 이제 그 목표를 십분 달성하였는바, 앞으로는 한류가 세계 각지에 뿌리를 내리고 전 세계 한류 팬들과 호흡하도록 돕는 정책이 필요하다. 『2022년 지구촌 한류현황』[25]에 따르면, 열성적인 한류 팬의 숫자가 전 세계적으로 1억7천8백만 명을 상회하는 것으로 확인

24_ 정종은, 신종천, 홍성태, 최보연, 김민우, 유지연, 조은혜, 백승재, 『문화콘텐츠산업의 지속가능 발전을 위한 인문학의 역할 연구』, 경제 · 인문사회연구회, 2023.

25_ 한국국제교류재단, 2023.

된다. 이들을 한류의 위대함을 실증하는 증거 또는 전리품으로 바라보는 시각을 벗어나서, 이들과 함께 한류의 가치를 세계인의 구체적인 삶의 현장에서 상호주의적인 관점에서 키워나가는 노력이 절실히 요구된다. 창・제작 촉진 정책을 넘어서 팬 중심, 수요자 중심의 연구와 사업도 확대되어야 한다. 이러한 당사자주의로의 전환이 한류정책에 중요한 발전의 디딤돌을 마련해 줄 수 있다.

마지막으로, 이명박정부의 '한류 3.0', 박근혜정부의 '융합 한류', 문재인정부의 '신한류' 등의 표제어들은 여전히 유효한 정책 방향을 제시해준다. 특히 대중문화 한류를 넘어 전통문화와 순수예술 등 전방위적 문화 한류가 필요하다는 문제의식은 여전히 미완의 과제로 남아있다. 하지만 '한류' 브랜드의 급격한 상승과 이로 인한 소프트파워의 생성으로 인해 과거보다는 훨씬 더 나은 조건에서 이러한 정책목표에 도전할 수 있는 여건이 조성되었다. 강조하고 싶은 것은 이러한 정책목표를 실현하려면 단년도 사업이 아니라 중장기적 관점에서, 부처별 각개전투가 아니라 진정한 의미의 '범정부 프로젝트'가 야심차게 설계되고 실험되어야 한다는 것이다. 그저 매년 수립하는 계획의 일환으로, 그저 매년 진행되는 자문의 일환으로, 그저 매년 확인하는 평가와 보고의 일환으로, 그저 익숙한 프로그램과 프로젝트만을 찔끔찔끔 증액하는 방식으로는 한류정책의 양자도약(quantum leaf)을 이룰 수 없다. 거버넌스, 환경 인프라, 투입 인프라, 가치사슬 활성화라는 정책 범주에서 각각 컴포트 존(comfort zone)을 벗어나 눈부신 도약을 이룩하기 위해서, 미래의 한류정책은 이 점을 반드시 기억해야 할 것이다.

■ **키워드**

한류, 글로벌 팬덤, 글로벌 문화자본, 신개발주의, 팔길이원칙, 신한류, 지속가능성

■ **질문거리**

- 한류를 어떻게 정의할 수 있을지 요소별 특징에 주목하여 설명하시오.
- 글로벌 문화자본으로서의 한류의 성장 과정을 단계별로 서술하시오.
- 역대 정부별 한류정책의 특징을 설명하시오.
- 한류정책의 성과와 한계는 무엇인지 제시하시오.
- 지속적인 성장이 아닌 지속가능 발전의 시대, 즉 '성숙의 시대'를 위한 한류정책의 패러다임 전환은 어떤 방향으로 이루어져야 할 것인지 자신의 생각을 서술하시오.

문화관광정책의 현황과 과제

정희준 | 문화연대 집행위원 / 전 부산관광공사 사장

1. 21세기 관광

관광은 이제 우리의 일상이고 문화이자 산업이 되었다. 뿐만 아니라 국가 간, 도시 간 치열한 경쟁의 영역으로 변모했다. 관광은 도시개발과 재정투자의 장이 되면서 '관광산업'으로 자리매김했고 과학기술의 접목이 끊임없이, 또 치열하게 이루어지는 복합적 공간으로 진화해왔다. 노동시간을 제외한 우리의 여가시간을 지배하는 가장 중요한 분야로 자리매김했을 뿐 아니라 여가활동을 위한 현대인의 소비 및 지출 중 가장 큰 비중을 차지하는 분야로 성장했다.

국가 경제에서도 관광산업은 큰 비중을 차지하는 분야가 되었다. 2019년 관광산업 규모는 107조 원을 넘어서는 수준이었고 이에 따른 파급효과도 생산유발효과 171조 원, 취업유발효과 95만 명이었다. 특히 관광산업은 그 성장률이 2015~2019년 연평균 24.5%를 기록한 유망 서비스산업이다. 관광을 수출산업과 대비해 보면, 2019년 기준 215억 달러로 주요 수출상품인 철강(186억 달러)이나 디스플레이(206억 달러)보다도 더 높은 비중을 차지해 국가 재정에도 큰 기여를 하는 산업분야이다.[1)]

다른 산업 분야와 마찬가지로 관광 분야도 엄청난 변화의 과정을 거쳤다.

1_ 황희, 「코로나19 극복과 미래 관광전략 준비에 집중: 2021년 관광정책 중점 추진 방향」, 『한국관광정책』 83, 2021 Spring, 4-10.

과거 관광은 경치나 역사유적을 둘러보는 형태가 대부분이었다. 즉 명소(attractions) 관광 위주였다. 그런데 20세기말 상업자본주의가 관광 분야에 진입하면서 리조트와 테마파크 건설이 전지구적 붐을 이루게 된다. 결국 관광은 '복합적 상품'으로 진화했고 소비자에게 '복합적 즐거움'을 선사하는 소비상품으로 발전했다.

저가의 단체관광이 주를 이루던 관광 형태는 21세기 들어 더욱 다변화되고 세분화된다. 기존 '명소'에 더해 음식과 쇼핑이 관광의 주요 요소로 등장하게 되면서 이러한 '복합적 즐거움'을 위한 최적의 공간으로 결국 도시가 관광의 중심으로 자리잡게 된다. 대자연이나 시골의 목가적 풍경뿐 아니라 도시의 풍경(landscape)과 마천루(skyscraper)는 동경의 대상이 되었고 이에 더해 특히 젊은 세대는 도심의 미술관과 박물관을 주요 여행 목적지로 선택하고 있다.

'명소+쇼핑+음식'이라는 최근 관광 트렌드의 핵심은 도시를 구성하는 콘텐츠이고 그 경쟁력은 그 도시의 풍경 · 문화 · 예술 · 스포츠 · 축제 · 마이스 등 관광자원에 달려있다. 그리고 이러한 관광콘텐츠는 교통과 편의시설 그리고 정보제공 서비스 등 관광인프라 즉 수용태세가 뒷받침되어야 한다. 흔히 영화를 종합예술이라고 칭하는데 관광이야말로 종합예술의 최고봉이라 해도 과언이 아니다.

글로벌 경제에서 관광이 차지하는 비중이 점차 늘어나자 많은 도시들이 관광 활성화를 위해 투자는 물론 마케팅에도 힘쓰고 있다. 우리가 보고 있는 세계적 도시들의 도시마케팅 대부분은 사실상 '관광마케팅'이다. 국가나 초거대도시뿐 아니라 각국의 소도시들까지 도시마케팅에 많은 재원을 투자하는 이유는 도시의 브랜드 이미지를 창조하여 도시의 인지도를 높이고 이를 통해 많은 외래 관광객들을 유치해 이들로 하여금 지역 내 지출을 유도하고 결국 도시경제를 활성화하기 위함이다.

이를 위해 각 국가와 도시들은 과거와 같은 저가의 단체관광을 유치하기 위한 영업, 즉 세일즈 방식에서 탈피하여 세대별, 직군별 다양한 여행객 유치를 위하여 세분화되고 다변화된 마케팅 기법을 동원하고 있다. 관광을 활용한 도시 간 마케팅 경쟁은 결국 도시의 경제적 생존을 위한 투쟁의 영역으로까지 진화한 것이다.

정책적 논의로 들어가기에 앞서 기본적 개념을 보다 명확히 할 필요가 있다. 여행은 관광과 같은 것인가, 다른 것인가. 여행(旅行)은 영어의 travel, trip의 의미에 가까운데 업무나 비즈니스를 위해 또는 유람과 휴식을 위해 일상생활에서 벗어나 다른 나라나 도시로 떠나는 것을 뜻한다. 관광(觀光)은 주로 기분 전환이나 여가를 보내기 위해 다른 나라나 특정 지역에 가서 그곳의 풍경이나 문화, 유적, 문물 등을 구경하며 둘러보는 것을 뜻한다. 결국 여행은 어디론가 떠나는 행위에 중점을 두고 있고 관광은 특정 지역을 구경하며 즐기는 행위를 의미한다.

최근 마이스(MICE)가 관광의 핵심 분야로 떠오르고 있다. 그래서 많은 정부가 관광과 MICE를 병기하여 지원하기도 한다. 마이스란 기업이나 학계의 회의(meeting), 포상관광(incentives), 컨벤션(convention), 전시(exhibition 또는 행사event)의 네 분야를 아우르는 서비스 산업 분야를 뜻한다. 대형 마이스 행사의 경우 방문객 규모도 클 뿐 아니라 1인당 소비도 일반 관광객에 비해 높아 관광수익은 물론 해당 지역의 일자리 창출 효과도 크다. 또 참여자가 각국에서 경제적, 사회적으로 주도적인 위치에 있는 오피니언 리더들인 경우가 많아 도시 홍보에도 큰 도움이 되는 관계로 최근 각 국가와 도시들이 마이스 산업 육성을 위한 노력을 아끼지 않고 있다. 예를 들어 세계적으로 유명한 마이스 도시로 싱가포르를 꼽을 수 있고 서울과 부산도 마이스 도시로서 세계적 수준의 인지도를 갖고 있다.

2. 관광의 변천

여가를 보내거나 즐거움을 얻기 위해, 또 새로운 문물을 접하기 위해 거주지를 떠나는 여행은 기원전부터 존재했는데 이를 향유할 수 있는 집단은 귀족과 성직자 등 극히 일부에 국한되었다. 고대 로마와 중국의 부유층에게 먼 나라를 여행하며 그곳의 이국적인 문화와 음식을 접하고, 성지를 순례하고, 사절단의 일원으로 다른 나라와 교류하는 것은 그들만의 특권이었을 뿐 아니라 그들의 교양과 품격을 과시하는 매우 중요한 방편이기도 했다.

이런 관광이 대중화된 결정적 계기는 증기선과 철도의 등장이었다. 대규모 교통수단이 출현하면서 여행의 기회는 중산층까지 확대된 것이다. 도시와 도시, 국가와 국가를 이어주는 교통수단이 항공분야까지 확대되면서 세계는 '글로벌화' 즉 '지구촌화' 되었고 이제 해외여행은 우리의 일상적 여가활동 중 하나로 자리잡게 되었다.

산업화시대 가장 대중적 관광형태는 산이나 바다에서 자연 경관을 감상하는 경치관광이었다. 탈산업사회에 진입하면서 인간의 즐길거리가 대폭 확장되었고 보다 육감적인 형태의 다양한 관광이 등장하게 된다. 20세기 후반부 테마파크 즉 놀이공원이 가족과 젊은이들에게 선망의 대상이 되었고 스포츠나 음악공연이 관광상품으로 인기를 얻게 되면서 '문화관광'의 시대를 열게 된다. 지구촌화가 가속화되면서 마이스가 관광산업에서 매우 비중 있는 분야로 성장했고 해양관광과 크루즈산업이 선진국형 관광으로 부상했다.

정보사회에 들어선 지금 명소, 테마파크, 쇼핑, 음식, 호텔 등으로 이루어진 복합리조트가 인기를 얻게 되고 과거 여행을 위한 '숙소'의 개념이었던 호텔이 그 기능을 확장해 호텔 자체가 관광의 목적지('호캉스')가 되기도 한다. 또 엔터테인먼트산업과 연계한 문화예술 공연과 전시 그리고 미술관, 박물관 등으로 구성되는 도시관광이 확실한 트렌드로 자리잡게 된다.

천편일률적이고 판에 박힌 듯한 단체관광은 이제 '과거형 관광'이 되었고 이제는 FIT(자유 개인 여행자, Free Independent Traveler)가 뚜렷한 증가세에 있다. 과거 수학여행이나 효도관광에서 보던 경치와 역사유적 위주의 관광에서 20·30세대 중에서도 여성이 소비 및 관광 트렌드를 주도하는 가운데 쇼핑, 맛집, 패션, 음악, 클럽, 바 같은 도시의 '나이트라이프'가 관광의 핵심 요소로 부상했다. 여행의 목적이 변화한 것이다. 이에 따라 스타일, 콘텐츠, 스토리가 조화를 이루는 도시문화가 관광콘텐츠의 핵심으로 부상했고 이에 따라 '야간관광'이 새롭게 각광받는 관광형태로 등장하기도 했다.

또한 인간의 다양한 기호와 취향에 호응하는 맞춤형 관광상품이 등장했다. 의료관광은 고부가가치 관광상품으로 자리잡아 도시 간 유치 경쟁이 치열해지고 있고 SIT(특수목적관광, Special Interest Tour)의 등장이 새로운 관광 트렌드의 등장을 알리고 있다. 목적지보다는 관심 분야에서의 행위 및 경험에 초점을 둔 관광형태인 SIT는 공정관광, 와인관광, 한류관광 등 자신이 애호하는 특별한 분야에서의 의미있는 경험을 추구하기 때문에 보다 전문적인 준비가 필요하다. SIT의 한 분야로서 다크 투어리즘에 많은 관심을 갖는 이들이 있다. 다크 투어리즘은 전쟁이나 대량 학살 등 역사상 비극과 죽음을 조망하고 경험하는 여행형태다. 유럽의 홀로코스트기념관이나 서울의 전쟁기념관, 일본의 원폭평화공원 등이 대표적 장소이다.

관광형태가 다분화 및 세분화되는 가운데 과학기술의 접목 및 그 발전 속도는 눈부시다. 관광분야가 디지털 혁신의 대표적 분야가 된 것이다. ICT 기반 커뮤니케이션에 기반한 에어비앤비와 우버 등의 기업들은 관광산업에 구조적 변화를 가져왔을 뿐 아니라 기존의 관광산업 구조를 와해시키기에 이르렀다. 특히 2020년 전 세계를 강타한 코로나19 사태는 기존 관광산업을 완전무결하게 붕괴시키면서 동시에 언택트관광, 방역관광이라는 전혀 새로운 형태의 관광 방식을 만들어내기도 했다.

빅데이터, 위치 기반 서비스 기술은 관광서비스에 기본적 요소가 되었고 카셰어링, 공유숙박, 맞춤형 패키지여행, 항공・숙박 앱의 등장은 예약 및 결제시장의 완전경쟁을 가속화하면서 전통적 여행사의 몰락을 가져왔다. 키오스크, 안면인식, 체온측정 기술은 대형 공항이나 크루즈에서 신속한 출입국은 물론 안전・보안 시스템을 위한 핵심적 기술이 된 지 오래다.

글로벌 시대 국가 간, 도시 간 생존을 위한 치열한 각축장이 된 관광시장은 자본이 투입되는 경제적 이윤 추구의 대표적 공간이 되었다. 뿐만 아니라 디지털 혁신의 상징적 분야로 변모했다. 끊임없이 '더욱 편리한 여행'을 추구하는 관광산업은 보다 간편한 결제 및 환전 방식을 도입하기 위하여 블록체인 등 디지털 테크놀로지의 실현을 위한 각축장으로 진화했다.

3. 글로벌 트렌드와 도시정책의 변화

관광분야에서 벌어지고 있는 국가 간, 도시 간 경쟁은 사실상 한정된 수의 여행객들을 빼앗기 위한 쟁탈전이다. 치열할 수밖에 없다. 그래서 다수의 자치단체들은 수억 원 대의 지원금 또는 보상을 지불해서라도 중국인 단체 관광객을 유치하는 것이다. 특히 수도권을 제외한 자치단체의 경우 경제 활성화나 일자리 창출을 위한 기업 또는 공장의 유치가 어려운 현실 때문에 더욱 관광객 유치에 목을 매다시피 할 수밖에 없다. 결국 관광 분야는 지자체 간 전쟁터로 변모했고, 최근엔 기초 자치단체들까지 지역경제 활성화를 위해 관광은 물론 마이스 유치에 사활을 걸고 나서게 된 것이다.

문제는 관광이나 마이스 분야가 이른바 지속가능한 발전(sustainable development)이 가능한 분야가 아니라는 점이다. 이미 목격했듯 2016년 사드 사태로 인한 중국의 금한령, 2019년 일본과의 경제갈등, 2020년 전세계를 뒤흔든 코로나19 사태는 관광업계를 완벽하게 붕괴시켰다. 경제, 외교, 방역 등의 외부 요인에 의해 관광산업은 그 존재마저 지워질 위기에 처할 수 있다는 사례를 너무나도 생생하게 경험한 바 있다.

이러한 산업적 불안정성에도 불구하고 많은 도시들이 재정적 위험부담을 마다하지 않고 관광, 레저, 리조트 등 서비스분야에 투자를 하는 이유는 거부할 수 없는 전지구적 흐름의 결과이다. 레이거노믹스와 대처리즘이 세계의 흐름을 결정짓던 시기 복지의 축소와 시장경쟁의 강화는 서구의 각 도시들을 각

[신자유주의시대 도시(정책)의 전환][2)]

Modernization		Post modernization
Inter-national		Global / post-national environment
Nation		city
Central government		Local government
Managerialism		Entrepreneurialism
Security	⇒	Risk taking
Industrialism		De-industrialism
Production-based		Leisure-and consumption-oriented
Manufacturing		Investment banking / Service / Information
A place to work		A place to live
Plan		Design
Ethics		Aesthetics

자도생의 길로 접어들게 했다. 중앙집중에서 지방분권으로의 전환이다. 그러면서 이전에는 볼 수 없었던, 리스크를 마다하지 않는 흥행적 도시정책이 등장하기 시작했다. 많은 도시들이 기업적 도시주의(entrepreneurial urbanism)를 채택하게 된 것이다. 새로운 도시개발전략의 등장이다.

전 세계를 하나의 경제적 단위로 작동하게 만든 세계화의 흐름 속에 글로벌 경쟁력이 도시의 존폐를 결정하는 기준이 되었고 이러한 흐름에 효율적으로 대처하기 위해 이제 정책의 주체는 중앙정부가 아닌 지방정부로 전환해야 했다. 결국 이러한 도시경제의 재구조화는 도시행정에 있어 특성 변화를 불러오게 되는데 과거 안정적 관리주의에서 흥행성 강한 기업주의로 전환하게 되

2_ 정희준, 「아시안게임, 한 번 더 하시죠: 메가이벤트 유치, 제대로 망해봐야 멈추겠는가」, 『지식협동조합 좋은나라 이슈페이퍼』, 현안과 정책 제51호, 2019년 3월 14일. https://www.good21.net/issuepaper/?q=YToyOntzOjEyOiJrZXl3b3JkX3R5cGUiO3M6MzoiYWxsIjtzOjQ6InBhZ2UiO2k6Mzt9&bmode=view&idx=1680130&t=board(검색일: 2023.10.31.)

는 것이다. 따라서 다분히 위험요소가 있더라도 지방정부의 재정과 위상제고를 위해 많은 도시들이 기업적 특성을 지닌 정책을 채택하기 시작했다.[3)]

도시정책의 개념이나 그 성격에 있어서도 대전환의 계기를 불러왔다. 글로벌 경쟁의 단위가 국가에서 도시로 점차 바뀌게 되면서 정책의 주체도 과거 중앙정부에서 지방정부로 옮겨갔다. 도시정책의 성격도 과거 안전 위주의 관리주의에서 리스크 테이킹을 마다하지 않는 흥행주의로 변모했다. 이에 따라 경제정책도 생산 기반 제조업에서, 투자가 필수적인 레저와 소비 지향의 정보서비스업 활성화를 추진하게 된다. 과거 정책 판단의 근거는 윤리와 계획이었지만 최근 도시정책의 주요 요인으로 부상한 것은 바로 미학과 디자인이다. 이제 우리가 살고 있는 도시는 '노동자들의 일하는 곳'이 아니라 '현대인들의 주거 공간'으로 진화한 것이다. 앞 쪽의 표 [신자유주의시대 도시(정책)의 전환]을 참조하라.

기업적 도시주의가 도시정책의 핵심으로 등장하면서 새로운 경제특구 지정, 행정 규제의 완화, 국내외 대기업의 자본투자 확대 등을 적극적으로 추진하게 된다. 사회간접자본시설에 민간투자가 확대되었고 대규모 경기장과 컨벤션센터에 투자를 유치했으며 다양한 규모의 대회 및 행사를 개최하고 화려한 쇼핑센터를 도심에 지어 도시의 화려하고 활기찬 이미지를 유포하고자 했다.[4)] 이는 제조업을 통한 경제발전이라는 구시대 모델에서 벗어나 서비스산업 중심, 소비 기반 탈근대 도시로의 전환을 뜻하는 것이다. 관광, 레저, 엔터테인먼트, 스포츠에서의 '소비를 통한 생산' 방식을 채택한 것이다. 그 대표적 사례로 카타르, 싱가포르, 아랍 에미리트와 미국의 라스베가스, 중국의 상하이 등을

3_ G. Andranovich, M. J. Burbank & C. H. Heying, "Olympic cities: Lessons learned from mega-event politics," *Journal of Urban Affairs*, Vol. 23, No. 2 (2001), 113-131; D. Harvey, "From managerialism to entrepreneurialism: The transformation in urban governance in Late Capitalism," *Geographiska Annaler*, Vol. 71, No. 1 (1989), 3-17.

4_ 장세룡 · 유지석, 「기업주의 도시 로컬리티의 타자성: 푸코의 통치성 개념과 연관시켜서」, 『인문연구』 58호, 2010, 883-928.

꼽을 수 있다.

정책적 산업 전환에 그치지 않고 많은 국가와 도시들이 엄청난 액수의 비용을 지불하며 인지도와 브랜드 가치를 높이기 위한 글로벌 마케팅에 나서고 있다. 뉴욕의 '아이러브뉴욕(I♥NY)', 암스테르담의 '아이앰스테르담(I amsterdam)', 포르투의 '포르투닷(Porto.)', 베를린의 '비 베를린(Be Berlin)', 뉴질랜드의 '100% PURE' 등이 대표적 사례이다. 또 브랜드 이미지를 제고하려는 이러한 노력은 결국 그 국가나 도시의 관광마케팅과 연계된다. 그래서 거의 모든 국가와 많은 도시들이 'Visit Korea' 같은 관광 정보 제공을 위한 웹사이트를 운영하고 수용태세를 강화하여 관광객 유치에 전력을 기울이고 있다.

4. 관광정책의 진화

한국전 이후 1960년대 들어 경제개발에 들어갔지만 국가는 매우 어려운 형편이었고 국민들에게 관광이란 마냥 생소한 것이었다. 그러한 상황에서 박정희 대통령은 주한미군은 물론 한국을 방문한 외국인들이 관광을 할 만한 곳이 전무하다는 사실에 관광지 개발에 나선다. 이는 외국인 관광객 유치를 통해 경제개발에 절실했던 외화를 벌어들여야겠다는 경제적 논리도 깔려 있었다.

당시엔 관광 진흥을 위한 법적 근거가 전무했고, 따라서 무엇보다 먼저 정책적 근거를 만드는 것이 필요했다. 정책의 신설과 추진은 국민의 삶이나 국토의 구성에 있어서 실제적 변화를 추구한다. 공공정책이란 현실과 이론 간의 차이를 줄여나가는 과정이자 문제해결을 위한 정부의 활동으로 사회변화를 전제로 하기 때문이다. 따라서 관광정책은 관광의 진흥을 위한, 또는 관광을 통해 사회문제의 해결을 위한 정부의 활동이다.[5]

1961년 정부는 관광사업진흥법(현 「관광진흥법」)을 제정하고 1962년 국제

5_ 이훈, 「한국관광정책의 회고와 전망」, 『한국관광정책』 86, 2021 Winter, 4-8.

관광공사(현 한국관광공사)를 설립한다. 국제관광공사는 1969년 최초의 해외지사를 도쿄에 개설한다. 1970년대 정부는 관광산업을 국가 주요 전략사업으로 육성하기 위해 관광자원 확보 및 개발에 나섰다. 1974년 서울에서 가까운 용인에 한국민속촌 설립을 지원해 민간이 운영토록 하는 한편, 1971년엔 '경주관광종합개발계획'을 수립해 1978년 경주 보문관광단지를 1차 완공한다. 박정희 정부는 관광을 외화 획득을 위한 매우 중요한 수입원으로 보고 수출 못지않게 지원한다. 1973년 수립한 '제주도종합개발계획'에 따라 1978년부터 '중문관광개발계획'에 착수한다. 이후 설악산, 한려수도 등을 국립공원으로 지정하고 관광개발에 들어간다.

경제성장과 함께 외국인 관광객도 지속적으로 증가했다. 1968년 10만3천 명 수준이었던 외래 관광객은 1978년 108만 명을 유치하면서 '외국인 관광객 백만 명' 시대를 열었다. 10년 뒤인 1988년 올림픽의 해, 외래 관광객 234만 명을 유치하며 200만 명을 돌파했고 2000년 외래 관광객 500만 명을 넘어섰다.

1980년대는 그야말로 올림픽 개최 준비에 총력을 기울이던 기간이었다. 1970년대가 근검, 성실, 절약, 저축이 강조되던 시기였다면 1980년대는 '소비가 미덕'이라며 국가가 나서서 소비를 권하는 시대로 변모했다. '마이카 붐'이 일고, 외국 대중문화 개방과 담배, 맥주 등 외국 상품 수입 자율화가 물꼬를 튼 시기였다. 88올림픽을 위한 주요 선전문구 중 하나가 바로 '세계는 서울로, 서울은 세계로'였다. 해외여행에 나서는 내국인들이 증가하면서 이는 결국 해외여행 자율화로 이어졌다. 정부는 해외여행 자유화를 통해 관광의 범위 및 대상을 획기적으로 확대했다.

당시 정부는 외화, 특히 달러 유출을 막기 위해 해외 유학이나 취업 출장이 아니면 출국 자체를 통제했었다. 그런데 1981년 해외여행 자유화 취지를 담은 「여권법 시행령」이 실시되면서 결국 완전 자율화의 길로 들어선다.

정부는 국제 무역수지가 안정적으로 균형을 유지하게 되자 1983년부터 50세 이상 국민에 한해 1년간 200만 원을 예치하는 조건으로 연1회 관광여권을 발급하기 시작했다. 사상 최초의 해외여행 자율화 조치였다. 그런데 여기엔 많은 조건이 따랐다. 당시 미국 관광비자를 받기 위해서는 불법체류 방지용으로 부동산등기부등본, 은행예치금증명, 시세완납증명 등 많은 서류를 제출해야 했다.

연령 제한은 결국 사라진다. 1988년 서울올림픽을 앞둔 1987년 제한 연령이 50세에서 45세로, 1988년 다시 30세로 완화됐다. 1989년 정부는 국민 해외여행을 전면 자유화시킨다. 우리나라 경제규모가 커지고 국민의 전반적 생활수준이 향상됨과 동시에 국제수지가 흑자로 전환되면서 해외여행 전면 자유화가 이뤄진 것이다. 2007년엔 24세 미만 병역미필자들에 대해서도 해외여행 자유화를 시행하게 된다.

올림픽 개최 준비에 나서면서 소비문화가 확산되고 국민의 관광에 대한 욕구와 수요가 증가하자 국내여행 관광진흥정책도 등장하기 시작했다. 1983년 한국관광공사는 〈국민관광장기종합개발계획〉을 수립했는데 주요 내용은 국내여행 진흥, 레크리에이션 활동 개발, 드라이브 여행 급증에 따른 대응, 해외여행 수요를 유인하기 위한 여가관광시설의 개발 등을 강조한 것이었다. 국민의 여가 선용, 내수 활성화, 그리고 내국인의 해외여행을 국내여행으로 돌리려는 목적이었다.

지방자치단체들도 관광 개발 및 관광객 유치에 나선다. 2002년 지역 최초의 RTO(Regional Tourism Organization, 지역관광공사)인 경기관광공사가 설립됐고, 2008년 서울관광마케팅주식회사(현 서울관광재단)와 제주관광공사, 그리고 2013년 부산관광공사가 출범했다. 이후 세종시를 제외한 모든 광역자치단체뿐 아니라 기초단체들도 공사 또는 재단의 형태로 관광을 담당하는 조직을 운영하고 있다.

중앙정부 차원에서 관광정책이 획기적으로 변화한 계기는 1차적으로 1993년 문화체육부가 교통부 소속이던 관광국을 흡수한 것이었고, 결정적으로는 1998년 김대중정부가 출범하면서 정부 조직 개편에 의해 문화관광부로 개칭하면서 관광이 정부부처 명칭에 처음으로 들어간 것이었다. 이러한 명칭의 변경은 관광을 미래 고부가가치 핵심 산업으로 성장시키려는 정부의 의지 표명이었고 또 그 핵심은 문화와의 연계를 통한 '문화관광산업'의 진흥이었다.

역대 정부 관광정책의 흐름을 보면 각 정부의 국가정책 비전과 그 맥을 같이한다. 축약해보면 노무현정부는 '체험하면서 배우는 관광 활성화'를 추구했고, 이명박정부는 '관광산업의 국제경쟁력 강화'를 표방했다. 박근혜정부는 '관광산업 활성화'를 추진했고 문재인정부는 '관광복지 확대와 관광산업 활성화'를 정책목표로 삼았다.[6] 이러한 정부 정책의 결과 2019년 약 1,750만 명의 외래 관광객을 유치하고 약 2,800만 명의 내국인이 해외여행을 경험하는 양적 성장을 이루게 된다.

각 정부의 정책적 이상 및 방향은 다소 차이가 있었지만 외국인 관광객 유치를 위한 노력과 대중의 다양한 욕구와 끊임없이 변화하는 트렌드를 반영하는 관광상품 개발을 위한 노력은 일관됐다. 정부는 외국인들이 한국 방문에 관심을 갖도록 지속적으로 해외 홍보 및 마케팅 프로그램에 재원을 투입하는 한편 이들이 한국을 방문할 때 보다 편리하게 입국하고 관광을 즐길 수 있도록 관광 수용태세를 강화하고 환대(Hospitality)산업을 지원했다. 또 관광업계가 새롭고 차별화된 특화상품을 시장에 출시할 수 있도록 정책적으로 지원해왔다.

한국 경제가 선진국 수준에 진입하면서 럭셔리 또는 프리미엄 관광이 등장했다. 럭셔리 관광은 비싸기만 한 여행이 아니라 독특함과 유니크한 경험을 원하는 고객을 위한 상품이다. 크루즈관광 역시 함께 성장했다. 한국, 중국, 일본을 연결하는 크루즈 시장이 확대됨에 따라 외래 관광객은 물론 내국인 이용자도 증가하고 있다.

해양자원을 활용한 휴양 및 치유 관광도 웰니스 관광의 등장과 함께 성장하고 있다. 웰니스는 몸과 마음의 치유와 회복을 위한 관광 활동으로 명상, 건

6_ 장병권, 「관광 분야의 효과적인 정책추진체계」, 『한국관광정책』 86, 2021 Winter, 36-41.

강, 뷰티, 스파 등의 프로그램으로 구성하여 건강한 삶의 회복을 추구하고 삶의 질을 높이려는 관광 형태다. 이는 최근 인기를 얻고 있는 음식관광, 골프관광, 와인관광 등 체험 관광과도 연결된다.

최근 정부는 관광분야에 대한 산업적 지원에 더해 기술적 지원에 나서고 있다. 관광분야에도 인터넷 상거래가 자리잡으면서 기존 단체관광 위주의 여행사들이 몰락했고 ICT 기반 스타트업 기업들이 시장을 주도하고 있다. 2012년 한국관광공사 내 전담조직인 관광벤처팀을 신설하여 80개의 관광벤처를 발굴했고 관광벤처사업과 연계한 투자유치도 2015년 53억 원에서 2020년 196억 원으로 270% 성장했다. 총매출액은 2015년 98억 원에서 2020년 1,024억 원으로 945% 성장을 기록했고, 총 일자리 창출은 2015년 255명에서 2020년 497명으로 95% 성장했다.

대표적 관광벤처로는 한복 대여를 국내 최초로 시작하여 주요 관광지에 한복체험 붐을 일으킨 한복남, 국내 최초로 요트스테이 및 해양관광 상품을 개발한 요트탈래, 프렌트립, 트래볼루션, 어반플레이, 디스커버제주 등을 꼽을 수 있다. 관광 분야를 선도하는 다수의 스타트업이 정부의 관광벤처사업을 통해서 발굴되고 육성된 것이다.[7)]

한국관광공사는 다양한 관광벤처 지원을 전국적으로 확대하기 위해 거점도시에 지역관광기업지원센터를 설립하고 있다. 2019년 부산관광기업지원센터 설립을 시작으로 2020년 인천, 경남, 대전・세종, 2022년엔 광주, 울산 경북, 전북 등 광역단체에 지역관광기업지원센터를 설립・운영 중이다.

5. 정책 쟁점들

국가는 물론 도시의 생존도 글로벌 경쟁력과 직결되면서 관광, 레저, 엔터테인먼트, 스포츠 분야는 대표적 경쟁의 공간으로 전환되었다. 외지인의 유입을 촉

7_ 안덕수, 「한국관광 혁신을 위해 걸어온 관광벤처사업 10년」, 『한국관광정책』 83, 2021 Spring, 65-72.

진하기 위해서는 도시 자체가 즐거움과 쾌락과 스펙터클의 공간으로 변모해야 했고 이를 위해서는 지속적인 자본의 투자가 요구될 수밖에 없다. 문제는 이러한 정책 결정이 때론 투기적 자본의 개입을 용인할 뿐 아니라 사업 실패로 인한 재정적 손실을 가져오기도 한다는 점이다. 또한 지역주민의 불편은 물론 강력한 저항을 불러오기도 하고 나아가 주민의 생존을 위협하고 심지어 거주 공간에서 내쫓기도 한다. 대규모 리조트, 골프장 건설이나 메가이벤트 개최준비 과정에서 흔히 목격하는 사례들이다.

오버투어리즘(overtourism)이 대표적 사례이다. 오버투어리즘이란 관광지의 수용 한계를 초과하는, 지나치게 많은 관광객들이 몰려들어 주민들의 삶을 침범하는 '과잉관광' 현상 또는 이로 인한 사회적 문제를 뜻한다. 교통 혼잡과 소음 피해는 물론 물가 상승과 환경 파괴를 초래하고 마을 정체성 훼손뿐 아니라 젠트리피케이션(상업화로 인한 임대료 상승으로 원주민이 지역을 떠나야 하는 현상) 등 부작용이 발생한다.

한계 수용을 넘어서는 과도한 관광객의 유입은 그 지역의 관광 자원과 주변 환경에 악영향을 미칠 뿐 아니라 다양한 문제를 야기한다. 한 지역이 관광지로 변모하여 자본에 의한 상업화가 진행되면 식당, 술집, 기념품 가게가 급증하고 병원, 약국, 식료품점, 세탁소 등 생활에 필요한 시설이 줄어들게 되는데 이는 거주민들의 생활기반을 흔드는 요인이 된다. 그래서 유네스코(UNESCO)는 이탈리아의 수상도시 베네치아를 오버투어리즘으로 '위험에 처한 세계유산 목록'에 올릴 것을 권고하기도 한 것이다.

특히 관광객들의 사유지 무단 침입과 주민들에 대한 사생활 침해는 관광지 주민들의 관광객에 대한 반감을 촉발시켜 결국 관광객과 주민 간 갈등으로 이어진다. 바르셀로나, 베네치아 등 외국의 유명 관광지뿐 아니라 일본이나 서울의 북촌, 부산의 감천문화마을, 흰여울문화마을, 통영의 동피랑 등 한국의 관광지들에서도 유사한 일들이 벌어지고 있다.

관광객에 대한 지역주민의 반감이 심한 경우 관광객 유입과 대형 크루즈

정박에 반대하는 집단 시위에 나서는 것은 물론 관광객이나 가이드에게 달걀을 던지고 관광버스 타이어에 구멍을 뚫는 사례까지 발생한다. 국내에서도 시청, 구청에 민원을 넣거나 골목이나 대문에 "들여다보지 말라" "관광객 때문에 살 수가 없으니 제발 오지 말아 달라"는 문구를 써붙이기도 한다.

관광산업의 근본적 한계도 존재한다. 전통적으로 관광은 노동집약적 산업이다. 한때 다양한 일자리 창출과 지역경제 활성화를 이끌어낼 수 있는 산업분야로 알려지기도 했으나, 실제로 현실은 영세한 중소기업이 주를 이루는 산업분야로 저임금, 단기 비정규직이 많아 그 처우가 매우 열악한 실정이다. 관광학을 전공해서 대학을 졸업한 청년이 이 분야에서 직업을 선택하기에는 연봉 등 조건이 맞지 않아 다른 직종으로 가는 경우가 많다.

특히 사드사태로 인한 중국과의 갈등, 외교문제로 촉발된 일본과의 경제갈등, 코로나19로 인한 피해 등 관광산업이 외부 요인에 엄청난 타격을 받게 되면서 많은 관광기업이 도산하거나 폐업이 속출한 바 있다. 특히 2020년 전 세계를 강타한 코로나19로 인하여 2019년 1,750만여 명을 기록했던 방한 외국인이 2020년 252만 명으로 급전직하하면서 많은 관광 종사자들이 직장을 잃거나 다른 직업을 선택해야 했다. 관광이 미래지향적이고 안정적 산업분야라고 주장하기 매우 어려운 현실이다.[8]

관광에 직접적 영향을 미치는 외부 요인은 다양하다. 미국의 관광산업은 코로나19뿐 아니라 트럼프 대통령의 폐쇄적 대외 정책으로 막대한 타격을 입은 바 있다. 트럼프 정부의 무슬림 대상 반이민 행정명령과 랩톱, 태블릿 등 휴대폰보다 큰 전자기기의 기내 반입금지 등으로 미국으로 유입되는 여행객 수와 관광 수입의 감소를 감내해야 했다.[9]

엔데믹 이후에도 상당수 국가에서 유지되고 있는 방역 조치도 국경을 넘

8_ 윤유식, 「MICE 산업의 21년 변화와 전망」, 『한국관광정책』 83, Spring 2021, 81-84.
9_ 김대영, 「바이든 행정부와 향후 관광정책의 전망: 관광산업에 미치는 영향과 새로운 변화」, 『한국관광정책』 83, Spring 2021, 13-18.

나드는 여행을 저해한다. 중국은 자가 격리를 해외여행의 필수 조건으로 삼고 있고, 입국 시 PCR 검사를 요구하는 국가도 있다. 이는 해외 관광에서 상당한 장애요인으로 작용한다. 2019년 방한 관광객 국가별 규모는 중국(33.9%), 일본(22%), 대만(8.6%) 순이었다. 그러나 2022년 7월까지의 국가별 비율이 미국(28.5%), 유럽(17.8%), 태국(8.2%), 필리핀(6.2%), 싱가포르(6.1%) 순으로 출입국 시 방역 조치가 완화된 국가 위주라는 점에서 보듯 방역이 해외여행에 미치는 파급력을 알 수 있다.

각국 통화의 가치도 영향을 미친다. 실제 환율이 여행 목적지를 결정하는 데 매우 중요한 역할을 한다. 미국 연방준비은행의 통화 긴축 조치는 달러화의 강세를 불러왔고 이에 따른 원화 환율의 상승은 방한 미국인들에게 여행 경비 측면에서 유리한 조건을 선사했다. 그런데 일본 중앙은행이 더욱 적극적인 통화 완화 정책에 나서게 되면서 엔화의 약세가 더 두드러지게 됐고 이러한 엔저(低) 현상은 환율 측면에서 일본을 가장 매력적인 관광지로 만들었다. 이러한 영향 때문인지 '2021 잠재 방한 여행객 조사'에서 해외여행 의향자 중 첫 번째 해외여행 목적지 1순위는 일본(17.7%), 한국(9.0%), 싱가포르(5.9%) 순이었다.[10)]

국내 관광의 경우 가장 큰 문제는 지나친 서울 편중이다. 방한 외국인의 80%를 서울이 먼저 흡수하고 그 나머지를 다른 지역이 나눠 갖는 형국인데 이마저도 인천공항과 서울이 가까운 인천과 경기가 유리하다. 수도권 외 지역 중에는 관광으로 유명한 제주, 부산, 그리고 고속철도 KTX 신설 이후 관광객 유입이 급격하게 증가한 강원 정도가 외국인 관광객을 유치하고 있으나 다양한 교통이나 숙박 할인 프로모션에도 불구하고 쉽지 않은 상황이다. 이는 한국 관광의 구조적 문제를 초래했다. 국내외 관광객의 과도한 서울 집중으로 인해 서울의 관광객 수용이 한계치를 넘어서고 있다.

상황이 이러함에도 서울과 기타 지역의 관광 불균형 문제는 더욱 심화되

10_ 안성배, 「세계경제전망과 관광 분야 시사점」, 『한국관광정책』 89, Autumn 2022, 13-20.

고 있다. 제주와 부산의 경우 자체 국제공항이 있음에도 불구하고 여러 제한 때문에 관광 활성화에 어려움을 겪고 있다. 우선 활주로가 짧아 대형 항공기의 이착륙이 불가능하고 국토부가 원거리 직항노선의 개설을 좀처럼 허가하지 않아 동남아시아를 넘어서는 관광상품의 개발이 불가능하다. 인천국제공항을 통해 입국한 외국인을 유치하려는 경우 비용이 상승하고 일정이 길어진다는 단점 때문에 결국 포기해야 하는 경우가 많다. 결국 동남아시아라는 한정된 시장만을 상대해야 하는 것이다. 결국 관광의 절반은 교통이라 해도 과언이 아니다.

국내 관광시장도 크게 다르지 않다. 서울, 경기도 등 수도권이 관광산업 육성과 일자리 창출의 대부분을 차지하고 있는 반면 수도권 외 지역은 소외되어 있다. 비수도권 지역은 저출산, 인구감소, 인구 고령화 등 때문에 지역소멸이라는 심각한 문제에 직면해 있다. 모든 자치단체가 경제 활성화와 일자리 창출에 전념하고 있지만 기업이나 공장 유치는 요원한 실정이다. 그래서 결국 모든 지자체들이 관광 활성화에 뛰어들고 있고 기초자치단제들마저 마이스산업 육성을 미래 먹거리 산업으로 선정해 이에 집중하고 있다. 이제 관광과 마이스가 지자체들 간 전쟁터가 된 것이다. 이러한 노력에도 불구하고 부산, 제주, 강릉을 제외하면 현지에서 숙박하며 관광을 할 여행객을 유치하는 것은 매우 어려운 것이 현실이다.

우리나라 관광산업 발전의 성패는 지역관광 활성화에 달려있다. 서울에 집중된 관광산업 육성정책을 지역의 관광 발전과 기업육성 및 일자리 창출로 그 방향을 전환해야 한다. 2014년까지 외국인 관광객 수에서 뒤지던 일본이 이를 뒤집고 비약적으로 성장해 외래 관광객 연 4천만 명을 바라보게 된 주요 요인도 바로 다양한 지역에서의 소도시 관광이 활성화됐기 때문이다. 다양하고 차별화된 한국의 모습을 선보이는 것은 지역관광 활성화 외엔 달리 방법을 찾기 어렵다.[11)]

6. 정책 개선과제

UNWTO(유엔세계관광기구)는 2020년 코로나19 이후의 관광산업 회복에 대해 "안전하고, 공정하며, 기후 친화적인 방식으로 재건하는 것이 필수적"이라고 언급했듯 앞으로 방역뿐 아니라 안전 문제는 여행을 위한 선결 조건이 될 것으로 보인다. 또한 관광의 위기는 소상공인 등 약자들에게 가장 큰 피해를 주고 과잉 관광은 지역주민들에게 큰 고통을 선사하기 때문에 공정의 문제는 관광 분야의 주요 쟁점이 될 것이다. 또 기후위기의 시대에 친환경적 관광은 관광의 지속가능성을 가늠하는 매우 중요한 핵심 과제가 될 것이 분명하다.[12]

이미 우리 앞에 닥친 기후위기의 심각성을 고려하면 친환경 관광의 필요성을 아무리 강조해도 지나치지 않다. 스웨덴의 환경운동가 그레타 툰베리는 뉴욕에서 열리는 유엔 기후행동 정상회의에 참석하기 위해 비행기로 5시간이면 갈 거리를 태양열 요트를 타고 무려 2주 만에 도착했다. 온실가스를 배출하는 비행기를 타지 말자는 일종의 1인 시위였다. 툰베리가 굳이 비행기를 외면하고 요트를 이용한 이유는 '플라이트 셰임(Flight Shame)'이라는 사회운동을 지지하기 위함이었다.

이는 단지 사람들의 이목을 끌기 위한 요식행위가 아니니다. 1회 비행으로 배출되는 승객 1인당 배기가스는 친환경 생활 1년의 효과를 상쇄할 정도의 양이다. 아무리 열심히 텀블러를 들고 다니고, 친환경 제품을 쓰고, 전기자동차 같은 저탄소 차량을 이용한다 해도 여행 한 번으로 물거품이 되는 것이다.[13]

미국의 경우도 미국을 '탄소배출 제로' 사회로 전환할 계획인데 이는 모든 형태의 여행 관련 운송에 절대적 영향을 미칠 수 있다. 2050년까지 항공으로 인한 탄소 배출량을 50% 줄이고 21세기 후반 완전히 탈탄소화 하겠다는 목표를 이루기 위해 준비 중이다. 보다 친환경적인 관광업계를 만들기 위해 많은

11_ 윤유식, 「관광산업 청년 일자리 창출 방안」, 『한국관광정책』 86, 2021 Winter, 31-35.
12_ 이훈, 「한국관광정책의 회고와 전망」, 『한국관광정책』 86, 2021 Winter, 4-8.
13_ 박재아, 「ESG 지속가능 관광 해법 찾기」, 『한국관광정책』 83, Spring 2021, 72-80.

노력을 촉구할 것이고 이를 위한 규제책도 마련된 것이다.[14)]

여행이 지구환경과 지역문화, 그리고 현지인들의 삶을 보존하고 개선할 수 있는 대안과 실천 방법을 찾는 '지속가능한 ESG 관광'이 최근 관심의 대상이 되고 있다. 환경(environment)을 우선시하는 사회적(social) 차원의 공적 경영(governance) 개념을 관광에 도입한 것이다. '에코 럭셔리'의 원조이자 세계 최고의 에코 리조트로 불리는 피지의 '장 미셸 쿠스토' 리조트는 피지의 기후환경에 최적화된 전통 방식의 친환경 설계로 에어컨 없이 통풍만으로 시원하게 휴양을 즐길 수 있다. 몰디브 최고의 리조트 '길리 랑칸푸시'는 공항에 도착하여 리조트로 이동하는 순간부터 여행객은 완전한 자연인이 되기 위해 신발을 신어서도 안 되고, 외부의 뉴스도 일체 접하지 않는다는 'No Shoes, No News' 원칙을 지켜야 한다. 음식물 쓰레기는 100% 퇴비로 만들고 현지에서 재배한 유기농 채소로 음식을 제공하며 플라스틱은 전혀 쓰지 않을 뿐 아니라 가져온 플라스틱은 모두 집으로 다시 가져가야 한다.

인도네시아에서 가장 가난한 섬인 숨바의 7성급 리조트 '니히 숨바'는 재단을 만들어 숨바 정부와 함께 지역사업을 실행하고 있다. 재단의 중점 사업은 식수 공급, 말라리아 퇴치, 교육 등 지역에서 태어난 아이들의 성장과 교육을 지원하고 가난에서 벗어날 수 있도록 돕는 것이다. 실제 니히 숨바에서 일하는 직원의 90%가 숨바재단에서 교육받은 현지인들이다. 또 이곳의 식재료, 어메니티, 칫솔, 수건 등 리조트에서 필요한 거의 모든 제품은 숨바섬에서 만들어진다.

태평양의 아름다운 섬나라로 유명한 팔라우는 천혜의 자연환경 덕분에 인구 2만에 불과한 작은 섬임에도 2015년 17만 명의 관광객들이 찾는 인기 관광지가 되었다. 그러나 관광객의 급증은 생태계의 파괴를 불러왔고 결국 팔라우 정부는 섬을 보호하기 위해 세계 최초로 환경보호를 위해 입국법을 개정했다.

14_ 김대영, 앞의 글, 13-18.

모든 방문객들이 팔라우 서약에 서명해야만 입국이 허가되는 것이다. 서약의 내용은 "팔라우 국민 여러분, 저는 방문객으로서 여러분의 아름답고 특별한 섬나라를 지키고 보호할 것을 약속합니다. 저는 자연을 해치지 않고, 친절하게 행동하며, 주의해서 여행하겠습니다. 저에게 주어지지 않은 것은 취하지 않겠습니다. 저를 해치지 않는 대상에게 해를 가하지 않겠습니다. 제가 오직 남기게 될 것은 물에 씻겨 나갈 발자국뿐입니다." 팔라우의 어린이들이 초안을 직접 작성한 팔라우 서약은 모든 관광객을 자발적인 환경보호자로 만든다.

지속가능한 ESG여행은 이미 정해진 루트를 답습하거나 여행사가 정한 일정을 좇으며 사진만 찍고 오는 여행이 아닌 직접 경험하고 가치를 깨닫는 일종의 공유(co-experience) 여행이고 또 여행 과정에서 일어나는 소비를 지역 경제에 도움이 되도록 하는 책임(responsible) 여행이다. 일회용품을 쓰지 않고 불필요한 짐과 낭비를 줄이고 자연을 보존하고 지역주민의 삶에 기여하는 게 지속가능한 관광이다. 코끼리, 호랑이, 돌고래 쇼처럼 동물을 학대하는 관광 프로그램에 참여하지 않고 샥스핀이나 푸아그라 등 비인도적이고 잔인한 방법으로 만드는 음식을 삼가는 것도 지속가능한 여행의 사례다.[15]

글로벌 관광에서 또 다른 흐름 중 하나는 여행객들이 과거 대도시 위주에서 중소도시로 이동하고 있다는 점이다. 코로나19가 이런 추세를 더 강화한 측면도 없지 않다. 사람이 많이 몰려드는 인기 여행지에 대한 선호가 줄어든 반면 소도시 여행에 대한 선호도가 증가한 것이다.[16]

이는 외국인 관광객이 서울에 집중되는 우리 현실에 시사하는 바가 크다. 지역관광의 활성화는 지역 균형발전과 경제 활성화에 큰 도움을 주는 것이 사실이다. 고용기회와 소득의 불균형으로 인해 인구의 수도권 집중은 심화되고 있고 수도권 외 지역은 심각한 인구절벽에 직면한 상태다. 많은 지역은 고령화로 인해 경제적 동력을 찾기 힘든 상황이다. 대부분의 기초단체들이 기업과 공

15_ 박재아, 앞의 글.
16_ 오익근, 「지역 주도 관광의 로드맵」, 『한국관광정책』 83, 2021 Spring, 24-30.

장을 유치하기 어려운 상황에서 지역관광 활성화는 거의 유일한 해결책이다. 실제로 선진국일수록 수도권과 그 외 지역 간 관광객 유입 편차가 작다.[17]

소도시 관광의 성공은 일본 관광이 비약적으로 발전하는 데 크게 기여한 바 있다. 2011년 일본을 방문한 외국인 수는 621만 명으로 한국의 979만 명보다 상당한 수준으로 뒤져있었다. 그런데 2015년 방일 관광객이 1974만 명으로 방한 관광객 1323만 명을 뛰어넘더니 이후 격차가 점점 벌어져 2019년 방일 관광객 수는 3188만 명으로 방한 관광객 1750만 명에 현격한 격차로 앞서 나가고 있다. 일본 관광의 급격한 성장엔 당시 일본의 저물가와 엔저 현상, 그리고 일본의 소도시 관광 활성화가 결정적으로 기여했다.

일본의 도시들은 다양한 자원으로 여러 나라의 관광객을 유치한다. 인구 160만의 후쿠오카는 큐슈 지역의 음식과 유적, 그리고 골프와 마라톤 등 다양한 아웃도어 액티비티로 한국 등 인근 국가의 관광객을 끌어들인다. 2018년 512만 명의 외국인 관광객이 방문했는데 이 중 241만 명이 한국인이다.

큐슈 남단의 인구 3만의 소도시 이부스키는 '나노하나(유채꽃) 마라톤대회'로 유명하다. 한국, 중국, 홍콩, 싱가포르 등에서 1만5천명이 참가하는데 보스톤마라톤 우승자였던 일본의 '공무원 마라토너' 가와우치 유키가 "이부스키의 명물 천연 모래찜질과 온천으로 컨디션을 회복하고 돌아갈 계획"이라고 말할 정도로 온천과 모래찜질도 유명하다. 마라톤 코스도 호수와 온천 등 관광명소 위주로 구성되어 있고 코스 중간 참가자들에게 이부스키 특산물인 찐 고구마와 팥죽을 제공하는 것으로도 유명하다.

이에 대비해 볼 때 우리는 지역의 특색을 가미한 이벤트 기획 및 관광 상품화에 매우 취약한 실정이다. 김대중정부 이후 많은 군소 도시들이 지역 축제를 벌이고 마라톤대회를 열고 미인대회를 개최하고 특산품을 개발하고 빛의 거리를 조성하고 음악분수를 운영하고 스카이워크를 만들고 케이블카를 설치

17_ 최봉현, 「지역관광의 산업적 육성」, 『한국관광정책』 86, 2021 Winter, 23-29.

했지만 모두 지역 특성화와는 거리가 멀거나 결국 실패했다. 다른 지자체의 사례들을 베끼기에 급급했거나 그 내용이 천편일률적이기 때문이다. 소도시 관광이 살기 위해서는 지역의 특성이 드러나면서도 관광상품으로서의 매력이 담겨 있어야 한다. 즉 마케팅이 가능한 상품이어야 하고 명확한 타겟 집단을 설정해야 한다. 예를 들어 즐거움과 가치 측면에서 20・30세대와 특히 여성에게 소구력 있거나 또는 마라톤, 낚시, 서핑, 미술 등 특정 취향에 대한 충성심이 높은 인구집단의 호기심을 끌어낼 수 있는 상품이어야 할 것이다.

관광 활성화에 앞서 대비해야 할 문제점도 있다. 해외는 물론 국내에서도 과잉관광으로 인한 오버투어리즘 문제는 논란이 된 지 오래다. 바르셀로나는 현지인들이 "관광객은 테러리스트"라는 팻말을 내걸기도 했다. 이러한 오버투어리즘 문제 해결의 출발점은 적정 관광객 규모의 산출이다. 이는 관광지 내 점포와 숙소 등 이용 가능 면적과 동시 최다 체류자의 수와 시간을 조합해 산출해야 한다. 오버투어리즘의 주범은 저가(低價) 단체관광이다. 저렴한 관광상품을 판매해 관광객들을 모집한 여행사들이 무료 관광지 중심으로 코스를 구성하기 때문에 인파가 집중되는 것이다. 그래서 베네치아는 '사전 방문 예약제'를 도입해 일일 방문객 수를 5만 명 이내로 제한했다.[18]

또 많은 도시들이 혼잡과 소음으로부터 주민을 보호하기 위해 로마 등 유럽의 도시들은 입장료 등 관광세를 부과하고 방문시간을 제한할 뿐 아니라 벌금을 부과하기도 한다. 이탈리아 항구도시 포르토피노는 저녁 6시까지 '레드존'을 정하고 여기에서 사진을 찍기 위해 다른 사람의 통행을 막는 경우 최대 275유로(약 39만 원)의 과태료를 경찰이 부과하는 셀카 벌금 제도를 도입했다. 트렌티노 알토 아디제 지역은 단기 임대 숙소의 확산을 막기 위해 개인 주택에서 관광객에게 제공할 수 있는 침대 수를 제한했다. 프랑스 노르망디 지역은

18_ 박준석, 「오버투어리즘 해법은 "싸구려 관광 제한하고 고통 감내한 주민에 혜택 돌아가야"」, 『한국일보』, 2023년 9월 1일. https://www.hankookilbo.com/News/Read/A2023083016140001412?did=NA(검색일: 2023.10.31.)

1300년 역사의 몽생미셸 수도원에 인파가 몰리는 것을 막기 위해 유일한 운송 수단인 버스운행을 일시 제한하기도 한다. 파리 루브르 박물관은 하루 방문객 수를 4만5천 명에서 3만 명으로 줄였고 프랑스 정부는 덜 유명한 관광지를 선택하도록 캠페인까지 계획하고 있다.[19)]

서울시는 2018년 관광 허용 시간제를 도입해 북촌 일대 관광을 월요일부터 토요일 오전 10시~오후 5시로 제한했다. 2020년엔 지자체가 오버투어리즘 관광지의 방문시간을 제한하고 과태료를 부과할 수 있는 「관광진흥법」이 통과되기도 했다. 이제 지역주민의 일상과 안전을 위협하는 무분별한 관광 풍토는 자제해야 한다는 공감대가 형성된 것이다. 결국 관광객과 지역주민이 공존, 상생할 수 있는 관광이 되어야만 지속가능한 관광이 자리 잡게 될 것이다.

■ 키워드

FIT, MICE, SIT, 기업적 도시주의, 소비를 통한 생산, 지속가능 관광, 관광 수용태세, 환대산업, 소도시 관광, 오버투어리즘, 젠트리피케이션, 플라이트 셰임, ESG 관광

■ 질문거리

- 여행과 관광의 차이점을 서술하시오.
- 21세기 관광 트렌드에 대해 설명하시오.
- 관광의 지속가능한 발전을 방해하는 외부 요인들을 제시하시오.
- 오버투어리즘을 간단히 설명하고 그 해결방안을 서술하시오.
- 우리나라 관광이 균형있는 발전을 하기 위한 방안을 제시하시오.

19_ 이가영, 「"셀카 찍다 걸리면 벌금" 관광객 몰리자 특단의 조치 내린 나라」, 『조선일보』, 2023년 7월 5일. https://www.chosun.com/international/international_general/2023/07/05/WNEF6MY LT5CS 3FUSKGT35VVRZQ/(검색일: 2023.10.31.)

4부

지역문화와 문화유산정책

지역문화 활성화를 위한 문화정책 과제

이원재 | 경희사이버대학교 문화예술경영학과 초빙교수

1. 서론

'지역'은 최근 들어 사회 변화와 국가정책의 흐름에 따라 문화정책 내에서도 중요성이 높아지고 있는 정책 의제다. 전 지구적인 차원에서 진행된 지구화(globalization)는 역설적이게도 지역의 정체성, 경쟁력, 마케팅 등과 연결되면서 지구방화(glocalization), 로컬리티(locality), 창조도시, 메가시티(megacity) 등 지역에 대한 관심과 정책의 중요성을 확대시켰다. 그리고 인류의 가장 중요한 과제로 부상된 기후위기와 불평등의 문제는 지역을 물리적이고 지리적인 차원만이 아니라 생태, 경제, 문화, 공동체 등 인류의 지속가능한 삶을 위한 가치이자 대안으로 주목하고 있다.

한편 국내적으로는 교통, 통신 기술 등이 발달하면서 '1일 문화 생활권'이 형성되었지만, 오히려 서울・수도권 과밀화에 따른 지방분권과 지역균형 발전이 국가 차원의 주요 정책으로 형성되었다. 이는 빠르게 진행되고 있는 (초)고령화, 저출산 등의 인구구조 변화와 맞물리면서 지역 양극화, 지역소멸 등의 위기로 확산되고 있다. 이제 지역은 개별적인 영토이자 행정구역만의 문제가 아니라 한국 사회의 미래를 준비하는 데 있어 핵심적인 가치이자 정책 의제가 되었다.

본 '지역문화 활성화를 위한 문화정책 과제'에서는 지역문화의 개념과 법

제도적 정의를 확인하고, 우리 사회 지역문화정책의 역사적 흐름을 살펴보고자 한다. 그리고 지역문화정책의 현황과 문제점을 분석한 후에 지역문화에 대한 새롭고 대안적인 접근을 통해 정책과제를 제시하고자 한다.

2. 지역문화의 개념화

1) 지역문화의 사회적 개념

'지역문화'는 사전적인 의미에서 '특정한 지역에서 형성되고 발달한 문화'라고 정의된다. 지역문화에 대한 일반적인 개념은 '타 지역과 구별할 수 있는 그리고 행정구역에 기반한 해당 지역의 문화적 특성'을 말하거나 '서울 · 수도권이 아닌 지역의 문화(지방문화)' 등으로 사용되어 왔다. 이러한 개념화는 지역을 '역사성이 일부 반영되었으나 이를 축적되고 생성이 완료된 과거의 것'으로 바라보는 경향성을 가지며, 실질적으로는 지역문화보다는 지방문화라는 개념 속에서 타 지역 혹은 타 지방과 대비되는 행정구역 내에서 해당 지역의 '개성, 특징'을 지칭하는 것이라고 할 수 있다. 이런 맥락에서 지역문화가 문화정책으로 접근되기 시작했던 초기의 <지방문화예술 활성화 종합계획>(1983), <지방문화중흥 5개년계획>(1984) 등은 지역 간 문화격차를 해소하기 위해 서울 또는 대도시와 대비된 개념으로서의 지방을 지역이라고 개념화하고 있다.

최근에는 과거 지방문화와 동일한 의미로 사용되어온 통념에서 벗어나 지역성과 정체성에 대한 논의가 반영되면서 지역문화는 의미적, 실천적 차원에서 의미 변화를 겪으며 지속적으로 개념화되고 있다. 지역문화 전문가 이종인은 지역문화를 '일정지역에 살고 있는 사람들에 의하여 습득된 지식 · 신앙 · 예술 · 윤리도덕 · 관습 등의 모든 능력과 습관을 포함하는 총체이자, 주민자치의 기초단위인 일상생활의 권역에서 가꾸어진 기층문화(풀뿌리 문화)이며, 공간적 개성(지역성)과 사회적 공동체성(연대성)을 지닌 문화'로 정의한다. 미학자이자 문화연구자인 임정희는 '지역주민이 주체가 되고, 지역주민의 지역적 삶과 유기적으로 연관되며 이를 통해 지역의 문화정체성이 형성되고 실천되는 문화'라고 좀 더 본질적이며 실천적인 문화형성 과정으로 지역문화를 정의한다. 문화정책 전문가 라도삼은 지역문화에 대해 '지방단위의 행정에서 형성되는 문화, 지방에서 형성되는 문화라는 시각을 버리고 생활단위 문화, 특화된 지역의 형성과 관리 등의 문제'로 설정하며 정책 범주화한다.

2) 지역문화의 법률적 정의

지역문화의 본격적인 진흥을 위해 2014년 제정된 「지역문화진흥법」은 제2조 1항에서 지역문화를 "「지방자치법」에 따른 지방자치단체 행정구역 또는 공통의 역사적 · 문화적 정체성을 이루고 있는 지역을 기반으로 하는 문화유산, 문화예술, 생활문화, 문화산업 및 이와 관련된 유형 · 무형의 문화적 활동"이라고 정의하고 있다.

이는 '지역성'과 '정체성' 논의가 반영된 개념 정의라 할 수 있지만 지역문화의 지리적 · 공간적 범위로 '행정구역'이라는 또 다른 선택지를 제시하고 있다. 이는 해당 법률이 실제 지역문화 관련 공공정책과 사업의 근거로 기능해야 하기 때문일 것이다.

참고로 「지역문화진흥법」에서는 지역문화와 관련하여 생활문화를 "지역의 주민이 문화적 욕구 충족을 위하여 자발적이거나 일상적으로 참여하여 행하는 유형 · 무형의 문화적 활동"이라고 정의한다. 또한 문화도시의 경우 "문화예술 · 문화산업 · 관광 · 전통 · 역사 · 영상 등 지역별 특색 있는 문화자원을 효과적으로 활용하여 문화창조력을 강화할 수 있도록 지정된 도시"라고 정의하고 있다.

3) 지역문화와 로컬리티

로컬리티는 지역문화의 개념화와 관련하여 직접적으로 관련되어 있는 개념이다.

로컬리티(locality)는 사전적으로는 '인근, 곳'을 뜻하는 말이며 '지역성'이라고 번역된다. 이는 '시간과 공간이 어우러져 이루어지는 특수한 문화적 근거이면서 고유한 문화를 남기는 공간적 조건'을 의미한다. 로컬리티는 1970년대부터 공간, 지리, 도시 관련 연구과정에서 근대 이후 유럽을 중심으로 구축된 획일화된 세계 질서와 문화를 비판적으로 성찰하며 다양한 문화 정체성에 대한 접근으로 진행되었다. 로컬리티는 '시간과 장소 그리고 그곳에 존재하는 주체들로 이루어진 지역성이며, 물리적이고 행정적으로 제한된 시공간의 제한을 넘어 축적된 사회문화적 관계와 의미 등이 융합된 실체로서의 장소성'이라고 정의할 수 있다.

우리 사회에서도 1990년대 지방자치제도가 시행되고 정치, 경제, 교육 등 사회 모든 영역의 지방분권화가 가속화되면서 역사·전통·과거로서의 지역, 소외·낙후·불평등으로서의 지방이 아닌 한 지역의 구체적인 현상과 특성을 다층적으로 이해하고 탐구하는 의미의 지역성이 대두되었고, 이는 로컬리티에 대한 관심과 논의로 연결되었다.

로컬리티의 개념화를 통해서 얻을 수 있는 시사점은 중앙에 대비된 지방, 또는 역사와 전통이 살아있는 지역이 아니더라도 사람들이 공동체를 이뤄 삶을 영위하는 모든 형태의 지역에는 고유한 지역성과 장소성으로서 로컬리티가 존재한다는 것이다. 지역문화 차원에서 이런 로컬리티를 제대로 파악하고 분석하기 위해서는 가시적으로 확인 가능한 공간, 장소 외에 공간과 장소를 규정하는 다양한 가치의 차원, 이를 만들어가는 주체의 여러 층위를 모두 고려할 필요가 있다는 점이다.

4) 지역문화생태계의 개념화

생태계라는 개념은 생물학, 생리학에서 사용하는 용어다.[1] 지역문화와 관련하여 생태계 개념이 중요한 이유는 이를 통해 지역문화 각 구성요소들 간의 실질적인 연결성과 관계성, 상호작용과 순환 체계 등을 파악하기 위해서다.

'지역문화생태계'란 '공통의 역사적·문화적 정체성을 기반으로 한, 지역이라는 시간과 공간에서 특정한 가치체계와 참여주체의 활동, 네트워크와 협력체계 등으로 구성되는 유형·무형의 문화적 활동이 이루어지는 방식과 관계'라고 정의할 수 있다.

지역문화생태계 차원의 접근은 지역성과 정체성을 '관계성'의 관점으로 이해하고 실천한다는 것을 의미하며, 지역문화생태계란 지역문화를 구성하는 각 요소들의 관계의 양적, 질적 총체를 지칭한다. 이런 맥락에서 지역문화생태계 관점에서는 지역문화를 구성하는 요소가 무엇인지, 그리고 각각의 요소들이 어떤 관계를 맺고 있는지를 파악하는 것이 중요하다. 지역문화생태계를 통한 접근은 지역문화 유지·활성화를 위해 필요한 자원(시간, 공간, 주체, 네트워크, 협치, 제도, 사업 등)에 대한 이해와 소유 구조, 운영 시스템, 지원체계 등을 관계적이고 과정적으로 접근할 수 있게 한다.

3. 정부 지역문화정책의 주요 경과

1) 지역정책의 추진 경과

정부 지역문화정책의 주요 경과를 살펴보기 위해서는 먼저 지역정책의 배경과 흐름을 살펴볼 필요가 있다. 정부의 지역정책은 1960년대 박정희 군부 시기부터 시작하여 지속적으로 추진되어왔다. 지역정책은 시대에 따라 요구되는 정책과 이에 따른 성과가 다르고, 각 정권의 정치이념이 강하게 반영되어온 정책 영역이다. 이에 시대를 관통하는 지역정책은 부재했으며, 지역정책을 둘

1_ 생태계(生態系, ecosystem)는 "상호작용하는 유기체들과 또 그들과 서로 영향을 주고받는 주변의 무생물 환경을 묶어서 부르는 말. 생태계를 연구하는 학문을 생태학(ecology)이라고 함"(출처: 위키백과).

러싼 철학과 원리 그리고 사회적 합의 역시 부족한 상황이다. 각 정부별로 지역정책의 핵심적인 사항을 정리해보면 다음과 같다.[2]

① 박정희 군부(제3공화국 및 제4공화국)의 대표적인 지역정책은 <제1차 경제개발 5개년 계획>(1962)과 <제1차 국토종합계발계획>(1972~1981)을 시행했다는 점이다. 이는 국가경제의 자립기반을 조성하고 국토의 균형발전을 이룩하기 위한 공간적 개념의 국가적 계획인 동시에 지역발전정책의 시작점이 되었다.

이 기간 동안 지역정책의 목표는 '근대화와 자립경제 구축'이라는 절대적 지향점을 가지고 있었기 때문에 성장발전의 가능성이 높은 수도권과 일부 대도시 지역에 집중적인 투자가 진행되었다. 이 과정에서 단기적인 경제성장은 이룩하였으나 인구와 산업이 수도권과 일부 대도시에 집중되었고, 주택과 기반시설의 부족, 도시의 난개발 등 많은 부작용을 초래한 구조적 원인을 제공하였다.

② 전두환 군부(제5공화국)는 국가의 지역정책 목표를 사회발전과 지역균형발전의 중요성을 강조하는 방향으로 선회하였다.

지역발전정책의 기조 역시 국토공간의 불균형해소와 지역 간 균형개발촉진으로 전환되었다. 그리고 이를 목표로 한 <제2차 국토개발종합계발계획>(1982~1991년)이 수립되었으며, 이와 관련하여 「수도권정비계획법」(1986), 「도서개발촉진법」(1986), 「농어촌지역개발기본법」(1986), 「오지개발촉진법」(1988) 등이 이 시기에 제정되었다.

2_ 『지역발전 정책과 재정』(한국조세재정연구원, 2014), 「지역행복생활권 발전계획 효율화방안」(지역발전위원회, 2015), 『지역문화정책사업 효율화를 위한 기초연구』(한국문화관광연구원, 2016), 「한국 지역정책의 변천과 시사점」(산업연구원, 2021)을 참조하여 수정, 보완하였음.

③ 노태우정부는 <제3차 국토개발종합계발계획>(1992~2001년)을 통해 정부의 정책목표를 규제완화, 지방분권화, 시장중심 경제개혁으로 설정하였다.

이에 지방분권형 국토골격의 형성과 국토공간의 균형, 도시 간 네트워크를 통한 광역권개발에 초점을 맞추어 정책을 집행하였다. 이를 위하여 「지역균형개발 및 지방중소기업 육성에 관한 법률」(1994), 「중앙행정권한의 지방이양 촉진에 관한 법률」(1996), 「사회간접자본시설에 대한 민자유치촉진법」(1994)이 제정되었고, 「국토이용관리법」이 개정되었다.

④ 김영삼정부(문민정부)는 1990년대 이후 추진되었던 '지역 간의 불균형해소'라는 지역정책의 주요 방향에서 한걸음 더 나아가 지방의 경쟁력을 강화시키는 방향으로 발전시키고자 하였다. 특히 지방자치제의 실시에 따라 지방이 중심이 되는 지역경제 활성화 전략의 중요성과 국토공간의 균형성, 국토이용의 효율성, 국민생활의 쾌적성, 남북국토의 통합성을 조화롭게 추진하고자 했다.

이러한 취지에서 전국을 9개 권역으로 나누는 광역종합개발계획을 수립하여 시행함으로써 다핵개발과 지역경제개발을 접목시켰으며, 지자체의 협력을 강조하고 다양한 개발 사업에 민간의 참여를 유도하여 창의성을 활용한 지역개발정책의 효율성을 도모했다. 또한 중앙정부 권한의 지방 이양과 지방자치단체와 민간 부문의 주도를 유도하는 제도적 장치가 마련되었다.

⑤ 김대중정부(국민의 정부)는 기존 정부에서 추진해오던 '수도권 지역의 분산과 국토의 균형발전'이라는 지역발전정책의 큰 기조를 유지하며, 수도권을 중심으로 집중된 인구와 산업 과밀의 해소와 지역균형발전에 대한 정책을 강조하였다.

<제4차 국토종합계획>을 수립하여 지역 간의 통합과 남북 간의 통합 나아가 동북아지역과의 통합을 통해 21세기 통합국토를 실현하는 데 정책 기본

방향을 설정했다. 이를 위해 지방대도시의 산업별 수도화 추진과 지방도시 전문기능도시화를 위해 10대 광역개발권을 설정하여 권역별 특화기능을 부여하였다.

⑥ 노무현정부(참여정부)는 '지역분권'을 국가 정책의 핵심, 미래 의제로 주목했다. 국가 균형발전을 골자로 한 참여정부의 지역정책은 지역의 자율성, 창의성 및 차별성 중시 등을 전제로 한 '지역혁신체제'를 이용함으로써 이전 정부에 비해 혁신적이고 종합적이며 방대한 정책수립과 집행과정을 보여주었다.

'전국이 개성 있게 골고루 잘 사는 사회건설-국민통합과 국가 경쟁력 강화'라는 정책비전을 내걸고 선택과 집중을 통한 지역의 개성있는 특화발전, 신성장동력 발굴, 분권을 통한 지역의 자율적 발전, 수도권과 지방의 상생발전을 핵심전략으로 자립형 지방화를 달성하고자 노력하였다. 이에 <제4차 국토종합계획>을 수정발표하고 <제1차 국가균형발전 5개년계획>을 처음으로 수립하였다. 또한 균형발전계획의 실행성 확보를 위해 「국가균형발전법」(2004)의 제정, 국가균형발전위원회와 지역혁신위원회의 설립, 재정적 연계강화를 위한 국가 균형발전기금의 조성과 세제개편 등 다양한 유형의 제도개편을 통해 정책목표 달성에 힘썼다.

⑦ 이명박정부는 '광역화' '포괄화'를 정책기조로 하여 참여정부와 차별화된 지역정책을 추진하고자 했다.

참여정부에서 수정한 <제4차 국토종합계획>을 다시 수정하여 시행하는 한편, 기존의 「국가균형특별법」을 전면 개정하였으며, 전국을 '5+2광역경제권'과 '4대 초광역권'으로 설정하고, 지역발전위원회 산하에 7개의 광역발전위원회를 구성하는 등 지역 개발과 경쟁력 강화를 추진했다. '국가균형발전특별회계'를 '광역지역발전특별회계'로 개편하였고, 163개 기초생활권개발, 경제권과 경제권 간 상호 경쟁과 협력을 통한 지역의 발전 유도, 저탄소 녹색사업의 지역단위 시도 등을 주요 지역발전정책으로 추진했다. 개편된 광특회계의 구성 중 지역개발계정 사업의 성격이 '기초생활권 기반구축' '지역사회 기반시설 확충' '지역문화예술과 관광자원 개발 및 확충' 등으로 구성된 것과 '포괄보조금'의 도입으로 '시도자율편성' '시군구 자율편성 사업'의 사업주체 통합으로 인하여 지역발전사업의 중복성 제거와 부처 간, 지역 간의 기본틀 개편, 사업의 효율성과 효과의 극대화를 모색했다.

이명박정부는 기존 참여정부의 지역균형 패러다임을 지역 기반 경쟁 패러다임으로 재편하였으며, 특히 4대강 사업을 비롯하여 시대착오적인 토목사업 중심의 대규모 개발 사업들에 지역정책을 끼워 맞추는 정책적 오류를 드러냈다.

⑧ 박근혜정부는 지역정책의 기조를 '지역주민 삶의 질 향상'에 초점을 맞추고, 새로운 지역발전정책의 비전으로 '국민에게 행복을, 지역에게 희망을 주기 위한 지역희망(HOPE) 프로젝트'를 제시했다.

박근혜정부 시기 지역정책의 핵심은 '지역행복생활권' 개념의 도입이라 할 수 있는데, '지역행복생활권'은 주민이 정책효과를 피부로 느낄 수 있도록 실제 생활이 이루어지는 공간에 기반을 둔 개념으로서 이를 토대로 주민의 생활과 밀접한 교육, 문화, 복지, 환경 등 관련 정책과 사업을 중점 추진하고자 했다. 또한 기존의 하향식 정책하달에서 탈피하여 주민주도형의 상향식 정책으로 전환하여 주민이 체감할 수 있는 사업에 대해 우선적으로 지원할 수 있는 지역 맞춤형 서비스 제공에 역점을 두었다. 이를 위해 지역발전위원회를 중심으로 한 범부처 통합지원체계를 구축하고, 이 체계를 통해 지역발전위원회에 생활권 추진과 관련한 다양한 가이드라인 제공과 갈등조정, 사후평가 등 전반적인 컨트롤 타워의 기능을 부여했다. 그리고 정책의 재정지원을 위해 지역발전위원회에서는 기존의 '광역·지역발전특별회계'에서 '지역발전특별회계'로 전환하고, 주요 계정을 '생활기반계정' '경제발전계정'으로 개정하였다.

박근혜정부는 표면적인 정책 기조와는 무관하게 시대착오적인 국가주의 및 중앙정부 주도의 지역정책 사업 추진, 대규모 지역사업을 둘러 싼 부패 구조, 하드웨어와 양적 성과 중심의 사업 추진체계 등으로 지역정책의 가치를 심각하게 훼손하는 결과를 낳았다.

⑨ 문재인정부는 '수도권과 지방 간 격차 확대로 지속 가능한 국가발전이 저해'되고 있다고 판단하였다. 이에 지역정책의 목표를 '지역 주도의 자립적 성장기반 마련'으로 설정하였으며, 이를 위한 추진전략으로 '안정되고 품격 있는 삶'(사람전략), '방방곡곡 생기 도는 공간'(공간전략), '일자리가 생겨나는 지역혁신'(산업전략)을 제시하였다.

문재인정부의 지역정책은 실질적인 수단으로 3대 분야(사람, 공간, 산업), 9대 정책(지역인재-일자리 선순환 교육체계, 지역자산을 활용한 특색 있는 문화·관광, 기본적 삶의 질 보장을 위한 보건·복지체계 구축, 매력있게 되살아나는 농산어촌, 도시재생 뉴딜 및 중소도시 재도약, 인구감소지역의 거주강소지역화, 혁신도시 시즌2, 지역산업 혁신, 지역 유휴자산의 경제적 자산화)을 집행하였다. 그리고 이를 위한 실행적 수단으로 「국가균형발전 특별법」, 국가균형발전위원회와 지역혁신협의회, <국가균형발전 5개년계획>, <국가균형발전특별회계> 등을 추진하였다.

문재인정부의 지역정책은 국가균형발전의 법제도 및 추진체계를 복원하였고, 지역 주도의 자립적 혁신 성장 모델 등을 제시하는 성과를 거두었다고 평가된다. 하지만 본래 취지와 달리 서울·수도권 과밀화 구조를 극복하지 못한 채 방치하는 결과를 낳았으며, 지역 주도 혁신체계의 실질화 역시 부족했다고 평가된다.

2) 지역문화정책의 추진 경과

앞서 제시된 각 정부별 지역정책의 흐름 속에서 지역문화정책의 추진 경과와 환경 변화를 살펴보자. 지역정책과 달리 지역문화가 정부정책으로 다루어지기 시작한 것은 김영삼정부(문민정부) 이후라고 할 수 있다. 그리고 2000년 이후부터는 지역문화에 대한 가치의 발견 속에서 지역문화 진흥에 대한 제도적 지원의 필요성이 지역문화 현장과 시민사회를 기반으로 지속적으로 제기되었으며, 이를 토대로 2014년 1월 「지역문화진흥법」이 제정되어 같은 해 7월부터 시행되었다.

김영삼정부에서부터 문재인정부에 이르기까지 각 정부는 문화체육관광부 산하 지역전통문화과를 중심으로 지역문화진흥에 대한 정책개발과 재정적 지원을 이어 왔으며, 그로 인해 마련된 정책과 재원을 바탕으로 다양한 사업들을 집행했다. 각 정부의 지역발전 및 지역문화진흥에 관한 정책 경과를 정리하면 다음과 같다.[3]

① 김영삼정부(문민정부)는 문화발전을 국가발전의 두 축 중 하나로 인식하고, '문화창달을 통한 질적으로 풍요로운 신한국 건설'을 새 정부의 목표로 설정하였다.

문민정부는 지역문화 활성화와 문화복지의 기반 마련에 역점을 두는 동시에 문화 불평등 해소와 문화복지, 지역문화 활성화를 강조하였다. 이에 문민정부는 주민들의 적극적인 문화향유와 자발적인 참여를 저해하는 요소를 제거하는 동시에 기초생활권역에 문화시설 부족과 기존 문화시설의 비활성화를 개선하는 사업을 적극적으로 추진하였다.

문민정부의 지역문화정책으로는 '문화의 집' 조성을 통한 문화복지 영역의 확대가 대표적이다. 또한 전문예술인을 중심으로 하는 엘리트문화에서 일반인을 중심으로 하는 생활문화 중심으로, 중심계층 중심에서 취약계층 중심으로, 정부주도에서 민간주도로 문화정책의 추진방향을 전환했다는 점에 큰 의미를 부여할 수 있다.

3_ 조광호, 『지역문화정책사업 효율화를 위한 기초연구』, 한국문화관광연구원, 2016을 참조하여 수정, 보완하였음.

② 김대중정부(국민의 정부)는 1998년 발표된 새 문화 관광정책에서 '지원은 하되 간섭하지 않는다'는 팔길이 원칙을 문화정책의 새로운 기조로 확립하였다.

통제 위주의 정책에서 진흥 위주의 정책으로 패러다임 전환을 천명한 국민의 정부는, 지역문화 진흥에 있어 더 이상 지역주민들의 역할이 문화의 수용자에 국한되는 것이 아니라 지역문화의 생산과 진흥의 주체가 되어야 한다는 문화정책의 새로운 방향을 제시하였다. 이에 평생문화학습 환경 조성을 위한 문화기반시설 역할 확대, 문화복지 실현을 위한 새로운 기반 조성, 문화소외계층을 위한 각종 지원정책 추진, 문화자원봉사 활동의 적극 육성, 문화예술교육과 문화프로그램 개발 등 다양한 문화정책 실천과제들을 제시하였다. 국민의 정부 지역문화정책은 지역문화의 진흥에 있어 지역 간 문화 불평등의 해소가 시급한 정책과제임을 강조하였다. 국민의 정부는 '지역문화의 해' 사업(2001)을 통해 발굴된 지역의 특색 있는 문화자원의 보존과 발전을 위해 지역문화 진흥정책을 지속적으로 실시하게 되는 전환점을 마련하였다.

③ 노무현정부(참여정부)는 정부 출범과 함께 '창의한국'이라는 새로운 문화비전을 제시하고, '자율, 참여, 분권'이라는 정부의 새로운 국정목표의 테두리 안에서 이전 정부와 차별화된, 혁신적인 문화정책을 실시하였다.

참여정부는 그간의 불균형 성장 전략으로 인한 경제, 사회, 문화의 불균형 심화가 국가발전의 걸림돌이 되고있는 것을 인식하였고, 이를 해결하기 위해 「지방균형발전특별법」, 「지방분권특별법」의 제정 및 시행으로 국가균형발전특별회계를 신설하고 정부보조금의 지방이양을 추진하였다. 이와 동시에 지역발전을 위해서는 지식과 문화가 중심이 되어야 함을 인식하고 문화를 통한 '지역분권'과 '지역균형발전'을 위한 제도적 기반확립 및 시스템 구축을 추진하였다.

참여정부는 정책수립 및 지역 간 정책조정과 협력기능을 강화한 전담부서인 '지역문화과'를 문화정책국에 설치하여 지역문화 진흥의 핵심기반이라 할 수 있는 「지역문화진흥법」의 제정수립을 위한 노력을 기울였다. 또한 지역문화 진흥을 위해서 지자체와 지역문화단체, 지역민의 역량강화와 적극적인 참여를 독려하고, 이들을 지역문화진흥의 주체로 성장시키기 위한 재원마련을 위해 통합복권기금, 관광진흥기금 등의 공공기금 투입과 지자체 예산 투입확대 유도, 기타 신규재원의 개발 등 다양한 방법을 실행하였다.

④ 이명박정부는 '품격 있는 문화국가 대한민국'을 정책비전으로 하여 수요자 중심의 정책 추진과 선택과 집중의 지원체계, 실용과 효율의 문화행정, 상생하는 콘텐츠산업, 문화를 통한 소통과 녹색성장 등을 문화정책 방향으로 설정하였다.

이명박정부의 문화정책은 넓은 범위에서 볼 때 문화산업의 발전과 문화향유권의 확대로 이해할 수 있는데, 참여정부와 달리 자체적이고 통합적인 문화정책 비전 수립에 실패하였다.

국민의 삶의 질 향상을 위한 이명박정부의 문화정책 추진은 크게 두 가지로 나눠지는데, 그중 하나는 문화복지와 관련된 문화 인프라의 확대 및 구축이고, 다른 하나는 취약계층이나 지역에 대한 문화향유 기회를 늘리는 것이었다. 소외계층에 대한 문화복지 예산을 확대하는 한편, 상대적으로 취약한 지역문화에 대한 지원도 확대하여 지역문화역량 강화와 지역거점 문화도시 조성을 위한 사업을 지속적으로 추진하였으며, 권역별 문화도시 및 문화거리조성사업을 추진하였다.

이후 대한민국 정부와 사법기관 등을 통해 밝혀진 것처럼, 이명박정부의 문화정책은 선택과 집중이라는 미명 아래 문화예술인들을 정치적으로 검열하고 지원 배제하는 문화예술계 블랙리스트 국가범죄를 저질렀다.

⑤ 박근혜정부는 '창조경제' '국민행복'과 함께 '문화융성'을 새 정부 국정기조로 주창하였으나 국정농단 등 문화사업 관련 부정부패 사건, 블랙리스트를 비롯한 예술 검열 사태 등으로 오히려 문화행정의 파행을 낳았다고 평가된다.

박근혜정부 시기의 문화체육관광부는 2013년 2월 대통령 업무 보고에서 문화융성을 '문화가 융성한다는 의미'와 '문화를 통해 국가가 융성해진다'는 두 가지 의미로 제시하였다. 문화융성은 단순히 문화를 통해 국가를 발전시킨다는 것뿐 아니라, 문화를 통해 국민행복을 추구한다는 의미이며, 문화의 가치를 복원하여 지역, 세대, 계층 간 격차 없이 모든 국민이 문화가 있는 삶을 누리고, 문화의 가치로 사회적 갈등이 치유되며 이를 통해 궁극적으로 국가발전으로 이어지게 한다는 의미라 주장하였다.

지역문화정책 차원에서는 '지역의 문화융성'을 위해 '지역별 특성을 반영한 문화정책 수립'과 '주민의 일상 속 문화향유 확대'를 새로운 정책목표로 설정하고 추진하였다. 2008년 12월에 발표된 '지역문화발전방안'의 주요과제를 지속적으로 전개하여 지역문화의 창의성 진흥을 통해 특성화를 꾀하고, 지역문화의 자생력 강화에 힘쓰는 한편, 「지역문화진흥법」의 제정을 마무리하여 '지역문화 진흥'과 '균형 발전'을 위한 법 제도적 기반을 완성하는 성과를 거두었다. 하지만 본래 지역문화예술계, 시민사회 등이 제안했던 「지역문화진흥법」 의 취지와는 많이 동떨어진 중앙정부 주도의, 하향식 관리체계 중심의 법구조로 현장 문화예술계와 지역문화 전문가들로부터 비판을 받았다. 또한 <지역문화진흥 5개년계획> 수립을 위해 지역문화전문가 및 관련기관이 참여하는 테스크포스(TF)를 통해 지역문화 균형발전을 위한 법정 기본계획을 수립하여 발표하였으나 현장과 지역의 참여가 부재한 행정 주도, 비민주적인 계획수립 과정으로 문제가 되었다.

⑥ 문재인정부는 '자유와 창의가 넘치는 문화국가'라는 국정전략을 설정하고, 지역문화정책 관련 국정과제로 '지역과 일상에서 문화를 누리는 생활문화시대'를 제시했다. 문재인정부는 '생활문화정책 추진을 통하여 국민 기본권으로서의 문화적 권리 확보' '지역 간 문화격차 해소' 등을 강조했다.

문재인정부는 이명박정부, 박근혜정부와 달리 노무현정부의 '창의한국' 이후 두 번째로 통합적으로 체계화된 국가 문화정책 비전을 수립했다. 문재인정부의 국가 문화정책 <문화비전2030-사람이 있는 문화>는 지역문화정책의 핵심 목표로 '지역 문화분권 실현'을 제시했다. 문재인정부는 "문화분권은 지역의 문화격차를 해소하고 고유한 문화 양식을 보호·확산하여, 지역 시민들의 문화향수와 문화 참여 권리를 보장하는 핵심 문화정책"이라고 강조했다. 그리고 이를 실행하기 위해 '지역 문화자치를 위한 기반 조성' '지역문화의 고유성 유지·발전' '지역문화 거점기관 운영 혁신과 지원체계 마련' '문화 협치를 위한 협력체계 구축' '지속가능한 지역관광 생태계 구축' '생활체육 활성화 방안 마련'의 6대 과제와 세부사업들을 계획화했다.

문재인정부는 「문화기본법」, 「지역문화진흥법」 등의 개정을 통해 지역문화정책의 자율성을 강화하고 문화분권의 토대를 만들고자 노력하였다. 또한 <제2차 지역문화진흥기본계획>(2020~2024) 수립, 지역문화진흥원 전환, 법정 문화도시 지정, 전국 문화기반시설 확충, 문화소외지역 지원사업 강화 등을 통해 지역문화정책을 활성화하고 정책적 성과를 거두었다.

문재인정부는 지역문화정책의 계획수립과 협치 기반 마련에는 다양한 성과가 있었지만 실질적이고 지속가능한 지역문화정책 환경 조성에는 한계를 드러냈다. 문재인정부 인사 정책 전반에 걸쳐 문화행정의 관료주의가 심화되었고, 지역과 민간 주체들이 협치를 통해 수립했던 다양한 계획들이 실질적으로 추진되지 못한 채 형식화되었다는 비판을 받았다.

4. 지역문화정책의 주요 현황과 한계

2000년대 들어서면서 문화를 통한 개개인의 삶의 질 향상에 대한 사회적 요구가 커지는 한편 문화를 통해 만들어지는 경제적 파급효과가 주목을 받으면서 지역발전과 문화의 관계가 긴밀해지기 시작했다. 2000년대 초부터 문화연대, 지역문화네트워크, 한국민예총 등 현장 문화예술계와 시민사회 등이 지역문화진흥법 제정을 사회적으로 제안하며 전국 순회 토론회를 개최했으며, 정부의 지역문화정책 혁신과 전환을 공개적으로 요구했다.

참여정부를 기점으로 문화를 통한 지역분권과 지역균형발전을 위한 제도적 기반 및 시스템 확립에 대한 사회적 요구에 부흥하기 위해 지역문화진흥을 위한 「지역문화진흥법」 제정을 추진함과 동시에 지역에 문화거점도시를 육성하고, 지역주민의 수요에 맞게 문화공간의 확충에 정부 차원의 역량을 집중하기 시작했다.

이후 지방자치제가 정착되자 전국의 지방정부들은 문화를 통한 지역 특성화를 중요한 정책방향으로 설정하고 문화정책의 범위를 확장시켜 다양한 문화시책을 발굴하기 시작했다. 대표적으로 지역 활성화를 위한 문화예술의 활용을 위해 전담조직 구성 및 문화행정 인력의 보강과 관련조례의 제정, 기금 조성 등을 통한 제도적 기반 마련, 지역 개발에 문화적 요소를 활용한 지역 특성화 등이 추진되었다.

이런 흐름에 맞춰 정부는 지역문화 발전의 제도적 기반을 조성하고, 지역의 특색 있는 문화를 보존 발전시키고, 지역주민의 문화향유권을 신장하기 위하여 지방자치단체 및 관련단체를 제도적으로 뒷받침할 지역문화진흥에 관한 법안에 대한 필요성을 인식하게 되었다. 이제 지역문화정책의 주요 현황과 한계를 살펴보자.

1) 지역문화정책의 법률적 근거: 「지역문화진흥법」

「지역문화진흥법」은 2014년 1월 제정되었으며, 지역문화 진흥에 필요한 사항을 정하여 지역 간의 문화격차를 해소하고, 지역별로 특색 있는 고유의 문화를 발전시킴으로써 지역주민의 삶의 질을 향상시키고 문화국가를 실현하는 것을 목적으로 한다.

「지역문화진흥법」은 동법 제3조에서 지역문화 진흥의 기본원칙 4가지를 ① 지역 간의 문화격차 해소와 지역문화 다양성의 균형있는 조화, ② 지역주민의 삶의 질 향상 추구, ③ 생활문화가 활성화될 수 있는 여건 조성, ④ 지역문화의 고유한 원형의 우선적 보존으로 제시하고 있다.

「지역문화진흥법」은 동법 제4조와 제6조에서 지역문화 중장기 발전방향에 관한 법정계획(지역문화진흥기본계획) 수립을 5년 단위로 의무화하고 있으며, 이를 통해 지역문화의 진흥에 대한 노력을 법정계획을 통해 제도화하여 그 지위와 안정성을 확보하고자 한다.

2) 지역문화의 정책적 근거: 지역문화진흥기본계획

[제1차 지역문화진흥기본계획(2015) 주요 내용]

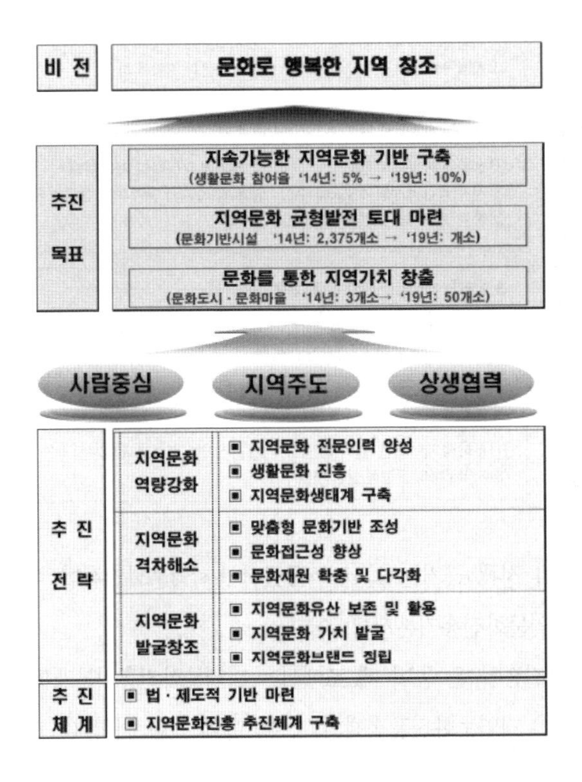

[제2차 지역문화진흥기본계획(2019) 주요 내용]

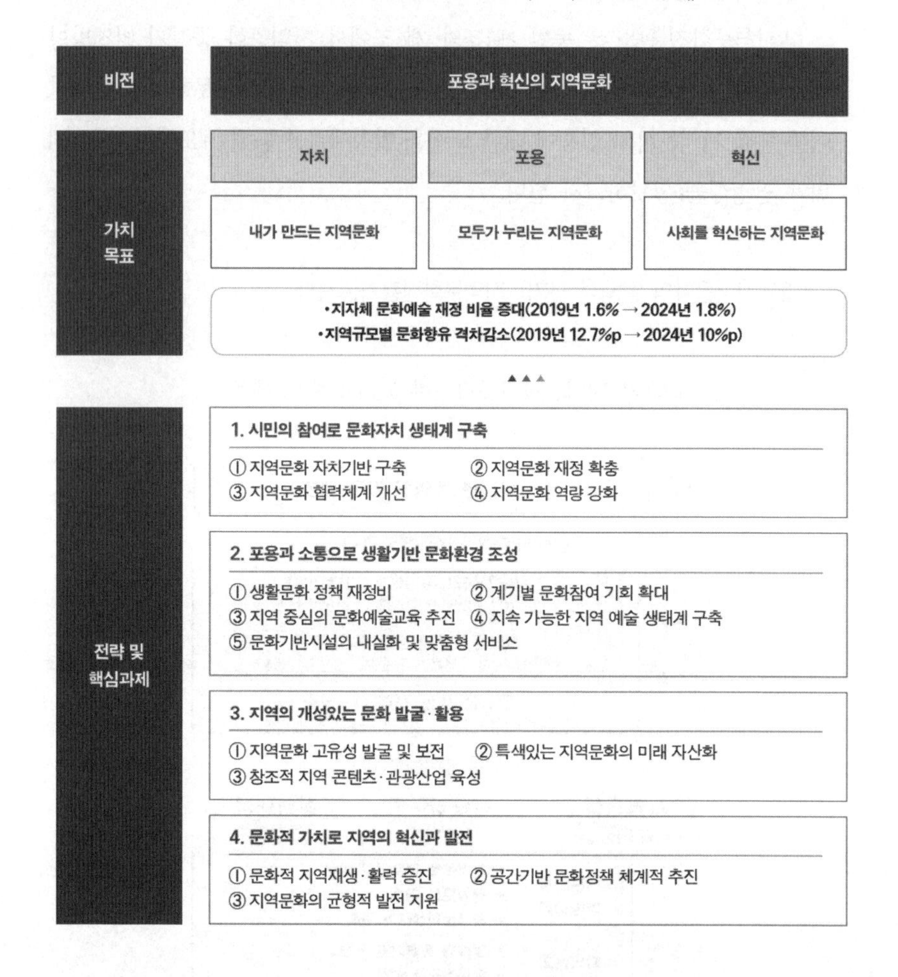

지역문화의 정책 근거는 앞서 언급했던 「지역문화진흥법」에서 의무화하고 있는 <지역문화진흥기본계획>이다.

「지역문화진흥법」은 동법 제6조에서 <지역문화진흥기본계획> 수립의 주요 내용으로 ① 지역문화진흥정책의 기본방향에 관한 사항, ② 지역문화의 균형발전 및 특성화에 관한 사항, ③ 생활문화 활성화에 관한 사항, ④ 지역문화 전문인력의 양성에 관한 사항, ⑤ 문화도시 육성에 관한 사항, ⑥ 생활문화시설의 설치 및 운영 활성화에 관한 사항, ⑦ 문화환경 취약지역 우선 지원에 관한 사항, ⑧ 기본계획 시행에 필요한 예산 및 재원에 관한 사항, ⑨ 그 밖에 지역문화의 진흥을 위하여 필요한 사항으로서 대통령령으로 정하는 사항을 규정하고 있다.

지금까지 정부의 <지역문화진흥기본계획>은 총 2차례에 걸쳐 수립되었다. 이를 구체적으로 살펴보면 399쪽과 400쪽의 그림들과 같다.

3) 지역문화 관련 정책 기관 현황

지역문화 관련 정책 기관으로는 크게 중앙정부(문화체육관광부), 중앙정부 소속 전문기관(지역문화진흥원), 각 지방자치단체 소속의 전문기관 등이 존재한다.

① 중앙정부 차원에서는 지역·계층 간 문화격차 등의 해소 및 지역문화의 균형 발전을 위해 2017년부터 문화체육관광부 문화예술정책실 내에 지역문화정책관을 배치하고 있다. 현재 지역문화정책관은 지역문화정책과, 문화기반과, 도서관정책기획단, 문화시설기획과 등의 정책을 총괄하고 있다.

중앙정부 지역문화정책의 주무 부처라고 할 수 있는 지역문화정책과의 경우 지역문화정책에 관한 종합계획의 수립·조정 및 추진, 지역문화의 특화발전에 관한 사항, 지역주민의 문화복지 및 문화향유 활성화에 관한 사항, 향토문화의 보존 및 조사·연구의 지원, 지방문화원의 육성·지원에 관한 사항, 지역문화자원의 발굴 및 활용에 관한 사항, 지역문화자원의 네트워크 구축 및 운영, 문화 전문인력의 양성에 관한 사항, 문화도시 조성 및 진흥에 관한 사항, 생활문화 동호회 및 생활문화 프로그램 운영에 관한 사항, 생활문화 관련 단체의 육성·지원, 아시아문화중심도시 추진단과 관련된 업무 등을 담당하고 있다.

② 지역문화진흥원은 「지역문화진흥법」 제2조 지역의 생활문화에 근거하

여 2016년 5월 '생활문화진흥원'이라는 비영리 재단법인으로 설립되었으며, 2017년 12월 지역문화진흥원으로 개편되었다.

지역문화진흥원은 '일상의 문화참여 여건 조성과 지역간 협력활동 지원으로 국민 삶의 질 향상'이라는 미션으로 운영되고 있으며, '문화로 지역을 잇는 문화 중심기관'이라는 비전을 제시하고 있다. 지역문화진흥원의 주요 사업은 '문화가치 발굴 및 문화생태계 구축' '일상 속 생활문화 환경 조성' '국민문화권 보장 및 문화가치 확산' 등이다. 법정 문화도시 관리 및 홍보의 역할도 하고 있다.

③ 지역문화정책의 추진에 있어 중요한 기관은 전국의 지방자치단체에 소속되어 있는 광역, 기초별 지역문화재단이다.

대다수 지방자치단체들의 경우 지역문화재단을 설립·운영하고 있으며, 이를 통해 지방자치단체 스스로 지역문화 진흥에 관한 중요 시책을 심의, 지원하고, 지역문화 진흥 사업을 추진하기 위한 기반을 구축하고 있다. 2024년 3월을 기준으로 광역자치단체의 경우 17개 모두 문화재단을 설립·운영하고 있으며, 기초자치단체의 경우 119개의 지역문화재단이 설립·운영되고 있다.

지방자치단체의 지역문화재단들의 경우, 정부 지역문화정책의 협력체계이자 지원사업 전달체계로 운영되고 있으며, 지역에 따라 자체적인 지역문화 사업 기획 및 지원사업을 운영하고 있다.

4) 지역문화정책의 성과와 한계

<제1차 지역문화진흥기본계획>(2015)에서부터 본격화된 정부의 지역문화정책은 현재까지 다양한 성과와 한계를 동시에 드러내고 있다.

먼저 기존 지역문화정책의 가장 소중한 성과는 지역주민들의 문화향유 기반을 확충했다는 사실이다. 정부의 지역문화정책은 적극적인 하드웨어 공급사업을 중심으로 진행되었으며 그 결과 도서관, 생활문화센터 등 지역 내 생활

권 중심의 문화향유 기반이 확충되었다.

둘째, 지역문화정책은 국가 주도 도시재생정책과 연결되면서 문화재생 확대와 법정 문화도시 조성의 성과를 거두었다. 폐산업시설 등 유휴공간의 문화적 리모델링 지원사업, 문화마을 조성사업 등을 중심으로 추진된 문화재생정책은 전국적으로 지역문화 환경의 기반을 마련하고 활력을 불어넣는 마중물이 되었다. 지역 고유의 문화를 바탕으로 한 시민참여형 도시 활성화 사업인 법정 문화도시 지정 역시 많은 시행착오와 한계에도 불구하고, 다년 간 통합적인 재원 투입이 이루어지면서 해당 지역의 문화 활성화에 기여했다는 점은 부정할 수 없다.

셋째, 국가 차원에서 두 번의 지역문화진흥기본계획이 수립되고 추진되면서 지역문화정책의 추진체계와 기초역량이 축적되었다. 정부는 지역별 문화현황 파악을 위해 <지역문화실태조사>를 지속적으로 진행하고 있으며, 이를 통해 229개 시군구별 문화정책, 자원, 활동, 향유 측면의 지표를 확보하고 운영할 수 있는 정책환경을 만들었다. 또한 2000년대 이후 지역별로 지역문화재단 설립과 운영지원, 지역문화 전문인력 양성 사업 등이 지속적으로 진행되면서 지역문화정책 환경과 체계가 수립되었다.

넷째, 지역문화정책의 활성화, 구체화가 추진되면서 생활문화 프로그램들이 지역 내에서 활성화되며 주민들의 삶의 질 향상에 기여하고 있다. 지역주민들의 수요가 크게 높아진 생활문화 프로그램의 경우, 지역문화를 기반으로 생활문화 동호회와 공동체 지원사업, 생활문화 프로그램의 다양성 확대 등이 꾸준하게 이루어졌다.

정부 주도의 지역문화정책이 성과만을 낳은 것은 아니다. 우리 사회의 문화정책 자체가 매우 짧은 시간 동안, 행정과 성과 중심으로, 일방적이고 압축적으로 추진되었기 때문에 성과만큼 한계도 많다. 두 번의 지역문화진흥기본계획이 수립되고 추진되고 있는 현재의 시점에서 지역문화정책의 한계를 정리해보면 다음과 같다.

첫째, 지역문화정책이 지역 사이의 문화격차를 줄이는 데 실패했다는 사실이다. 기간 정부의 지역문화정책에서 늘 강조했던 부분이 바로 지역 간 문화격차를 해소하는 것이었지만, 결과적으로 현재의 지역문화 환경은 서울・수도권 과밀화에 따른 양극화, 개별 지역 내에서도 도시와 농산어촌 마을 사이의 문화격차가 더욱 심화된 상황이다. 물론 이는 문화정책 수준이 아니라 국가 지역정책 전반의 구조적 원인이 더 크다고 할 수 있지만, 지역문화정책의 차원에서도 지금까지의 정책과 사업에 대해 좀 더 적극적인 분석과 대안이 필요하다.

둘째, 지역문화정책은 주민과 지역 공동체 스스로의 참여에 기초한 협력적 정책 환경의 조성이 중요하다. 하지만 아직 우리 사회의 지역문화정책은 아직도 행정 주도, 공공사업 중심의 공급형 모델에서 벗어나지 못한 채 지역문화생태계 기반의 협치 제도를 뿌리내리지 못하고 있다. 지역 내에서 풀뿌리 민주주의와 생활정치가 발달되지 못한 환경 속에서, 아래로부터의 지역문화정책이 아닌 국가 동원과 관료주의 행정 중심의 공공사업 전달체계만이 구조화되고 있는 실정이다. 이에 지역문화 관련 전담기관들(지역문화재단, 문화도시지원센터 등)이 확충되었음에도 불구하고 공무원 중심의 위계적인 조직문화가 지역 내 전문가와 전문기관들의 활동을 통제하고 저해하는 결과를 낳고 있다. 이러한 관료주의 행정의 문제가 지역문화 지원사업의 대부분을 복잡하고 비상식적인 보조사업 방식구조로 만들었고, 그 결과 지역주민과 문화예술인들의 자율적인 활동이 일상적으로 침해받는 지역문화정책 구조가 조성되었다.

셋째, 지역문화정책이 아직도 지역의 정체성, 다양성, 지속가능성에 기반하여 수립・집행되지 못한다는 사실이다. 문화의 정체성과 다양성은 지역문화정책의 시작점이다. 하지만 지역문화 사업의 활성화에도 불구하고 우리 사회 전반적으로는 문화 획일화 현상이 더욱 심화되고 있다. 이는 기술과 미디어의 발달, 상품시장의 세계화에 따른 획일화된 소비문화, 고령화와 지역쇠퇴 등의 사회 구조적인 원인들과 맞닿아 있지만, 우리 사회의 지방자치단체 문화행정에도 그 원인이 있다. 지방자치단체장 중심의 근시안적이고 일방적인 지역문화 사업 추진이 지역문화에 대한 존중과 고유성보다는 지역 사이의 경쟁을 중심으로 진행되기 때문이다. 그 결과 지역문화 사업들을 성과 중심의 이벤트로 인식한 채, 타 지역의 성공 사례나 인기 있는 프로그램들을 무차별적으로 따라하는 행정이 반복되면서 오히려 지역문화의 다양성이 아닌 획일화가 더욱 심화되고 있다.

넷째, 지역문화정책이 국가의 주요 정책들과 실질적인 관계성을 형성하지 못한 채 개별화, 주변화된 채 추진되어 왔다는 점이다. 국가의 주요 정책은 각 정부별로 차이가 존재하지만 우리 사회가 당면한 정책과제들은 명확하게 존재한다. 새로운 경제 동력 창출(일자리, 창조경제, 첨단기술 등), 저출산 · 고령화와 지방소멸 대응(균형발전, 지역분권 등), 기후위기와 지속가능한 발전, 사회적 돌봄과 보편적 복지 확충 등이 최근 들어 우리 사회가 강조하고 있는 정책 과제들이다. 그리고 이러한 정책의제들은 지역문화와 밀접하게 연결되어 있다. 지역문화는 삶의 일상성과 총체성으로 구성되어 있으며, 앞서 언급한 국가정책들은 최종적으로 지역 내 생활권 현장에서 상호 연결된 채 실행되는 것을 목표로 하고 있기 때문이다. 하지만 지금까지의 지역문화정책은 국가정책 단위의 전략 수립과 정책의제 · 부서간 협력 기반이 부재한 채 문화체육관광부의 고유 사업 수준에서 진행되고 있다.

5. 소결: 지역문화 활성화를 위한 문화정책 과제

지금까지 지역문화의 개념과 법제도적 정의를 확인하고, 우리 사회 지역문화정책의 역사적 흐름을 살펴보았으며, 지역문화정책의 현황과 문제점을 분석해보았다. 이에 향후 지역문화 활성화를 위한 문화정책 과제를 제안해보면 다음과 같다.

1) 지역문화 실태 파악을 위한 전문성 및 객관성 강화

(1) 지역문화실태조사 활성화 및 전문화

지역문화정책의 출발점은 객관적인 현실을 구체적으로 파악하고 계획을 수립하는 것이다. 이를 위해서는 현행 <지역문화실태조사>의 활성화와 전문화가 필요하다. 지역문화실태조사는 중장기적인 관점에서 조사를 실행할 수 있는 체계 및 로드맵을 마련하고, 지역문화 격차를 비롯하여 지역문화 빅데이터 시스템 구축이 가능하도록 지표 개발 및 데이터 관리를 통합적으로 추진해야 한다. 지역문화 격차를 개선하기 위해서는 지역문화의 현황과 변화 등을 중장기적인 관점에서 객관적이고 지속적으로 파악할 수 있는 조사연구가 선행돼야 한다.

정부의 기존 지역문화실태조사는 지역문화의 중요성에 비하여 체계적이고 전문화된 지역문화실태조사가 추진되지 못한 채 최소한의 형식적 조사를 반복하고 있는 한계가 있다. 이에 지역문화실태조사에 대한 지원을 강화하여 활성화하고 전문화할 필요가 있다.

(2) 지역문화 환경 최소 기준 지표 체계 마련 및 관리 체계 구축

지역문화의 지속적인 발전을 위해서는 국가 차원에서 '지역문화 환경 최소 기준(minimum list) 지표'를 마련해야 한다. 이에 대한 지속적인 조사와 개선방안을 제시하며 모든 지역이 최소 기준 이상에 도달할 수 있도록 관리하고 지원할 수 있는 지역문화정책 체계가 마련돼야 한다. 이는 정부의 지역문화정책이 제시했던 지역문화 격차 해소를 위한 기준이자 목표가 될 수 있으며, 이를 객관적이고 체계적으로 접근할 수 있는 준거점이 될 것이다.

(3) 지역문화생태계 파악과 지원을 위한 연구 활성화

지역문화를 둘러싼 사회변동, 정책변화, 대안모색 등을 위해서는 중장기적이고 지속적인 지역문화 연구 환경이 조성돼야 한다. 지금까지 우리 사회는 지역과 관련하여 산업화, 기술화 연구에 집중했을 뿐 문화연구 차원에서의 접근이 부재한 실정이다. 정부의 지역문화정책 수립 과정 역시 체계적이고 객관화된 지역연구에 기반하기보다는 아이디어성 사업 발굴, 중앙집중적인 관점에 기반한 공급형 지원사업 수립, 지역의 구체성과 특수성을 파악하지 못한 나눠주기식 분배사업 등에 의존해 왔다.

이에 지역문화정책 관련 반복된 문제점을 혁신하기 위해서는 지역문화 자체에 대한 전문성, 구체성, 객관성 등을 지속적으로 축적할 수 있는 다양한 연구 사업이 필요하다. 이를 위해 정부의 전체 지역문화정책 사업 예산에서 연구(R&D)에 대한 예산 쿼터제를 수립하고 적용하여 지속적인 연구·평가 환경을 마련할 필요가 있다.

2) 지역별 지역문화진흥을 위한 종합계획 수립 지원

(1) 지역을 둘러싼 중장기 지역문화진흥 종합계획 수립 지원

지역문화 격차의 발생과 관련하여 지역별 지역문화정책에 대한 인식전환과 대안 마련이 시급하다. 이를 위해서는 우선적으로 지역별 지역문화진흥 종합계획의 수립을 통해 지역문화의 현황·실태를 객관적으로 파악하고, 이에 기반하여 지역문화 중장기 발전 전략 및 핵심 사업계획 등을 마련해야 한다.

현재 대다수의 지방자치단체에서는 지역문화에 대한 관심과 이해 부족으로 인해 지역문화진흥을 위한 종합계획 수립 자체가 부재한 경우가 대다수이며, 지역문화진흥 종합계획이 수립된 경우도 제한된 예산과 인력 내에서 형식적으로 수립된 경우가 많다. 이에 지역문화 활성화, 지역문화 격차 해소 등을 목표로 중앙정부와 전문기관 등이 문화소외지역, 지역문화 격차 발생 지역 등을 대상으로 적극적인 지역문화진흥종합계획 수립 지원사업을 추진할 필요가 있다. 이는 지방자치단체의 지역문화진흥 종합계획 수립에 대한 예산지원사업이 아니라 지역문화 격차를 해소하기 위한 지역문화 환경분석, 컨설팅, 중장기 활성화 방안 마련, 향후 연계사업 설계, 전문가 및 협력 인력 네트워킹 등을 형성하는 과정으로 이해하고 접근해야 한다.

(2) 지역문화 격차 개선을 위한 중장기 계획 수립

지역별 지역문화 활성화뿐만이 아니라 지역과 지역 사이의 지역문화 연계성과 상호보완성이 확보되어야 지역문화 격차가 해소될 수 있다. 이를 위해 정부, 광역단위 지방자치단체 등을 중심으로 '지역 간 협력형 지역문화 중장기 계획'을 수립할 필요가 있다. 지역 간 협력형 지역문화 중장기 계획은 지역문화 격차 해소, 지역과 지역 사이의 협력을 통한 지역문화생태계 모델 개발, 지역과 지역 사이의 협력과 상호보완을 위한 중장기 사업체계 구축 등을 주요 내용으로 수립될 수 있다. 이는 인근 지역 사이의 경쟁을 부추겨온 지역문화정책의 한계에서 벗어나 상호보완성과 협력적 가치를 확대하는 계기가 될 수 있다.

(3) 사회적 소수자, 문화소외계층 등 지역 내 지역문화 격차 개선을 위한 정책 수립 필요

지역문화 격차 해소는 지역과 지역 사이에서만 발생하는 것이 아니라 지역 내에서도 발생한다. 사회적 소수자, 문화소외계층 등이 지역 내 문화격차의 대표적인 사례들이다. 이와 관련하여 지역문화진흥종합계획 수립 과정에서 사회적 소수자, 문화소외계층 등에 대한 문화격차 해소를 위한 정책과 사업을 적극적으로 반영할 필요가 있다.

3) 지역별 지역문화진흥을 위한 법제도 기반 마련 지원

(1) 지역문화진흥기관의 설치 지원 및 자율성 확대

지역문화 활성화에 있어 중요한 요소 중의 하나가 바로 지역문화진흥기관의 존재 여부다. 지역문화 격차가 발생하는 지역의 경우 지역문화재단, 지역문화위원회, 지역문화산업진흥기관 등이 부재하거나 실질적인 운영이 미흡한 경우가 대부분이다.

지역문화진흥기관은 중장기적인 관점에서 전문성을 가지고 지속적으로 지역문화 진흥을 유도하고 지원할 수 있다는 점에서 지역문화 활성화, 지역문화 격차 해소에서 매우 중요한 역할을 한다. 이에 지역문화진흥기관의 설치를 독려하고, 설치된 지역문화진흥기관의 경우 내실 있는 활성화가 가능하도록 국가 단위와 지방자치단체 차원에서의 지원과 조율이 필요하다. 이를 위해 국가 차원에서의 지역문화진흥기관 지원정책을 수립하고, 지역문화진흥기관이 자율적이고 전문적인 운영 활성화를 할 수 있는 정책 및 제도개선을 적극적으로 추진해야 한다.

(2) 지역문화 관련 조례 제정 지원 및 확대

「지역문화진흥법」의 제정과 동시에 지역문화 진흥을 위한 국가 차원의 법률 정비가 진행되었고, 이를 기반으로 지역문화진흥정책 및 제도 전반에 대한 체계화가 추진되고 있다. 「지역문화진흥법」과 연계하여 지방자치단체별로 지역문화진흥조례 제정을 비롯하여 지역문화를 진흥하고 지역문화 격차를 해소하기 위한 법제도 기반을 적극적으로 마련할 필요가 있다.

현재 지방자치단체별로 다양한 형식의 지역문화진흥조례가 제정되었거나 준비 중인 것으로 파악된다. 하지만 「헌법」, 「문화기본법」, 「지역문화진흥법」, 「문화다양성의 보호와 진흥에 관한 법률」, 「문화예술진흥법」 등 대한민국의 문화국가 원리를 충분하게 반영하기 위한 지역 내 지역문화진흥 법제도 정비는 많이 부족한 것으로 평가된다.

이에 지역문화 관련 조례 제정을 비롯하여 지역문화 활성화와 지역문화격차 해소를 위한 다양한 지역문화 관련 조례 제정을 지원하고 확대할 필요가 있다. 기존에 정부가 제시한 지역문화진흥법 표준 조례 등을 고려하여 지방자치단체, 지방의회 등과의 적극적인 연계와 협력을 통해 지역문화진흥 법제도 내실화를 추진해야 한다.

4) 지역문화격차 해소를 위한 예산 확충 및 전달체계 혁신

(1) 지역문화예술생태계 및 시민력 활성화에 기초한 정책 수립 및 지원 체계 정비

지역문화정책의 실질적인 구현을 위해서는 현장・당사자 중심주의에 기반한 정책 결정 및 협치 구조를 마련하고 제도화해야 한다. 향후 지역문화정책의 수립과 집행 자체가 지역 기반 협치에 기초하여 이루어져야 하며, 협치의 원리와 과정을 중심으로 지역문화정책 지원체계가 전면적으로 재구성돼야 한다.

(2) 중앙정부 중심의 위계적인 전달체계를 협치형 협력체계로 혁신

지역문화정책의 혁신에 있어서 중요한 걸림돌은 중앙정부 중심의 위계적인 관료주의 문화와 사업 전달체계다. 이를 중장기적으로 극복하기 위해서는 문화체육관광부, 국가문화예술전문기관, 지역문화예술전문기관 사이의 정책・사업 협의 채널이 제도화돼야 한다.

지역문화 현장에서 정부의 지역문화정책에 대한 예측 가능성과 협력 환경을 형성할 수 있도록 문화체육관광부, 국가문화예술전문기관, 지방자치단체, 지역문화예술전문기관 사이의 협력정책・사업 추진을 위한 3년 단위 이상의 중기협약 체결 및 집행이 이루어질 수 있어야 한다. 그리고 지역문화 사업의 큰 비중을 차지하고 있는 국비・지방비 매칭형 정책 사업 추진방식에 있어 지역별 고유성과 차별성이 보장될 수 있도록 전면적인 변화가 필요하다.

(3) 국가문화예술전문기관과 지역문화예술전문기관 사이의 사회적 역할 조정

지역문화정책의 실질적인 혁신을 위해서는 중앙정부 중심의 예산・사업 전달체계와 위계화된 기관별 역할 분담을 전면적으로 개편해야 한다. 한국문화예술위원회, 한국문화예술교육진흥원, 한국콘텐츠진흥원 등 국가문화예술전문기관의 경우 직접 사업이나 사업 분배 기능 중심에서 벗어나 국가 단위 전략 수립, 국가 단위 연구조사 활동, 정부 내 타 부처와의 융합 정책・사업, 국

가 간 교류와 협력 등 지역문화정책 관련 플랫폼 역할을 강화해야 한다.

현행 지역문화정책의 지역별 전달, 분배형 사업들의 경우 지역문화예술전문기관으로 책임과 권한을 다수 이행해야 하며, 이 과정에서 국가문화예술전문기관 내에 지역 및 현장 협력형 논의구조를 제도화할 필요가 있다.

(4) 지역문화와 문화분권을 위한 문화재정 확보

국가 차원에서 문예진흥기금 적립금 고갈에 따른 대체재원을 다양한 방식으로 조성하고, 「복권기금법」 개정을 통해 지역문화와 문화분권을 위한 문화재정을 적극적으로 확보할 필요가 있다. 「복권기금법」 개정의 경우 문예진흥기금으로 전입되는 복권기금의 사용처를 예술창작, 문화 향유 등의 분야로 확대하여 지역문화진흥을 위한 대체재원으로 활용할 수 있는 근거를 마련해야 한다.

현행 문예진흥기금의 재정 부담을 완화시키고, 지역별 예술지원재정 확보를 위한 대안으로 '지방문화세' 신설 혹은 현행 '지방교육세'를 '지방교육문화세'로 개정하는 것도 적극적으로 검토해 볼 필요가 있다.

5) 국가 단위 지역기반 정책과의 연계성 강화

(1) 혁신도시정책과의 연계성 및 융합성 강화

지역 도시를 둘러싼 중장기적이고 통합적인 관점에서 지역문화생태계의 형성, 지역문화 격차 해소 등은 혁신도시정책과 매우 밀접하게 연계되어 있다. 하지만 현재까지의 혁신도시정책은 도시 특성화, 공공기관 이전, 하드웨어 건립, 경제적 효과 등을 중심으로 추진되었을 뿐 문화적 가치, 삶의 질, 지역문화생태계 등의 차원에서는 정책적 판단과 접근이 부재했다. 이에 현재 조성된 혁신도시들의 경우 삶의 질과 관계성이 부재한 또 하나의 신도시로만 이해되고 있으며, 오히려 지역문화의 관점에서는 문화적 가치를 위협하고 지역문화격차를 내재화하는 위험요소로 작동하고 있다.

현재의 혁신도시들에는 문화적 가치와 지역문화생태계를 고려한 정책 수립이 시급하며, 하드웨어 조성 이후 지역문화 활성화를 위한 중장기 문화계획 수립이 시급하다. 향후 추진될 혁신도시정책의 경우 초기 계획수립 단계에서부터 지역문화의 관점과 가치에 대한 적극적인 연계, 협력 사업을 적용해야 한다. 이를 위해 혁신도시정책 전반에 걸쳐 지역문화정책과의 연계와 협력을 위한 추진체계 확립이 필요하다.

(2) 도시재생정책과의 연계성 및 융합성 강화

지역도시를 둘러싼 중장기적이고 통합적인 관점에서 지역문화생태계의 형성, 지역문화 격차 해소 등은 도시재생정책과도 매우 밀접하게 연계되어 있다. 하지만 현재까지의 도시재생정책은 도시의 또 다른 재개발(개발 트랜드로서의 재생사업), 폐산업시설과 유휴공간의 하드웨어 중심 재생사업, 경제적 가치 창출 등을 중심으로 추진되었을 뿐 문화적 가치, 삶의 질, 지역문화생태계, 지역주체와 시민력의 형성, 지역협치(지역거버넌스) 등의 차원에서는 정책적 판단과 접근이 부족했다.

본래 도시재생정책은 유럽의 경우와 같이 '생태, 교육, 문화' 중심의 사업구조를 중요한 원리로 추진되는 도시정책이다. 하지만 현재 한국사회에서 추진되고 있는 도시재생정책과 사업은 대부분 하드웨어, 토건 중심의 특성화를 위한 공급형 사업 행태에서 벗어나지 못하고 있다. 지역문화 격차 해소와 도시재생사업은 매우 밀접하게 연결되어 있기 때문에 도시재생 사업에 대한 문화적 재생 원리, 지역문화생태계와의 연계성, 지역문화격차 해결의 효과성 등을 적극적으로 반영할 수 있는 정책적 접근이 필요하다.

향후 전국적으로 추진될 대규모 도시재생 사업과 관련하여 초기 계획수립 단계에서부터 지역문화의 관점과 가치에 대한 적극적인 연계, 협력 사업을 적용해야 한다. 이를 위해 도시재생정책 전반에 걸쳐 지역문화정책과의 연계와 협력을 위한 추진체계 확립이 필요하다.

■ **키워드**

지역문화, 지역문화생태계, 로컬리티, 지역균형발전, 지역문화진흥법

■ **질문거리**

- 지역문화의 주요 개념과 정의는 무엇인가?
- 오늘날 국내외적으로 지역문화정책이 중요한 이유는 무엇인가?
- 한국의 지역문화정책 형성 과정의 주요 흐름과 특징은 무엇인가?
- 현재 지역문화정책의 주요 현안은 무엇인가?
- 앞으로 지역문화의 한계를 극복하기 위한 문화정책 과제는 무엇인가?

문화도시의 개념과 역사적 발전과정

라도삼 | 서울연구원 선임연구위원

1. 서론

문화도시란 다양한 문화인프라—문화시설, 인력, 프로그램, 활동 등—로 문화적인 삶의 여건을 갖춘 도시 또는 문화를 기반으로 발전하는 도시를 말한다. 본래 여러 도시에서 발전목표로 제시되었던 문화도시는 2002년 처음 「국토의 계획 및 이용에 관한 법」(이하 「국토계획법」)을 통해 시범도시 형태로 도입되었다가[1] 2014년 「지역문화진흥법」 제정과 더불어 법제화되며 법정 도시로서 위상을 갖게 되었다. 법에 따르면 각 도시는 문화도시 조성을 위한 계획을 작성하여 지정 희망 연도 2년 전에 신청서를 제출하고 문화체육관광부(이하 문체부)는 이를 심사하여 1년간 예비사업을 거쳐 문화도시를 지정한다. 지정된 문화도시는 정부의 행정적 · 재정적 지원을 받아 5년간 다양한 문화사업을 추진하게 되어있다.

문화도시가 처음 등장한 것은 유럽에서였다. 1980년대 미 · 소 간 냉전으로 대립의 한복판에 있었던 유럽은 군사적 · 정치적 · 경제적 통합 못지않게

1_ 문화도시가 처음 등장한 것은 「국토계획법」을 전면 개정하여 「국토의 계획 및 이용에 관한 법」을 제정하면서부터이다. 이 법 제 127조는 "도시의 경제 · 사회 · 문화적인 특성을 살려 경관, 생태, 정보통신, 과학, 문화, 관광, 그 밖의 분야를 시범도시로 지정할 수 있다"고 규정하고 있다.

문화적 통합을 필요로 했고, 1983년에 열린 유럽 문화부 장관회의에서 "매년 1개의 도시를 선정하여 문화도시를 정하고 이들 도시를 중심으로 유럽 도시 간 문화교류를 활성화하자"는 멜리나 메르쿠리(Melina Mercouri) 당시 그리스 문화부 장관의 제안을 받아들여 문화도시 사업을 추진하게 된다. 1985년 아테네를 첫 문화도시로 지정한 이 사업은 현재까지 계속 추진되고 있다. 다만 그 명칭이 유럽 문화도시(European City of Culture)에서 유럽 문화수도(European Capital of Culture)로 바뀌었을 뿐이다.

같은 명칭을 쓰지만 유럽 문화도시와 우리나라의 그것은 많은 차이가 있다. 유럽 문화도시가 '유럽의 문화적 통합'을 목적으로 한다면, 우리나라 문화도시는 '문화를 통한 지역발전'을 추구한다. 유럽의 문화도시가 '유럽의 정체성 표출'과 '도시마케팅'을 위해 1년간 행사를 집중하는 방식을 취한다면, 우리나라 문화도시는 정부의 지원을 받아 지방자치단체(이하 지자체) 주관 하에 5년간 문화사업을 추진한다. 같은 명칭을 쓰는 문화도시라도 각기 다른 목적과 방식으로 추진되고 있는 것이다.

이 글은 이처럼 유럽과 우리나라에서 추진된 문화도시를 중심으로 문화도시의 개념과 운영방식에 대해 살펴보고자 한다. 이를 통해 유럽과 우리가 추진하는 문화도시의 차이를 분석하는 한편, 한국 내에서는 문화도시가 어떻게 발전해 왔는지를 살펴보고, 현재 문화도시에 대한 반성과 앞으로 나아갈 방향에 대해 논의하고자 한다. 즉 이 글은 문화도시의 다양한 사업사례와 논의를 살펴보고 이를 바탕으로 문화도시가 나아갈 방향을 모색해보는 글이라 하겠다. 이에 유럽 문화도시에 관한 얘기로부터 글을 시작하려 한다.

2. 문화도시의 등장, 유럽 문화도시

1) 유럽의 문화도시와 문화수도

유럽 문화도시는 1983년 아테네에서 열린 유럽공동체 문화부 장관회의에서 처음 제기되었다. 회의에 참석한 멜리나 메르쿠리 그리스 문화부 장관[2]은 "문화적 차원의 성장을 높이지 않은 채 어떻게 공동체가 가능하겠는가?"라고 반문하며 "지금은 기술이나 상업, 경제 못지않게 문화, 예술, 창의성이 중요하다"고 강조하고 문화도시 지정을 제안하였다.[3] 이 제안은 만장일치로 채택되어 1985년부터 실시된다.

첫 도시는 그리스 아테네다. 이어 유럽공동체(EC: European Community)에 속한 회원국이 돌아가며 자국의 도시 중 하나를 문화도시로 지정한다. 유럽공동체 회원국이 총 12개국이었기에 이 사업은 1996년까지 지속된다.

1985~1996년 사이 유럽문화도시
1985년 아테네(그리스), 1986 피렌체(이탈리아), 1987 암스테르담(네덜란드), 1988년 서베를린(서독), 1989년 파리(프랑스), 1990년 글래스고(영국), 1991년 더블린(아일랜드), 1992년 마드리드(스페인), 1993년 안트워프(벨기에), 1994년 리스본(포르투갈), 1995년 룩셈부르크(룩셈부르크), 1996년 코펜하겐(덴마크)

그런데 1992년 유럽공동체에 새로운 변화가 일어난다. 유럽공동체에서 유럽연합(European Union)으로, 좀 더 유럽의 결속을 강화하는 마스트리히트 조약(Maastricht Treaty)이 체결된 것이다. 이어 1995년 스웨덴과 오스트리아, 핀란드 등 3개국이 유럽연합에 가입한다. 이로 인해 유럽 문화도시 대상국은 12개국에서 15개국으로 늘어나게 된다.

여기에 새로운 밀레니엄인 2000년이 다가오자 유럽연합은 유럽을 동서남

2_ Melina Mercouri(1920~1994): 그리스 배우이자 민주주의 영웅으로 1960년 <일요일은 참으세요>로 칸영화제에서 여우주연상을 받았다. 이후 1967년 파파도풀로스 군사정권이 수립되자 미국에 망명하여 그리스 민주화 운동을 지원하였고, 1980년 군사정권이 몰락하자 귀국하여 문화부 장관으로 임용된다. 1994년 미국에서 사망하였다. 1962년 영국 대영박물관에 전시된 그리스 유물 '엘린 마블'을 보고 격분하여 장관 시절 협상을 벌일 정도로 그리스 문화에 대한 자긍심이 강했다고 한다.

3_ 홍익표 · 이종서, 「EU의 정치 · 경제 통합을 위한 도시차원의 전략: 유럽 문화수도 프로그램을 중심으로」, 『EU 연구』 제39호, 2012, 138.

북으로 잇는 주요 도시를 문화도시로 지정하는 사업을 추진하게 된다. 여기에는 회원국뿐만 아니라 비회원국 도시도 포함되어[4] 총 9개 도시가 문화도시로 지정된다. 1997년부터 2004년까지 지정된 문화도시는 다음과 같다.

1997~2004년 사이 유럽문화도시
1997년 데살로니카(그리스), 1998년 데살로니카(스페인), 1999년 바이마르(독일), 2000년 레이캬비크(아이슬란드), 베르겐(노르웨이), 볼로냐(이탈리아), 브뤼셀(벨기에), 산티아고데콤포스텔라(스페인), 아비뇽(프랑스), 크라쿠프(폴란드), 프라하(체코), 헬싱키(핀란드), 2001년 로테르담(네덜란드), 포루투(포르투갈), 2002년 브루헤(벨기에), 살라망카(스페인), 2003년 그라츠(오스트리아), 2004년 릴(프랑스), 제노바(이탈리아)

1999년 유럽연합에는 또 한 번 변화가 나타난다. 유럽의 문화적 통합을 위해 추진되던 여러 프로그램[5]을 통합하는 'Culture 2000'이 탄생한 것이다. 'Culture 2000'은 여러 문화프로그램을 통합하여 좀 더 체계적으로 지원하는 것을 목적으로 한다.[6] 그 결과 유럽 문화도시도 이 사업에 포함되며 좀 더 체계적인 형태의 지원과 관리·감독을 받게 된다.

우선 명칭을 바꾼다. 유럽 문화도시에 대해 "회원국 간 교류를 목표로 시작되었으나 유럽 도시들의 문화적 다양성과 풍부함을 부각하는 데 기여하였다"고 평가한 'Culture 2000'은 "단순한 회원국 간 교류에서 '선정된 도시'의 문

4_ 2000년에 문화도시로 지정된 레이캬비크(아이슬란드)와 베르겐(노르웨이), 크라쿠프(폴란드), 프라하(체코) 등은 비회원국 도시들이다.

5_ 이 프로그램은 칼레이도스코프(Kaleidoscope), 아리안(Ariane), 라파엘(Raphael) 등이다. 칼레이도스코프는 1996년 시행된 문화·예술 협력과 창작활동 장려 프로그램이고, 아리안은 1997년부터 시행된 출판과 독서분야 지원 프로그램이며, 라파엘은 1997년부터 시행된 중요 문화재 보존을 보완하기 위한 프로그램이다(곽동준·정해조, 「유럽연합의 유럽문화수도 프로그램 분석」, 『프랑스문화연구』 제15집, 2007, 270).

6_ 'Culture 2000' 문화활동에 대한 지원을 포함하고 있다. 제안에 따르면 △ 적어도 셋 이상의 회원국 출신 문화정책 결정자들을 포함하는 혁신적이고 실험적인 활동, △ 구조적이고 다년간 지속되는 문화협력협정에 의해 추진되는 통합활동, △ 특수한 문화 이벤트의 수행 등을 지원하는 것으로 2001년~2006년 사이 6년간 총 2억3650만 유로(2023년 기준 약 3485억원)을 지원할 예정이라 밝히고 있다(홍익표·이종서, 앞의 글, 135-136).

화적 우수성을 알리고 각종 행사를 통해 유럽연합 시민들의 참여를 고무시키는 한편 도시마케팅과 발전전략으로 추진할 필요가 있다"고 말하며 그 명칭을 유럽 문화수도로 바꾸고 지정방식 또한 변화시킨다.[7]

새로운 지정방식은 회원국 순환제를 유지하되, 각 국가가 주관하여 지정하던 방식에서 유럽연합이 개입하여 지정하는 방식이다. 간단히 말해 해당 순번이 된 나라에서 해당 도시를 정하면 유럽연합이 참여하는 선정단이 구성되고, 이 선정단을 중심으로 평가・심의하여 최종후보를 정하는 한편, 각 프로그램에 유럽적 가치와 유럽 시민의 참여가 보장되도록 자문하고 관리하는 것이다. 유럽 문화도시에서 문화수도로 변한 만큼, 유럽적 가치에 따라 운영되도록 그 체계를 바꾼 것이다.

이 계획에 1999년 5월 25일 결의된 <유럽의회와 각료이사회 결의문>(이하 <결의문>) 1419호에서는 각 후보국 및 이후 살펴볼 지정방식을 발표한다. 발표된 후보국 순번은 당시까지 지정된 유럽 문화수도가 끝나는 2005년부터 2019년도까지다.[8] 그런데 2005년 동유럽국가를 포함한 10개국이 유럽연합에 가입한다.[9] 이에 새로 가입된 국가들을 포함하는 새로운 후보국을 발표한다.

2005년 결의문 제649호(4월13일)는 2009년부터 기존 후보국에 한 국가를 추가하는 방식으로 새로운 가입국을 포함시킨다. 그리고 이어진 2006년 결의문 제1622호(10월24일)는 2007년에도 1개국을 추가하여 2개국으로 확대하고, 2009년부터는 신규회원국을 포함해 지정하는 한편 2019년에는 유럽연합 가입이 유보된 불가리아에도 후보국 지위를 부여하는 방향으로 확대한다. 2005~2019년 사이 지정・운영된 유럽 문화수도는 다음과 같다.

7_ 곽동준・정해조, 앞의 글, 275.

8_ 결의문 1419호에 발표된 후보국 순서는 2005년 아일랜드, 2006년 네덜란드, 2007년 룩셈부르크, 2008년 영국, 2009년 오스트리아, 2010년 독일, 2011년 핀란드, 2012년 포르투갈, 2013년 프랑스, 2014년 스웨덴, 2015년 벨기에, 2016년 스페인, 2017년 덴마크, 2018년 그리스, 2019년 이탈리아 등이다.

9_ 2005년 신규가입국은 폴란드, 체코, 헝가리, 슬로바키아, 리투아니아, 슬로베니아, 라트비아, 에스토니아, 키프로스, 몰타 등이다.

2005~2019년 사이 유럽문화수도

2005년 코크(아일랜드), 2006년 파트라(그리스), 2007년 룩셈부르크(룩셈부르크), 시비우(루마니아), 2008년 리버풀(영국), 스타방에르(노르웨이), 2009년 린츠(오스트리아), 빌뉴스(리투아니아), 2010년 에센(독일), 이스탄불(터키), 페치(헝가리), 2011년 탈린(에스토니아), 투르크(핀란드), 2012년 기마랑이스(포르투갈), 마르보르(슬로베니아), 2013년 마르세유(프랑스), 코시체(슬로바키아), 2014년 리가(라트비아), 우메오(스웨덴), 2015년 몽스(벨기에), 풀젠(체코), 2016년 브로츠와프(폴란드), 산 세바스타인(스페인), 2017년 오르후스(덴마크), 파폿(키프로스), 2018년 레이우아르던(네덜란드), 발레타(몰타), 2019년 마테라(이탈리아), 프로브디브(불가리아)

2017년에는 결정문 445호(9월 13일)에 2020년부터 2033년까지 유럽 문화수도 후보국을 발표한다. 여기에는 유럽연합 회원국뿐 아니라 후보국 및 잠재적 후보국, EFTA/EEA 국가[10]도 참여할 수 있도록 그 범위를 넓힌다. 단 이들 국가는 2021년, 2024년, 2028년, 2030년, 2033년에 참여 기회를 갖는다. 그러나 회원국 도시와 형평성을 맞추기 위해 유럽 문화수도에 참여할 기회는 한 번뿐이다. 2020~2033년까지 지정된 후보국은 다음과 같다.

2020~2030년 사이 유럽문화수도

2020년~2021년 리에카(크로아티아), 골웨이(아일랜드),[11] 2022년 카우나스(리투아니아), 에슈쉬르알제트(룩셈부르크), 노비 사드(세르비아), 2023년 베스프렘(헝가리), 티미쇼아라(루마니아), 엘레프시나(그리스), 2024년 타르투(에스토니아), 바드 이스흘(오스트리아), 보되(노르웨이), 2025년 노바고리차(슬로베니아), 케미츠(독일), 2026년 오울루(핀란드), 트렌친(슬로바키아), 2027년 리에파야(라트비아), 에보라(포르투갈)
2028년 체코, 프랑스, 후보국가, 2029년 폴란드, 스웨덴, 2030년 사이프러스, 벨기에, 후보국가, 2031년 몰타, 스페인, 2032년 불가리아, 덴마크, 2033년 네덜란드, 이탈리아, EU 후보국가[12]

2) 유럽 문화수도 선정과 운영

본래 유럽 문화도시는 회원국이 순번제로 문화도시를 정하는 방식이었다.

10_ 현재 EFTA/EEA 국가는 스위스, 노르웨이, 아이슬란드, 리히텐슈타인 등 4개국이다.
11_ 2021년은 루마니아, 그리스, 후보 국가 등이 유럽문화수도 선정 후보도시 국가였으나 코로나로 선정되지 않았고, 2020년 사업을 연장하여 실시하였다.
12_ 2028년~2033년까지 후보국만 표시된 것은 유럽 문화수도가 행사 시행 4년 전에 문화수도를 정하기 때문이다.

선정단이 있었으나 그것은 형식적인 것으로 의견을 제시하는 정도에서 끝났다. 그러나 1999년 유럽 문화수도로 전환되며 그 방식이 크게 달라진다. 유럽연합이 좀 더 적극적으로 개입하는 구조로 바뀐 것이다.

앞서 설명한 것처럼 1999년 결의문 제1419호에 제시된 것에 따르면 문화수도를 지정해야 하는 회원국은 7명의 선정단을 구성하여 문화수도 지정 4년 전에 선정 절차를 시작해야 한다. 즉 자국의 도시를 대상으로 후보도시를 모집하고 선정단의 심의 하에 최종 후보도시를 선정하는 절차를 밟아야 하는 것이다.

2006년 결의문 1622호는 이를 좀 더 강화한다. 우선 선정단을 13명으로 확대하고,[13] 선정 기간 또한 4년에서 6년으로 늘린다. 좀 더 엄밀히 심사하고, 이른 기간에 문화수도를 선정하여 각 도시가 철저히 문화수도 프로그램을 준비토록 한 것이다. 이어 2014년 결의문 445호는 선정단을 유럽 전역의 공모를 거쳐 풀(pool)로 구성토록 하고, 유럽연합의 수를 늘린다. 새로 구성된 선정단은 풀에 등록된 전문가를 대상으로 유럽의회와 집행위원회, 각료이사회에서 각 3명을 선발하고 지역위원회에서 1명을 선발하며, 후보국이 집행위원회와 협력하여 최대 2명의 선정단을 임명하는 것이다. 이를 바탕으로 현재 시행되고 있는 유럽 문화수도의 선정방식을 살펴보면 다음과 같다.

우선 유럽 문화수도에 지정된 후보국은 문화수도로 지정이 예정된 6년 전에 자국의 도시를 대상으로 후보 도시를 모집해야 한다. 기간은 10개월이다. 이 기간 내 각 도시가 신청서를 작성해 제출하고, 후보국은 후보도시 선정을 위한 사전선정단을 모집하여 최종 후보도시를 선정해야 한다.

최종 후보도시가 정해지면 해당 도시는 9개월 내 상세신청서를 작성해 제출해야 한다. 이 신청서가 제출되면 후보국은 최종선정단을 소집해 심의를 실시한다. 이 과정에서 최종선정단은 후보도시 프로그램을 평가해 문화수도 지정 여부를 결정해야 하고, 프로그램 평가내용과 권장사항을 담은 보고서를 후

13_ 13명의 선정단은 유럽연합의 주요 기구에서 선발한 7명(유럽의회 2명, 이사회 2명, 집행위원회 2명, 지역위원회 1명)과 후보국이 임명한 6명으로 구성된다.

보국과 유럽연합 이사회(Council)에 제출해야 한다. 이 보고서가 제출되면 후보국은 해당 도시를 문화수도로 지정하고, 유럽의회(European Parliament)와 이사회, 위원회(Commission) 및 지역위원회(Committee of the Regions)에 통보해야 한다.[14) 이 절차는 문화수도 프로그램이 시작되기 4년 전에 완료되어야 한다. 이어 후보국 통보를 받은 유럽연합은 3개월 내 유럽의회와 선정단의 의견을 반영해 작성한 위원회 권고를 기초로 해당 도시를 공식 문화수도로 지정한다. 이로써 유럽 문화수도 지정절차는 끝나게 된다.

유럽 문화수도를 정하는 주요한 심사기준은 유럽의 문화적 통합과 도시 간 교류, 그리고 (유럽) 시민의 참여와 중장기적인 문화발전에 대한 도시의 비전 등이다. 2005년 결의문 1622호는 '유럽적 차원'과 '도시와 시민'이라는 두 항목으로 심사토록 했다.[15) 이 기준은 2014년 결의문 445호를 통해 6가지 항목으로 확대된다. 여기에는 장기적인 비전과 유럽적 가치, 예술적 내용, 추진능력, 시민참여, 관리 · 운영 등이 포함된다. 좀 더 세부적인 항목을 보겠다는 것으로, 장기 비전에 대한 해당 도시 입장, 추진능력 및 의지 등이 가미되었다고 볼 수 있다.

유럽 문화수도로 지정되면 해당 도시는 150만 유로(한화 약22억원)를 지원받는다. 본래 보조금 형태로 지원되던 이 돈은 2010년부터 멜리나 메르쿠리상(Melina Mercouri Prize)으로 전환되어 포상금 형태로 지급된다. 포상금은 프로그램 개시 3개월 전까지 지급되며, 각 도시는 포상금 비중이 60%를 넘지 않는 범위 내에서 프로그램을 짜야 한다.[16) 이를 기준으로 각 도시가 짜야 하는 최소 예산은 250만 유로(약 37억 원)이다.

14_ 참고로 유럽연합은 이사회와 위원회, 의회로 구성된다. 이사회는 각 분야 유럽 각국의 장관으로 구성된 실질적 의사결정기구이고, 위원회와 의회는 유럽연합을 운영하는 행정부와 의회로 보면 된다.

15_ '유럽적 차원'은 회원국과 다른 회원국 간 협력과 교류, 유럽의 문화적 다양성 표출, 유럽문화의 공통된 측면 제시 등이고, '도시와 시민'은 해당 도시 시민 및 해외 시민들의 참여 유발, 지속가능하고 도시의 장기적인 문화 및 사회발전 등이다.

16_ 곽동준 · 정해조 앞의 글, 295.

[유럽문화도시 선정기준(2014 결의문 제445호)]

선정기준	내 용
장기전략 기여 (Contribution to the Long-term Strategy)	• 문화수도 이후에도 문화 활동을 지원하는 계획과 실행을 포함하고 있는지 여부 • 후보도시의 문화·경제·사회 분야를 연계한 문화·창의 분야 역량 강화 방안 • 문화도시 선정이 후보 도시에 미칠 장기적인 문화적·사회적·경제적 영향 정도 • 문화도시 선정이 미칠 영향을 모니터링·평가하고 이의 결과를 확산시키는 계획
유럽적 차원 (European Dimension)	• 유럽의 문화적 다양성을 촉진하는 활동의 범위와 질 • 유럽 통합 및 현재 유럽 주제를 강조하는 활동의 범위와 품질 • 유럽 예술가들이 참여하는 활동의 범위와 질(다른 국가와의 협력 정도) • 광범위한 유럽 및 국제 대중의 관심을 끌기 위한 전략
문화·예술적 내용 (Cultural and Artistic Content)	• 문화프로그램을 위한 명확하고 일관된 예술비전과 전략 • 문화프로그램 구상 및 실행에 있어 지역예술가와 문화단체의 참여 • 제시된 활동의 범위와 다양성, 해당 프로그램의 예술적 질 • 문화유산 및 전통예술을 활용한 새롭고 혁신적이며 실험적인 문화표현 능력
추진 능력 (Capacity to Deliver)	• 폭넓고 강력한 정치적 지원과 지역-지방-국가를 아우르는 지원 약속 • 문화수도 타이틀을 보유할 수 있는 적절하고 실행가능한 기반 시설 보유 여부 또는 의지
시민 참여 (Outreach)	• 신청 준비 및 조치 이행에 있어 지역주민과 시민사회의 참여 • 문화활동 참여를 통한 다양한 시민들의 새롭고 지속가능한 기회 창출(특히 청년, 자원봉사자 및 소수자 등 소외된 사람들과 장애인 및 고령자에게 접근성 제고 노력) • 관객개발을 위한 전략(특히 교육 및 학교와 연계 방안)
관리운영 (Managemnet)	• 전체적인 재원조달 계획과 준비단계 예산, 기존 활동 유지비, 비상 계획 등을 포함하는 예산 및 기금 조성의 타당성 • 예술가를 포함한 지역 당국과 추진체계 간 거버넌스와 전달체계 • 총감독 및 예술감독의 선임 절차 및 그 활동 분야

3. 우리나라 문화도시의 등장과 법정 문화도시

1) 문화도시론의 등장과 발전

우리나라에서 문화도시가 등장한 것은 1990년대다. 지방자치제가 시행

(1992)되고 자치단체별로 단체장이 선출(1995)되며 자기 지역에 맞는 고유한 발전전략을 추구하는 과정에서 자연스레 '문화를 바탕으로 한 도시발전' 혹은 '살기 좋은 도시 만들기' 등의 목표가 제시되면서 문화도시 또한 하나의 도시 비전이 되었다.[17] 때문에 이때 등장한 문화도시는 현재의 문화도시와 다른 문화환경 개선이나 문화를 통한 도시환경 개선 등을 목표로 한다. 예컨대 2001년 문화도시 서울을 제안한 보고서에 따르면 문화도시는 '바람직한 도시를 지향하는 것'으로 △기본이 바로 선 도시, △ 고유한 자기 정체성을 가진 도시, △ 공공성이 확보되고 보장되는 도시, △ 삶이 문화가 되는 도시, △ 문화도시를 위한 접근이 문화적인 도시 등으로 제시된다.[18] 비슷한 시기 여러 연구자가 문화도시를 제시했는데 이 또한 문화인프라 확충과 문화적인 도시환경 창출이었다.

이런 흐름 속에 탄생한 것이 '문화중심도시'이다. '아시아문화중심도시'를 필두로 시작된 문화중심도시는 문화인프라 확충과 문화적인 도시환경 창출을 목표로 다양한 사업을 추진한다. 당시 아시아문화중심도시가 규정한 문화도시는 △ 문화가 도시의 중심적 기능이 되고 특징이 되는 도시, △ 인간존재의 본래 가치와 삶의 의미가 실천적으로 구현되는 도시, △ 이웃 간의 개방적 소통으로 변화와 재창출이 수시로 일어나는 도시[19]로, 예술보다는 인간의 보편적 삶과 도시의 권리에 초점이 맞추어져 있다. 이때 추진된 문화중심도시는 광주, 부산, 경주, 전주, 공주, 부여 등이다.

그런데 이 사업은 2000년대 후반 점차 소멸되기 시작한다. 무엇보다 당시 강하게 불었던 창조도시 열풍으로 문화도시는 더 이상 탄력을 받기 어려웠고, 명확한 성과를 창출하기 힘든 긴 사업기간과 과다한 사업비 등으로 각 도시에 몇 개의 시설을 짓는 것 말고는 큰 성과 없이 막을 내리게 된다. 대신 이 시기

17_ 이순자·정은교, <지역거점 문화도시 조성사업의 추진실태 및 향후 과제>, 국토연구원, 2012, 10.
18_ 문화연대 공간환경위원회 편, 『문화도시 서울을 위한 문화공간 기획에 관한 연구』, 서울시정개발연구원, 2001, 9-10.
19_ 문화관광부 문화중심도시추진기획단, <아시아문화중심도시 조성 추진현황-광주>, 2004, 8.

[주요 연구자별 문화도시 개념]

연구자	문화도시 요건
김효정 외 (2004)	기능적 도시기반시설, 개성적인 도시경관, 차별화된 문화·예술 인프라, 저속도의 도시교통, 유기적인 성장
추동욱 외 (2006)	역사성과 전통성, 유기적인 문화인프라와 문화정책, 개성적·특징적 문화공간과 도시경관
라도삼(2006)	역사성과 전통성, 공동체성, 도시미학, 지속가능한 문화생태
김효정(2006)	도시기반 시설, 독특한 도시경관, 차별화된 조직체계(도시경영시스템)
정주환(2008)	문화기반 시설, 도시문화 정체성, 창조성, 산업화
유승호(2008)	도시의 기본 인프라, 독특한 도시경관, 다양하고 창조적인 자원

* 출처: 이순자·정은교, <지역거점 문화도시 조성사업의 추진실태 및 향후 과제>, 24

[문화중심도시 조성사업]

구분	광주	부산	경주	전주	공주/부여
관련법	특별법 (2006.9)	없음	없음	없음	없음
계획	종합계획 (2007.10.)	종합계획 (2005.10.)	기본계획 (2007.12.)	기본계획 (2007.12.)	기본계획 (2009.12.)
기간	20년 (2004~23)	8년 (2004~11)	30년 (2006~2035)	20년 (2007~26)	22년 (2009~30)
사업비	5.3조원	1천6백억원	3.4조원	1.7조원	1.3조원
사업	국립아시아전당 건립/7대 문화권 특화발전	부산영상센터 건립 등 부산영상도시 기반 조성	경주역사자원 발굴 및 문화산업 기반 조성	한스타일 거점화 도시공간 및 경관 개선	유적발굴 및 환경 정비/관광거점 조성 등

에 주목받은 것은 몇 가지의 예술 프로젝트다. 지역을 예술로 가꾸는 Art in City(2006~2007)나 문전성시(2008~2012), 마을미술프로젝트(2009~현재) 등은 적은 예산과 짧은 기간에도 여러 성과를 올리며 우리 사회에 예술을 통한 지역 활성화와 지역재생의 가능성을 알린다. 이에 따라 문화사업은 '문화를 통한 도시환경 개선'에서 '문화를 활용한 지역 활성화'로 급격하게 옮겨가게 된다.

법정 문화도시가 탄생한 것은 바로 이 과정을 통해서다. 예술을 통한 지역

활성화를 경험한 문체부는 2012년 「지역문화진흥법」 제정을 추진하며 문화도시・문화마을을 기획하고 2013년 논의 끝에 남원과 부여・공주를 2014년 1월에 각각 문화도시와 문화마을로 지정한다. 그리고 이어 2014년 「지역문화진흥법」 제정하며 문화도시를 법정사업으로 만들어낸다. 2000년 문화도시와는 다른 문화도시가 탄생한 것이다.

법정 문화도시는 오랜 준비 끝에 2019년 제1차 문화도시를 지정함으로써 본격화된다. 이후 매년 문화도시를 지정한 결과 2023년 현재 총 24개 지역이 문화도시로 지정되어 있다. 2018년 정부가 제시한 <문화도시추진가이드라인>(이하 추진지침)에 따르면 매년 5~10개의 문화도시를 지정해 2022년까지 30개 내외로 확대하고, 광역시・도 거점별 2~3개 문화도시를 육성해 성공사례를 발굴하는 한편, 권역 간 문화도시 벨트를 조성해 안정적인 발전구조를 만들겠다는 것이 주요한 추진계획이다.[20]

[2023년 현재 문화도시 지정현황]

연도	사업기간	지정도시	지정 수
2019	2020~2025	부천시, 원주시, 천안시・청주시, 포항시, 영도구, 서귀포시	7개
2020	2021~2026	부평구, 강릉시, 춘천시, 완주군, 김해시	5개
2021	2022~2027	영등포구, 수원시, 공주시, 익산시, 밀양시	5개
2022	2023~2028	의정부시, 영월군, 목포시, 고창군, 칠곡군, 울산광역시	6개

다른 한편 이 시기 또 다른 문화도시가 추진된다. 2014년 열린 한・중・일 문화장관회의에서 만들어진 '동아시아 문화도시'다. '동아시아 문화도시'는 유럽 문화도시와 같이 '한・중・일 간 문화교류'를 목적으로 운영되는 문화도시다. 차이가 있다면 유럽 문화도시가 회원국별 순번제라면 동아시아 문화도

20_ 문화체육관광부, <문화도시추진가이드라인>, 2018, 6.

시는 각국이 매년 자국의 도시를 지정하는 방식으로 운영된다. 2014년 이후 지정된 문화도시는 아래의 표와 같다.

[동아시아 문화도시 지정현황]

연도	도시			연도	도시		
	한국	중국	일본		한국	중국	일본
2014	광주	취안저우	요코하마	2015	청주	칭다오	니가타
2016	제주	닝보	나라	2017	대구	교토	창사
2018	부산	하얼빈	가나자와	2019	인천	시안	도시마구(도쿄)
2020	COVID 19로 21년으로 연기			2021	순천	소흥, 둔황	기타큐슈
2022	경주	오이타현	원저우시 지난시	2023	전주	청두, 메이저우	시즈오카현

* 2024년 지정된 우리나라 동아시아 문화도시는 김해다.

2) 법정 문화도시 추진과 운영현황

(1) 법정 문화도시의 선정 및 운영 특성

법정 문화도시는 정부 주도 하에 추진된다. 정부는 문화도시 사업 추진을 위해 '문화도시심의위원회'를 구성하고 문화도시 지정 및 운영을 주관한다(법 제14조). 지방자치단체는 광역과 기초를 불문하고 참여할 수 있다. 다만 시·군·구 등 기초지자체는 광역지자체와 협의를 거쳐 참여해야 한다.

법정 문화도시의 목적은 '지역의 문화자원을 활용한 지역발전'(법 15조)이다. 정부는 "문화예술과 문화산업, 관광, 전통, 역사, 영상, 그 밖의 필요한 분야를 대상으로" 선정하여 문화도시를 지정할 수 있다. 문화도시 지정은 각 지방자치단체의 신청을 받아 1년간 예비사업을 거쳐 지정하는 방식이다. 예비사업은 한 차례 1년간 연장할 수 있다.[21]

21_ 2023년 현재 문화도시를 승인받아 예비사업을 추진하고 있는 도시는 성동구, 경주시, 광양시, 속초시, 수영구, 진주시, 충주시, 홍성군 등 8개 지역이다.

문화도시로 지정되면 정부 지원을 받는다. 현재 시행령에 제시된 지원은 문화도시 조성 사업비, 지역문화전문인력 양성 사업비, 문화도시 조성을 위한 협력체계 구축비, 홍보비 등(시행령 제15조)이다. 추진지침에 따르면 각 지역은 5년간 최대 200억 원의 사업을 추진할 수 있다. 해당 예산은 국비 50%, 지방비 50%로 충당한다.

사업의 비전은 '문화를 통한 지속가능한 지역발전 및 지역주민의 문화적 삶 확산'이다. 이를 위해 문화도시 사업은 4대 목표를 제시하고 있다. △ 지역사회 주도의 지역공동체 활성화 △ 지역 고유의 문화가치 증진을 통한 지역 균형발전 △ 문화의 창의성을 활용한 지속가능한 성장기반 구축 △ 문화적 도시재생과 접목한 사회혁신 제고 등이다. 주요한 사업전략은 '대규모 시설조성이 아닌 지역문화발전 종합계획으로' 추진하고, '중앙정부와 관주도가 아닌 지역과 시민주도로' 추진하며, '문화도시 조성과정 자체가 새로운 문화가 될 수 있도록' 추진하는 것이다.[22]

주목할 점은 유럽 문화도시나 2000년대 초반 제기되었던 문화도시와는 다르다는 점이다. 유럽의 문화도시가 유럽의 문화적 통합을 목적으로 도시 간 교류에 초점을 맞췄다면, 우리의 문화도시는 2000년 초반 '문화인프라 확충'과 '도시환경 개선'에서 '문화를 통한 지역발전'으로 변해왔다. 더불어 유럽 문화도시가 다양한 행사와 이벤트 집중하는 'EXPO' 방식이라면 우리의 문화도시는 '문화시설 확충'에서 '시민문화 활성화를 위한 사업추진형'으로 발전해왔다는 점이다. 그 결과 같은 문화도시이지만 시작된 배경과 목적에 따라 그 방향과 사업 방식이 전혀 다름을 볼 수 있다.

따라서 문화도시를 하나의 개념으로 고정하거나 그 추진방식을 규격화·규범화하는 것은 애초부터 불가능하다. 그것은 주어진 환경과 사업목적에 따라 달라지는 것이다. 이 점은 향후 문화도시 발전과정에서 좀 더 논의해 보기로 한다.

22_ 문체부, <문화도시추진가이드라인>, 2019 참조

[유럽문화수도와 우리나라 문화도시의 비교]

	유럽문화수도	문화중심도시	법정 문화도시
사업시기	1985~현재	2004~2009	2014~현재
사업목적	유럽의 문화통합, 도시 간 교류	문화적 도시혁신 문화발전 기반 마련	문화를 통한 지역활성화
사업방식	EXPO형	도시혁신형	지역활성화형
	다양한 행사/이벤트 개최	문화시설 조성 및 도시환경 개선	예술 기반 지역활성화
투입예산	최소 37억원 (포상금 22억원 모두 수령 시)	1600억원~5.3조원	200억원
선정방식	회원국 지정 후 해당국 도시 중 후보 도시 선정	정부 지정	공모 후 선정

(2) 주요 성과와 향후 계획

매년 문체부는 각 도시의 성과와 이를 종합한 문화도시 사업의 성과를 제시하고 있다. 2022년 처음 발행된 성과자료집에 따르면 문화도시 사업은 △ 새로운 도시 브랜드 형성 △ 문화공간 확충 △ 주민의 도시 만족도 제고 △ 문화 거버넌스 구축 △ 문화 일자리 창출 △ 문화의 가치 및 문화적 접근 확산 등을 창출한 것으로 되어 있다.[23] 이에 반해 2023년도에는 △ 지역 중심 문화정책 기반 조성 △ 지역문화 여건 개선 △ 지역 고유의 문화의 도시 브랜드화 △ 로컬콘텐츠로 지역 경제 활성화 △ 다양한 도시 정책 연계 협력 주도 등을 주요 성과로 제시한다.[24]

다음의 표에 제시된 바와 같이 문화도시 사업은 도시의 브랜드를 제고하는 한편, 지역의 거버넌스를 형성하는 등 여러 성과를 창출하였다. 그런데 주목할 점은 이런 성과가 본래 문화도시 사업이 추구한 것이었느냐는 점이다. 살펴본 바와 같이 문화도시 사업은 한결같이 '시민의 문화적 삶'이나 '문화공동체' '거버넌스 구조의 형성' 등을 강조하였다. 그런데 제시된 성과는 이와 관련된 것

23_ 문체부, <2021 문화도시 성과 자료집>, 2022, 9.
24_ 문체부, <2022 문화도시 성과 자료집>, 2023, 8-9.

[문화도시사업의 주요성과](문체부)

연도	주요성과
2021	• 새로운 도시브랜드 형성: 서귀포시 노지문화, 청주시 기록문화 • 문화공간 확충: 문화공간 수 425개 증가, 신규 조성 문화공간 이용자 수 95,747명 • 주민의 도시 만족도: 문화도시 참여자 수 1,078,060명, 대표사업 만족도 86.7% • 문화 거버넌스 구축: 원주시 원주 테이블, 완주군 완주형 문화자치 거버넌스 • 문화 일자리 창출: 직접 일자리 168개, 간접 일자리 1,629개, 문화 분야 일자리 1,797개 • 문화의 가치 및 문화적 접근 확산: 타부처 등 386개 협력 사업 추진
2022	• 지역 중심 문화정책 기반 조성: (문화도시 조성계획 수립) 103개 지자체, (문화도시 조례 제정) 88개, 기초지자체 지역문화재단 증가(18년 71개→22년 117개) • 지역문화 여건 개선: (문화공간 수) 300개→3,400개, (방문자 수) 10만 명→70만 명, 18개 도시 250만 명 문화 활동 참여 • 지역 고유문화의 도시 브랜드화: (서귀포) 노지문화 기반 생태문화도시 브랜드 구축, (영도) 영도 한선 잇기 영도체를 활용한 새로운 도시브랜드 구축 • 로컬콘텐츠로 지역경제 활성화: (서귀포) 태왁을 재생한 네트백 제작, (청주) 직지를 활용한 기록문화콘텐츠 제작, (부산) 영도 파친코 제작 • 다양한 도시정책의 연계 협력 주도: (밀양) 전환캠퍼스 조성, (청주) 기록관리 민관협력모델 구축

은 크게 보이지 않는다. 오히려 도시브랜드나 일자리 창출, 지역경제 활성화 등과 같은 경제적 성과와 문화공간 조성 등과 같은 수치다. 그 결과 문화도시 사업은 '시민적 요소'를 과다하게 제시하고, '과정 중심 설계'로 '성과를 창출하기 어려운 구조로 설계되었다'라는 비판을 받게 된다.[25] 이는 곧 문화도시 사업이 다른 방향으로 전환되는 계기를 형성하기도 한다.

정부는 2022년 12월 향후 문화도시 추진 방향을 제시하는 <대한민국 문화도시 추진계획>을 발표하였다. 이 계획에 따르면 향후 문화도시 사업은 전국을 7개 권역으로 나누고[26] 권역별 1곳 내외의 문화도시를 지정해 4년간

25_ 이에 대해서는 문체부, <문화도시 2.0 계획 수립을 위한 정책토론회>, 2022 참조
26_ 분리된 권역은 광역시권, 경기권, 충청권, 강원권, 경상권, 전라권, 제주권 등이다(문체부, <대한민국 문화도시 추진계획>, 2022, 5).

100~200억 원을 지원하여 우리나라를 대표하는 문화도시로 만들겠다는 것이다. 이를 통해 기존 문화도시와 연계한 균형발전을 도모하고, 지역 중심 특화 발전 전략으로 지속 발전하는 지역환경을 만들겠다는 것이 계획 방향이다.

이런 전환은 사실 애초 문화도시 추진계획에 있던 것이다. 2018년 추진지침에 따르면 30여 개의 문화도시 지정이 끝나는 2022년에 문화적 도시브랜드를 가진 대표 문화도시를 만드는 것으로 되어있다.[27] 그러나 당시 대표 문화도시는 지정된 문화도시 중에 발굴하는 것으로, 새로 지정해 육성하겠다는 이번 계획과는 다른 것이다. 더구나 대한민국 문화도시는 지역의 문화・예술・관광 자원을 활용한 지역발전과 도시경쟁력 강화, 지역의 균형발전 등을 강조함으로써 '문화적 삶'을 강조했던 이전의 문화도시와 그 방향을 달리하게 된다. 이에 따라 문화도시는 또 한 번의 변화를 앞두고 있다. 그것이 어떤 결과를 낳을지는 아직 예상되지 않는 상태다.

4. 문화도시 사업의 발전 방향

1) 문화도시 사업에 제기되는 문제들

그간 문화도시 사업에는 여러 논란이 제기되었다. 앞서 제기된 성과의 논란뿐만 아니라 지역자치에 기반한 사업이냐는 것 또한 주요한 문제제기 중 하나였다. 문화도시란 하나의 도시가 문화를 바탕으로 성장・발전할 수 있는 기반을 만드는 사업인데 문화도시 사업이 과연 이런 기반을 만들고 있는가와 그것을 만들어가는 지역 스스로의 동력, 즉 시민참여와 지역의 자치가 이루어지고 있는 것인가가 주요한 논란거리 중 하나였다. 이에 여기서는 이 두 가지 문제를 중심으로 문화도시의 현안과 문제를 살펴보고자 한다.

27_ 문체부, <문화도시추진가이드라인>, 2018, 6.

(1) 목표 설정의 문제

앞서 살펴본 바와 같이 성과의 문제는 문화도시 사업 초기부터 논란이 되었던 것이다. 회원국이 순번제로 문화도시를 정해 운영하는 유럽의 문화도시야 특별히 성과를 문제삼을 필요는 없다. 각 도시가 해당되는 연도에 유럽연합 등이 참여하는 자문을 받아 행사를 계획하고 추진하면 된다. 그러나 우리나라 문화도시는 사업형으로 유럽의 그것과 다르다. 매년 예산이 투입되어 여러 사업을 벌이는 만큼 그 결과를 평가받아야 한다. 때문에 적절한 목표가 설정되었는가와 사업관리가 적절히 되어있는가는 문화도시 사업과 관련하여 늘 논란이 될 수밖에 없다.

더구나 문화도시 사업은 다양한 문화사업을 통해 시민의 삶을 변화시키고 지역을 발전시키는 사업이다. 이를 위해서는 시민의 행태를 바꾸고 지역의 발전기반을 변화시켜야 한다. 그런데 이런 것이 손쉽게 이루어지기란 어렵다.

관련하여 필자는 1990년대 중후반에 콜롬비아의 보고타에서 일어난 일련의 사건을 예로 들고자 한다.[28] 마약 문제가 심각한 나라답게 콜롬비아 보고타는 1995년 한해 3,363건의 살인 범죄가 일어날 정도로 범죄가 많은 도시였다. 교통사고 사망환자도 1,387명에 달했다. 이에 1995년 시장 선거에 출마한 두 후보, 안타나스 모쿠스(Antanas Mockus)와 엔리케 페날로사(Enrique Peñalosa)는 이 문제를 놓고 격렬히 대치한다.

우선 안타나스 모쿠스는 시민들의 태도나 행동과 같은 도시의 소프트웨어를 바꿔야 한다고 주장한다. 반면 도시계획가였던 엔리케 페날로사는 공공공간, 인프라 같은 도시의 하드웨어를 고쳐야 한다고 주장한다. 투표에서 이긴 모쿠스는 시장이 되고 시민정신 함양을 목표로 그는 400명이 넘는 판토마임 공연자를 길거리로 보내 무례한 운전자와 행인에게 경고하는 등 비교적 소프트 한 프로그램을 시행한다. 더불어 청렴한 정부를 만들어 시민문화를 혁신하

28_ 이에 대해서는 찰스 몽고메리, 『우리는 도시에서 행복한가』, 윤태경 옮김, 미디어 윌, 2014, 371-400 참조.

고자 했다.

정책 시행 결과 도시의 범죄율은 줄어든다. 그러나 도시의 발전을 가로막는 공공공간의 부족이나 도시 오염 등과 같은 문제는 여전히 해결되지 않는다. 이에 1998년 모쿠스가 대통령 선거에 나가게 되자 새로 열린 시장 선거에서 당선된 페날로사는 전혀 다른 방향에서 도시를 바꾸는 사업에 착수한다.

그의 전략은 도시의 기반을 바꾸는 것이었다. 차량 중심에서 대중교통과 자전거, 보행 중심으로 바꾸고 공공공간을 조성하여 시민의 삶을 바꾸고자 하였다. 이에 그는 도시를 가로지르는 고속도로 건설을 막고, 휘발유세는 40% 인상하여 자동차 수요를 억제한다. 또한 보고타시가 보유한 지역 전화회사와 발전소 지분을 팔아 시민이 이용할 수 있는 공공공간과 교통수단을 만든다. 특히 저소득층 밀집 지역에 공공도서관을 건립함으로써 지역환경을 개선하고, 버스전용차로인 트랜스밀레니오를 만들어 대중교통 중심의 도시시스템을 만들어 간다. 그 결과 보고타시는 매우 빠른 속도로 변화하며 시민의 삶과 문화를 바꿔나간다.

조사에 따르면 페날로사 시장 취임 이후 3년 만에 학교등록률이 30% 증가했다. 교통사고율과 살인 범죄율은 1/2로 줄어들었고, 자전거 통근자 수는 2배로 늘었다. 그 결과 대기오염이 줄고 운동하는 시민이 늘었으며, 미래를 낙관하는 시민 수도 증가했다. 도시를 바라보는 시민의 태도가 바뀐 것이다.

물론 이후 보고타는 여러 문제가 중첩되며 메데진(Medellin)과 같은 도시에 그 위상을 내주게 된다. 그러나 도시의 인프라를 바꿔 시민의 문화를 바꾸는 실험은 메데진에서도 계속되었고, 얀겔(Jan Gehl)의 <위대한 실험 *The Human Scale*>[29]에 의해서도 증명된 바 있다. 시민이 살아가는 실제 도시의 삶의 기반을 바꾸어야 지속적인 시민의 삶과 도시발전의 변화가 나타나는 것이다.

이런 점은 우리의 문화도시 추진전략에서 또한 검토가 필요한 부분이다.

29_ 2012년 제작된 다큐멘터리 영화. 2013년 제10회 EBS 국제다큐영화제에 출품되었다.

직접적인 시민문화(활동)를 중심으로 한 계획과 소프트웨어를 대상으로 한 사업보다는 도시의 인프라를 바꾸는 사업에 좀 더 주력할 필요가 있다는 것이다. 물론 이때 말하는 도시의 인프라는 대규모 문화시설이나 공간 조성을 의미하지 않는다. 오히려 시민이 활동하는 일상공간의 문화적 전환이나 시민들의 문화를 만드는 도시의 기반을 변화시키는 작업을 의미한다. 따라서 문화도시는 '문화'라는 장르(분야)에 집중할 필요는 없다. 도시정책 전반으로 문화를 고려하여 도시를 관리하고 발전시키려는 도시발전전략의 전환, 태도의 전환이 요구되는 것이다.

(2) 문화분권과 자치의 문제

문화도시는 '모든 도시는 특별하다'는 관점[30] 하에 문화도시 사업을 '지역의 자율성과 다양성, 창의성'을 살리는 사업이라 설명하고 있다. 특히 중앙이나 관(官)이 아닌 '지역과 시민이 주도하는' 사업으로서 '지역의 창의성과 책임성을 바탕으로 지역에서 출발하는 문화정책을 지원한다'고 되어 있다. 그러나 이런 사업이 실제 지역을 중심으로 추진되었는가에 대해서는 검토가 필요하다.

유럽의 문화적 통합을 목적으로 한 유럽 문화도시(수도)의 경우, 유럽적 차원의 검토가 필요했다. 때문에 유럽연합이 참여하는 선정단을 중심으로 움직였고, 그 지정기준 또한 유럽적 차원의 문화적 통합과 시민참여에 두고 있다. 그러나 우리의 경우, 전국적 차원의 문화적 통합을 필요로 하지 않는다. 사업목적에서 문화의 균형발전이 여러 번 논의되나 이것은 어디까지나 문화도시 사업을 통해 자기 고유성을 가진 문화도시를 만듦으로써 지역의 균형발전을 이루자는 것이지, 사업 내에 중앙정부의 가치를 넣자는 것은 아니었다.

그런데 사업 추진과정에 있어 정부는 모든 과정을 주관한다. 문화도시 지

30_ 문체부, <문화도시추진가이드라인>, 2018, 6.

정 및 사업 과정을 관리하며, 사업성과도 관리한다. 지방은 사업추진의 수행자(agent)로서 <문화도시센터>를 설치하고 사업을 시행할 뿐이다.

이러한 사업구성은 지방자치의 보편적 원리인 '보충성의 원리'에도 부합하지 않는다. 「지방자치법」 제11조 2항에 따르면 국가는 지방자치단체에 사무를 배분하는 경우 지역주민 생활과 밀접한 관련이 있는 사무는 원칙적으로 기초지자체가, 기초지자체가 어려운 경우는 광역이, 광역이 어려운 사무는 국가가 시행하게 되어 있다. 문화도시 사업이 무엇보다 지역민의 삶과 문화에 관한 문제고, 문화를 통한 지역발전과 새로운 도시발전 패러다임 전환을 목적으로 한다면 그것은 지방을 중심으로 설계될 필요가 있다.

더구나 문화도시 사업은 지방자치의 중요한 단계인 '광역'을 소외시키는 문제도 낳고 있다. 사업구조 상 광역도 문화도시 사업에 참여할 수 있고,[31] 기초지자체가 참여하고자 할 경우 사전에 협의하도록 되어 있으나 실제 문화도시 지정 및 사업과정에는 개입하기 어렵게 설계되어 있다. 따라서 광역시도 관계없이 사업은 정부와 선정된 지자체의 문화도시센터를 중심으로 이루어지게 되어 있다. 이와 같이 문화분권과 문화자치에서 또한 많은 문제를 안고 있다.

2) 문화도시 발전방향 제안

문화를 통한 지역발전의 과제는 매우 중요한 문제다. 지역의 특화된 발전과 보편적인 시민의 삶의 질 측면에서 모두 추구해야 할 정책방향 중 하나다. 그런 점에서 문화도시는 단지 하나의 사업으로서가 아니라 지속된 도시(지역) 발전 비전 및 목표로서 추구해야 할 필요가 있다.

2014년 「지역문화진흥법」이 제정된 이래 우리나라는 사업으로서 문화도

31_ 현재 울산광역시 1곳이 문화도시로 선정되어 있다. 그러나 문화도시 사업은 대상지 전체를 사업대상지로 하게 되어있어 광역시는 어느 정도 가능하나 광역도는 현실적으로 참여하긴 어려운 구조다.

시를 추구해 왔다. 그러나 이 사업은 주어진 여건과 정책방향에 따라 그 방향을 달리한다. 처음에는 '문화자원을 활용한 지역발전'으로 추진되다 '시민의 문화활성화'로 그 방향을 바꿨고, 이제는 '지역의 특화발전전략'으로 문화도시를 추진하려 한다. 이러한 변화는 지속적인 추진을 통해 성과를 창출해야 하는 문화정책의 속성과 그 궤를 달리한다 할 수 있다.

앞서 살펴본 바와 같이 문화도시는 단지 문화라는 장르에 국한돼 추진될 필요는 없다. 오히려 도시 전역으로 그 범위를 넓혀 추진해야 한다. 시민과 지역의 문화에 영향을 미칠 수 있는 여러 가지 일들, 예컨대 도로의 재편이나 교통수단의 변경, 공원, 시장, 광장의 설치 등 다양한 변화에 주목할 필요가 있다. 이런 점에서 문화도시는 새롭게 재구성되어야 한다.

다른 한편 문화도시는 지자체의 고유한 자기발전 권리이자 방향이다. 어떤 문화를 만들고, 어떤 지역발전을 추진할 것인가 하는 것은 지역의 권리이기 때문이다. 정부와 광역은 이같은 지자체의 지역발전의 의지를 존중하고 지원할 뿐, 이를 선도하거나 제어할 필요는 없다. 정부와 광역은 이의 결과로 창출된 산물을 활용할 뿐이다.

이런 점에서 문화도시 사업은 재구성될 필요가 있다. 필자는 이에 「지역문화진흥법」 제6조에 규정된 '지역문화진흥기본계획의 수립'과 「문화기본법」 제5조에 규정된 '문화영향평가'에 주목한다. 전자는 지역을 중심으로 문화계획을 수립하도록 한 규정이고, 후자는 정부와 지자체가 각종 계획 및 정책을 추진할 때 문화적 관점에서 국민의 삶의 질에 미치는 영향을 평가하도록 한 것이다.

전자의 규정을 활용하면 각 지자체가 계획을 수립하고 광역 및 정부가 이를 지원하는 방향으로 사업을 짤 수 있다. 물론 여기에는 현재 정부가 먼저 계획을 수립하고 광역과 기초가 이에 응하는 시행계획을 수립하도록 한 법의 개정이 필요하다. 이에 만약 기초가 5년마다 계획을 수립하고 정부가 이를 지원하는 방향으로 전환되면 현재 문화도시와 같이 조성계획을 수립하고 이를 정부가 승인하여 문화도시 사업을 추진하는 것과 동일한 효과를 창출할 수 있다. 물론 정부나 광역이 모든 사업을 지원할 수는 없다. 그러나 우수한 계획 사례나 대표사업을 지원하는 등의 방식으로 추진하면 지자체의 문화자치를 존중하는 한편 분권체계도 이룰 수 있을 것이다.

다른 한편 문화영향평가 또한 중요한 수단 중 하나다. 각 지자체가 각종 계획 및 정책 수립 시 이를 평가하도록 되어있는 만큼, 평가체계를 전환하여 각 지자체가 시행토록 하고 실적이 우수한 지자체를 문화도시로 선정할 경우, 문화도시는 실제 도시의 모든 계획 및 정책에 관여할 수 있는 효과를 창출할 것이다. 즉 하나의 분야가 아닌 도시정책 전반에 개입함으로써 도시의 인프라를 혁신하고 관리하는 전략으로서 문화도시를 활용할 수 있다는 얘기다.

이처럼 문화도시는 다양한 제도 여건과 사회적 논의를 거쳐 그 방향을 검토해볼 필요가 있다. 하나의 사업으로 추진하는 것이 현재의 방향이었다면, 그 성과를 승인하는 절차로서 운영하는 것 또한 검토해볼 수 있다. 앞서 살펴보았듯 문화도시는 정답이 있는 것은 아니다. 역사와 현실에 놓인 여건을 반영한 전략일 뿐이다. 이제는 문화를 통한 지역발전이나 삶의 질 개선과 같은 거대한 답보다 현실에 맞춘 대안을 찾아 그 의미를 지속화하는 노력이 필요할 때이다. 그런 점에서 모든 가능성을 열어놓고 검토할 필요가 있다.

5. 결론

문화도시는 일정 기간 우리 사회의 큰 화두가 되었다. 문화도시 사업이 추진된 이래 103개 지자체에서 문화도시 조성계획이 수립되었으며, 88개 지자체에 문화도시 조례가 제정되었다. 2018년까지 71개에 불과했던 기초지자체의 문화재단 또한 2022년 117개로 늘어났다.[32] 지역의 문화기반을 확충하는 수단으로서 제대로 된 역할을 한 것이다.

그러나 그 폐해로서 과도한 경쟁과 성과 중심의 관리체계, 그럼에도 나타나지 않는 성과 등 여러 문제가 제기되었다. 그 결과 '대한민국 문화도시'라는 새로운 방향으로 전환을 모색하고 있는 상태다.

이처럼 성과가 모호하고 방향 전환의 필요성이 대두되는 데는 모호한 사업방향과 전략이 큰 몫을 차지한다. 유럽의 통합을 목표로 출발한 유럽 문화도시야 큰 논란거리가 없지만, 5년간 사업을 목표로 설계된 우리나라 문화도시는 애초부터 다양한 문제를 안고 출발하였다. 이에 현재까지의 성과를 돌아보고 향후 방향을 설계하는 노력이 필요하다.

문화도시 사업을 살펴보면 많은 부분 유럽의 모델을 따오고, 기존의 문화사업을 추진하며 얻은 학습결과를 결합한 측면이 있다. 이는 서로 다른 개념과 사업을 결합하며 얻은 결과이기도 하다. 그러나 이제는 그 성과를 이어받아 다른 모델을 고민해볼 단계에 이르렀다. 2014년 문화도시 사업 추진 당시와 지금은 또 여건이 다르다. 이제는 달라진 여건 속에 또 지속된 사업을 통해 학습된 결과물을 바탕으로 새로운 미래를 만들 때이다. 그 무엇보다 문화를 통한 지역발전과 문화적 삶이 중요하기에 이에 상응하는 새로운 문화도시를 기대해 본다.

■ 키워드

문화, 문화도시, 문화수도, 도시전환, 시민문화, 문화주체, 균형발전

■ 질문거리

- 문화도시의 출발이라고 할 수 있는 유럽의 문화도시의 출발 배경과 주요 추진목적 및 방향에 대해 설명하시오.

32_ 문체부, <2022 문화도시 성과 자료집>, 8.

- 유럽의 문화도시와 우리나라 문화도시를 비교 분석하시오.
- 우리나라 문화도시의 발전과정에 대해 논하시오.
- 자신이 생각하는 문화도시의 비전과 요건에 대해 설명하시오.
- K-문화도시 등 자신이 생각하는 문화도시 발전방향에 대해 논하시오.

시대와 세대 변화를 반영하는 생활문화정책의 흐름과 전망

강윤주 | 경희사이버대학교 문화예술경영학과 교수

1. 생활문화란 무엇인가?

이 장에서 생활문화는 "소수 전문가들의 예술 활동, 혹은 소위 예술계라고 불리는 특정 제도나 집단 안에서의 활동과 대비하여 '일, 가족, 사교 등의 사적 영역에서 자기를 계발하고 표현하는 예술활동'"[1]을 칭하는 '생활예술'을 포함하여 "지역 주민이 문화적 욕구 충족을 위하여 자발적이거나 일상적으로 참여하여 행하는 유형·무형의 문화적 활동"[2]을 의미한다.[3] 「지역문화진흥법」 제2조에 나와 있는 정의에 잘 드러나 있다시피 생활문화에 있어 '시민성 (혹은 주민성)' '지역성' 그리고 '문화적 활동 (혹은 예술적 활동)'은 매우 중요한 개념들이다. 이제부터 생활문화의 관점에서 바라보는 세 가지 개념의 의미를 알아보고자 한다.

1) 시민성 (혹은 주민성)

한나 아렌트는 "공동체를 향하여, 그리고 공동체와 관련하여 말과 행동을 수행하는 '활동적 삶' 속에서 개인은 정치적, 사회적 존재, 즉 시민의 자격을

1_ 강윤주, 심보선 외, 『생활예술: 삶을 바꾸는 예술, 예술을 바꾸는 삶』, 도서출판 살림, 2017, 43.
2_ 「지역문화진흥법」 제2조 (정의).
3_ 용어적으로 볼 때 '생활예술'이 맞느냐, '생활문화'가 맞느냐 하는 논쟁이 상당 기간 지속되었던 것은 사실이다. 그러나 이 장에서는 '생활예술'과 '생활문화'를 포괄적으로 논의하고자 한다.

획득한다"고 주장하면서, 시민들은 "행위하고 말하면서 자신을 보여주고 능동적으로 자신의 고유한 인격적 정체성을 드러내며 인간 세계에 자신의 모습을 나타낸다"고 말했다.[4] 「지역문화진흥법」에서 이야기하는 '지역주민'들에게도 한나 아렌트가 말하는 '활동적 삶'은 그대로 적용된다. 지역 내에서 능동적으로 주민 개인의 고유한 인격적 정체성을 드러내면서 지역에 자신의 모습을 나타내는 활동을 할 때 비로소 지역주민으로서의 자격을 획득할 수 있게 되는 것이다.

그렇지만 현실에서 시민성 혹은 주민성을 획득하기란 쉬운 일이 아니다. "정치와 종교 얘기는 집안에서 절대 꺼내지 말라"라는 말이 있듯이 사람들에게 민감한 주제로 논의를 시작하게 되면 그 논의는 갈등 상황으로 빠지기 쉽다. 생활문화는 문화예술 활동을 통해 시민성 및 주민성을 획득할 수 있는 좋은 계기를 마련해준다. 함께 기타를 치고 노래를 부르면서, 요리를 만들어 나누어 먹으면서 개인은 자신의 이야기를 자연스럽게 꺼낼 수 있게 되고 시민이자 주민으로 같이 살아가는 법을 배울 수 있게 된다.

국가가 공적 자금 지원을 하면서까지 생활문화 육성을 하는 것도 바로 이런 이유 때문이다. 현대사회를 살아가는 시민/주민들에게 필수적이라 할 수 있는 공동체성을 키우는 데에 있어 생활문화가 좋은 매개체 역할을 할 수 있다는 경험치가 생활문화를 정책적 지원의 영역으로 바라보게 한 것이다.

2) 지역성

현재 국내 생활문화정책 지원기관의 핵심이라 할 수 있는 지역문화진흥원은 2016년 5월 생활문화진흥원으로 출범되었던 곳이다. 2017년 12월 이 기관

'예술'과 '문화'에 대한 개념 규정이 다르다는 것을 모르는 바 아니나 국내 생활문화정책은 생활예술을 별개의 지원정책 분야로 보지 않고 생활문화에 포함하여 지원하고 있기도 하기 때문이다.

4_ 한나 아렌트, 『인간의 조건』, 이진우 외 옮김, 한길사, 1996, 240; 강윤주, 심보선 외, 앞의 책, 94에서 재인용.

이 지역문화진흥원으로 개명되면서 촉발된 '생활문화'와 '지역문화'에 대한 논쟁은 '지역'이라는 용어가 한국사회에 중요 키워드로 부상했다는 반증이기도 하다. 광범위한 의미의 생활문화가 아니라 개별 지역에서의 구체적이고 일상적인 생활문화를 들여다보아야 한다는 시대적 인식이 강력하게 작용했고 지역문화진흥원의 각종 사업은 그 기조를 실제 사업에 많이 반영했다.

'지역성'을 어떻게 정의할 것이냐 하는 데에도 이론(異論)이 많다. 전통에 방점을 두고 그 지역의 전통 유산과 역사를 지역성의 핵심 요소로 보는 경우도 있고, 지금 이 순간 그 지역에 살아가는 사람들의 일상을 지역성이라고 정의하기도 한다. 최근 문화도시에서 이야기되는 지역성 혹은 '로컬리티 (Locality)'는 '관계 인구'에 대한 생각을 통해 들여다볼 수도 있다. '관계 인구'라는 개념이 처음 사용된 것은 2016년 일본 타카하시 히로유키의 저서 『도시와 지방을 섞다: 타베루 통신』으로, 교류 인구와 정주 인구 사이의 관계 인구를 발굴해야 한다는 글에서 유래되었다. 한국에서도 관계 인구를 "해당 지역에 거주하고 있지는 않지만, 여가, 업무, 사회적 기여 등 다양한 활동을 통해 해당 지역과 관계를 맺고 있는 인구"라고 정의하고 있다.[5] '관계 인구' 개념의 부상이 보여주는, 지역 거주민뿐 아니라 지역을 오가는—반드시 방문 빈도가 높지 않더라도—인구까지도 지역과 관계를 맺고 있는 사람으로 인정해야 한다는 인식은 기존 전통적 의미의 '지역성'에 균열 혹은 개방성이 생겨나고 있다는 신호로 볼 수 있다.

그리고 이 '지역성'에 대한 인식 변화는 지역의 생활문화에 대한 인식 변화로도 이어진다. 윤소영이 말하고 있는 바와 같이[6] 장소 기반 공동체(place-based community)에서 공간 기반 공동체(space-based community)로의 전환이 이루어진 상태에서 '물리적인 경계만으로 확정되는 것이 아니라 구성원들이 동질적인 자

5_ 한국지방행정연구원, <꼭 알아야 할 지방자치 정책브리프> No. 121, 2021년 5월.
6_ 윤소영, 「지역의 문화예술단체를 매개로 형성된 생활문화공동체 활성화 사례 연구」, 『창조산업연구 1』(1), 2014, 43-60.

아 영역으로 인식하는 곳'이 생활문화의 공간이라고 전제한다면 '지역성'은 지역에 오래 정주했거나 현재 정주하고 있는 이들만이 만들어내는 것이 아니라 '관계 인구'로 인해 외부에서 유입되는 요소까지 포함한, 다른 말로 하자면 '개방된 지역성'에 입각한 생활문화가 만들어진다는 뜻이 된다.

3) 문화적 활동 (혹은 예술적 활동)

생활문화에 있어 문화/예술적 활동은 시민들의 일상에 기반한 활동이라는 의미에서 사용된 '생활' 못지않게 중요한 요소이다. 교육적이거나 정치적 활동(물론 궁극적으로 생활문화 활동은 교육이나 정치적 활동과 결코 무관하지 않지만)을 통해서가 아니라 문화/예술 활동에 의해 추동되고 매개된다는 의미에서의 생활문화는 문화 및 예술을 어떻게 개념 정의하느냐와도 연결된다.

고전적이고 원론적 의미에서의 문화와 예술에 대한 정의는 이 장에서는 언급하지 않겠다. 정책을 이야기하는 이 책에서 다루어져야 할 것은 오히려 생활문화정책의 대상이 되는 문화와 예술의 범위가 어디까지이고 그 범위가 어떻게 변화되어 왔는가 하는 것일 터이다. 먼저 생활문화정책에서 갖춰야 할 예술에 대한 관점을 살펴보자. '수월성(Excellence)'과 '접근성(Access)'에 입각한 기존 예술정책의 기조와 달리 생활문화에서의 예술에 대한 관점은 다음과 같은 성격을 가진다. 예술성 자체가 이미 삶과 밀착되어 있으며 공동체적이라는 관점이다. 캐나다의 정치 철학자 찰스 테일러는 예술성에 내재한 관계지향성을 강조하고 있고,[7] 카니베즈는 칸트의 판단력 비판이 제시하는 미적 판단 개념을 이야기[8]하고 있다. 90년대 이후 코로나 직전까지도 생활문화로서의 예술 활동

7_ 찰스 테일러는 '진정성 (Authenticity)' 개념을 도입하여 예술의 관계지향성을 설명하고 있다. 그에 따르면 진정성이란 "외적인 강압과 산술적인 합리성에 종속되지 않고 개인 내면으로부터 자유와 진리를 추구하는 태도"인데, 이때 "문화예술이야말로 진정성의 태도를 가장 잘 드러내는 예"라고 할 수 있다는 것이다. "예술은 내면의 참자아의 목소리에 귀 기울이며 삶의 잣대를 모색하게 하면서 동시에 그 가치는 언제나 타인과의 관계 속에서 실현되기 때문"이다(찰스 테일러, 『불안한 현대사회』, 송영배 옮김, 이학사, 2019; 강윤주, 심보선 외, 앞의 책, 99에서 재인용).

은 이렇듯 관계지향적이고 자발적 동의를 기조로 진행되어온 것이 사실이다.

그러나 코로나를 기점으로 생활문화의 문화/예술적 활동은 크게 달라졌다. 생활문화에 대한 정책적 지원을 지속해온 서울문화재단의 지원 사업 성격을 보면 이를 분명하게 파악할 수 있다. 2017년까지 커뮤니티 중심의 생활문화 지원사업[9]을 운영하던 서울문화재단은 2019년부터 '동아리 중심⇒시민의 자발적 예술활동'으로, 2020년에는 '지역자율성 강화, 일상 속에서 다양한 영역으로 확장'으로 방향성을 잡았다.[10]

중요한 것은 생활문화에서 이야기하는 문화 혹은 예술의 성격은 시대의 변화와 함께 계속 달라질 것이라는 점이다. 고정화된 문화 혹은 예술은 없다. 사회정치적 변화와 함께 하는 생활문화정책이어야 실현 가능하고 실제적으로 시민들의 삶에 영향을 주는 정책이 될 수 있다.

2. 생활문화정책의 변화와 쟁점

1) 2004년부터 2014년까지의 생활문화정책

1990년대 들어서면서 우리나라의 문화정책에서는 기존의 전문예술가 중점 지원만이 아닌 지역과 향유자가 중요한 키워드로 부상하기 시작했다. 이 경향성은 2004년 발표된 <새예술정책>(<예술의 힘-새로운 한국의 예술정책>)에 반영되었다. '생활 속의 예술'이라는 개념이 등장하면서 향유자 중심의 예술활동

8_ 카니베즈에 따르면 미적 판단은 주관적이기는 하지만 다른 사람의 동의를 요구하고 그 점에서 모든 사람이 동의하는 것에 근거를 두는 정치 공동체와 개인적인 감성들이 타인의 동의를 '소망'하는 예술 공동체는 확연한 차이를 보인다(파트리스 카니베즈, 『시민교육』, 박주원 옮김, 동문선, 1995; 강윤주, 심보선 외, 앞의 책, 94에서 재인용).

9_ 대표적인 커뮤니티 지원사업으로 '생활문화 거버넌스 25'를 들 수 있다. 서울시 25개 구에 생활문화 거버넌스를 육성하기 위한 사업이다.

10_ (사)한국광역문화재단연합회 한국지역문화정책연구소, <광역생활문화센터 현황 분석 및 정책제안에 관한 보고서>, 2022.

강화라는 과제가 생겼는데, 이는 예술교육을 통한 문화향유능력 개발, 생활 속의 예술 참여 활성화, 예술의 공공성 제고였다. 그리고 이 당시 '생활 속의 예술'의 대상은 소외계층 대상의 문화예술교육 및 공연 관람 등으로, 현재적 의미의 생활문화와는 많이 달랐다.

2006년에 작성된 <예술현장을 위한 역점 추진 과제>에서는 예술향유권 확대의 방향에서 '예술향유 여건 개선 및 수요 진작'이 제시된다. 그리고 여기에서 시민을 '생비자(프로슈머)'라고 언급하고 있다. 구체적인 과제 중 하나로 '지역사회협력과 생활예술 활성화'는 생활예술에 상당히 근접한 것으로 볼 수 있겠다. 이때에 제시된 것이 바로 생활예술 동아리 활성화 방안 및 생활예술 네트워크 구축이다. 또한 지역문예진흥기금 내에서 생활예술 지원 확대를 검토하기 시작했다.

중앙 위주의 지원 체계를 탈피하여 지역으로 사업을 이관하거나 지역과의 공동 추진 형태로 변경되는 문화예술정책의 전반적인 기조가 수립된 이명박정부에서는 지역주민과 예술가들이 함께 문화체험을 하고 예술교육도 받는 이른바 '생활 속의 예술향유 환경 조성'이 시행되었다. 구체적으로 보자면 동호회에 예술강사를 파견하고 예술동아리에 공간을 지원하는 형태로 진행된 '아마추어 동호인 문화나눔 활동 지원'이나 시민과 예술가가 함께 작품을 만드는 '수요자 맞춤형 국민제안 프로그램'이었다. 이전 정부에 비해 지원의 형태가 구체화되었다는 점에서는 긍정적이라고 평가할 수 있겠으나 예술가는 '파견'되는 존재, 곧 시민과 같은 공간에서 거주하는 이들이 아니라는 점, 또한 시민과 예술가의 공동 작업을 예술가가 시민을 가르치는 '교육'의 형태로 파악했다는 점에서 한계를 보이고 있었다.

이명박정부의 생활예술 기조는 이전 정부인 노무현정부와 예술정책의 전체 기조가 달랐기에 가능했던 일이었다. 두 정부의 예술정책 기조 변화를 정리하면 다음 쪽의 표와 같다.

[노무현정부와 이명박정부의 예술정책 기조 변화]

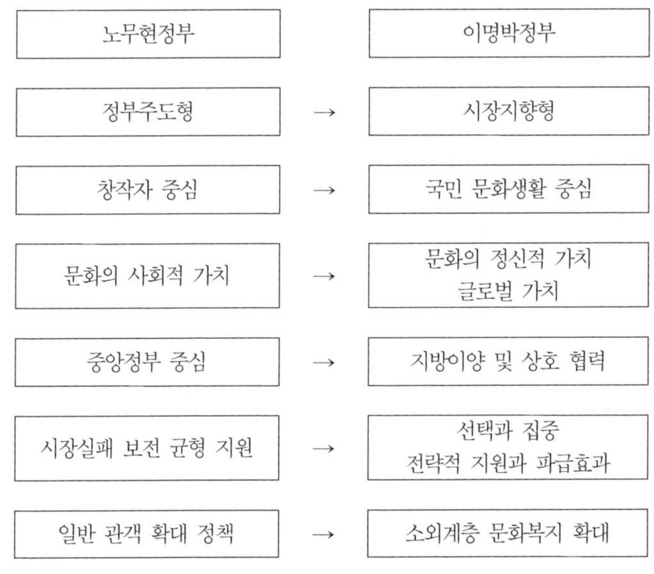

* 출처: 정광렬, 『예술정책의 성과와 과제』, 한국문화관광연구원, 2010, 61

박근혜정부가 내세운 '문화가 있는 삶'에서는 '문화의 일상화'를 강조하며 국민과 지역이 주도하는 생활밀착형 정책으로 전환을 모색했다.[11] 생활문화센터 조성사업, '문화가 있는 날' 사업과의 연계 하에 진행된 생활문화동호회 지원 사업도 박근혜정부에서 진행되었다. 2013년 12월에는 「문화기본법」이 제정되고, 2014년에는 「지역문화진흥법」이 제정되면서 생활문화정책 사업의 법적 근거가 마련되었다.

2) 〈제1차 지역문화 진흥 기본계획〉(2015~2019)의 생활문화 진흥정책[12]

「지역문화진흥법」은 생활문화를 비롯한 지역문화의 진흥을 위해 5년마다

11_ 문화체육관광부, <2022 생활문화사업 성과분석 연구>, 지역문화진흥원, 2023, 14.

12_ <제1차 지역문화 진흥 기본계획>의 생활문화 진흥 관련 내용은 『포스트코로나 시대의 생활예술』(2020, 책숲)에 실린 유상진의 글 「생활문화와 정책의 변화와 쟁점—『지역문화진흥기본계획』의 생활문화 정책을 중심으로」를 수정, 보완했음을 밝힌다.

국가가 '지역문화진흥기본계획'을 수립, 시행, 평가하고 각 지자체는 이를 반영한 '지역문화진흥시행계획'을 수립, 시행, 평가하여 그 결과를 정부에 보고하도록 명시하고 있다. 2015년 수립된 <제1차 지역문화진흥 기본계획 2020>은 그 법 조항에 따라 마련된 것이다.

<제1차 지역문화진흥 기본계획 2020>의 생활문화진흥 전략은 ① 생활문화 기반시설 확충 및 운영 지원, ② 생활문화공동체 형성 및 활동 지원, ③ 문화자원봉사 활성화 등이다. 이 전략은 공공에서 시행된 생활문화 관련 실태조사 내용을 기반으로 한 것인데 생활문화 활성화를 위해 공공에 요구한 사항들은 다음과 같은 5가지 사항이었다. ① 동호회 활동 운영비 지원, ② 연습/발표 공간 지원, ③ 강사 파견을 포함한 교육 프로그램 지원, ④ 발표/전시회 기회 제공, ⑤ 시설 및 장비 지원 순이다. 이 5가지 요구 사항을 보면 떠오르는 질문이 있다. "생활문화는 동아리 활동과 동의어인가?" 바로 이 질문이 이후 생활문화정책에서 중요한 이슈가 된다.

생활문화 활동을 위해 공공에 요구한 내용들이 동호회 활동 중심으로 취합되는 것은 어찌 보면 당연한 일이다. 현재 생활문화 실태조사는 생활문화동호회 활동에 한하여 조사하기 때문이다. 그러나 「지역문화진흥법」과 <제1차 지역문화진흥 기본계획 2020>에서는 생활문화를 "「문화예술진흥법」에서 규정한 예술장르 활동 외 문화를 통한 다양한 주민 공동체 활동, 유무형의 일상 문화활동" 등으로, 매우 포괄적으로 규정하고 있다. 생활문화를 결코 생활문화 동호회들의 활동으로만 보아서는 안 된다. 그러므로 이후 생활문화 진흥 전략을 위한 수요조사를 할 경우 생활문화동호회 활동에만 국한하지 말고 더 넓은 범위의 실태조사를 해야 한다는 것은 아무리 강조해도 지나치지 않다.

정부를 비롯한 지자체들의 생활문화 지원정책은 지역에 따라 큰 격차를 보이고 있다. 서울을 비롯한 경기권 등에서는 동호회 운영에 대한 직접 지원을 이미 몇 년 전부터 중단한 것에 비해, 몇몇 지역에서는 지역주민들의 반발 때문에라도 직접 지원을 중단할 수 없다는 입장을 보이기도 한다. 지역문화진흥원에서 펴낸 <2018 생활문화동호회 실태조사 연구>[13]에 따르면 생활문화동호회의 연간 총 수입액은 평균 약 298만원, 월평균 약 25만원으로 조사되었다. 회비를 걷어 친목 도모, 강사비, 물품 구입, 행사 참여 경비, 대관 등에 사용하면서 자생적으로 운영해온 생활문화동호회에 운영 경비를 지원하여 자생성을 떨어뜨리는 일은 공공에서는 지양해야 할 일이라 할 수 있다.

지역문화재단과 달리 중앙정부, 곧 문화체육관광부의 생활문화진흥 지원 사업들은 공간, 프로그램, 교육, 교류/협업 등 생활문화 활동을 위한 간접지원 방식을 택하고 있다. 동호회 회원들에게 직접적으로 필요한, 앞서 언급한 친목 도모 등을 위한 지원이 아닌, 지원 후순위라 할 수 있는 교류, 협력, 네트워크 등을 지원하는 것이다.

그렇지만 여전히 생활문화동호회에 대한 지원은 국내 생활문화지원정책에서 중요한 부분을 차지하고 있는 것이 사실이다. 또한 앞서 언급한 동호회 활동 운영 지원비 외에 공공에 요구한 내용들은 동호회 활동 외의 생활문화 활성화에도 중요한 요소들인 만큼 한 가지씩 살펴보고자 한다.

'연습/발표 공간지원'은 '생활문화센터 조성사업' 형태로 진행되었다. 생활문화동호회들의 연습, 발표, 교류를 위한 공간을 지역 내 유휴 또는 기존 시설 보강을 통해 제공하려는 목적으로 만들어졌는데, 기초지자체는 생활문화를 위해 활용가능한 시설을 제공하고 정부는 리모델링, 시설 및 장비 보강 등에 필요한 예산을 지원하는 방식이다. 지역은 유휴공간을 제공하고, 정부는 리모델링 및 공간 조성과 운영을 위한 컨설팅을 제공하는 것이다. 공간이 만들어지고 나면 생활문화센터 운영 활성화를 위한 프로그램과 운영자 인식과 실무능력 향상을 위한 역량강화 교육도 실시하고 2018년부터는 <지역문화인력지원사업>을 만들어서 센터를 운영하는 인력에 대한 인건비도 지원했다.

'교육지원'은 앞서 언급한, 2018년부터 진행된 <예술강사 동아리 교육지원

13_ 지역문화진흥원, <2018 생활문화동호회 실태조사 연구>, 2019.

사업>을 통해 진행되었다. 예술동아리는 주요하게는 자신들의 동아리 회원들의 기량 향상을 위해 필요한 강사를 파견받고 동아리 운영을 위해 필요한 컨설팅 등도 받게 된다.

'발표/전시회 기회제공'은 생활문화동호회들이 지역 내에서 교류, 협력 네트워크를 구성하고 공연, 전시, 워크숍, 축제, 지역 생활문화 조사, 제도 설치 등의 활동을 수행하는 경우 그 경비를 지원받는 형태로 진행되었다. 각 지역의 생활문화동호회들이 한 지역에 모여 개최되는 '전국생활문화축제'도 2014년~2018년까지는 서울에서, 2019년부터는 지역 순회 개최로 전환, 시행하고 있다.

3) 코로나 이후의 생활문화정책(2020~2023)

<제2차 지역문화진흥 기본계획(2020~2024)>의 생활문화진흥에는 제1차 계획과 차별화될 만한 뚜렷한 정책이 담겨 있지 않다고 할 수 있다. 2차 기본계획에서 그나마 새롭게 추가된 것은 지역문화진흥원의 '생활문화동호회 활성화 지원사업'과 한국문화예술교육진흥원이 시행하는 '예술동아리 교육 지원사업'을 연계하여 재편하며, 3년 주기로 생활문화 실태조사를 실시한다는 정도다.

2020년부터 달라지고 있는 생활문화 지원정책의 모습은 중앙 단위의 문화체육관광부보다 지난 몇 년간 꾸준히 생활문화 연구 및 사업 실행을 통해 발빠르게 생활문화 현장의 니즈를 흡수해온 서울문화재단 생활문화 사업에서 더 잘 드러난다. 서울문화재단은 2020년 이후 운영된 생활문화정책을 '생활문화정책 2.0'이라는 이름으로 발표했는데, 주요한 변화로는 동아리 위주였던 사업 참여대상을 개인으로까지 확대했다는 것, 그리고 '거버넌스 25'에서 '자치구생활문화협력체계구축사업'으로 이름을 바꾼 구별 동아리 네트워킹 사업 성과 관련한 정량적 지표를 폐지했다는 것이다. 그밖에도 앞서 언급한 바와 같이 서울문화재단은 2019년부터 '동아리 중심⇒시민의 자발적 예술활동'으로, 2020년에는 '지역자율성 강화, 일상 속에서 다양한 영역으로 확장'으로 방향성을

잡았다.[14]

코로나는 생활문화에 큰 변화를 가져온 중요한 요인이다. '공동체 지향'을 주장하던 정책이 코로나로 인해 개인화될 수밖에 없었던 시민들의 라이프 스타일 변화에 발맞추어 '개인의 발견' 쪽으로 방향을 틀었고 '예술동아리' 위주의 지원정책 역시 다음과 같이 다양한 영역으로 확대되었다.[15]

범 주	내 용
장르예술	음악(통기타, 오카리나, 하모니카, 밴드, 색스폰 등) 미술(유화, 수채화, 세밀화 등) 무용, 연극, 뮤지컬, 문학(독서, 글쓰기, 낭독), 인문학
공예	수공예(바느질, 손뜨개, 비누 만들기, 가방 만들기 등) 샌드아트, 목공, 캘리그래피, 일러스트, 꽃꽂이, 헤어스타일링
식문화	코피/차 제빵, 식사/요리, 비건, 김장
공간/환경	건축, 공간 조성, 정원 가꾸기, 원예, 식물, 텃밭, 정리
놀이	세시풍속, 유아놀이, 블록조립 등
스토리	타로카드, 일기 쓰기, 동네 탐방, 마을 이야기 수집
체육/운동	요가, 단전호흡, 택견, 자전거, 달리기, 배드민턴, 등산 등
취향/취미	반려견, 환경보호(플로깅)

* 출처: 성연주, 「생활문화정책은 누구를, 어떻게 만나고 있는가」, 39

이 표의 내용은 서울문화재단에서 진행한 <생활문화 캠페인 사업>을 통해 드러난 시민들의 생활문화 활동들이다. 이 사업은 애초에 생활문화의 개념을 확장하기 위해 의도적으로 고안되었거니와 시민들이 실제로 하고 있는 다양한 범주의 생활문화 활동을 SNS에 자유롭게 게시하는 행위를 지원하면서, 생활문화정책 지원이 어떻게 변화해야 하는지를 알려주었다. 시민들의 생활문화가

14_ (사)한국광역문화재단연합회 한국지역문화정책연구소, <광역생활문화센터 현황 분석 및 정책제안에 관한 보고서>.

15_ 성연주, 「생활문화정책은 누구를, 어떻게 만나고 있는가」, 생활문화 연구담론집 『돌아보다, 너머보다: 생활문화의 경계에서』, 서울문화재단, 2022, 39.

결코 집단적인 생활예술동아리 활동에만 국한되어 있지 않다는 것을 명백히 보여주고 있는 것이다.

지역문화진흥원의 생활문화 활성화 사업에도 유사한 기조가 드러나 있다. 22년 발간된 <2022 생활문화 활성화 사업계획>을 보면 '일상에서 문화를 누리는 생활문화 시대의 구현'이라는 비전이 등장한다. '일상'의 중요성이 부각되어 있고, 접근성(공간), 참여 확산, 협력을 통한 자생적 기반 마련에 더해 지원에 그치지 않고 실태조사 및 연구, 그리고 인식 제고를 위한 노력이라는, 생활문화의 지속가능한 발전을 위한 R&D 기능이 생활문화 활성화 계획 내에 포함되어 있는 것이다.

구분				
비전	일상에서 문화를 누리는 생활문화 시대 구현			
미션	생활 속 문화 참여 확산을 위한 생활문화 여건 조성			
추진 방향	일상 속 생활문화 접근성 확대를 위한 거점공간 활성화	환경변화와 지역상황에 맞는 생활문화 활동 확대	지역중심의 생활문화 활성화 기반 마련	체계적 정책 추진 및 정책 환류체계 마련
	접근성	참여 확산	자생력	정책 효과성
전략 및 과제	생활문화시설 역량 강화	생활문화 활동 확산	생활문화 협력기반 조성	생활문화 정책 재정비
	생활문화센터 조성·운영 교육	생활문화동호회 활동 교류 지원	지역중심 생활문화 협력기반 지원	대국민 생활문화 실태조사
	생활문화센터 프로그램 지원	전국생활문화축제 지원	생활문화공동체 활성화를 통한 주민 관계망 형성	생활문화사업 성과분석 연구
	생활문화시설 인증기준 마련	생활문화공동체 활동 지원	생활문화 교류 대회 (사업참여자)	생활문화 대국민 인식제고 (온라인 플랫폼 등)

* 출처: 지역문화진흥원, <2022 생활문화 활성화 사업계획>, 3

이 장에서는 정책의 영역에서 생활문화가 최초로 등장한 이래 2023년까지 생활문화정책이 어떻게 변화되어왔는지를 정리해보았다. 마지막으로 역대 정부의 생활문화정책을 정리하면 다음 쪽의 표와 같다.[16]

구 분	주요내용
노태우정부 (1988.2-1993.2)	문화발전 10개년 계획발표 문화정책에 생활문화 용어 등장, 생활문화국 신설
김영삼정부 (1993.2-1998.2)	문화의집 조성, 지방문화원에서 문화학교 운영
김대중정부 (1998.2-2002.2)	새로운 생활문화정책의 특이점 없이 기존 정책 유지
노무현정부 (2002.2-2008.2)	새예술정책 발표, 문화민주주의 개념 등장
이명박정부 (2008.2-2013.2)	'생활문화 공동체 만들기' 시범사업
박근혜정부 (2013.2-2017.5)	국정과제 '문화융성', 문화의 일상화를 위한 생활밀착형 정책 전환, 「문화기본법」 제정, 「지역문화진흥법」 제정으로 생활문화정책의 법적 근거 마련
문재인정부 (2017.5-2022.5)	국정과제 '지역과 일상에서 문화를 누리는 생활문화시대' 발표, 문화비전-2030

* 출처: 문화체육관광부, <2022 생활문화사업 성과분석 연구>; 정광렬, 『생활문화 활성화를 위한 정책기반 구축방안 연구』, 한국문화관광연구원, 2016 재구성

3. 생활문화 지원사업: 교육, 공간, 매개자

문화의집 및 지방문화원에서의 시민문화예술 활동을 거쳐 2007년 성남 사랑방 문화클럽[17]으로 생활문화에 대한 일종의 브랜딩까지 구축되자 문화체육관광부 차원에서, 또 각 지자체 차원에서의 생활문화 지원정책이 활발히 펼쳐지기 시작했다. 또한 생활문화 활동을 하는 시민들이 어떤 분야에서의 정부 지원을 요구하는지에 대한 조사도 실시되었는데 이때 거론되는 세 개의 요소는 대개

16_ 장우윤, 김선영, 「제도적 동형화 관점에서 본 생활문화정책의 쟁점과 한계」, 『문화예술경영학연구』 16:2, 2023, 176에서 재인용.

17_ 성남문화재단에서 2006년 8월에서 10월에 걸쳐 실태조사를 한 결과 경기도 성남시에서 활동하고 있는 확인 가능한 문화예술클럽은 1103개였고, 그 밖에 3000여 개의 미확인 클럽이 있는 것으로 파악되었다. 이러한 연구 결과를 토대로 문화 클럽을 네트워크화하고 리더 협의회를 구성하여 활동 프로그램 개발에 나서게 되었다. 2007년 1월부터 5월까지 세 차례의 워크숍과 클럽 파티를 거쳐 2007년 5월 18일 사랑방문화클럽 운영위원회를 발족하게 되었다. http://seongnam.grandculture.net/seongnam/toc/GC00102490 (성남문화재단, 검색일: 2023.10.14.)

동아리 활동 지원금, 활동 공간 지원, 예술강사 파견이었다. 직접적인 동아리 활동 지원금의 폐해는 이를 시행해본 곳들이라면 어디나 파악할 수 있는 문제가 있었던 터라 지원정책에서는 더 이상 논의 사안이 되지 않았고 공간 지원 및 강사 파견에 대한 지원책은 다양한 방식으로 고민되고 실제로 시행되기도 했다. 이 장에서는 공간 및 강사 외에 그 필요성으로 인해 활발하게 진행되었던 생활문화매개자도 함께 이야기하도록 하겠다.

1) 생활문화에서의 예술교육

생활문화 활동을 하는 시민들의 강력한 요구 중 하나는 예술강사를 지원해달라는 것이다. 이를 다른 말로 하자면 생활문화에서의 예술교육에 대한 요구라고 할 수 있겠다. 이에 따라 문화체육관광부에서는 '예술동아리 교육지원사업'이라는 이름으로 2018년부터 지역 예술동아리의 예술강사 인건비 지원을 시작했다. 첫 해인 2018년에 30억을 문체부와 지자체 매칭으로 공모 및 선정을 통해 8개 광역시도의 지자체에게, 2년차였던 2019년에 이미 만 명이 넘는 동아리 회원, 천 명이 넘는 강사 및 백 명이 넘는 코디네이터들에게 32억의 예산을 지원했고 이는 산술적으로 계산할 때 1인당 32만원의 지원을 받은 셈이었다. 2017년 지역문화실태조사 결과를 보면 1인당 평균 문화관련 예산액이 10만원 정도였으니 이와 비교하자면 세 배가 넘는 액수이다.

'예술동아리 교육지원사업'에서의 수요자와 시행 기관의 니즈는 조금 달랐다. 수요자인 시민들은 예술적 기량을 강화하기 위한 수업을 원했고 시행 기관은 예술적 기량만이 아닌, 생활문화정책의 근간이 되는 공동체성 강화를 하기 위해 필요한 예술교육을 진행하고자 했다. 그래서 이 사업에 덧붙게 된 것이 예술강사 및 동아리 대표들에 대한 인식 개선 교육이었다. 이에 대해, 이미 예술적 전문성을 갖춘 예술강사와 코디네이터들에게 어떤 교육을 시킨다는 말이냐라는 것이 당사자들과 지역의 질문이었다. 그러나 예술교육의 노하우는 강사별, 코디네이터별로 모두 다르며 더구나 공동체성 함양과 시민력 강화를 위

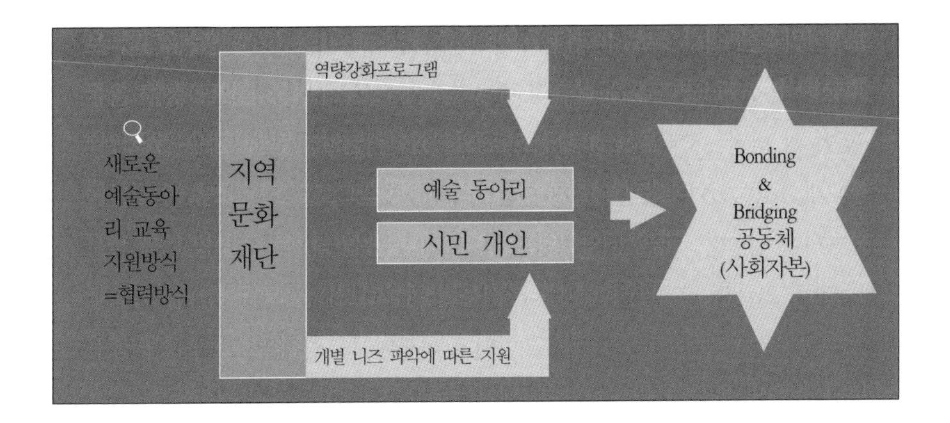

한 예술의 역할에 대한 인식은 만족도 조사를 통해서나, 현장 컨설팅을 통해서나 매우 취약한 부분으로 확인되었다. '예술동아리 교육지원사업'에서의 예술교육은 결코 예술의 기능적 숙련도를 높이는 것이어서는 안 되며 예술동아리들은 '함께 성장하는' 예술교육 공동체로 커나가야 하며, 개인이 지원을 받더라도 예술의 사회적 역할과 가치를 진심으로 이해하는 방향으로 나아가는 예술교육이 되어야 한다는 것이 당시 사업의 취지였다.

예술동아리 교육지원사업의 취지 중 중요한 부분인 '공동체성 함양' 및 '시민력 강화'가 코로나 이후, 그리고 2, 30대 생활문화 참여자들에게도 여전히 유효한 내용인지는 고민해봐야 할 것이다. 또한 예술교육은 예술가와 생활문화 참여자들이 만날 수 있는 중요한 접점인바, 이 접점을 활용하여 전통적 방식의 예술교육이 아니라 생활문화와 같이 이른바 '하는 예술'을 좋아하는 시민예술가들과 어떻게 새로운 방식으로 결합할 수 있을지를 생각해봐야 한다.

2) 생활문화 공간

지역 문화원이나 문화의 집 등 수십 년의 역사를 가진 시설은 지역주민들의 생활문화의 공간이자 예술교육의 공간으로 활용되어 왔다. 2014년 시작된 생활문화센터는 그 시설들과 획기적인 변별점을 가지고 있다기보다는 연장선상에서 기획된 공간으로 시대적, 세대적 변화에 따른 요구들을 수용한 공간이라고 보는 것이 맞다. "지역주민의 생활문화 참여기회를 확대하고 다양한 생활문화 활동을 지원하기 위한 목적으로 건립되는 문화시설"이라는 「지역문화진흥법」의 법적 근거에 따라 설립되기 시작한 생활문화센터는 14년 34개, 15년 102개, 16년 105개, 17년 146개[18] 등 꾸준한 증가 추세를 보였고 2023년 현재 173개에 달한다. 173개 중 직영은 78개소, 민간위탁 73개소, 주민자율 22개소[19]로 조금씩 그 형태가 다르다.

공간은 짓는다고 끝나는 것도 아니고 하드웨어의 문제만도 아니다. 하나의 공간이 마련되면 지속적으로 공간 관리를 해야 하고 그 공간에 대한 물리적인 관리뿐 아니라 공간에서 진행되는 프로그램에 대한 관리를 하는 운영인력이 따라와야 하는 것이다. 또한 그 공간 관리 및 프로그램 관리를 위한 비용도 수반되어야 한다. 이를 위해 생활문화센터 운영자들의 역량 강화를 위한 교육, 운영 활성화를 위한 프로그램 지원, 이를 위한 연구 및 아카이빙 등의 지원사업이 이루어졌고 2014년부터 2020년까지는 생활문화센터 조성에 따른 컨설팅 지원사업도 꾸준히 이루어졌다.

하지만 이미 언급한 것처럼 생활문화 활동은 생활문화센터에서만 진행되는 것이 아니다. 전수조사가 거의 불가능할 정도로 다양한 공간에서 다양한 방식의 생활문화 활동이 이루어지고 있고, 중요한 것은 시민들의 일상과 생활에 밀착되어 있는, 가까운 거리의 공간이 생활문화 공간이 되어야 한다는 것이다. 생활문화의 활동 공간은 생활 SOC가 되어야 한다. 생활문화지원센터나 문화의 집 등 공공에 의해 운영되는 특정 공간만이 아니라 도서관 같은, 이미 실핏줄처럼 지역에 퍼져나가 지역공동체의 플랫폼으로 활용되고 있는 공간이 생활문화 활동을 위한 공간이 되어야 하는 것이다.[20]

18_ 문화체육관광부, <2021 생활문화사업 성과분석 연구>, 지역문화진흥원, 2022.

19_ https://everydayculture.or.kr/M000388/S001/fw/center/conts.do (검색일: 2023.10.14.)

20_ 생활문화센터는 '생활문화시설' 중 일부로 지정되어 있으며 '생활문화시설'은 아래와 같이 보다 광범위하게 정의되어 있다.

지역주민의 지속적인 생활문화를 위하여 공동 이용을 목적으로 운영되는 다음 시설을 **지역문화진**

이를 다른 말로 풀어보자면 생활문화 공간은 첫째, 시민 참여의 허브가 되어 지역 사회의 인적 자본을 강화하는 곳이 되어야 하고 둘째, 예술이나 문화에 국한되지 않고 의사소통, 학습, 회의 및 업무 처리와 같은 다양한 목적을 위해 환대하는 공간이 되어야 한다. 셋째, 생활문화 공간은 학교나 회사와 같은 공간이 아닌 '제3의 장소'가 되어 특정 기관에 소속되지 않은 시민들이 개별 또는 그룹으로 이합집산하는 것을 용이하게 하는 곳이 되어야 한다.

상상해보자. 편안한 의자에서 자녀와 함께 책을 읽는 부모들이나 시끄러운 학습 실험실에서 새로운 비디오 게임을 위한 코드를 작성하는 방법을 배우는 10대들, 온라인 강의 내용을 가지고 그룹 토론을 하는 고등학생들, 직업 센터에서 비즈니스 사서의 지도를 받으며 이력서를 작성하는 구직자, 코워킹 스페이스에서 프레젠테이션을 준비하고, 메이커 스페이스에서 신제품 제조 커뮤니티 멘토의 도움을 받아 수업 및 구직의 기술을 향상시키는, 한국어를 배우는 이민자, 새로운 온라인 도구를 사용하여 손주를 위한 디지털 스크랩북을 만드는 은퇴자, 새로운 도서관 출판 플랫폼에 책을 출판하는 저자가 공존하는 생활문화 공간이 바로 미래의 생활문화 공간이 되어야 하는 것이다.

3) 생활문화매개자

서울문화재단은 2017년부터 2020년까지 생활예술매개자 혹은 생활문화활동가라는 이름으로 생활문화 활동에 있어서의 매개자 역할을 하는 인력을 양성한 바 있다. 학문적 의미에서의 문화매개, 곧 프랑스 사회학자 피에르 부르

흥법시행령 제2조 제4호 규정에 의하여 생활문화시설로 본다.

1. 생활문화센터: 지역주민의 생활문화 참여기회를 확대하고 다양한 생활문화 활동을 지원하기 위한 목적으로 건립되는 문화시설
2. 지역영상미디어센터: 지역주민의 영상문화 향유 및 미디어 체험 등 영상·미디어 활동을 지원하기 위해 건립되는 시설
3. 지역서점: 지역주민의 문화적 욕구 충족을 위한 문화활동 공간(서점 전용면적의 1/10)과 설비를 갖추고 지역주민을 대상으로 매월 1회 이상의 독서동아리 운영, 저자초청특강, 전시 및 공연 등 문화행사를 1년 이상 지속적으로 운영하는 서점으로서 기초지방자치단체장이 인정한 서점

디외가 이야기하는 신흥 쁘띠 부르주아지 계급의 새로운 직군으로서 문화매개자[21)]나 프랑스 문화정책 담론에서 설명하는 "문화는 일반적으로 코드화되어 표현되기에 일반시민 모두에게 즉각적으로 인식되기 어려워 중간 '매개자'에 의해 접근이 용이하도록 할 필요가 있다"[22)]라는 의미를 가지고 있다.

2017년 서울문화재단에서 처음으로 생활예술매개자를 선발했을 당시 생활예술매개자는 "시민 스스로 생활예술활동의 주체가 될 수 있도록 다양한 자원을 발굴, 지원하고 활용할 수 있도록 촉진시켜 주는 사람"[23)]으로 정의되었다. 부르디외나 프랑스 문화정책 담론에서의 문화매개적 의미를 생활예술 분야로 가지고 들어와, 시민의 생활예술 활동을 촉진하는 사람으로 포지셔닝한 것이다. 이후 4년간 해마다 6, 70명의 생활예술매개자를 서울문화재단에서 직접 선발하다가 이후 21년 '자치구 생활문화 활성화 지원사업'이 신설되면서 서울문화재단의 생활예술매개자 인력 양성은 사라졌다.

지속성이 담보되지 않는 불안정한 지위, 명확하지 않은 직무, 광역 재단인 서울문화재단에서 일괄적으로 선발함으로써 따라오는 실제 현장(기초자치구)에서 소통의 어려움 등 생활예술매개자 제도의 문제점은 많았지만 그럼에도 불구하고 지역이 가진 문화적이고 예술적인 자원의 '발굴자', 시민/기관, 시민/시민, 시민/문화 사이를 연결하는 '소통자', 비전문 예술가의 활동을 돕는 '교육자', 다양한 이슈에 전방에서 대응하는 '활동가', 현장 갈등을 풀어주는 '해결자'[24)]로서의 역할은 분명 필요하다. 그리고 이를 위해서는 이들이 활동을 잘

21_ 부르디외는 『구별짓기』에서 "문화생산 및 촉진에 종사하는 직업 (문화활동지도자, 학외활동지도자, 라디오 및 TV제작자와 사회자, 잡지기자)"를 문화매개자라고 불렀다(피에르 부르디외, 『구별짓기: 문화와 취향의 사회학 下』, 최종철 역, 새물결, 1995, 652).

22_ 김규원 『지역 문화매개인력 현황 조사』, 한국문화관광연구원, 2014, 16.

23_ 2017 생활예술매개자 (FA) 1차 모집 공고 https://www.sfac.or.kr/common/board/Download.do?bcIdx=42164&cbIdx=955&streFileNm=26269BCF-E3AC-474B-A0D7-43B9B2F1E13D.pdf (검색일: 2023.10.14.)

24_ 김은진, 「생활문화예술의 매개자 활동 사례 연구」, 숙명여대 문화예술대학원 석사학위 논문, 2019 참조

할 수 있게 하는 여건을 마련해주는 것이 필수적이다. 서울문화재단의 생활예술매개자뿐 아니라 지역문화진흥원의 지역문화전문인력과 같은 문화매개 인력에도 동일하게 적용되는 것으로, 시민의 자발적 문화예술활동을 지원하겠다는 생활문화정책의 취지가 바뀌지 않는 한 생활문화 분야 시민과 공공기관 사이에서 발굴/소통/교육/활동/해결을 해주는 역할을 하는 인력이 필요한 것은 명약관화한 사실이나, 이 매개적 인력들이 제대로 활약할 수 있도록 그들의 전문성을 키우고 전문성에 합당한 지위를 확보해주며 더불어 안정적 채용 조건을 보장해주는 것이 선결과제라 할 것이다.

4. 생활문화정책, 전망과 과제

너무나 당연하게도 생활문화는 우리 '생활'의 변화와 맞물려 달라지고 생활문화정책 역시도 달라진 생활문화에 발맞추어야 할 것이다. 그런 의미에서 생활문화정책의 전망과 과제를 예측하기 위해서는 우리 생활의 변화를 살펴보아야 한다.

먼저 이 글의 전반부에 걸쳐 강조한 '개인'과 '일상'의 중요성은 아무리 반복해도 지나치지 않다. 코로나 이후 개인화 경향은 점점 강화되고 있고 22년 1인 가구 비중이 최초로 40%를 넘었다[25]는 통계 수치에 걸맞게 1인 취미를 즐기는 사람들도 늘어나고 있다. 서울문화재단의 '생활문화캠페인'을 통해 드러나듯이 더 이상 한국 사람들에게 '생활문화'는 '함께 모여서 화목하게 진행해야 하는 활동'이 아니다.

2017년 출간된 책 『생활예술: 삶을 바꾸는 예술, 예술을 바꾸는 삶』에서 언급되었던 "생활예술은 소수의 전문가나 예술가라고 불리는 집단의 활동과 대비해 사적 영역에서 자기를 계발하고 표현하는 시민의 예술 활동"[26]이라는

25_ 행정안전부, <2022 행정안전통계연보>.
26_ 강윤주, 심보선 외, 앞의 책, 43.

정의에 대해서조차 "공적 영역으로서 의미화되어야 했"고, "그 과정에서 자연히 나를 둘러싼 일상의 문제는 깊이 있게 다뤄지지 못했다"[27]라는 문제제기가 되고 있는 상황이다. 단순화하자면 '공적 관점'에서 '사적 관점'으로 이동된 생활문화에 대한 관점의 변화는 시대의 혹은 청년 세대의 생활문화에 대한 시각을 보여주고 있는 중요한 포인트라고 볼 수 있다.

2022년 서울문화재단에서 펴낸 생활문화 연구담론집 『돌아보다, 너머보다: 생활문화의 경계에서』는 청년 연구자 5인이 생활문화를 돌아보고 전망한 글들을 모은 연구물이다. 청년 연구자들의 시선은 한국 생활문화정책을 꼼꼼히 들여다보고 지금 우리에게, 그리고 앞으로의 생활문화 참여자들에게 필요한 생활문화정책을 제안하고 있다. 권수빈[28]은 '일상력: 삶의 기술로서 문화', 그리고 '다른 관계와 연결의 가능성'이라는 키워드로 생활문화의 전망을 이야기하고 있다. "단조롭거나 의미 없게 치부했던 일상을 다시 마주하고 일상에 '좋은 걸림돌'의 계기를 만들 새로운 활동"[29]을, 곧 익숙한 주변 공간을 다른 방식으로 산책하거나 늘 가던 길을 뛰어가는 방식으로, 일상력을 키워가는 것이 생활문화이고, '혼자 하게 되면 그저 그런 일상으로 남겠지만…계속적으로 누군가와 공유한다면 그게 생활문화"[30]일 수 있다는 기술은, 생활문화정책을 고민하는 이들이 성찰해봐야 할 '개인' 생활문화의 깊이라고 생각된다.

특히 '다른 관계와 연결의 가능성'은 고독사를 염려해야 할 만큼 개별화된 한국사회에서 생활문화가 감당해야 할 돌봄노동의 문제와 연계된다는 면에서 눈여겨볼 만한 지점이다. 사생활이 없을 정도로 밀착되어 사는 것은 아니지만 너무 많은 것을 묻지 않기에 오히려 지속가능할 수 있는 관계 네트워크가 필요하고, 바로 그 네트워크가 활성화될 수 있는 정책이 생활문화 분야에 필요한

27_ 권수빈, 「생활문화에서 일상문화로 옮겨오기」, 생활문화 연구담론집 『돌아보다, 너머보다: 생활문화의 경계에서』, 130.

28_ 같은 글, 137.

29_ 같은 글, 139.

30_ 같은 글, 142.

것이 아닌지 묻고 싶다.

AI로 인한 노동시간의 감소는 또 어떠한가. 인간의 노동이 점점 기계에 의해 대치되어 여가시간이 증가할 것이라는 예상은 어제 오늘의 일이 아니다. 문제는 여가시간의 증가와 노동시간의 감소를 반길 수 없는 사람들이다. 신체 건강하고 여유 자금 있는 사람들이야 점점 많아지는 민간 및 공공의 생활문화 활동에 참여하여 노동 때문에 즐길 수 없었던 새로운 시간을 가지면 된다. 하지만 가구주 연령이 65세 이상인 고령자 가구가 519만 5천 가구로 전체 가구의 24.1%이고 이들의 3분의 1을 넘는 187만 5천 가구가 1인 가구, 그런데 독거노인 중 70%가 빈곤층에 속하는[31] 한국의 현실에서 생활문화정책은 복지적 관점에서 검토되어야 하는 것이 아닐까?

생활문화가 중장년층 혹은 은퇴자들의 개인과 일상에 밀착되기 위해서는 그들이 가장 절박하게 필요로 하는 것과 연계된 방식의 정책적 지원이 있어야 한다. 일례로 일본의 '사이타마 골드씨어터'[32]를 살펴보자. 이 극단의 모집자격은 경험이 없어도 연극 무대에 서고 싶어하는 원칙상 55세 이상의 시니어들이다. 기본 레슨으로 연출법도 배우고 발성과 움직임도 배운다. 기본적인 발성법과 몸의 기초체력을 배양하여 자신의 소리와 신체를 발견하도록 한다. 왈츠 등 서양무용 습득과 드레스 착용법 지도에 더해 일본무용까지 배운다. 이 극단은 실제 연극인을 양성하는 것을 목표로 운영되고 있어서 주5일 연습이라는 강도 높은 프로그램으로 진행되는데 보통 20명 단원 모집에 1,266명이 신청하고, 그 절반 정도가 오디션을 보게 되어 50명가량을 선발한다고 한다.

극단원 구성을 보면 의사나 교사 등 전직 전문직을 했던 분들이 많고, 집단 활동에 관한 경험이 적어 이 부분에 대한 교육도 필수적이라고 한다. 골절 등 사고가 발생하거나 혈압이 상승해 연습에 불참하는 배우도 생기지만 공연

31_ 김장현, '독거노인 10명중 7명 빈곤…노인 절반 "일하고 싶다"', <연합뉴스 TV>, 2023.06.05. https://m.yonhapnewstv.co.kr/news/MYH20230506010900641 (검색일: 2023. 10.14.)

32_ 이혜정, 이홍이, 「시니어 극단의 현황과 사례 연구—일본의 경우를 중심으로」, 『공연문화연구』 제32집, 2016 참조

을 하면서 신체적으로 더욱 건강해졌다고 한다. 배우 연령은 평균 82세로, 여기서 훈련받은 배우들은 극단 외 활동이 늘어나고 있다고 한다. 외부에서 캐스팅 의뢰가 오는 것이다. 코로나 영향 탓에 21년에 극단 문을 닫게 되었지만 '사이타마 골드씨어터'는 중장년층 시민들이 하고 싶어 하던 연기를 배우고, 마침내 전업 배우로까지 일할 수 있게 했다는 선례를 남겼다는 점에서 의미가 크다.

국내 생활문화정책이 세대별, 연령대별, 소득별, 교육수준별, 지역별로 천차만별 다양한 니즈에 따라 보다 섬세한 기획을 해야 하는 것은 기본적 전제이다. 그렇지만 우선적으로는 생활문화 지원정책의 핵심적 소구층이라고 할 수 있는 중장년층들이 필요로 하는 '즐기는 일거리'를 위해 어떤 정책을 마련해야 할 것인지, 그리고 청년 세대들의 라이프스타일에 맞춘 개인적이면서도 일상적인 생활문화 지원정책은 무엇인지, 또한 우리 사회 심각한 문제인 돌봄과 생활문화를 연결시킬 수 있는 접점은 무엇일지 고민해야 할 때다. 생활에 기반한 문화, 생활의 필요에서 우러난 문화가 바로 생활문화이기 때문이다.

■ **키워드**

시민성(혹은 주민성), 지역성, 문화/예술적 활동, 지역문화진흥법, 일상문화, 예술동아리, 생활문화센터, 생활문화매개자

■ **질문거리**

- 생활문화와 생활예술의 차이점을 서술하시오.
- 생활문화의 관점에서 시민성, 지역성, 문화적 활동은 각각 어떤 의미를 띠게 되는지 기술하시오.
- 코로나 이전의 생활문화정책과 코로나 이후 생활문화정책의 차이점은 어디에 있

는지 서술하시오.

- 생활문화 지원사업에 있어 중요한 세 가지 요소를 쓰고, 이 세 가지 요소가 왜 중요한지 그 이유를 기술하시오.
- 생활문화정책의 미래를 전망함에 있어 핵심적으로 살펴야 하는 요소를 쓰고 이를 위해 어떤 준비가 필요한지 기술하시오.

전통예술 진흥정책의 현황과 과제

유사원 | 한국예술종합학교 겸임교수

1. 「국악진흥법」 시대의 전통예술의 경쟁력

2000년대 이후 한국사회를 설명하는 데 중심이 되어온 대표적인 개념 중 하나는 '문화'이다. 한류의 글로벌 열풍이 본격화되면서 전 세계인들은 한국문화에 대해 높은 관심을 가지게 되었고, 한국문화는 케이팝, 영화, 드라마, 웹툰 등 다양한 분야에서 높은 경쟁력을 자랑하게 되었다. 이는 한국을 세계 문화산업의 주요 플레이어로 자리매김하게 했으며, 문화산업 시장에서도 큰 영향력을 행사하게 만들었다. 한국경제연구원이 발표한 보고서에 따르면 미국 U.S. News & World Report와 와튼스쿨의 '글로벌 문화적 영향력 랭킹'에서 한국 문화가 국제적으로 미치는 파급력은 2017년 세계 31위(80개국 중)에서 2022년 7위(85개국 중)로 5년간 24단계 급등했으며, 최근 5년간 한류 열풍으로 유발된 경제효과가 37조 원, 고용 창출 인원은 16만 명에 달한다고 한다.[1] 한류의 콘텐츠 경쟁력에 힘입어 해외 문화예술계는 한국문화에 주목하기 시작했고, 한국의 문학, 클래식, 무용, 국악 등 순수예술 분야도 상업적인 한류에 버금가는

1_ '글로벌 문화적 영향력 랭킹(Best Countries 2017 · 2022)'은 U.S News와 펜실베니아대 와튼스쿨에서 발표하는 지표로, 각국의 문화 · 예술 분야에서의 국제적 영향력과 브랜드 파워 등을 평가한다. 이 랭킹에서 1위는 이탈리아, 2위는 프랑스, 3위는 미국, 4위는 일본, 5위는 스페인, 6위는 영국이 차지했다(한국경제연구원, <한류 확산의 경제적 효과 추정>, 2023.07.10).

인기를 누리고 있다.[2)]

이른바 'K-컬처'의 글로벌 르네상스 시대에, K-컬처의 근본이자 원형인 전통예술을 체계적으로 지원하기 위한 「국악진흥법」이 2023년 7월 25일 제정되었다. 물론 「국악진흥법」 제정 이전에도 전통예술의 진흥은 계속되어 왔다. 대한민국 헌법 제9조[3)]는 전통예술의 계승과 발전을 중요한 문화정책의 책무로 삼고 있다. 1972년에 제정된 「문화예술진흥법」에도 문화예술진흥의 기본 목적을 전통문화 계승과 민족문화 창달로 두고 있다.[4)] 국악은 「문화예술진흥법」에서 문학, 미술, 음악, 연극, 무용과 함께 중요한 예술 영역으로서 국가의 진흥 대상이다. 또한, 1962년에 제정된 「문화유산의 보존 및 활용에 관한 법률」(「문화재보호법」)에도 무형 문화유산의 근간인 전통 공연예술의 보존과 계승을 위한 지원이 명시되어 있다.[5)]

그러나 전통예술에 대한 다양한 법적 지원체계에도 불구하고, 전통예술의 특성을 반영한 독자적인 법률의 부재로 인해 전통예술계는 오랫동안 체계적인 정책 지원을 위한 독자적인 법 제정이 필요하다고 지적해왔다. 특히 19대(2012.5.~2016.5.) 국회 이후 지속적으로 「국악진흥법」 제정이 논의되었으며, 2022년 9월 문화체육관광위원회 공청회와 2023년 3월 전체회의를 거쳐, 6월 29일 법제사법위원회를 통과하고, 6월 30일 국회 본회의에서 최종 통과되었다. 2024년 5월에는 「국가문화유산기본법」이 제정되어 전통예술 진흥에 관한 법적, 제도적

2_ 케이팝, 케이드라마, 케이시네마, 케이웹툰 등 이른바 K-콘텐츠가 세계적으로 주목받는 가운데, 문학, 무용, 미술, 클래식, 국악 등 순수예술 분야에서도 큰 관심이 이어지고 있다. 밀레니엄 시대 이후 케이팝이 글로벌 열풍을 일으키면서 국악에 대한 해외 케이팝 팬들의 관심도 높아졌고, 이날치의 '범 내려온다'와 BTS 슈가의 '대취타'는 국악에 대한 매력을 세계에 알리며 새로운 예술적 경지를 열었다. 또한 노름마치, 바라지, 잠비나이, 악단광칠(ADG7), 블랙스트링 등 국악 앙상블 그룹이 월드뮤직 시장에서 크게 주목받고 있다.

3_ 헌법9조 "국가는 전통문화의 계승·발전과 민족문화의 창달에 노력하여야 한다."

4_ 「문화예술진흥법」 제1조 목적 "이 법은 문화예술의 진흥을 위한 사업과 활동을 지원함으로써 전통문화예술을 계승하고 새로운 문화를 창조하여 민족문화 창달에 이바지함을 목적으로 한다."

5_ 「문화유산의 보존 및 활용에 관한 법률」 제1조 목적 "이 법은 문화유산을 보존하여 민족문화를 계승하고, 이를 활용할 수 있도록 함으로써 국민의 문화적 향상을 도모함과 아울러 인류문화의 발전에 기여함을 목적으로 한다."

체계가 확립되었다.

2023년 7월 25일 제정된 「국악진흥법」 제1조는 "국악을 보전·계승하고 이를 육성·진흥하며 국악문화산업을 활성화하기 위하여 필요한 사항을 규정함으로써 국민의 문화적 삶의 질 향상과 민족문화의 창달에 이바지함을 목적으로 한다"고 명시하고 있다. 특히 주목할 부분은 '국악문화산업'이라는 용어로, 제2조 정의에서 국악은 "우리 민족의 고유한 예술적 표현 활동인 전통음악, 전통무용, 전통연희 등을 재해석·재창작한 공연예술"로, 국악문화산업은 "국악과 관련 있는 문화상품의 기획·개발·제작·생산·유통·소비 등과 관련된 서비스를 하는 산업"을 의미한다. 기존의 국악과 전통예술 지원정책이 보존과 계승에 집중했던 것과 달리, 「국악진흥법」은 전통예술의 무형적 자산을 기반으로 동시대 문화예술과의 교류와 창작 콘텐츠 중심의 대중화와 산업화를 목표로 한다. 제5조는 국악의 산업화와 해외 진출을 위한 다양한 계획 수립을, 제10조와 제12조는 국악문화산업의 경쟁력 강화와 국제 교류 지원을 규정하고 있다. 이러한 법안은 전통예술의 보존-계승을 넘어서 동시대 예술의 창·제작과 유통시장으로 확대하는 데 중요한 계기를 마련한다.[6]

전통예술의 세계화와 국제화라는 슬로건은 오래전부터 국가의 주요 정책으로 제안되었지만, 그동안 구호에 그친 경우가 많았다. 그러나 현재 한국 문화예술의 높은 위상은 전통예술의 세계화를 제대로 견인할 수 있는 시점에 도달했다. 이러한 시점에서 「국악진흥법」은 한류의 근원이 되는 문화적 원형에

6_ 「국악진흥법」 제5조(기본계획 및 시행계획의 수립 등)는 국악의 산업화와 해외 진출을 위해 다음과 같은 계획을 수립한다는 내용이 포함되어 있다. '국악 진흥 및 국악문화산업 활성화 정책의 기본방향과 목표' '국악 진흥 및 국악문화산업 활성화를 위한 조사 및 연구' '국악 및 국악문화산업에 필요한 전문인력의 양성' '국악 및 국악문화산업의 국제협력 및 해외진출' '국악 진흥 및 국악문화산업 활성화를 위하여 필요한 사항' 등. 특히 제10조(국악문화산업의 진흥)는 "문화체육관광부장관이 국악문화산업의 육성 기반을 조성하고 경쟁력을 강화하기 위하여 필요한 지원을 할 수 있다." 제12조(국제교류 및 해외진출 활성화)는 "문화체육관광부장관은 국악 및 국악문화산업을 진흥하기 위하여 국제교류 및 해외진출이 활성화될 수 있도록 지원할 수 있다"고 명시하고 있다.

대한 시대적 요구에 부합하는 법안이라 할 수 있으며, 이 법의 제정으로 전통예술 진흥정책의 새로운 대상과 방법을 발견할 수 있게 되었다.

전통예술은 한국문화예술의 근원이자 원형으로 악(樂), 가(歌), 무(舞) 연희(演戲)의 일체를 이루는 총체적 예술로서 문화국가, 문화강국을 목표로 하는 국가문화정책을 위해 견고한 환경과 지원이 필요하다. 현재 국가유산청, 국립국악원, 전통공연예술진흥재단, 국악방송, 국립무형유산원, 지역문화원 등 제도적 기반은 잘 마련되어 있으나, 산업적 경쟁력을 가진 공연 콘텐츠를 제작하는 공적 프로덕션 시스템으로 발전하려면 추가적인 정책적 노력이 필요하다.[7] 전통예술은 한 나라의 문화 정체성을 지키고, 민족예술과 국민문화의 토대를 확립하는 것으로서 어느 예술 장르보다도 공적인 성격을 가진다.

이 글은 「국악진흥법」 제정에 따라 한류의 근원이 되는 문화적 원형에 대해 시대에 동승하는 정책 수립이 중요해진 시점과 그 지점에서 어떤 세부 정책들이 마련되어야 하는지, 또 분야별로 어떤 노력이 필요한지를 논하고자 한다. 그러기 위해서는 먼저 정부별로 전통예술 진흥을 위해 어떤 정책들이 제안되었는지 검토할 필요가 있다. 이는 전통예술 진흥정책의 역사를 읽는 과정이며, 정책이 시대와 함께 변화하는 과정을 살펴 지금의 시대가 요구하는 정책들을 발굴하기 위함이다.

2. 전통예술 진흥정책의 전개과정

전통예술 진흥정책은 유신정권 시기부터 본격적으로 시작되었다. 1962년에 제정된 「문화재보호법」과 1972년에 제정된 「문화예술진흥법」은 문화유산과 전통예술진흥의 기초를 마련하였다. 박정희정부 시절, 무형문화재 제도가 도입되어 현존하는 무형문화재 예능 관련 69종목 중 43종목이 문화재로 지정되었

7_ 이동연, 「프로덕션 시스템으로서 예술교육의 새로운 비전」, 『한국예술연구』 통권 21호, 한국예술연구소, 2018 참고

다.[8] 또한, 국악 전공자를 육성하기 위해 여러 대학에 국악과가 신설되었고, 전통예술공연지원 및 전국민속예술경연대회 등 전통예술 분야 지원사업이 본격화되었다.[9] 박정희정권은 민족문화 창달과 전통문화예술 계승을 국가문화 정책의 중요한 이념으로 삼았다. 그러나 동시에 무속 예술을 미풍양속을 해친다는 이유로 탄압하기도 했다[10] 교육 · 과학 · 기술 · 예술 · 체육 · 기타 문화에 관한 사무를 관장하는 문교부(文敎部)가 아닌 정보 · 법령 및 조약의 공포 · 언론·보도 등의 선전을 위한 사무를 관장하는 공보부(公報部)였으며,[11] 이처럼 전통예술 진흥정책은 정치적 정당성 확보와 문화적 정체성 강화를 위해 추진되었으며, 정책의 이념과 실행이 혼재된 복합적인 양상을 보였다.

민족문화, 전통예술, 문화유산 지원정책이 정치 권력을 행사하는 수단으로 활용된 것은 제5공화국 전두환 정권 때에도 지속되었다. 전두환 정권 초기에는 '국풍81'이라는 대규모 관제 행사를 개최하였고, 이 행사에서 전통예술은 중요한 프로그램으로 다루어졌다.[12] 또한 전통예술 진흥의 일환으로 국립국악원을 예술의 전당 내에 설립[13]하여 국악진흥의 새로운 장을 열고자 했으며, 전국 국립대학에 국악과 신설 지침을 내리는 등 교육적 기반을 강화하였다. 이와 함께 전통예술 예능 보유자들을 청와대로 초청하여 극진히 대접하고 거액의 거마비를 지급하는 등 전통예술을 적극적으로 지원하였다. 이러한 정책들은 전통예술 진흥을 표방했으나, 실제로는 정치적 목적을 달성하기 위한 수단

8_ 한국문화예술진흥원, 『문예연감 1979』, 1980, 221.

9_ 한국문화예술위원회, 『문예연감 2012』, 2013, 62쪽 <표 2-8> 1970년대 '전통예술분야' 주요 지원사업 총괄

10_ 임학순, 「박정희 대통령의 문화정책 인식 연구– 박정희 대통령의 연설문 분석을 중심으로」, 『예술경영연구』 제21집, 2012, 159-182.

11_ 전지영, 「해방이후 전통예술 정책의 흐름과 평가」, 『한국음악사학보』 제50집, 2013, 297.

12_ 김지연, 「전두환 정부의 국풍81: 권위주의 정부의 문화적 자원동원 과정」, 이화여자대학교 석사학위논문, 2013.

13_ 국립국악원은 전신 국악양성소를 이어 1950년 국립국악원 직제가 대통령령으로 제정되면서 시작했고, 1987년에는 서초동 예술의 전당 부지로 이전하여 새로운 국면을 맞이했으며, 1992년 국립민속국악원, 2004년 국립남도국악원, 2008년 국립부산국악원이 순차적으로 개원하며 국립국악원의 기능과 역할이 전국적으로 확장되었다.

으로 활용된 측면이 있었다.

박정희에서 전두환으로 이어지는 전통예술 진흥정책은 주로 정권의 정당성을 확보하기 위한 도구로 활용되었기 때문에 본격적인 진흥정책으로 보기는 어렵다. 문민정부에 들어서 1994년 「지방문화원진흥법」이 제정되고, 전통공연 지원 사업이 독립하여 전통예술의 보존과 계승 및 창작사업을 본격적으로 지원하기 시작했다. 국악, 전통연희, 전통춤, 무속 등 전통예술 분야를 특화하여 민간 예술단체에 대한 지원이 이루어졌다.[14] 국민의 정부에서는 전통예술 관련 구체적인 진흥계획이 발표되지는 않았지만, 국악 전공자들의 일자리 창출과 초등학교 국악 교육의 내실화를 위해 '국악강사풀제'를 도입하였다. 전통예술을 진흥하기 위해 종합계획을 수립하고 관련 진흥정책을 전담하는 행정조직을 갖추기 시작한 것은 노무현정부 들어 본격화되기 시작하였다.

1) 노무현정부(2003.2.~2008.2.) 전통예술 진흥정책: 전통예술의 보존과 창조적 계승

노무현정부 시기의 문화예술정책은 <창의한국>과 <새예술정책>(<예술의 힘―새로운 한국의 예술정책>)이라는 장기 진흥정책을 통해 구체화되었다. <창의한국>은 국가 문화정책 보고서 중 가장 체계적이고 포괄적인 정책보고서로, '창의적인 문화시민' '다원적인 문화사회' '역동적인 문화국가'를 3대 추진 목표로 설정하였다. 5대 기본방향으로는 '문화와 개인'(문화참여를 통한 창의성 제고), '문화와 사회'(문화의 정체성과 창조적 다양성 제고), '문화와 경제'(문화를 국가발전의 신성장동력화), '문화와 지역'(국가균형발전의 문화적 토대 구축), '문화와 세계'(평화와 번영을 위한 문화교류협력 증진)를 설정하여, 기존의 문화정책과는 다르게 광의의 문화 개념을 적용하고 문화의 사회적 가치 확산을 위한 통합적인 문화정책 수립을 강조하였다.[15]

14_ 남경호, 『문화예술 지원 정책의 이해』, 커뮤니케이션북스, 2019, 9.
15_ 문화체육관광부, <창의한국>, 2004, 27.

<창의한국>의 구체적인 정책과제에는 전통예술 진흥이 대표 의제로 명시되지 않았으나, '열린 민족문화 정립'과 '문화유산 보존'이라는 의제를 통해 민족문화의 정체성을 재정립하고자 하였다. 또한 '경주역사문화도시 조성' '전통문화 자원의 보존·전승과 현대적 재창조' '무형문화재의 체계적 보존과 전승 활성화' 등의 사업을 통해 전통문화와 예술의 보존뿐 아니라 창조적 계승도 강조되었다. 이러한 사업들은 전통문화의 지속 가능성을 높이고 현대적 재해석을 통해 새로운 가치를 창출하고자 하는 목적을 지닌다.

노무현정부 시기, 김명곤 문화체육관광부 장관의 취임으로 전통예술 진흥을 위한 체계적인 지원정책이 본격화되었다. 문화체육관광부 내에 '전통문화 진흥팀'을 신설하여 <국악진흥정책 5개년 계획>을 수립하고, 전통예술진흥법 제정을 위해 노력하였다. 2006년 9월에는 이러한 계획들을 종합한 <전통예술 활성화 방안-비전2010> 보고서를 발표하였다. 이 보고서는 전통예술진흥법 제정을 포함하여, 창작, 교류, 교육 발전안을 제시하며 전통예술의 원형을 보존하고 창조적으로 계승, 발전시키기 위한 종합 계획안을 담고 있다. 이를 통해 전통예술 활성화를 역점 추진 시책의 하나로 제시하였다.

<전통예술 활성화 방안-비전2010>은 다음과 같은 주요 목표를 설정하였다. 첫째, 문화예술의 근간이 되는 전통예술의 원형을 회복하고, 둘째, 이를 국민의 일상으로 돌려주어 향유할 수 있도록 하는 것을 기본 목적으로 삼았다. 또한, 전통예술을 한류의 새로운 흐름으로 발전시키고자 법적·제도적 틀을 마련하는 것도 중요한 추진과제로 간주하였다. 보고서는 5대 정책과제로 1) 전통예술 원형 보전 및 창작활동 지원, 2) 전통예술의 대중화·산업화, 3) 전통예술 교육 및 학술연구 진흥, 4) 전통예술의 세계화 및 한류 확산, 5) 전통예술 진흥을 위한 제도 개선 및 인프라 구축을 설정하여 총 27개의 세부 과제를 제시하였다.[16]

16_ 문화체육관광부, <전통예술활성화 방안-비전2010>, 2006 참고

문화체육관광부는 <전통예술 활성화 방안-비전2010> 보고서를 바탕으로 전통예술 진흥과 관련된 다양한 사업을 전개하였다. 국립국악원의 분원을 지속적으로 확대하고, 생활문화 속 국악 보급 콘텐츠를 제작하며, 전통예술의 세계화를 위해 국가 브랜드 공연을 시리즈로 제작하였다. 구체적으로는 전통예술을 일상에 녹여 대중화하고, 현대적 변용을 반영한 콘텐츠를 개발하여 자생력을 강화하며, 문화콘텐츠 상품의 가치를 높여 산업화하고, 전통예술 장르를 국제사회에 널리 알려 문화국가의 이미지를 높이는 것을 목표로 삼았다. 또한, 전통예술의 복원과 재현, 창작의 활성화, 해외 국악 보급 사업과 아리랑의 세계화 등을 추진하였다.[17] 이 보고서는 이후 국악방송 TV 개국, 전통예술 국제교류, 디지털 융합, 국악진흥법 제정 등의 발판을 마련하는 데 기초 자료로 활용되었다.

2) 이명박정부(2008.2.~2013.2.) 전통예술 진흥정책: 한류의 글로벌 확산, 콘텐츠 경쟁력 강화

이명박정부는 2011년 6월 100대 국정과제를 발표하였다. 100대 국정과제 중, 전략 20번째는 "품격 있고 존중받는 국가를 만들겠습니다"이며, 세부 과제 98번은 "전통과 현대가 어우러진 문화국가로 발돋움하겠습니다"라고 명시되어 있다. 구체적인 국정 실천과제로는 '문화체육관광 중장기 문화비전 제시' '예술인 창작역량 강화를 위한 지원 방식 개선' '문화접대비 제도 연장' '예술인공제회 설립 검토' '사회 문화예술교육 강화' '장애인 편의시설 설치 및 문화예술 프로그램 지원' '이주민의 한국어 이해증진 프로그램 실시' '한글의 세계화 촉진' '국민의 국어능력 향상 및 언어환경 개선' '문화를 통한 전통시장 활성화' '국악, 공예 등의 세계화 및 대중화' '지역특성을 살린 지역문화 진흥' '숭례문 복구' 등을 설정하였다.[18]

17_ 남경호, 「전통예술 분야 지원정책의 방향성」, 『글로벌문화콘텐츠』 37호, 2018, 4.
18_ 대한민국 정부, <이명박정부 100대 국정과제>, 2008년 발표 보고서 참고

이명박정부 시기 문화체육관광부는 '소프트 파워가 강한 창조문화국가'라는 슬로건을 내세웠다. 이를 바탕으로 '콘텐츠산업 전략적 육성' '체육의 생활화, 산업화, 세계화' '문화예술로 삶의 질 선진화' '관광산업의 경쟁력 강화'를 제시하며, 문화의 산업화, 경쟁력 강화, 세계화를 강조하였다. 전통문화진흥정책은 한류의 글로벌 확산에 맞춰 전통예술의 국제무대 활동과 창작 브랜드화로 콘텐츠 경쟁력을 확보하는 것을 목적으로 하였다. 2008년 문화체육관광부의 업무보고는 '문화로 생동하는 대한민국'이라는 슬로건 아래 3대 중점과제와 10대 추진과제를 설정하였다. 전통예술 진흥과 관련된 주요 정책과제는 '문화정체성과 브랜드 확립'으로, 이는 글로벌 한류의 근원을 한국의 전통문화에서 찾고자 하는 노력을 반영한 것이다. 이명박정부 후반부에는 전통예술을 통해 한류의 문화적 원형과 원천을 강화하려는 사업들이 강화되었다. 2011년과 2012년 문화체육관광부의 업무보고에 따르면, '한류 문화의 브랜드 제고' '문화소통, 문화자원의 융화' '세계 속의 문화강국 위상 제고' 등이 주요 과제로 설정되어, 전통예술 진흥의 필요성을 한류의 세계화와 연계하여 강조하였다.

3) 박근혜정부(2013.2.~2017.3.) 전통예술 진흥정책: 정신문화 보고, 퇴행적 문화정책

2013년 '제18대 대통령직 인수위원회'에서 발표한 140대 국정과제 중 문화예술정책은 다른 정부에 비해 비중이 높게 제시되었다. 국정목표 중 세 번째로 '창의교육과 문화가 있는 삶'이 설정되었으며, 이를 구현하기 위한 전략으로 '나를 찾는 문화, 모두가 누리는 문화'를 제시하였다. 세부 국정과제로는 '문화재정 2% 달성 및 문화기본법 제정' '예술인 창작 안전망 구축 및 지원 강화' '문화 향유 기회 확대와 문화 격차 해소' '문화유산 보존・활용 및 한국문화진흥' '스포츠 활성화로 건강한 삶 구현' '관광산업 경쟁력 강화' '생태휴식 공간 확대 등 행복한 생활문화 공간 조성' 등이 포함되었다.[19] 이러한 과제들은 문화예술의 접근성을 높이고, 창작 환경을 개선하며, 문화유산의 보존과 활용